Future

Future

Future

Future

主宰注意力經濟的失序內幕

影音巨獸
YouTube

LIKE, COMMENT, SUBSCRIBE
Inside YouTube's Chaotic Rise to World Domination

MARK BERGEN

馬克・伯根——著　朱崇旻——譯

給我摯愛的安妮（Annie）

目次 CONTENTS

各界讚譽 008

前言　2019年3月15日 011

▶ PART 1
起點 027

Chapter 1：平凡人　028

Chapter 2：真實且莫名　048

Chapter 3：王者聯手　071

Chapter 4：風暴兵來襲　090

Chapter 5：小丑公司　103

Chapter 6：Google吟遊詩人　124

Chapter 7：全速前進　139

▶ PART 2
混亂成長 157

Chapter 8：鑽石工廠　158

Chapter 9：書呆子戰士　173

Chapter 10：風箏衝浪頻道　184

Chapter 11：現在請看　203

Chapter 12：船能再快一點嗎？　217

Chapter 13：遊戲實況　231

Chapter 14：迪士尼寶貝・玩具好朋友・彩蛋・驚喜　244

Chapter 15：五大家族　259

Chapter 16：盡情享受　275

Chapter 17：Google之母　285

▶ PART 3
擴張與分裂 299

Chapter 18：油管之中　300

Chapter 19：真實新聞　315

Chapter 20：不可思議　328

Chapter 21：男孩與玩具　340

Chapter 22：聚光燈　354

Chapter 23：笑話、威脅、如日中天　371

Chapter 24：狂歡終結　388

Chapter 25：廣告末日　401

Chapter 26：強化　414

Chapter 27：艾莎門　431

Chapter 28：老鼠屎　449

Chapter 29：櫻樹大道901號　467

Chapter 30：沸騰大海　474

Chapter 31：主人的工具　494

▶ PART 4
走向未來 509

Chapter 32：掃地機器人　510

Chapter 33：哪個YouTube？　526

後記　正常運轉　542

致謝　562

關於資料來源　567

現已達成的成就如此之多,
法蘭克斯坦(Frankenstein)的靈魂高呼道
——而我,將會成就遠遠更多;
我將踩著既存的腳印,
開創嶄新的道路,探索未知的力量,
並為全世界解開最神祕的創造之謎。
——瑪麗・雪萊(Mary Shelley),
《科學怪人》(*Frankenstein*),1818年

它本來只是一場玩笑而已。
這全都只是在開玩笑而已,
怎麼會變得如此真實?
——羅根・保羅(Logan Paul),
〈我們在日本自殺森林發現一具遺體〉
(We Found a Dead Body in the Japanese Suicide Forest),
YouTube,2017年

各界讚譽

伯根⋯⋯以一種介於無奈、狂熱與厭惡之間的語調，鉅細靡遺地記錄YouTube的崛起，以及這個平台如今掌控的驚人規模──不論是使用者人數、金流規模，還是影音內容的時數。他鋪陳的故事，是一場結合驚人利潤與荒謬錯誤、暴力與貪婪、以及企業掩飾手段的荒唐旅程。

──《紐約客》（The New Yorker）

凡是上過網的人都知道，YouTube早已成為科技與文化的龐然巨獸，伯根則深入揭露了這個平台如何在成長過程中一路跌跌撞撞⋯⋯這個節奏明快的故事探討了YouTube所面對的種種挑戰，包括它如何應對2020年美國總統大選與新冠疫情期間的假消息問題。書中也清楚說明YouTube經濟模式的演變，以及創作者與使用者對這些改變的反彈。

──安德魯・德米洛（Andrew DeMillo），美聯社記者

馬克・伯根寫出了一本關於YouTube的權威之作，細緻描繪這個平台如何誕生，以及它如何深刻地改變了整個社會。透過縝密的報導與引人入勝的敘事，《影音巨獸YouTube》帶領讀者見證一個小小的、天馬行空的點子，如何一步步演變成深

刻影響我們集體文化的歷程——無論是好是壞。

——艾胥黎‧范思（Ashlee Vance），《鋼鐵人馬斯克》
（*Elon Musk: Tesla, SpaceX, and the Quest for a Fantastic Future*）作者

馬克‧伯根的《影音巨獸YouTube》是一部結構嚴謹、報導紮實的作品，講述了一個從無到有、徹底改變世界的網站故事。

——布萊德‧史東（Brad Stone），《貝佐斯傳》
（*The Everything Store: Jeff Bezos and the Age of Amazon*）作者

這是一本令人著迷、發人深省且不可或缺的現代史，描繪矽谷超大平台時代的崛起。YouTube重塑了名人文化、顛覆了娛樂與政治，也將人性最光明與最黑暗的一面都搬上了網路。馬克‧伯根這部報導詳實、引人入勝的作品，帶我們從初創小公司一路走到今日的網路巨頭，揭露為了無止盡成長所付出的黑暗代價。

——瑪格麗特‧歐瑪拉（Margaret O'Mara），《矽谷密碼》
（*The Code: Silicon Valley and the Remaking of America*）作者

這是一場生動又衝擊的旅程，帶我們穿越這家全球最有影響力企業之一的螢光燈下走廊，看它如何試圖駕馭這個既無秩序卻又定義時代的發明。伯根的筆觸兼具小說家的觀察力、詩人的語感與商業記者的犀利眼光，讓人看得入迷，坐過了站都

沒發現。

　　　　　　——凱奇・哈吉（Keach Hagey），《內容之王》
　　　　　　　　　　　　　　（*The King of Content*）作者

　　引人入勝……對於好奇YouTube為何能成為今日這般巨獸的讀者來說，本書絕對值得一讀。

　　　　　　——《出版者周刊》（*Publishers Weekly*）

　　強而有力地揭開了這家無所不在、卻始終籠罩在神祕陰影中的企業面紗。

　　　　　　——《柯克斯書評》（*Kirkus Reviews*），秋季最受期待圖書

前言

2019年3月15日

　　紐西蘭基督城，一個陽光明媚的周五午後，留了白色大鬍子、面帶燦笑的老公公哈吉－達烏德‧納比（Haji-Daoud Nabi）遇見了即將殺害他的男人。納比站在清真寺門前，眼見年紀較輕的男子走近，只當對方是前來禮拜的信徒，於是親切地打了聲招呼：「你好啊，兄弟。」

　　這名男子來到這座清真寺之前曾寄出一封電子郵件，標題為「關於紐西蘭今日的攻擊事件」。他在信件開頭坦承：「我就是犯下暴行的人。」內文還包括了長篇大論的宣言。這封信寄到紐西蘭多家報社編輯與多位電視製作人的電子信箱裡，而不久前，這些專業人士仍掌握了世界的新聞播報內容。結果呢，收到信件的人只將它當成垃圾信件，或是瘋子的胡言亂語，沒有人做出任何反應。

　　這時，一通通電話接二連三地打來：基督城海格利公園附近槍聲頻傳，公園綠地兩側的神聖殿堂遭到玷汙，兩座清真寺遍地是鮮血淋漓的屍體。現場至少50人死亡，其中包括納比以及一名3歲幼童。記者克絲蒂‧強斯頓（Kirsty Johnston）趕到事發現場時只見滿目瘡痍，受傷的倖存者慌亂地攔下計程車開

往醫院。這並不是強斯頓熟悉的紐西蘭——她從小在這座寧靜的島國長大,這裡的警察平時不會攜帶槍枝。暴力事件與惡毒言語,不都是來自海外的新聞,怎會是發生在本地的事件呢?

然而,這裡已非從前的紐西蘭,人們看到的新聞也已變了模樣。不久後消息傳出,原來造成嚴重傷亡的恐怖分子——那名28歲的白人男子竟配戴穿戴式攝影機,在網路上直播了長達17分鐘的行凶過程。於是,報社編輯與電視製作人紛紛開始仔細研究他的影片和宣言,努力在紐西蘭最悲慘的大規模槍擊案背後找尋蛛絲馬跡。男子曾諱莫如深地提及塞爾維亞政治、16世紀發生的戰爭及網路次文化。所有人越看越一頭霧水,只在莫名其妙的訊息中找到一段熟悉的字詞——那是某位YouTube名人的網名。「朋友們,」開火前數秒,恐怖分子在直播中說道,「記得訂閱PewDiePie。」

給所有人發聲的機會

槍擊案發生前幾天,在地球另一頭,許多YouTube員工一起泡在某個度假村的巨大熱水池裡。在不久前,這些人一如往常地搭上接駁車,穿過舊金山與柏克萊、穿過漂亮的市郊與城鎮一路北上,行駛在有著參天紅木與蓊鬱樹林的州立公園裡,最後來到加州酒鄉中心的印第安泉,入住位於卡利斯托加鎮一處天然溫泉的古雅飯店。據說這座城鎮是於1859年由加州第一位百萬富豪所開發的——而他,正是憑著大肆宣傳掏金潮致

富。

　　YouTube經理克萊兒・斯泰普頓（Claire Stapleton）進到飯店的小木屋後，開始整理行李。這類企業度假會議對她來說早就是家常便飯了，這回與會的都是YouTube行銷部門的成員，也就是負責經營YouTube公眾形象與品牌形象的人員。這將會是斯泰普頓最後一次參與度假會議。雖然這時的她還不知情，心裡卻也隱隱有了猜想。

　　斯泰普頓肌膚白皙，留有一頭接近黑色的深棕色頭髮。雖然平時給人輕鬆自在的印象，必要時也會顯得嚴肅而凜然。像是4個月前，她穿上了莊重的黑色高領上衣，以矽谷內部革命代表人物之姿登上《紐約時報》（*The New York Times*）。斯泰普頓走出小木屋，行經戶外噴泉、漂亮的棚架花園與冥想圈，來到名為「河川與倒影」的小會議室。

　　這間飯店的商務團體價是每房每晚350美元，對前一年銷售額超過110億美元的YouTube而言根本不足為道。不過訪客入住時登記的名稱並非YouTube，而是寫上了另一間企業的名稱：Google，因為Google從2006年起便成了YouTube的所有者與母公司。2018年銷售額逾1,360億美元的科技業巨擘，近來也開始注意開銷，特地請來一位華爾街出身的財務主管整頓這間以出手闊綽聞名的公司，花錢時也越來越精打細算了。此外，Google與它的矽谷同儕原先因為被視為創新者與弱勢者而受大眾喜愛，孰料在川普（Donald J. Trump）執政2年後，它們竟成為美國大眾眼中貪婪、不負責任、太過強大的存在，是個權

勢集團。就連Google內部部分員工，也開始用異樣眼光看待自己的雇主。

面對當下的情勢，Google只得盡量少在奢華高檔的飯店舉辦度假會議，避免顯得過於招搖。印第安泉這個地點再低調不過了。表面看來就是幢兩層樓的西班牙傳教風建築，令人聯想到1950年代樣式簡樸的汽車旅館。但是仔細一看就會發現內部不乏奢華的小細節：有機洗髮精、濾水站，以及仿真火爐等等。這座度假村甚至完成了奇蹟般的工程，將溫泉水導入奧運規格的泳池，供旅客舒舒服服、身心寧靜地泡湯或游泳。

公司鼓勵斯泰普頓與同事們盡情享受度假村設施，舒緩過去1、2年積累的壓力。眾所周知，Google員工堪稱全球最幸福的員工，然而近期的「Googlegeist」員工滿意度調查結果顯示，越來越多員工逐漸對公司的領導者與優先事項失去了信心，而且有近半數的人認為自己的薪資並不「公平公正」。那年秋季，斯泰普頓率領數千名員工發起抗議，反對Google對於性騷擾指控的處理態度。早在多年前，Google就為它龐大的電腦網路設置了警報系統：「黃色警報」表示軟體工程師必須加班解決某項瑕疵或錯誤、「橘色警報」是接近緊急狀態的警報、「紅色警報」則代表Google的搜尋頁面或電子信箱服務發生故障，需要人員立即處理。如今，公司也將警報系統套用到非技術層面的事務，員工滿意度就是其中之一。

此次的印第安泉YouTube度假會議，可說是為了一次非正式的「康樂紅色警報」而辦的。

斯泰普頓的行銷團隊到鎮上體驗了葡萄酒品酒會、上了烤披薩課、悠閒地漫步在度假村整理有序的龍舌蘭花園與禪池畔、圍著戶外篝火烤棉花糖、練習自我身心照護，當然也喝了酒。這些YouTube員工到老式汽水店買了小點心，舒舒服服地坐在復古風藍白條紋遮雨棚下。游泳池入口上方，一面巨大的美國國旗在風中飛揚，下方的老式時鐘刻著「百事可樂」字樣。印第安泉將之稱為「舊好萊塢」設計風格，但說來諷刺，好萊塢「老舊」的事物——片場、經紀人、形象經過精心打造的明星，以及人們花錢享受的娛樂，就是被YouTube這間企業硬生生毀滅的。

斯泰普頓走進會議室後，依公司要求坐下來看在場所有人都觀看過的YouTube影片。有人在網站上找到那部影片，按下標誌性的三角形「播放」鍵。

影片最終是一句再熟悉不過的標語，也是YouTube的品牌使命：「給所有人發聲的機會，向他們展示世界。」**感覺好怪**。斯泰普頓暗想。她的團隊當初是在2017年剪輯了這部勵志影片，如今世界卻已經與過去大不相同，YouTube也幾乎面目全非。她多次參與改寫品牌使命的討論⋯⋯儘管如此，公司至今仍在用同一部舊影片激勵員工。她沒有將這些想法說出口。

「我們的品牌使命。」（Our Brand Mission.）
YouTube，2017年6月22日。1:48。

  影片開始了，只見小男孩抱著一把太大的電吉他坐在房間裡，看上去可愛無比。接著，畫面切到亞洲某處另一個在牧羊的孩子，然後是哭泣的女人、完成滑冰動作的男人。「看看這些片段。」一道女聲說道，「許多故事、祕密、揭露的真相。來自世界的各個角落。」一段段具啟發性的YouTube影像略過眼前，嬰兒、運動員、意料之外的善舉、頭戴希賈布（頭巾）的穆斯林女性、群體舞蹈、相擁的人群、更多哭泣落淚的人們。「這是一幅最為純粹、未經過濾的肖像，描繪出我們人類的真實樣貌。」旁白說道。「賦予所有人發聲的能力，給他們被人聽見的機會、被人看見的舞台，就能得到這樣的結果。」

線上注意力經濟先驅

  創建14年之後，YouTube.com依舊是現代世界的一大奇觀。20年前，人們無法想像的觀影服務——開啟網路就能隨選閃電般快速的電視節目，那實在是天馬行空——如今卻成了日常生活中再尋常不過的一部分。現在說到上網看免費影片，人們第一個想到的就是YouTube，一名員工甚至稱它為「網路的影片框架」。YouTube是全球流量第二高的網站（僅次於Google），每月瀏覽人數多達20億，同時也是全球第二受歡迎的搜尋引擎（同樣僅次於Google）。到了2019年年中，每日瀏覽YouTube的人數已達17億——超過全球線上人口的三分之

一。人們透過YouTube獲得娛樂、教育與安慰。問卷調查顯示，超過四分之一的美國人以YouTube作為主要的新聞來源，習慣性造訪該網站的人數，更超越習慣性上Facebook、Instagram等社群媒體的人數。有一整個世代的孩童不再看電視，改看YouTube影片。甚至在許多國家，YouTube已成為電視，更是新型態的超市八卦報紙與使用說明書。矽谷還有一些未來主義者認為，YouTube總有一天能取代大學教授與醫生。

和其他對大眾開放的網站不同之處就在於，YouTube會付費給投稿者，而這樣創新的經營模式造就了一整個創作產業，更在短短數年內吸引無數表演者、名人、藝術家、網紅、教師與商業品牌，成為開創性足以媲美無線廣播與電視的新媒體。YouTube讓所有人搖身一變成了主播，造就了韓文金曲〈江南Style〉（강남스타일）、爆紅影片「咬手指的查理」（Charlie Bit My Finger）、人氣兒歌〈鯊魚寶寶〉（Baby Shark）、洗腦神曲「周五、周五，該放鬆享樂」（It's Friday, Friday, Gotta get down on Friday），也帶給我們跟著美國瑜伽教練艾卓恩（Adriene Mishler）伸展身體的時光、廣受孩童歡迎的節目「午餐塗鴉」（LUNCH DOODLES with Mo Willems!）、電玩遊戲《麥塊》（Minecraft）職業玩家。過去遭到傳統媒體無視或忽略的大批人才，都能夠透過YouTube發光發熱。你或許不認得這些數以千計的微名人，他們卻是數百萬年輕粉絲心目中的偶像。粉絲們將沒有贈與影星或電視名人的熱情，都獻給了這些網紅。

YouTube最初乘著網際網路崛起的風潮創立，同時間也有許多引人注目的消費者網路新興企業如雨後春筍般成立。但到了今天，幾乎只剩YouTube與Facebook屹立不倒。如今Facebook不再獲得年輕族群的喜愛，YouTube卻能年復一年吸引越來越多、越來越年輕的觀眾。YouTube可說是創建了線上「注意力經濟」的主力企業，造就了今天的網路環境。早在Facebook仍是宿舍曖昧互動的網站、Twitter（現為X）仍是科技迷社群的新流行、抖音（TikTok）尚未問世的10年前，YouTube就開始付費讓人拍影片了。以上幾間公司都複製了Google的經營理念──線上資訊越多越好；經營模式則是盡可能為大量群眾提供免費服務，然後採集使用者的點擊項目、使用習慣與數據，藉此販售廣告。無論是網紅、兒童富豪、假新聞、網路成癮或詐騙犯等出現在社群媒體的亂象和禍源，都是透過Google與YouTube影響大眾，這裡也往往是最先賦予他們發揮機會的平台。「Google發明了輪子，」Google與Facebook的前員工表示，「然後再被Facebook和其他網路公司學走。」

　　YouTube就和自來水同樣普遍、可靠，也如大海般取之不盡、用之不竭。在印第安泉的度假會議之前，公司發布了難以想像的統計數據：每分鐘上傳到YouTube網站上的影片總長竟高達450小時。請選擇你看過最長的一部電影，例如《魔戒》（The Lord of the Rings）三部曲的其中一部，然後想像自己連續重看那部電影100次──你坐在那邊看了這麼久，還不到每60秒上傳至YouTube的影片總時長。從2016年開始，人們每天在

YouTube觀看的影片總時長可是超過了10億小時。多麼不可思議啊！隨便一個主題，應該都能在YouTube上找到相關內容。**輸入、輸入、點擊。按讚、留言、訂閱。**每天都有數以億計的人在網站上做這些動作，卻對影片出現在眼前的來龍去脈知之甚少。

　　大家都聽過YouTube，卻鮮少有人知道它是如何運作的──是誰在經營YouTube？這些人做了哪些決策？這些決策的重要性為何？之所以寫這本書，就是為了解開這些疑問。本書講述了YouTube從錢坑轉變為成功企業的故事，直至它獨力撐起網際網路的一片天地、使Google成為全球獲利最高且權勢最大的企業之一。閱讀這些故事的過程中，你會發現這個新型大眾媒體背後的操控者並非編輯、藝術家或教育家，而是演算法。此外，你還會認識到各種因素造成的一些怪異事件，這些可是大多數YouTube使用者都一無所知的軼事。

　　多數人把YouTube當成工具與資訊泉源，或是一種無害的消遣娛樂。然而，YouTube包含的遠遠不只這些。YouTube的行銷團隊深知它還有令人惴惴不安的另一個面向。眾人坐在會議室裡觀看自己製作的行銷影片、看著溫馨感人的畫面，不禁感到這些暖心畫面與所謂「噩夢燃料」（Nightmare Fuel）有多麼遙遠。

　　團隊中有些人會用「噩夢燃料」來稱呼內部員工每天收到的一封電子郵件。信件內容涵蓋了關於YouTube的最新報導及線上輿論──這些雖是尋常新聞，卻也揭露出YouTube不為人

知的黑暗面，以及它荒誕與恐怖的陰暗角落。

「噩夢燃料」這個用詞一開始出現在某部影片上線之後。影片中，YouTube名人播出吊死在日本森林裡的屍體。YouTube所有官方帳號都由行銷團隊管理，他們必須時時追蹤網站上不停變動的各項爭議，以免民眾不慎踩入雷區。

舉例來說，有一陣子許多青少年上傳了食用洗衣球的影片，那時行銷部門就收到新指令：別貼出任何跟洗衣服相關的內容；某個13歲少女發布具有性暗示的ASMR（Autonomous Sensory Meridian Response，自主性感官經絡反應）影片，還被新聞媒體大肆報導後，指令就是：避免提到ASMR，最好也別提青少女；還有，當一篇新聞報導提到YouTube上大量關於馬匹的人獸交影片時，指令就是：千萬別發布和馬相關的東西。

眼見團隊成員天天收到鋪天蓋地的負面影片與批評報導，斯泰普頓擔心行銷部門的同仁會對YouTube產生負面印象，認為它反映了人性最醜惡的一面。

在度假村裡，眾人多半都能透過休閒娛樂逃避夢魘燃料，但行程中的一個項目將他們拉回現實：上級告訴行銷團隊，他們將重啟長期暫停的工作，開始用YouTube幾個官方帳號幫PewDiePie宣傳。這項指令是由公司最高層──由「蘇珊」下達的。這位蘇珊就是蘇珊・沃西基（Susan Wojcicki），Google的首席行銷經理，從2014年開始兼任YouTube執行長。

始料未及的成長

參與度假會議的所有人,自然都聽過PewDiePie的故事。

本名為費利克斯・謝爾貝里(Felix Kjellberg)的他,是個不到30歲的瑞典人,習慣在影片中以尖呼自己網名的方式對觀眾打招呼:「PEW dee PIIIIIIIIE!」以YouTube自創的「訂閱數」標竿而論,他無疑是網站上人氣最高的明星。觀眾在使用YouTube網站時,可以點擊一個紅色小按鈕,「訂閱」特定的影片創作者(就和你訂閱雜誌或有線電視一樣,只不過訂閱YouTube創作者不需要花錢)。

YouTube最初推出這項功能時,訂閱制度的發明者認為平台上的頻道頂多只會達到數百萬的訂閱數。他們作夢也沒想到,PewDiePie的訂閱人數會在2019年3月達到將近1億,足以和麥莉・希拉(Miley Cyrus)、凱蒂・佩芮(Katy Perry)等歌星的Instagram追蹤人數一爭高下。9年前(以YouTube來說,已經算是遠古時期了),謝爾貝里以PewDiePie之姿在網站上初次亮相,直播打電動、發表較短的影片。和其他人一樣,他把作品發布在萬千影片的汪洋大海之中,逐漸建立自己的一群極度忠實粉絲。

謝爾貝里與Google合作賺了不少錢,Google對此可是再清楚不過了。Google這間公司非常重視數據,做什麼都得計算一番:公司以數字命名(古戈爾〔googol〕,是天文數字的意思),公司本身的存在也奠基於電腦程式碼無數個0與1。YouTube上每分

鐘的影像，都會經過Google的計算：公司內部的文件顯示，從2012到2019這7年內，全人類總共觀看了PewDiePie頻道上130,322,387,624分鐘的影像，期間謝爾貝里更賺進38,814,561.79美元。這之中，絕大部分（95%）源自YouTube在他影片前後插入的廣告收益。廣告商每花1美元播放廣告，YouTube就會把其中55美分分配給影片發布者，剩餘45美分則是由公司自己留著，這就是它託管影片、提供龐雜系統並確保網站順利運作的報酬。用上述比例計算一下，就能得知那7年之間，YouTube憑著PewDiePie的影片賺了大約3,200萬美元。考慮到許多大銀幕影星的高額片酬，再反觀謝爾貝里驚人的觀眾數，甚至可以說這些報酬給得太少了。

話雖如此，謝爾貝里對行銷部門來說也是令人頭痛的存在。2017年，《華爾街日報》（*The Wall Street Journal*）刊登了一篇報導，描述PewDiePie一部YouTube影片的靜止畫面：畫面中，他站在一塊寫著「猶太人都去死」的標語旁。那之後，網路上為了惡劣的玩笑、新納粹主義者與斷章取義等議題吵得天翻地覆，讓Google決定中止與謝爾貝里的一份廣告合約。7個月過後，謝爾貝里在直播打電動時，若無其事地說了句「黑鬼」（編按：the n-word，對於黑人來說是不好的稱呼，歧視意味濃厚），然後道了歉，接著又鼓勵觀眾去看某個經常發表反猶太主義言論的YouTuber。批評者聲稱PewDiePie「十分危險而且和另類右派關係曖昧」。還有一則關於他的新聞，標題寫著「法西斯主義幾時變酷了？」，甚至有人將PewDiePie與川普相

提並論。

　　但是行銷團隊明白，這些爭議反而加強了PewDiePie粉絲群──他所謂「兄弟軍團」（Bro Army）的信念。前一年秋季，某個上傳寶萊塢歌曲的YouTube頻道似乎有超越PewDiePie訂閱人數的趨勢，「兄弟軍團」見狀發起號召，用「訂閱PewDiePie！」的口號來捍衛他的寶座、抵禦批評者。

　　軍團的口號響徹網際網路的每一個角落：寫著這句口號的標牌出現在亞特蘭大超級盃與立陶宛的一場籃球賽上、英國某政黨在Twitter上貼了這句話，還有網路駭客（Hacker Giraffe）、美國網紅喬凡尼（Goose Wayne Batman）、商業大亨伊隆・馬斯克（Elon Musk）等形形色色的公眾人物幫忙宣揚口號。這是一句反體制的真言，是對大權在握網路企業的挑釁，同時也是當時一種文化現象與迷因。而就如YouTube本身，支持PewDiePie的呼聲也以出乎意料的方式迅速成長，發展到YouTube始料未及的地步。

　　自從幾年前那樁「猶太人都去死」事件後，YouTube就一直和這位網站上最紅的名人保持距離，沒有像對其他頻道那樣公然表示支持或協助宣傳。但此時，公司決定改變立場，這項決策也是行銷團隊在度假會議時討論的重點之一。斯泰普頓的上司瑪麗安・迪克森（Marion Dickson）在當周周四（3月14日）寄了一封電子郵件給參與度假會議的下屬，下令和PewDiePie「恢復往來」。「我想確保我們為這項行動訂立了妥當的指導方針與原則，為任何可能的反彈做好萬全準備。」迪

克森寫道，並強調「清楚了解此事和品牌價值及品牌訊息相合」的重要性。

不久後，員工們又魚貫坐上停在度假村停車場的接駁巴士，搭車經過棕櫚樹與紅木林，駛離酒鄉，回到各自的家中，滿腦子琢磨著關於妥當的指導方針、原則與品牌價值等問題。等到大家返家那天晚間，已是紐西蘭的周五了，斯泰普頓與同事們看見手機閃過一條條新聞通知，信件如雪花般湧入信箱。恐怖分子線上直播大規模殺戮的過程，影像看上去簡直像第一人稱的射擊遊戲畫面，只不過射擊目標換成了孩童。直播最先出現在與YouTube競爭的Facebook Live直播平台上，接著也在YouTube網站上發布。公司員工手忙腳亂地撤下影片，卻不停有其他帳戶複製那段影片並重新上傳。沒有人知道凶手殺人的動機是什麼，就只有這條線索：支持PewDiePie的那句口號。

其實不久前幾乎沒有人認真看待YouTube，也沒有人真心在乎上頭那些號召與口號。這些年來，YouTube公司以逐鹿中原的勢頭盡力把握偌大的商業機會，幾乎是盲目地相信自家科技，結果卻在不知不覺間建造出一部龐雜的機器，揭露出人性最醜惡的部分。有些外部人士認為，YouTube之所以經營得如此成功，就是拜那份醜惡所賜。到了2019年，全世界都逐漸認知到社群媒體真正的影響力——加州少少幾間電腦科學公司，竟能轉瞬間控制住大部分的資訊交流與發聲管道。能夠低調時，YouTube偏好保持低調、盡量不被捲進相關爭論。事實上在許多方面來說，YouTube為現代社群媒體環境鋪了一條路，

這一路走來的種種決策，都塑造了網路上關於注意力、金錢、意識形態等運作模式。

到了2019年3月那個周四，也就是斯泰普頓等人離開度假村那一天，他們公司已然經歷了地獄風暴般的2年，被不受控的明星、瘋子、陰謀、虐童犯與商業的存在危機折磨得苦不堪言，所有人都恨不得將這一切拋到腦後，迎向嶄新的未來，而第一步就是公開修補YouTube和PewDiePie之間的關係。沒想到這時爆發了基督城槍擊案。悲劇不僅在公司經營的網站上演，甚至還將平台上最大頻道牽扯進去，事件似乎和PewDiePie的影響力有關。斯泰普頓本就對自己的公司、公司在社會上扮演的角色，懷有一種難以言喻的不安與噁心感，如今她更是幾近作嘔。在努力消化恐怖新聞的同時，她想起幾個鐘頭前再次觀看的行銷影片──難道，這場駭人聽聞的行動，當真是「一幅最為純粹、未經過濾的肖像」，並「描繪出了我們人類的真實樣貌」嗎？

公司裡所有人都希望這個問題的答案為「否」。不過反觀YouTube創建至今的種種，這也不是YouTube上的創作內容第一次以超脫公司得以控制的形勢，朝著預期之外的方向脫軌行進。

PART 1

起點
From the Get-Go

Chapter 1

平凡人
Everyday People

查德・賀利（Chad Hurley）想創作點什麼，卻不確定該做些什麼。

時間是2005年年初，賀利居住在北加州，大部分時間都彎著腰、駝著背、盯著電腦螢幕。從外表看來，賀利並不像矽谷典型的書呆子阿宅，有著寬闊肩膀與高額頭的他乍看像個高中運動員，一頭棕黃髮則向後撥成衝浪者身上常見的造型。他愛喝啤酒、支持費城老鷹美式足球隊（Philadelphia Eagles），更自認是個藝術家。他受夠了市場上難看又了無新意的筆記型電腦包，因此近期和志同道合的朋友成立了男士包包品牌，生產不同樣式的電腦包。

不過，身為網頁平面設計師，賀利心裡很清楚：真正賺錢的不是包包，而是電腦，於是他和賈德・卡林姆（Jawed Karim）、陳士駿（Steve Chen）兩位程式設計師朋友決定朝這個方向發展，希望能在電腦市場闖出一片天地。賀利比另外兩人大1、2歲，自然而然成了三人組的領袖。他有個年幼的兒子，結婚對象則堪稱矽谷王室成員——他的岳父是知名網路企業家吉姆・

克拉克（James Henry Clark，暱稱Jim）。在Web 2.0（編按：特點是使用者生產內容、互動性和社群連結）時代伊始，網際網路不再僅是專業人士的領域，上頭出現了許多和平凡人、尋常工作相關的網站。這時，賀利心中有個夢想正在萌芽：他想成立自己的新公司。

這個年代，網路使用者爭先恐後地發布線上日記、相簿、詩詞、食譜、長文，隨心所欲地表現自我。日後，賀利會稱他們為「平凡人」。賀利三人多次在他位於門洛公園市的家中或附近的咖啡廳碰面，花了數月討論各種新創網路事業的提案，也談到Web 2.0當中值得仿效的熱門網站，例如社群網站Friendster，也談論到雜草般迅速成長、蔓延的無數部落格網站。不過，他們最常討論的其實是網站Hot or Not。這是個非常簡易的網站，使用者可以上傳人臉照片，由所有使用者為相貌投票評分。這個網站的概念簡單又庸俗，卻十分受歡迎。賀利三人組在從事前一份工作的時候，經常造訪某間咖啡店，在店裡認識了該網站的創作者之一，得知他賺了不少錢。看來這種形式的創業好像也不錯。

三人終於拿定了主意，打算創建供人分享與觀看影片的網站。那年情人節，他們在賀利家的車庫裡，在他家小狗的陪伴下熬夜工作，思考新網站的名稱。賀利提出一些讓人聯想到個人電視的字眼，例如電視機在過去的俗稱「Boob Tube」、供個人使用的「Tube」。他們上Google搜尋新創的名稱，沒有搜到任何結果。當晚，三人就買下了YouTube.com這個網域名

稱,邁出了創業的第一步。

8天後,賀利點開卡林姆寄來的一封信,標題為「策略:請回覆意見」。

> 網站要做得漂亮,但別太專業,要像是幾個人隨意架起來的樣子。例如Hotornot和Friendster,它們簡單好用、外表並不專業,卻非常成功。我們別把網站弄成太專業,免得把人嚇跑……
> 在設計網站時,最關鍵的要素就是易用性,要做得連我們老媽都能輕鬆上手。

<u>時機/競爭對手</u>:
> 我覺得時機恰到好處,現在大部分數位相機都有錄影功能了,去年數位錄影才剛開始普及。
> 我目前所知的競爭對手有一個:Stupidvideos.com,它也讓人上傳影片,觀眾也可以幫影片評分。我們運氣不錯,這個網站還沒什麼人在用。我們該討論它人氣不高的理由,還有我們預期自家網站更受歡迎的理由。

賀利接著讀了下去。

<u>網站焦點</u>:
> 我們應該像Hotornot,把焦點放在交友這方面的暗

示。注意，Hotornot看上去不像交友網站，實際用途卻是線上戀愛交友，這樣使用者才會覺得更輕鬆自在。我相信，比起Stupidvideos，以交友為焦點的影音網站更能引人注目。為什麼呢？因為，大多數未婚的人最在乎的事，就是談戀愛和認識女孩子。人總不能整天看白痴影片嘛！

賀利此時已婚，但他也認為人們會受交友元素吸引，到他們的網站上製作與觀看影片。「只要是人，都想看見與被看見。」他在數周後寫道。卡林姆那封信件最後，訂下了推出YouTube的目標日期──2005年5月15日──距離當時已不到3個月了。

三人組展開行動，由賀利設計YouTube.com呈現在訪客眼前的樣貌，陳士駿與卡林姆則負責網站背後的程式碼。然後在2005年3月20日，雅虎（Yahoo）宣布收購網路相簿網站Flickr的決策。當時雅虎可是網路巨擘，提供了通往線上世界的「入口網站」，每年賺進數十億美元；Flickr則是外表鮮亮的Web 2.0服務網站，供人上傳數位相片。根據新聞報導，雅虎以高達2,500萬美元的高價收購Flickr。這起收購事件瞬間點燃賀利三人心中的一把火，卡林姆又寄出一封信件，這回的標題是「新方向」：

我今天和查德討論的結論是，我們網站的焦點應該

要更類似Flickr。簡單來說，就是當作網路上各種個人影片的存放處。

接下來數周，賀利、陳士駿與卡林姆重新展開討論，遲遲無法決定YouTube該效法交友網站還是相片網站。陳士駿在一封信中寫道：Hot or Not能吸引「荷爾蒙失控的時髦大學生」，Flickr則吸引了「設計師、藝術家與創意人士」。YouTube的用戶群會是哪種人？還是說，他們應該創建兩個不同取向的網站？賀利不確定是否該朝Flickr那個方向行進，畢竟將影片上傳到網路並在線上編輯影片，難度比上傳與處理照片高得多；另一方面，他也不希望網站受限於特定的使用模式，變得過於小眾。4月3日星期日深夜，賀利寄了封信件給兩位夥伴，主張他們該直接推出新網站，「之後再決定方向」也不遲。

10天後，這條方向未定的路上出現了新的障礙。Google在網路上發起號召，呼籲人們投稿自己業餘拍攝的影片，由Google貼到線上供全世界觀看。日後回想起那次事件，賀利仍記得自己當下的反應：「啊，幹。」相較於雅虎，Google對賀利三人的威脅性要大多了。Google剛推出時，不過是眾多網路搜尋引擎之一，卻很快徹底擊潰所有競爭對手，並逐漸展露出它真正的野心。2004年愚人節，它推出自己的電子信箱服務──Gmail，並提供大量免費的數據儲存服務，成了網路上的數據儲存先驅。起初，人們只當Gmail是一場愚人節惡作劇，沒把它當真，但Google可不打算止步於電子信箱服務。後

來，Google又推出了免費且龐大的數位地圖，範圍含括整顆地球。如今，手握大量資金與軟體工程人才的Google，準備吞噬YouTube的目標市場了。

賀利三人組再次見面時，議程中多了一個新問題：**我們是不是該放棄了？**

三人的相遇

賀利從小在賓夕法尼亞州雷丁市長大，剛來到加州時，和許多人一樣是暫時在別人家客廳打地鋪。賀利讀的是賓州一間規模很小的大學，大學時期接了一些架設網站的零工，畢業後就搬回父母家中。在那段找不到人生目標、生活索然無味的時期，有天他翻著《連線雜誌》（*Wired*），看到一篇關於Confinity公司的文章。這是加州一間軟體公司，它當時研發了早期的掌上型電腦PalmPilot，正試圖籌募資金進一步開拓手持電腦市場，並且徵募設計師。賀利心血來潮寄了履歷過去，隔天就收到回覆：明天能來面試嗎？

此時是1999年，矽谷現金多得要溢出來了，迫切需要人才與人力。Confinity請賀利為公司新推出的支付服務PayPal設計標誌，然後很快就決定雇用他了。

賀利飛到創新與商業成功的新中心──北加州，展開打地鋪的生活。他的東道主艾瑞克・克萊恩（Erik Klein）是來自伊利諾州的程式設計師，初來加州時也是在別人家打地鋪。

Confinity所有新雇用的員工，一開始幾乎都是借住辦公室附近的人家，不是睡沙發就是睡地板。這些20多歲的新鮮人只能慢慢等待，尋找不需確認過往租屋經驗的房仲，自己租公寓住。

進了Confinity，賀利很快就認識另一名新進員工，對方是個名叫陳士駿的年輕程式設計師。他有個圓臉頰、一頭刺刺的黑髮，笑聲總是輕鬆開懷。原本住在芝加哥，卻在大學畢業前一學期放棄學業，買了單程機票來到加州，讓他的父母大感震驚。出生於台灣台北的他，8歲時舉家搬到美國。搭機飛往美國時，他甚至不知怎麼用英語請空服員幫他拿水。在芝加哥市郊生活那幾年，他大都致力於學習英文。到了15歲，陳士駿就讀伊利諾數理高中，展開住校生活，並在這裡找到自己真正精通的語言：電腦語言。他買了一台體積龐大的桌上型電腦。由於在寄宿學校沒有家長管控他用電腦的時間，於是他經常熬夜、喝咖啡、寫一些能讓螢幕動起來的程式碼。他進入伊利諾大學電腦科學系，卻常常翹課。系上的功課往往和程式碼有關，學生必須寫程式或演算法，用類似「只要……就……」（if...then...）的語法，以最佳方式完成任務。對他來說，這是手邊有書和鍵盤就能自學的東西，根本不需要特地去上課。

此外，他已經認識業界的人了——Confinity創辦人之一馬克斯・列夫琴（Max Levchin）是伊利諾大學校友，喜歡到陳士駿先前就讀的高中徵才。列夫琴曾在採訪中表示，那間高中產出了許多「非常聰明、刻苦且沒有被寵壞」的程式設計師，招聘進新創公司再合適不過了。陳士駿到Confinity上班的第一天

是星期天，他一走進辦公室，就看見另外四名程式設計師在辦公室打電動。這就是天堂。

　　陳士駿喜歡在卡布奇諾與香菸的支撐下工作到深夜，有時過了中午才跌跌撞撞地走進辦公室。在同事眼裡，他是個愛開玩笑的搗蛋鬼，經常工作到一半去抽菸；寫程式時喜歡走「捷徑」，用一些其他人避免使用的粗暴解法來完成任務。他也喜歡用Python這種較冷門的程式語言寫程式，因為它是開放原始碼軟體，創建者與貢獻者都是世界各地性情奔放不羈的人，陳士駿認為他們和自己是同道中人。

　　陳士駿偶爾會和卡林姆合作。卡林姆同樣是個才華洋溢、喜愛搗蛋、讀過伊利諾大學的移民。他們兩人都喜歡網際網路不受規則限制的開放環境，卡林姆在大學時期就發明了MP3 Voyeur這個檔案共享服務，提供善用科技的大學生上網翻錄音樂。MP3 Voyeur問世後數月，才有人發明出名為Napster的同類型服務。

　　陳士駿、卡林姆與賀利在Confinity一起經歷了動盪不安的好幾年。那段時期，新創公司多像一條鯊魚，在水中盤旋、尋找任何一絲血腥味，只要嗅到金錢的氣味，就可能瞬間轉變方向。Confinity拋棄最初的防護軟體開發路線，改朝行動支付這個方向前進，並設法熬過網際網路泡沫破滅的騷亂時期，眼睜睜目睹市場崩盤、許多年輕的網路企業毀於一旦。最後公司改名為PayPal，以嶄新的樣貌走出網際網路泡沫的斷垣殘壁後成功上市，後來在2002年將自己賣給拍賣網站eBay。

PayPal早期員工是一群關係緊密的A型人（競爭性強、高效率、完美主義人格），大都擁有過人的才華與成就。因此在公司被eBay收購後，其中幾人接著加入了幾間可靠的投資公司，成立業內多間著名企業：評論網站Yelp、職場類社群平台領英（LinkedIn）、太空探索技術公司（SpaceX）。這群人多是男性，被新聞媒體稱為「PayPal黑手黨」（PayPal Mafia）。這三位YouTube創始人在PayPal工作時，比較像是後援團隊，表現不算最優秀。然而在PayPal被收購後不久，賀利就因為受不了eBay沉悶的企業文化而離職；陳士駿則參與了PayPal進軍中國市場的計畫，但也漸漸開始厭惡公司變得更重視經濟利益的新文化，對程式設計已經沒了熱情。

　　2005年年初，三人組開始討論架設影音網站的新想法時，沒多少人認真看待他們的計畫。那年4月，陳士駿將測試版YouTube寄給一位前同事，徵詢對方的意見與建議。

　　「很棒，」那位PayPal前員工回覆道，「用起來很順。你們要怎麼濾掉溼晴片？」（原始信件裡應該是要打「色情片」三個字）陳士駿表示他們會進行過濾，並問對方：「要不要貼個影片上去？？？？？？」

　　當時的網路仍未成為巨大的公眾舞台，人們還沒養成上網分享與過度分享的習慣，所以在網路上貼出未經修飾的個人影音感覺有點奇怪。這位前同事回覆說：「我可能沒什麼影片好貼的。」

廣播自己

即使最初的迴響不冷不熱,他們三人也不以為忤。Google進軍線上業餘影片市場,也沒有令他們選擇罷手。畢竟,試圖進入這塊領域的網路企業並不只有Google。微軟(Microsoft)自己有個影音網站,美國影音分享網站Revver、以色列影片分享網站Metacafe等新創公司也紛紛架設影音分享網,Big Boys、eBaum's World等粗俗的入口網站也有了自己的影片分享頁面。這些競爭對手都上傳影片到各自的網站或應用程式上,卻無法在其他地方播放。在這方面,YouTube倒是另闢了蹊徑。

卡林姆在派對上,向PayPal程式設計師潘宇(Yu Pan)展示他們的新想法。「這是Flash。」卡林姆告訴他。Flash是可用於渲染文字、音訊與視訊的軟體系統,只要用了它,就能在其他網站上嵌入YouTube的影片播放框。最終,使用Flash成了三人組最明智的決定,YouTube就是憑著這創新的策略超越所有競爭對手。派對上,卡林姆播了一支測試影片給潘宇看,潘宇從前在PayPal也玩過Flash,立刻就明白Flash影片的技術潛力。螢幕上,賀利用一格格像素畫出簡單的長方形與小小的三角形「播放」鍵,象徵著能夠放置在網路任何一處的迷你電視。

用Flash播放影片相當容易,將視訊與音訊同步卻是難上加難。陳士駿拍了無數段僅僅4秒的影片,內容就只是自己說話的聲音與影像而已,然後他再三回去檢視程式碼,確保自己的口部動作與語音有剛好對上。三人組將影音同步效果調整到滿

意後，卡林姆在YouTube上發布了第一部正式影片：僅僅18秒的短片，其中包含一句引人遐想的話。

> 「我在動物園。」（Me at the zoo.）
> 卡林姆，2005年4月23日。0:18。
>
> 　　身穿黑色滑雪外套的卡林姆，站在聖地牙哥動物園裡。背景那些嘰嘰喳喳的孩子們幾乎蓋過了他的聲音，但他的口型與聲音吻合了。「來看看，我們後面就是大象。」他直視著鏡頭說，「這些傢伙之所以有趣，是因為牠們有很長、很長、很長的──」停頓。「──鼻子。差不多就是這樣。」

　　為了增添網站的內容，卡林姆上傳了波音747飛機起飛與降落的影片，陳士駿則用網名「Tunafat」上傳了他家貓咪PJ的短影片。

　　然而，這些影片遠遠不夠。三人組仍在考慮朝交友網站的方向發展，而要達到這個目的，就需要大量包含女性的影片。「YouTube在徵求創意影音！」陳士駿在分類廣告網站Craigslist上貼文寫道，「你如果是18到45歲的女性或極富創意的男性，手邊有可以拍攝短影片的數位相機，請依照以下步驟去做，可賺20元。」他接著寫了以下的步驟：造訪YouTube.com、創建帳號、上傳自己的3段影片。訪客可以從下拉選單中，點選類似這樣的選項：「我是女性，想認識18到45歲的男性」。

在拉斯維加斯與洛杉磯多處貼出這則廣告後卻乏人問津。三人只好重新開會與構思。賀利認為徵求創意影片的廣告令人卻步，反而應該鼓勵人們上傳「平凡人拍攝的真實個人影片」才對。在他看來，YouTube最大的缺陷是缺乏明確目的。這裡究竟是宣揚個人意見的所在，還是展示自身吸引力的場所呢？

「你們給我的方向很不一致。」賀利在信中無奈地寫道，「我們到底要往部落格還是交友的方向走？」

卡林姆回覆：「別管什麼部落格了，我們應該要成為上傳自己影片的網站，讓人廣播自己。就這麼簡單。」

三人為網站設定的早期標語是「收看，找伴」（Tune In, Hook Up），但這句標語並沒有吸引到什麼人。這時，卡林姆提出了新口號──「廣播自己」（Broadcast Yourself），從此就這麼定下來了。

另外兩人很快就會厭倦卡林姆直截了當的說話方式，不過那年5月向大眾公開YouTube之後，他提出的口號與果斷的抉擇，確實對網站產生了很大的助益。至於YouTube發揚光大的動力，則是三人組在1個月後做的幾項調整：他們增加了影片下方的留言功能，以及讓人輕鬆將影片連結寄給朋友的小按鍵。此外，當使用者點擊影片時，頁面右側會出現一排相關影片，促使人們觀看更多內容。

在YouTube創始前幾年，美國電視聯播網霸主──國家廣

播公司（NBC）、美國廣播公司（ABC）、哥倫比亞廣播公司（CBS）、福斯（Fox），才剛和第一位大敵打了血淋淋的硬仗。戰鬥結束後，電視聯播網雖有損傷，終究還是硬撐下來了。當時和他們對戰的死敵，就是有線電視。1990年代，監管機構放開韁繩，解放大批的有線電視台。這些電視台很快就大量霸占了電視頻道，搶占觀眾與廣告商，讓那些從電視剛發明時期就存在的元老級聯播網感受到巨大的威脅。聯播網自然是不甘示弱，除了接連推出1周7天、1天24小時不間斷的電視台，如微軟－全國廣播公司（MSNBC）、福斯新聞（Fox News），也以合併的方式鞏固勢力。短短幾年內，CBS的母公司維亞康姆（Viacom）就併購了納許維爾有線電視網絡（The Nashville Network, TNN）、黑人娛樂電視台（Black Entertainment Television, BET）與音樂電視網（MTV）。但聯播網真正的制勝武器，其實是實境節目。這類節目採用業餘演出者，不需要太精細的腳本（甚至完全沒有腳本），製作成本很低，卻對觀眾極具吸引力。

但到了2005年，實境節目《真實世界》（*The Real World*）已經拍到第16季，《倖存者》（*Survivor*）也演到第10季了，人們開始對實境節目感到膩煩。實境節目的斧鑿痕跡變得過於明顯，觀眾發現節目上的角色與戲劇事件是人為刻劃與刻意營造的結果，實境節目出身的人物也僅能享受短暫的知名度，甚至始終沒沒無聞。各個聯播網盡量與時俱進，轉而找三流名人拍節目，例如ABC的《與星共舞》（*Dancing with the Stars*）；或讓

素人真正一舉成名，如FOX新上映的《美國偶像》（*American Idol*）就一鳴驚人，高居收視率榜首，每集收看人數高達2,600萬。在此1年前，NBC高層仍在為超高人氣的影集《六人行》（*Friends*）完結而傷腦筋，孰料某位事業不停走下坡的房地產富二代川普，主持的新實境競賽節目《誰是接班人》（*The Apprentice*）竟大受歡迎，為NBC吸引了不少觀眾。

電視界大人物都親眼見證到網際網路對音樂的影響：Napster網站上，一群小混混把盜版音樂免費送給使用者，結果毀了音樂產業。幸好電視產業還有實境節目這塊後盾，以及忠實收看實境節目的嬰兒潮世代。

儘管如此，較年輕的觀眾——也就是難以捉摸的文化領頭羊族群，又一度和電視廣播漸行漸遠了。喬治‧布希（George W. Bush）任職總統的時代，年輕世代都是透過喜劇中心（Comedy Central）的喬恩‧史都華（Jon Stewart）獲知新聞，閒暇時上MySpace打發時間。直到2005年夏季，MySpace已成為網路上新的人氣王，每月吸引多達1,600萬名訪客，是瀏覽人數第五高的網站。那年7月，FOX母公司新聞集團（News Corporation）斥資5.8億美元買下MySpace及它的年輕客群。

此時，陳士駿在MySpace找到使YouTube加速成長的捷徑。MySpace上多得是亂七八糟且五花八門的部落格文章、音樂與分類廣告，卻沒有影片。在陳士駿看來，MySpace的忠實使用者正是YouTube的目標客群。這些人已經分享了自己的照片，何不順道分享影片呢？使用Flash之後，YouTube就能直接在

MySpace頁面上播放影片，吸引訪客前往YouTube網站，進一步觀賞影片。

　　YouTube果然因此吸引了許多新用戶。人們上傳家庭旅遊影片、貓咪影片，以及電視上找不到的稀奇影片。有了來自MySpace的客群，再加上留言與相關影片這兩項新功能的加持，YouTube的流量開始穩定攀升，絲毫不見減緩的趨勢。

　　除了MySpace以外，陳士駿或許還利用了另一個社群媒體。離開PayPal後，他到Facebook上班，該公司當時還是幾個哈佛大學學生創辦的新創公司。Facebook創立初期的某名員工還記得，陳士駿曾在辦公室對同事們展示YouTube.com。他離開Facebook並致力創建YouTube後，並沒有歸還先前在Facebook工作時使用的公司電腦，有些內部人士懷疑陳士駿就是用那部電腦編寫了YouTube的程式碼，認為Facebook或許握有YouTube的部分智慧財產權（陳士駿否認這件事，表示自己只是一直沒歸還那部電腦而已，Facebook則未曾公開提及此議題）。

　　陳士駿過了相當忙碌的一年。那年夏季，大量新觀眾與影片上傳者從MySpace湧入YouTube，讓他很快就意識到，光靠他們三人組已經無法確保網站順利運作了。於是，他著手招募從前在PayPal結識的幾位朋友。被同事們稱作「瘋狂科學家」且精通程式設計的潘宇，就這麼被挖角到YouTube。克萊恩在周四離開PayPal，4天後的周一上午和陳士駿談過之後，下午馬上就有了新的筆記型電腦與新工作。不久後，又有幾位PayPal前員工陸陸續續加入。

YouTube團隊每天只會接到一道簡單的指令：別讓YouTube.com當掉。有時可能是程式出錯，或是影片上傳量過大，網站就會因此停止運作。YouTube程式設計師平時會到公司租用的小辦公室，通勤時間則掏出笨重的筆記型電腦與無線數據機在車上工作。身為夜貓子，陳士駿往往在深夜閱讀使用者寄來的客訴信件，並整理出新的待解問題，讓團隊一早上班就能著手解決網站的疑難雜症。

光是在線上播放一支影片，YouTube就需要大量計算頻寬與實體設備，於是陳士駿買了好幾車的42U機櫃，用這些比冰箱還大的箱子來容納YouTube運行所需的多台伺服器。然而，這只能作為短期的解決方案，無法永久解決問題。到2005年9月，YouTube網站上每天的影片播放次數已超過10萬次。最後，陳士駿找到德州出租伺服器空間的公司，所有帳單都計在他的信用卡上，結果頻頻刷爆卡。

PayPal的程式設計師們在日常生活中並不會使用PayPal的支付服務，而是用現金消費——這可說是半個玩笑，因為PayPal服務的使用量過於龐大，系統又太過脆弱，有時只多一筆交易都可能讓系統崩潰。建造YouTube系統的這群男人也延續了那個傳統，他們其實極少觀看網站上的影片。

話雖如此，負責管理YouTube的創辦人們還是會盡量上自己的網站看影片。YouTube推出後不久，網站上除了千奇百怪的自製影片外，還出現了一些看起來很像電視影像的片段。那年7月，賀利找到幾段標題為「百威廣告」的影片，是從電視

上錄下來的盜版影片，他認為應該將其下架。百威啤酒商擁有自家廣告的版權，倘若那些影片在未經百威許可的情況下被上傳到網路，YouTube就有機會吃官司。然而卡林姆持相反意見，動手復原28支被移除的影片，並在郵件中辯稱**那些影片可以快速傳播出去，讓更多人看見YouTube，所以值得冒險**。

對此，賀利陰惻惻地回道：「好喔，兄弟，那就把你的飯錢存起來打官司用吧！；）」

到了8月，YouTube網站上出現直接節自CNN節目的片段，是美國航太總署（NASA）太空梭降落的影像。這回賀利無法再淡然處之了，他在郵件中寫道：「要是CNN老闆泰德・透納（Ted Turner）那邊的人來了可能會很火大喔？以後會花大錢收購我們的就是這些人，我們還是別惹他們。」

賀利忙著為透納那邊的人操心、陳士駿忙著確保網站順利運作時，卡林姆已經和他們漸行漸遠了。卡林姆當初和陳士駿一樣放棄大學學業，加入了名不見經傳的網路公司，後來才透過線上學習的方式拿到大學文憑。他的父母都是科學家，即使在PayPal成功之後，他們仍鼓勵卡林姆去讀研究所。那年秋季，他離開了YouTube。在網站最需要程式設計師的時候，失去了一位專家，陳士駿因此覺得自己被同伴拋棄了。

日後，關於卡林姆在YouTube所扮演的角色有不少爭議：卡林姆聲稱，自己錯過了2004年印尼海嘯、珍娜・傑克森（Janet Jackson）在超級盃意外露點等只在電視直播中曇花一現的試金石事件，並在無奈的情緒驅使下，產生了創建YouTube

的想法。**事情在電視上播出後,為什麼就不能再看一次了?**陳士駿則表示,自己是在公寓辦餐會時,談話間萌生創建YouTube的念頭。

怪胎創造文化

卡林姆離去後,YouTube開始起飛了,但這並不是因為賀利或陳士駿做了什麼。這段時期,一群富有創意的年輕怪胎開始虔誠地使用YouTube,創造出屬於自己的文化試金石。

10歲那年聖誕節,布魯克・布羅達克(Brooke Brodack)拆開禮物,收到人生中第一台攝影機。不對,也可能是11歲——她不太記得了。她倒是記得,自己大費周章地拿著攝影機繞著後院到處拍,過節時錄下全家一起吃火雞的影像,還一再催促家人一起看她錄製的影片。13歲時她開始寫短劇,也學會安排鏡頭、剪輯影像。她這份興趣持續到大學時期,甚至讓她攻讀廣播相關科系。與此同時,她在麻州伍斯特市的「幸運99」(Lucky 99)海陸餐館當帶位服務生。2005年秋季,在餐館輪班的空檔,布羅達克找到影片創作的新場景。

19歲的布羅達克加入YouTube後,用「Brookers」這個網名上傳了大量奇奇怪怪的自製影片。某支影片中,她舉著武士刀,對嘴唱了芝加哥樂團(Chicago)的一首歌。「瘋狂NUMA粉!」中,她扮演另一名在房間用網路攝影機錄影的演出者——蓋瑞・卜羅斯馬(Gary Brolsma)——的狂熱粉絲。

> ▶ 「瘋狂NUMA粉！！！！」（CRAZED NUMA FAN !!!!）
> Brookers。4:03。
>
> 畫面出現全大寫的警語：「本影片包含非常容易上癮的歌舞，部分觀眾可能受到影響，試圖模仿以求成名。」綁著歪斜雙馬尾的青少女出現了，門牙之間有著大縫隙，上衣則用釘書機釘了一張紙，寫著「第一NUMA粉」幾個大字，這是網路上的內梗。

　　在YouTube尚未問世的2004年，卜羅斯馬在娛樂網站Newgrounds.com上傳了一支影片。影片中，圓臉的卜羅斯馬戴著耳罩式耳機，目光聚焦在鏡頭之外的某處，背景播著帶有沉沉節拍與多人合唱的歐洲流行歌曲，用羅馬尼亞語唱出的歌詞聽上去像是「Numa Numa」。卜羅斯馬隨著歌詞改變口型，神態也隨著歌曲變得越來越激動。觀賞這部影片時，你可能會覺得自己不慎窺見他人私下的愉悅片刻。

　　布羅達克的版本更長、更狂野，四肢如卡通人物岡比（Gumby）那般狂亂揮舞。而這部影片在YouTube上大受歡迎。

　　2006年誤打誤撞接觸到YouTube的多數人，尤其是年輕人，都看過卜羅斯馬的影片，也曾聚集在電腦螢幕前觀賞他對嘴唱歌的表演。布羅達克也受那支影片的熱忱感染，彷彿目睹了內向的I人破繭而出的瞬間。她致敬卜羅斯馬的那部影片，後來也成了YouTube一股風潮的代表作，象徵了再創造、相互

對話與淺薄的內容。它是複製品的複製品,卻也複製了前人的人氣與知名度。

Chapter 2

真實且莫名
Raw and Random

老鼠。這地方是老鼠的天下,通風口和天花板之間的縫隙、地板下的小角落,滿滿都是老鼠,數量還與日俱增。唉,老天啊。

2006年,面對YouTube意料之外的迅速成長,這間新創公司在年初搬進一間較大的辦公室,只可惜新環境髒亂不堪。這裡是舊金山與數條鐵路線附近衛星城市聖馬刁的阿米奇披薩店(Amici's Pizza)2樓空間,這些20多歲的軟體工程師吃完飯都不怎麼清潔環境,結果導致令人傷透腦筋的鼠患。

有人在YouTube的接待桌上放了兩隻老鼠玩偶,當作公司吉祥物。新辦公室整體是馬蹄形狀,中間是樓梯,兩側擺了數排克難的辦公桌。眾人用寒酸的日光燈照明,地上則鋪了灰色地毯。辦公室一角,賀利與陳士駿共用幾扇窗邊的桌子。為了讓辦公室多些色彩,賀利特地請某位藝術家在牆上畫了螺旋形的紅色與灰色條紋,象徵頻寬。他們在天花板掛了幾塊廉價白布,勉強把辦公室分隔成幾個區塊。也學Google那樣,到好市多買了大量零食回來供員工取用,結果一部分食物被深藏在冰

箱角落默默腐壞了。每名新進員工都得動手組裝自己的宜家（IKEA）桌椅，從這個入社儀式就能看出YouTube當時的雜亂無章。

賀利與陳士駿組織了董事會，除了程式設計師之外也招募商管行政人才。即使YouTube吸引了越來越多目光，公司依舊保留了最初狂放不羈的特質。2月，當時的歌舞明星MC哈默（MC Hammer）造訪YouTube的新辦公室，想要認識這個掀起新潮流的網站，由剛進公司不久的凱文・唐納修（Kevin Donahue）導覽。這個參觀過程都被拍下來，以「哈默時間！」（Hammer Time!）為標題的影片也上傳YouTube。

《富比士》（*Forbes*）記者也去了YouTube辦公室一趟，觀看當時某段的熱門影片：在孩子全神貫注打電動時，繼父讓螢幕上閃過一張恐怖的臉，嚇得孩子驚恐大哭。YouTube新招募的另一名行政職員克利斯・麥克西（Chris Maxcy）表示「這很有問題」，其他人卻是哈哈大笑。在《富比士》記者的採訪中，唐納修對YouTube網站的形容是：「真實且莫名。」

僅僅數月前，YouTube的營業支出都還記在陳士駿的信用卡上，公司可說是命懸一線。幸好，YouTube終於找到了救星。2006年夏季，陳士駿與賀利在追蹤網站上的新帳戶時，注意到某個人的姓名——魯洛夫・博塔（Roelof Botha）。

博塔很有錢，曾當過PayPal財務長，後來跳槽到一度為Google出資的知名創業投資公司紅杉資本（Sequoia Capital）。他是個身材高挑、行事務實的南非人，擁有商業學位，也十分

迷戀新科技。不久前，博塔帶著新入手的數位相機到義大利鄉村度蜜月，從幾個PayPal舊識口中得知YouTube的存在後，他將一些影片貼到網站上。注意到YouTube的，不只有他們PayPal的前同事與同業人脈。那年8月，Google創辦人關注的著名科技新聞網Slashdot也提到YouTube，為網站吸引了好幾波人潮。博塔和這幾位PayPal前同事重新建立聯繫，當月就擬了一份備忘錄，遊說紅杉資本其他合夥人投資YouTube。

8月底，YouTube瀏覽人數已達8,000人，這些使用者也上傳了1.5萬部以上的影片。根據博塔的計算，YouTube每月花費大約4,000美元託管影片，每一次有人播放影片，花費的運算資源大約是幾分之一美分。在商業模式上，YouTube可以選擇讓用戶付費使用影片特效等功能，也可以學Google那樣靠廣告賺錢。博塔在備忘錄中提及網路相簿Flickr、群眾外包旅遊網站貓途鷹（Tripadvisor）等Web 2.0公司近期憑「使用者供應內容」取得成功的案例，其中貓途鷹以超過1億美元的高價被收購。至於YouTube，至少也能賣到同樣的好價錢吧！

博塔的備忘錄成功說服了其他合夥人，那年11月，紅杉資本宣布投資350萬美元，並對YouTube儲存8TB影片的能力讚賞有加，聲稱這「等同一天內將一整間百視達（Blockbuster）的出租影片搬運到網路上」。在百視達影音出租公司還未失勢的時代，這可是令人嘆為觀止的數據。紅杉資本其中一位合夥人麥可・莫里茨（Michael Moritz）──甚至在日後將YouTube稱為「網際網路的第四騎士」（譯註：The Fourth Horseman of the

Internet，此指《聖經》〔*The Bible*〕記載的「天啟四騎士」〔Four Horsemen of the Apocalypse〕，分別象徵瘟疫、戰爭、貧困與死亡），和亞馬遜（Amazon）、微軟及Google並駕齊驅。博塔被紅杉資本任命為YouTube董事之一，紅杉資本也掌握了YouTube公司30%的股權。

有了紅杉資本的投資，新成立不久的YouTube得以租下聖馬刁那間披薩店樓上的辦公空間，開始與老鼠周旋的生活。有一回，剛上任不久的行政職員麥克西嗅到一股惡臭，循著味道找去，發現辦公室天花板附近的捕鼠器捉到一隻老鼠，早已死亡且開始腐爛了。麥克西在穿著上比較講究，偏好寬鬆的西裝褲與襯衫，全辦公室只有他會紮上衣——至於賀利和陳士駿，即使非得穿上正裝也偏好不紮衣服。但是像這樣個性的麥可西還是會展現頑皮的一面，他把死老鼠裝進垃圾袋，拿得離自己遠遠的。這時25歲、頂著一頭亂髮、穿著法蘭絨上衣與嬉皮牛仔褲的新進員工麥卡·薛佛（Micah Schaffer）舉起攝影機，開始錄YouTube影片。

「我們拿去給海瑟看。」他笑嘻嘻地說。

他說的是海瑟·吉列（Heather Gillette），這位可說是YouTube的元老級員工，也是公司裡少數的幾名女性。她從小在離聖馬刁不遠的帕羅奧圖市長大，住在父母租來的屋子裡，成年後的夢想就是買下屬於自己的家，和她的貓狗與兩匹馬（還有她想養的一群雞）一同生活。那年夏季，吉列找到了最理想的所在，一片位於蓊鬱丘陵與紅杉林附近的空地。她欣喜

若狂地取出小型手持錄影機，打算和家人分享這完美的樂土。但是當她上網找尋傳送影片的途徑，卻只找到看來有點可疑、要求她支付25美元使用費的MPEG Nation網站。

這時，吉列還沒聽過YouTube。直到某一天，她拜訪童年好友凱西（Kathy）的家，當時好友的丈夫賀利正默默窩在家中飯廳用電腦。凱西說起查德最近創立的新事業，聊到YouTube這個免費的影片共享網站，於是吉列走了過去，想瞧瞧他在做什麼。吉列做過幾份客服工作，此時處於離職與再就業的空窗期，她心心念念著自己嚮往的那片土地，希望能找到一份新工作，早日實現夢想。賀利告訴她：「我們不需要客服。這是免付費網站。」

結果數周後，吉列再次到凱西家作客時，賀利已改變了心意。他需要雇一位行政經理。

身為行政經理，吉列得處理辦公室的鼠患，但她不忍心殺老鼠，她可是把家裡養的動物都當成自己的「孩子」看待，男同事們更總是拿她對動物的喜愛開玩笑。

一波未平，一波又起

然而除了鼠患，吉列還有更複雜、更棘手的問題得處理。賀利交付給她的任務當中，還包含了「影片篩選」這一項。

為避免YouTube成為濫俗駭人的網站，創辦人決定禁止使用者上傳色情與極端暴力的影片，但再怎麼禁止，總會有人上

傳那類影片。起初，員工會在上班時間輪流審查網站，一一檢查是否有違規的影片，陳士駿則在深夜接下審查工作，在咖啡的驅動下瀏覽一部部影片。他們也另外建立軟體系統，讓觀眾檢舉違規或令人不適的影片。問題是，隨著網站人氣高漲，每日上傳的影片已目不暇給，他們必須找到更有效的解決方案。

吉列雇了10位審查員，組成了簡稱「SQUAD」（Safety, Quality, and User Advocacy。安全、品質與使用者倡議）的團隊——這群人可說是網際網路世界的第一批前線工作者，專門審查觀眾檢舉的影片。他們的電腦螢幕上顯示了一部接一部的爭議影片，右上角有4個選項：「許可」（Approve，保留影片）、「不雅」（Racy，將影片標記為18歲以上才可觀看）、「拒絕」（Reject，移除影片）、「警告」（Strike，移除影片，並警告上傳該影片的帳戶）。如果同一帳號接收到的警告次數過多，那個帳號就會遭到停用。

吉列又雇了夜班與周末班審查員，並購置工業規格的螢幕保護裝置，以免螢幕上的爭議內容被其他人看見。他們原先安排審查員團隊坐在辦公室門邊，但訪客一進門就看見一排人埋頭檢視網際網路的陰暗面，實在不利於公司形象，所以不久後就挪到了別處。

那麼，團隊篩選影片的原則是什麼呢？

公司指派薛佛擬定相關的指導方針。他特地印出一條「拒絕」影片的規定，貼在自己的辦公桌前：「這裡先說明，假如看不見生殖器是因為它在別人的生殖器內——那就不是不雅

了,而是該處以警告。」成人影片容易造成各種問題,舉例來說,當YouTube嘗試和迪士尼(Disney)合作時,迪士尼多名企業經理表示YouTube網站上能輕易看見成人影片的靜止畫面,因此不樂意和YouTube發展合作關係。

　　某個周五上午,有名記者致電YouTube,針對網站上大量的淫穢內容提出質疑。當天午休時間,吉列站起來對辦公室全員宣布:所有人周末都得加班,把網站上所有生殖器清得一乾二淨。這項行動成功了,那名記者後來並沒有發布關於YouTube與成人影片的報導。

　　問題是,審查員的工作並不是把出現生殖器的影片下架就好。薛佛與免費為YouTube提供服務的律師珍妮弗・卡瑞柯(Jennifer Carrico)在小房間裡關了一周,敲定篩選影片的指導方針。他們觀看了一些遊走在規則邊緣,甚至不太真實的影片,最後決定了策略:看到某個身體部位,他們就會問:它能放到哪裡?有沒有可能把大拇指塞進去?影片裡如果出現這個,我們該怎麼處理?討論到後來,卡瑞柯不禁喟嘆:「我們是打開了什麼潘朵拉之盒啊?」

　　薛佛的大學同學茱莉・莫拉－布蘭可(Julie Mora-Blanco)在2006年夏季加入SQUAD團隊,YouTube開給她4.5萬美元的年薪,外加醫療保險與公司股票——在她看來,自己絕對是賺到了。同事們早就警告她,之後可能會見識到形形色色的恐怖影片⋯⋯但她萬萬沒想到,剛上任沒多久的某天上午,她就看見接下來10年都將陰魂不散地纏著自己的畫面。「噢,天

啊。」影片開始時她駭然驚呼。日後，她只肯透露影片裡出現了幼童以及昏暗的飯店房間。某位同事指導她進行相關流程：按下「警告」，刪除那個帳戶，然後把影片交給專門監管兒童剝削事件的非營利團體，並告知聯邦機構。

然而，對SQUAD團隊來說，那些陰魂不散的影片與赤裸裸的成人片已經是最涇渭分明的領域了。當管理員無法輕易判別影片是否符合規定時，那些影片往往會傳到吉列手裡。面對大部分的人性陰暗面，吉列都能保持理智，甚至在觀看成人色情片時還會覺得好笑——不過只要是和動物相關的駭人影片，例如女人穿著高跟鞋踩踏動物、貓咪被活活煮熟等滿足特殊癖好的影片，吉列都必須交給別人處理。即使只看了幾部動物相關的恐怖影片，她就遭到噩夢纏身多年了。

從事這份容易造成心理創傷的工作時，莫拉－布蘭可和同事們經常透過黑色幽默來調整心情。但是他們也為自己的工作感到驕傲，是他們守護了YouTube這個新生網路社群，確保了網站上的安全與衛生。

不久後，吉列的任務又多了一項：確保YouTube遵循所有法規。某天，吉列看到賀利拿著一份通知走來，那是安置YouTube電腦伺服器的公司寄來的。根據那份通知，YouTube竟違反了法規。

「妳能處理版權問題嗎？」賀利問吉列。

早在當初窩在車庫裡架設網站時，賀利就明白，未經版權所有者許可的情況下託管盜版影片，就必須承擔相應的法律風

險。隨著YouTube日益成長，舊媒體提出的下架請求也越來越多了（日後一樁司法案件中揭露相關即時通訊紀錄，YouTube員工用「版權混蛋」與「該死的混帳」來稱呼提出下架請求的人）。但賀利也考慮到另一種狀況：**假如版權持有者同意轉貼影片，YouTube卻因為不了解狀況而將那些影片下架，那就虧大了。** 2005年10月，網名「joeB」的使用者上傳了一段令人著迷的3分鐘影片，影片主角是與耐吉（Nike）簽約的足球明星羅納迪諾（Ronaldinho）。這是盜版影片嗎？這支影片在網站上表現極佳，YouTube沒有將它下架。他們很快就得知，joeB是耐吉行銷部門的成員。

他們從中學到一個關鍵的教訓：YouTube可能對版權所有者構成威脅，同時也可以成為極具價值的工具，幫助企業接觸到更廣大的觀眾群。

2006年年初，YouTube遇到了第二個潛在的joeB事件：「慵懶周日」（Lazy Sunday）。

NBC的重量級節目《周六夜現場》（*Saturday Night Live*）已經播了30年，越發缺乏新意。為了讓節目更加活躍，製作組開始播出「數位短片」。主角多半是節目的新成員，其中包括一頭鬆軟髮、幽默搞笑、下顎線堪比迪士尼王子的安迪‧山伯格（Andy Samberg）。他們的短劇「慵懶周日」中，有兩名白人男子表演了關於杯子蛋糕與《納尼亞傳奇》（*The Chronicles of Narnia*）的饒舌，這段影片在12月被上傳到YouTube，很快就爆紅了。

賀利見狀寄信給NBC，表示：「如果這不是貴公司上傳的，麻煩通知一聲，我們很樂意將影片下架。」接連數周都沒有人回信，「慵懶周日」的短片觀看次數也節節攀升。結果在隔年2月3日，NBC律師終於回覆賀利，言詞嚴厲地要求YouTube移除那段短劇，以及所有標記「周六夜現場」或「SNL」標籤的影片。剛上任YouTube副總裁的唐納修試圖和NBC交涉，表示如果繼續把這些高人氣內容放在YouTube，也能為NBC達到廣告效果。在YouTube看來，這些影片的價值不言而喻：當月，大多數透過關鍵字搜尋進入YouTube網站的人，搜尋的關鍵字都是「慵懶周日」。

　　YouTube最終刪除了那部影片，不過多數被短劇吸引來的訪客還是留了下來。至於收到其他版權所有者的請求時，吉列則盡可能快速下架影片。不過這卻使YouTube的工程師團隊煩躁不已，擔心平台移除太多影片，使用者就會失去上傳新影片的動力。

　　2006年，程式設計師已經多少解決YouTube停止運作的問題，網站不再頻繁當掉，只是偶爾還是會出錯。有一回，某個不耐煩的民眾直接致電YouTube辦公室，留了這麼一段語音留言：「我他媽的需要打手槍，你們不好好播影片，我是要怎麼爽？」他對著電話怒吼，「媽的！一群婊子，還不快搞定這些問題。」聽到這則留言，員工只能緊張地笑笑。

　　從這類令人不安的留言、NBC事件，以及影片管理方面的雜亂無章，可見YouTube亟需招募全職律師。

網路的法律界限

札哈娃・勒文（Zahavah Levine）熱愛音樂，9歲時曾搭地鐵到費城光譜球場看吻合唱團（Kiss）的現場演出，激動地跟著歌手高呼：「喊出來！」她收集了大量的藍調唱片，結果讀法學院時不知被哪個混蛋偷了。勒文留了一頭波浪棕髮，內心洋溢著奮鬥精神，在校時曾參加社運活動，出聲反對南非種族隔離政策與尼加拉瓜右翼反叛的康特拉集團（Contras）。從柏克萊法學院畢業後，她被捲入舊金山灣區的網際網路爆發潮，加入積極拓展數位疆土且亟需法律人才的產業。

勒文進入網際網路產業時，正是該產業蓬勃發展的1990年代。過去專屬大學與電腦科技宅的網路世界，如今對一般民眾敞開大門。光是1995年就有1,600萬美國人從自家上網，這數字在1998年更翻了將近10倍。

閒逛、購物、銀行業務、打炮──生活中許多面向都搬到網路上，各方勢力也對國會與比爾・柯林頓（Bill Clinton）為首的白宮施壓，要求他們對網路世界加以管制。信仰宗教的右派批評者提出，應該抹除網路上關於性與其他惡事的內容；自由市場倡議者要求減少對於線上交易的限制；媒體陳情者則希望政府加強保護智慧財產權。

結果，政府制定了一系列和網路相關的法條。在這些含糊又混亂的法規當中，包含兩條定義現代網際網路的重要法條：1996年《通信規範法》（*Communications Decency Act*）限制了線

上「淫穢與不適當」的資料,該法第230節也言簡意賅地准許網站移除淫穢內容,而根據這一節,網站不必為使用者的貼文內容負責;1998年的《數位千禧年著作權法》(*Digital Millennium Copyright Act, DMCA*)為歌曲、電影等智慧財產的所有者,提供了線上主張權益的管道。有了這些法條之後,網站理論上能得到保護,不用為了版權等問題吃官司,也可以免去一些法律上的困擾。

然而就實務面而言,政府訂立的規範實在過於模糊。法案通過時,勒文在一間法律事務所上班,業務包括草擬「超連結合約」,處理一間公司在自己網站貼上另一間公司網站超連結的事務。在大眾熟悉網路環境之前,人們認為有簽署這類合約的必要,後來大家開始自在舒適地使用網路,超連結合約才漸漸走下歷史舞台。到了2001年,勒文找到一份與她此生摯愛——音樂——息息相關的工作,開始在Listen.com任職。該網站提供線上音樂服務Rhapsody,而勒文接到的第一份任務,就是說明Napster被版權法規淘汰的來龍去脈。

Napster是網路上一顆殞星,樂迷喜歡用它免費的檔案共享系統,音樂產業則對它恨之入骨,前前後後共有18家唱片公司告Napster侵犯版權。Napster主張網站性質就像VHS錄放影機一樣,無論裡頭播放的是什麼錄影帶,人們都不會要求生產機器的廠商負責。法院並不認同這個說法,因此2001年在加州輸掉一場官司後,Napster就此被網路世界淘汰。至於勒文所在的Listen.com,則選擇和唱片公司簽約,為使用者提供合法的點

播串流音樂。勒文本人成了相關法律的專家，對管控數位音樂的繁雜法規瞭若指掌。可是沒過幾年，這間小公司竟走到消亡邊緣，此時，微軟推出串流服務、蘋果（Apple）釋出iTunes（iTunes費率是每首歌0.99美元）。

曾在Rhapsody擔任交易人的麥克西，後來跳槽到勒文從未聽過的新創公司YouTube，然後開始傳訊息邀請她：「我們真的很需要妳。妳相信我，這邊發展得很順利。」勒文上YouTube網站看了一下，發現其領域和Rhapsody相似：有數十部影片把熱門歌曲當成背景音樂，甚至是搭配靜止畫面直接播出完整歌曲。但不同的點在於YouTube的影片庫存中，可遠遠不只有音樂。

勒文接受賀利與陳士駿的面試，博塔則以YouTube投資方的身分對她進行更嚴格的考核。YouTube決定錄取她，勒文本人卻不置可否，其中令她猶豫的一大因素就是《數位千禧年著作權法》。她撥了通電話給同為律師的朋友佛瑞德·馮·羅曼（Fred von Lohmann），邀對方下班後到舊金山教會區一間她常光顧的Rite Spot酒吧見面。勒文帶著事先印出來的好幾頁法規到場，把那疊紙放在朋友面前的桌上，藉著酒吧昏暗的光線朗讀了第512節。

假如網站符合3個條件之一，那麼即使網站上有侵犯版權的內容，例如節自《周六夜現場》的短片，網站本身也不必負法律責任。那3個條件分別是：

一、網站未「實際知悉」該內容侵犯著作權；

二、網站並未從侵權內容獲得「直接的金融利益」；

三、網站在接獲該內容侵權的通知後，「迅速」撤下。

「這是什麼意思？」勒文問道。「對YouTube來說，『實際知悉』是什麼意思？」他們甚至連誰上傳了什麼影片都不曉得，遑論哪些受著作權保護的內容是獲得所有者授權才上傳的？YouTube當時已經開始在播放影片的頁面裡放廣告了，但還沒針對不同內容放置定向廣告（編按：Targeted Ad，又稱為目標式廣告、針對式廣告。網路廣告商收集使用者資料後，根據個人喜好投放廣告）。那麼，**這些廣告收入能「直接」歸因於「侵權內容」嗎？**《數位千禧年著作權法》很多條款都寫得模稜兩可。《新聞周刊》（*Newsweek*）近期的報導指稱YouTube是「影片版的Napster」，這究竟是真的嗎？

勒文抬頭面對馮・羅曼，提出她的問題：「我該接這份工作嗎？」

「廢話，當然要接。」他回道。

「但他們會不會被告到倒閉？」

「誰管那麼多啊？」

佛瑞德・馮・羅曼是少數對《數位千禧年著作權法》了然於胸的人，他曾參與這條法規推行初期最早的相關案件之一：有人在雅虎網站上販售盜版電玩，雅虎被告侵權，馮・羅曼當時是雅虎的辯護律師之一（後來雅虎勝訴了）。現在，他和矽谷著名公民自由團體電子前哨基金會（Electronic Frontier Foundation, EFF）合作，不時接受委託處理著作權相關案件。

基金會其中一位創辦人約翰・佩里・巴洛（John Perry Barlow）是個與眾不同的人，曾是死之華搖滾樂隊（Grateful Dead）的作詞人，也十分關切網際網路的自由，更大力反對政府與企業對網路世界的約束。在1994年的文章中，巴洛預言網際網路將在未來變得無所不在，並且描述他的一套理念，之後成為定義矽谷的中心理念：

> 一旦此事成真，資訊時代的所有商品——過去藏於書本、幻燈片或時事通訊之中的所有表現——將會成為純粹的思想存在，或者極近似思想的存在：電位差狀態以光速竄行於網路之中，展現在人們面前的結果可能是許多發光的像素，或傳送到耳中的聲音，卻無法被人觸碰，也無法以過去的意義被人「擁有」。

未來站在YouTube這一邊。另外，馮・羅曼也知道YouTube的員工班底當中，包括了至少一位志同道合的朋友：就是那位針對生殖器制定明確規定的年輕員工薛佛。加入YouTube前，薛佛常和電子前哨基金會的員工來往，也經常與「死牛崇拜」為伍——這是個駭客行動主義組織，以言論與行動支持異議人士。知名駭客凱文・米特尼克（Kevin Mitnick）先前被關入聯邦監獄，當他出獄時，薛佛和幾個朋友都去了現場，忙著錄製紀錄片。此外，薛佛曾在Rotten.com工作。該網站存放了許多可怕與噁心的圖片。創建者當初架設這個網站，有一部分的原

因是為了挑釁《通信規範法》（網站上不少圖片出自醫學文本）。馮·羅曼對他說道：「我們是很愛你，但有些東西一旦看見了，就再也沒辦法從眼前抹掉了。」馮·羅曼告訴勒文，假如YouTube和Napster同樣遭到起訴，她就能坐在最前排，津津有味地觀賞近10年最重要的司法案件之一。

勒文最後接受YouTube的邀請。37歲的她來到聖馬刁辦公室，突然覺得自己老了，才剛上任就得面對鋪天蓋地的法律問題：某家唱片公司老闆原本和她關係不錯，如今卻激動萬分地表示YouTube欠他們「好幾億元」！即使心平氣和地談話，溝通也不盡順利。德國官方更多次對YouTube提出下架要求，薛佛接二連三收到通知後，在辦公桌前放了張公告牌：不要對德國人讓步（德國法律嚴禁展示納粹圖像，但YouTube並沒有在德國設置辦公室，因此不必遵守這些規範）！有次勒文邀請多位德國唱片公司的高層經理來訪，那群德國人看見薛佛桌上的公告牌但無法體會這句話的笑點……之後，薛佛就撤下公告牌了。

不過，勒文在YouTube遇過最怪的事件，發生在她剛上任不到兩周的時候。動物權利團體「善待動物組織」（People for the Ethical Treatment of Animals, PETA）突然要求YouTube下架一支影片，影片內容是卡車輾過一條魚。

「天啊。」勒文對朋友說道，「這算虐待動物嗎？我們到底該把界線設在哪裡？」

娛樂新趨勢

> ▶ 「王牌。」（Aces.）
> Freddiew，2006年2月22日。1:22。
>
> 標題出現，接著是吉他撥弦聲與口哨聲，致敬義大利式西部片的配樂。兩名男人坐在牌桌邊，周圍是廉價的宿舍家具。鏡頭拉近到兩人的臉上，再切到桌上的籌碼。臉、撲克牌、籌碼。然後有趣的畫面出現了：牌桌上出現8張A。較矮小的男人掀翻牌桌，掏出槍來，然後一面飛躍起身一面開槍，動作堪比鬼才導演昆汀‧塔倫提諾（Quentin Tarantino）的暴力美學。

這部影片是黃穀子（Freddie Wong）的作品，他就是影片中那個比較矮小的男人，拍攝地點則是南加州大學新北館大一宿舍的休息室。住在同一層樓的同學們不是電影學院的學生，就是希望能攻讀電影科系。他們會自己編寫劇本，並用便宜的Flip相機錄影片，利用高速傳送介面火線（FireWire）把影片傳輸到筆記型電腦上，花費好幾個鐘頭剪輯，然後對其他人展示他們努力的成果。學校只為學生提供50MB的免費電腦儲存空間，所以黃穀子在網路上到處找地方存放自己創造的影片，就這麼誤打誤撞來到YouTube。

他在這裡找到和自己興趣相投、致力創作的年輕人：夏威夷高中生nigahiga上傳了許多神情激昂的對嘴唱歌影片；墨西哥

裔美國姊妹Little Loca是住在加州郊區的22歲女青年，不過影片中的言行舉止和平時判若兩人。他們兼任製作人、導演與演員，每個人似乎都參與了一場非正式的競賽，想在奇異、不敬與引人注目這些領域一較高下，挑戰極限。YouTube和《美國偶像》的不同之處，就在於YouTube網站上並沒有評審，只有觀眾，而且觀看影片的所有人似乎也都在創作屬於自己的YouTube影片。

聖馬刁辦公室裡，YouTube員工對這波熱潮大喜過望，努力為迅速成長的網站開發新功能。有一回，陳士駿注意到許多訪客會透過影片和其他訪客對話，於是他在某個周五提議增加新功能。那個周末，程式設計師在網站加了個簡單的按鍵，讓使用者用影片回應別人的影片。新功能啟用後，開始有大量使用者上傳自己的影片，以作為對熱門影片的回應，希望能吸引其他使用者的關注。

YouTube發展出一個系統，獎勵不懈的努力。

從格拉斯哥移居至舊金山的馬克‧戴（Mark Day）致力於表演脫口秀，在洗衣店兼開放麥可風（Open-Mic）的都市咖啡廳BrainWash演出無數次，但觀眾的反應一直不冷不熱，看表演時也向來漫不經心。在YouTube上的影片，他站在自家一面亮黃色牆壁前表演，觀眾就自發找上門了。他迅速上傳了一大批短片，用的是當時逐漸興起的影音日誌風格——用很快的語速直接對觀眾說話，剪掉語句之間的停頓。當他的第一支影片播放數突破1.5萬時，他立即感受到一波多巴胺帶來的狂喜。

居住於布魯克林的健身教練兼音樂家達斯通・帕瓦（DeStorm Power）試過社群網站MySpace，也試用過好幾個乏人問津的音樂網站，希望能吸引他人的目光。後來，有位健身客戶請他拍下訓練流程並上傳到網路，於是帕瓦在YouTube上傳自己做伏地挺身和腿部訓練的影片。他發現，還真的有人來觀看他畫質不佳的訓練影片。

在肯塔基州讀大學的阿奇拉・休斯（Akilah Hughes）夢想成為新一代的歐普拉（Oprah），當她看見「慵懶周日」在網路上瘋傳時，心中萌生一個想法：在缺乏人脈的情況下，可以用這種辦法累積作品。她告訴自己：「反正我天天上這個網站，不如就創個帳號吧！」對帕瓦、休斯等有色人種的影片製作人而言，要在舊媒體圈闖出一番天地可說是難上加難，因此這些年輕人成了最早使用YouTube發表作品的族群之一。

在YouTube網站上，這些創新先驅很快就萌生革命情感。從2006年開始，以網名「iJustine」發表影片的平面設計師賈絲汀・艾薩瑞克（Justine Ezarik）回憶道：「對實際上不怎麼酷的年輕人來說，那就是我們酷酷的俱樂部。」

艾薩瑞克在網站上有了人氣後，決定搬到洛杉磯，成了布羅達克（以網名Brookers上傳影片的大牙縫少女）的室友。這個酷酷俱樂部裡的年輕人們得到了新稱呼：YouTuber。到2006年春季，Brookers已成為史上第一位有實際數據背書的YouTuber明星，她那部「Numa Numa」對嘴影片的觀看次數竟超過100萬。YouTube先前在2005年10月開啟了訂閱功能，到

2006年夏季，布羅達克成了網站上訂閱人數最高的YouTuber。深夜節目主持人卡森・達利（Carson Daly）看了她發布的短片後主動聯繫，邀請她到節目上工作。

「我最喜歡的地方就是我們之間並沒有中間人。」對於YouTube這個平台，達利如此讚美，「沒有經紀人，什麼都沒有。」

宿舍寢室裡，黃穀子痴迷地看著這些YouTube新星冉冉上升，並持續追蹤讓這些影片輕易傳播、受人關注的元素與策略。黃穀子用自己的帳戶做實驗，貼出一部部短片，以《吉他英雄》（Guitar Hero）這部短片吸引眾人的目光。他在朋友的公寓裡錄下自己玩流行電玩《吉他英雄》的5分鐘短片，玩遊戲過程中不停大言不慚地自誇。戴著長方形眼鏡、頂著一頭蓬亂黑髮的黃穀子，輕而易舉地在螢幕上展現書呆子氣的魅力，玩遊戲時也發揮了驚人的技巧，最後還學搖滾樂手吉米・罕醉克斯（Jimi Hendrix）那樣，直接把玩具樂器折成兩半。這支影片獲得大眾的目光，「freddiew」從此在YouTube一炮而紅。

早在Instagram網紅與抖音（TikTok）明星問世前，這些年輕創作者便發明了一種嶄新的成名模式。當時人們還未被訓練出天天得花好幾個鐘頭上網的習慣，而在這個模式之下，這些觀眾被吸引到YouTube，讓創作者得以藉此獲得名聲。

在那個年代，沒有比布莉（Bree）更紅的YouTuber了。

> ▶ 「我爸媽超討厭……」（My Parents Suck...）
> lonelygirl15，2006年7月4日。01:01。
>
> 少女布莉身穿紅褐色上衣，懷裡抱著動物布偶，坐得離鏡頭很近。瀑洩而下的棕色長髮框住了小小的心形臉蛋，她的嘴小巧可愛，眉毛則畫出了令人移不開目光的大弧線。「我現在真的很難過。」她哀聲說道。

從看見布莉那一瞬間，梅許・福林德（Mesh Flinders）就知道她必然大紅大紫。福林德是個事業仍未起步的編劇，他自創了一個角色：在家自學的書呆子女孩，熱愛理論物理學，也熱衷與男孩相關的話題。福林德寫了關於這個角色的多部腳本，在好萊塢到處尋找願意將這個想法拍成影視作品的人，卻沒能成功。

就在他幾乎放棄打入娛樂圈的夢想時，福林德發現了YouTube，只見網站上滿是試圖逃避現實的書呆子年輕人，一個個發布長達數小時的影片，有的怪異、有的揭露心中的祕密、有的充滿實驗藝術精神。有天他在卡拉OK酒吧認識了邁爾斯・貝克特（Miles Beckett），對方是個受訓中的整形外科醫生，卻懷抱著拍電影的夢想，想要轉行。福林德對這位新夥伴提出了自己的想法：「我想拍一部劇，主角是個消失的女孩。」

他們創建了YouTube帳號「lonelygirl15」，開始選角，找到

剛從演藝學校畢業的19歲少女潔西卡・羅絲（Jessica Rose）。他們請羅絲飾演布莉，承諾在實驗成功後支付酬勞（可以猜到最初聽見福林德他們的提案時，羅絲還以為要找她去演成人影片）。當時人們使用的網路攝影機多是魚眼鏡頭，當羅絲湊近鏡頭時，五官會被放大且微微扭曲。《連線雜誌》評論那是「生來就該放上瀏覽器螢幕的臉」。

　　作為布莉，羅絲出現在臥室裡，拍下類似其他YouTuber的影片：對嘴唱歌、無憂無慮地閒聊。她談到朋友丹尼爾的事，有人在影片下方留言時，她也會回覆。在7月4日發布的那支影片中，她抱怨爸媽不准她和丹尼爾一起出去玩，還暗示她的家庭被捲入某種邪教。她身後的床上擺著柔軟的蜜桃色枕頭，床頭櫃上則鋪了粉紅色假毛皮。

　　實際上，影片的拍攝地點是福林德位於皮克大道附近的公寓。他先到目標百貨購物，花了幾百美元把房間裝飾成青少女臥室的模樣。貝克特拍攝影片的同時，福林德就在房間一角寫腳本，規畫他們的下一部YouTube影片。

　　此時，這個二人組已經開始和娛樂律師合作，律師的妻子則在影片之外的線上平台扮演布莉，負責留言給粉絲、假裝布莉真有其人。福林德撰寫了詳盡的神祕學故事線，打算以類似書信體小說的形式，在一部部影片中逐漸揭露故事走向。但沒過多久他就發現，讓粉絲主導故事的效果更好：粉絲建議丹尼爾和布莉之間可能有一點曖昧情愫，於是福林德照著粉絲的想法寫了下去。他們彷彿開創了娛樂界的未來新趨勢。

短短2天內,7月4日發布的影片就突破50萬觀看次數,人氣相當於熱門的有線電視節目。福林德撥了通電話給合作夥伴。
　　「我的老天啊!這個比我們預想的更快見效,效果也好得多。」

Chapter 3

王者聯手
Two Kings

羅賓‧威廉斯（Robin Williams）——沒錯，就是那位演員羅賓‧威廉斯——大步走上台，前排的Google員工歡聲雷動。

拉斯維加斯希爾頓飯店禮堂裡，觀眾席前幾排是Google員工，其他則是胸前掛著識別證的科技迷（大部分是男人）。這是2006年消費電子展的第一周，也是業內大大小小電子裝置商家齊聚一堂的盛會，而這回Google搶占了舞台展演的黃金時段。Google創辦人之一兼公司前景的主要發想者賴利‧佩吉（Larry Page）站在台上，一一展示公司的新發明。就在他展示到一半時，羅賓‧威廉斯跟著走上台，連珠炮般說了幾段關於拉斯維加斯成人影片大會、亞洲企業參加貿易展的俗濫笑話。

Google員工都自稱Googler，其中一位初來乍到的Googler喬治‧斯壯普羅斯（George Strompolos）坐在觀眾席，等著看台上的佩吉介紹Google Video。斯壯普羅斯心裡明白，今天的展演其實是最後一刻東拼西湊的結果。Google在1年前開始試圖發展數位影片的相關產品，當時公司對未來充滿了信心：不僅

剛在那斯達克股票交易所上市，公司價值也逾230億美元。

　　網際網路泡沫破滅後的新時代，Google能夠成功上市，也就確立這個搜尋引擎身為少數倖存者之一的地位。Google懷抱極大的野心要追求創新，也和矽谷其他企業同樣注意到最近的趨勢，看出電視、電影與個人影片正逐步轉移到線上。為了避免在接下來數十年被淘汰，Google必須設法把握這次機會，跟上新趨勢。

　　問題是，該如何把握機會呢？

　　Google當初推出Google Video，主要是將電視節目的字幕轉換為可搜尋的資料庫，相當於Google.com之於網頁的功用。Google也考慮過託管使用者供應影片的做法，但高層的決策認為，該優先將專業媒體放上網。拉斯維加斯那間飯店禮堂裡，羅賓‧威廉斯走下台後，佩吉揭露了Google的新專案：他們即將推出嶄新的Google影片商店，也就是網路版的有線電視機上盒。佩吉信誓旦旦地表示，未來造訪Google商店就可以隨時觀看NBA籃球賽、動畫《波波鹿與飛天鼠》（*Rocky and Bullwinkle*）等形形色色的電視節目。CBS主席萊斯‧孟維斯（Les Moonves）接著上台，宣布CBS電視網也準備將一些節目放上Google商店。

　　聽到這個消息，斯壯普羅斯驚喜地連連鼓掌。儘管如此，這位Googler卻忐忑不安。他其實很欣賞如雨後春筍般出現在網路上的業餘媒體，也喜歡這些不受傳統框架束縛的影音。他在YouTube上觀看了「慵懶周日」，也知道此時有大批年輕人湧

入YouTube平台。那些人並不會使用Google Video，也不會為了黃金時段的CBS節目而對Google影片商店產生興趣。斯壯普羅斯和大多數Googler有所不知——實際上，佩吉心裡也抱持著相同的想法。

去年11月，佩吉從副手那裡收到了一封郵件，那是Google Video員工對於YouTube這個新創平台的討論。佩吉快速掃閱信件，4分鐘後按下「回覆」鍵，除了提及紅杉資本對YouTube的投資以外，他還寫道：「我認為，我們該考慮收購他們。」

然後，在拉斯維加斯消費電子展結束兩周後，有一封郵件寄到ideas@google.com，也就是Googler全員都能自由提出新想法的創意信箱。寄件人是銷售顧問丹・歐康納（Dan O'Connell），發送時間則是某個周日深夜。歐康納的興趣包含彈吉他與單板滑雪。他發現這個新網站上可以觀看關於吉他與滑雪的影片，甚至還能輕鬆上傳自己的影片。「我們該試著和YouTube建立有效的合作關係，或在別人（尤其是雅虎）收購他們之前，先下手為強。」歐康納寫道。

隔天上午，佩吉將這封信轉寄給手下的首席律師，並補了一句：「這件事有什麼進展？」

Google男孩

Google是由佩吉與謝爾蓋・布林（Sergey Brin）創造的，所有人都直呼兩人的名字——「賴利和謝爾蓋」。Google內部都

以名字相稱,這也可以視為科技人員推翻美國業界陳舊階級觀念的方式之一。新聞媒體稱佩吉與布林為「Google男孩」。到了2006年,他們的故事已深深刻入矽谷神話。

佩吉的父母都是電腦科學家,性格頑固的他從小在密西根州長大;布林一家人則是在蘇聯時期從俄羅斯逃到美國,布林是個性活潑的數學天才。兩人同樣申請上史丹佛大學博士班,在新生活動上一見如故。

「想了解Google的話,你要先知道,」早期就在Google任職的副手梅麗莎・梅爾(Marissa Mayer)曾對記者表示,「賴利和謝爾蓋都是蒙特梭利教育法養大的孩子。」兩人就讀的學校都強調讓孩童追尋自己的興趣並反抗權威,後來創業時,他們也將這個理念帶進公司。梅爾說道:「辦公室怎麼都沒有玩具?為什麼沒有免費零食?為什麼?為什麼?為什麼?」Google男孩們將網頁搜尋這個學術想法轉化成新創企業,在共同朋友蘇珊・沃西基(未來的YouTube執行長)占地56坪的家中租了辦公空間。沃西基成了Google男孩的房東,眼睜睜看著他們往車庫裡塞滿電腦伺服器、器材與更多天才人物。

當時除了Google以外還有許多搜尋引擎,但那些搜尋引擎只會機械化地列出網頁搜尋結果,搜尋時也只能仰賴網頁上的文字。Google在排列搜尋結果時,會考慮到其他網站連結到該網站的次數,利用網路的遞迴邏輯(甚至是利用網際網路本身)來改善搜尋結果。每次有人透過Google搜尋,Google都能進一步自我改善。

尚未30歲的佩吉與布林在編寫創業文件時,添上了宏大得誇張的宗旨:Google將「組織全世界的資訊,使資訊在全球唾手可得且有用」。到了2006年,Google已將這份宗旨套用到任何和網際網路搭得上關係的事物:電子郵件、圖片、地圖、街景、法律上具爭議的領域。有名律師在2004年加入Google時,員工曾嚴肅端正地問:「你想加入掃描全世界書籍的專案,還是錄下全世界所有電視節目的專案?」

「什麼?」律師愣住了。

Google男孩為了使未來願景化為現實,創造或提倡這些計畫,不過他們甚少接觸實務工作。他們是開創遠大願景的夢想家,卻不是管理者。在投資者的遊說下,他們聘請富有軟體工程與高層管理經驗的艾瑞克・施密特(Eric Schmidt)來當Google執行長。根據早期投資者的說法,施密特的任務是:負責讓火車按表行駛,並(在兩名創辦人意見相左時)下決定性的棋子。施密特與兩位創辦人主要仰賴一群關係緊密的副手,其中梅爾、沃西基兩位女性員工承擔了大部分的實務工作(沃西基把車庫租給Google後,很快就以第16號員工加入公司)。

和佩吉、布林同樣畢業自史丹佛大學的梅爾接管了Google Books,沃西基則負責管理Google Video,她們被員工暱稱為「迷你創辦人」。兩人都是聰明又有野心的業務員,能傳達並實踐佩吉與布林的願望。即使Google的規模逐漸壯大,在創辦人面前說得上話的少數幾名員工當中,一直包含了沃西基與梅爾。

Google Books的策略十分直截了當——製作每部印刷品的

電子複本；Google Video卻一直找不到自己的定位。在搜羅各家電視節目的字幕資料之後，Google Video團隊又添加了業餘影片功能，並在2005年4月開始徵稿。沃西基和一群同僚在收到最初幾部投稿後，一起觀看了這些影片：螢幕上出現幾隻毛茸茸的紫色玩偶，用沃西基聽不懂的語言唱歌。此時的她36歲，身型嬌小、個性務實，棕髮剪成了一絲不苟的短髮造型，從外型與穿搭幾乎看不出她在不久前剛成了百萬富豪（在Google公開上市後，她就成了暴發戶）。她少有媒體製作經驗，眼前這些莫名其妙的紫色玩偶正好印證她對於業餘影片的初步假設：「到底是什麼樣的人，才會希望自己的影片在網路上被陌生人看見？哪有人想看陌生人的影片？」

多年後沃西基表示，當她將那段影片播給試映觀眾，也就是家中兩個年幼的孩子時，孩子們忍不住咯咯笑了起來，要求她再播一遍──這時，她對業餘影片的看法便發生了變化。

無論如何，2006年春季時的沃西基對業餘影片仍懷有不少疑慮，她也面對了再明確不過的問題：Google在和YouTube的競爭中節節敗退。雖然他們只是聖馬刁那一小群人架設的網站，每日影片播放次數卻達4,000萬次，而且還在高速成長。《石板雜誌》（*Slate*）的科技記者保羅．布廷（Paul Boutin）也這樣描述YouTube與MySpace：「新世代網路，人們能在此輕而易舉地消費內容，更能輕而易舉地貢獻內容。」1月的消費電子展過後，布廷曾預測Google Video商店將迅速取代有線電視。4個月後他卻寫道：「我錯了。我認為Google之所以不受

歡迎，單純是因為它用起來比YouTube麻煩。」

Google執行長施密特相當不悅，他把那篇文章寄給沃西基並寫道：「也許YouTube和MySpace把我們打得落花流水，就是出於這個原因。」沃西基迅速用黑莓機回信給上司。她對施密特保證，那些麻煩的部分很快就會消失不見。

Google Video剛推出的時候，使用者必須另外安裝新的應用程式，但現在沒那個必要了。再過2周，Google Video的網頁系統會變得比YouTube更快，還會加上「標記」與「分享」等仿YouTube風格的功能。根據沃西基的說法，Google Video最大的問題就在於，Google原先認定使用者會付費下載大量的大製作電影與節目。如今，他們打算放棄一開始的策略。「我認為我們現在是以勝利為目標，採取正確的行動，只是還有點落後而已。」她寫道。回到自己的辦公座位後，沃西基接著告知施密特，Google將和媒體集團維亞康姆合作，將卡通《海綿寶寶》（*SpongeBob SquarePants*）、真人秀《明星大整蠱》（*Punk'd*）等節目引入Google Video平台。

除此之外，她還獻上另一條計策：「利用Google.com的影響力」。換句話說，她希望在Google搜尋首頁放上影片商店的連結。

然而，沃西基手下仍有部分員工對Google Video的未來感到悲觀。年輕的德州人希瓦‧拉賈拉曼（Shiva Rajaraman）「轉職」加入了Google Video——網際網路公司的晉升路線通常分成兩條，工程路線是編寫讓科技順利運作的程式碼，產品

路線則是透過設計與策畫，讓人得以使用新科技。在網路公司裡，專案經理相當於迷你執行長。拉賈拉曼曾在幾家表現普通的軟體公司上班，後來他到商學院進修，準備以產品經理的身分重回職場，並且成功打入大宗網路公司Google。**結果，就這樣？** Google Video對他毫無啟發。熱愛嘻哈音樂的拉賈拉曼注意到，音樂人如今不再憑藉音樂電視網成名，而是在嶄新的文化晴雨計YouTube一躍成為音樂新星。當他開啟Google Video，卻只看見查理・羅斯（Charlie Rose）等老一代的名人。

除此之外，Google還有另一個顯而易見的缺陷：公司不願意在未經篩選的情況下發布影片（Google剛在2005年因掃描圖書的計畫被美國作家協會〔Authors Guild〕一狀告上法庭，公司的律師團隊還對此心有餘悸）。在周間，Google Video團隊可以一一篩選使用者投稿的影片；周末無人上班時，這套系統就無法運作了。假如使用者在周五晚間上傳影片，應該會想立即看見影片上架，不會想乾等2天吧？如果是用YouTube上傳影片，就能立刻看到自己的作品出現在網站上。作為大膽的新創公司，YouTube可以採取各種冒險行動；Google身為萬眾矚目的上市公司，就不能如此冒險了。

另外，在拉賈拉曼眼裡，同事也相當平庸。Google Video並非公司的主要收益來源，所以員工自然會產生擺爛心態。在Google的制度下，員工推薦年輕實習生時可以拿到獎金，於是他有位在工作上擺爛的同事建了個簡單的工具，專門在羅列大學生履歷的網站上蒐羅人才。一有空閒時間，他就將自己在網

路上找到的大學生加入內推系統,盲目地希望當中能有一、兩個畢業生入職Google。在拉賈拉曼看來,這可不是創建「下一個偉大發明」的態度。

這一切讓他不禁萌生了這樣的想法:是不是從一開始就不該加入Google Video?

矽谷的黃金男孩

至於賀利的情況就和Google大相逕庭了。即使在他以為自己犯下大錯、心灰意冷之際,還是獲得了意料之外的成功。

事情發生在2006年7月的愛達荷州,當時賀利參與艾倫投資銀行(Allen & Company)主辦的年度高峰會,太陽谷最有錢有勢的娛樂大亨都在此談生意,虛偽地互相寒暄。賀利就站在這群大亨面前,接受他們不甚友善的注目禮。這場每年夏季舉辦的活動上,頭頂漸禿的電視與電影製片人都會到場,穿上銀行分發的藍背心。除了娛樂業者以外,銀行還會挑選幾家幸運的新創公司出席並發表演說。這一年,艾倫投資銀行選中了YouTube。

講台上,賀利放映YouTube行銷與公關經理茱莉·蘇潘(Julie Supan)製作的投影片。短短數月前,YouTube在寫給NBC的一封信中仍謙遜地自稱「線上論壇」;賀利平時不會自吹自擂,演講時還是盡量抬高YouTube的地位。

「YouTube是消費者媒體公司。YouTube品牌就等同線上影

音，我們也致力打造可永續發展並且獲利的企業。」（其實那個月虧損超過100萬美元，但賀利並沒有向與會者分享這些數據）他一一秀出亮眼的統計數據：每日觀看的影片多達8,000萬部；上傳影片數量超過200萬部；美國所有線上影片當中，60％都是透過YouTube傳上網。他也秀出Google Video的線上影片占比：17％。YouTube是「新短片文化的誕生地」，是大亨們推銷電影與節目的好所在，也是個優秀的合作夥伴。賀利提起了Brookers和達利之間的合作，接著嘗試以慷慨激昂的語句結束演說：「人們都想被看見，而YouTube就是提供所有人參與的舞台。」台下響起不失禮貌的掌聲。

　　賀利走下台，然後立刻對站在一旁的某位銀行家道歉，責怪自己表現不佳。那位銀行家日後回憶起當時的場面，還記得賀利當時泫然欲泣。「天啊，哪裡的話。」銀行家心想，「你那是天才的演說啊！」娛樂界大老們本以為YouTube會派出流裡流氣的年輕人來對他們說教，說他們根本沒準備好面對未來，結果上台演說的賀利一副若無其事的態度，像衝浪客那般懶散悠閒，看上去不具任何威脅性，宛若披著羊皮的狼。

　　出席會議的娛樂業者當中，以網際網路億萬富翁與電影製片廠老闆馬克・庫班（Mark Cuban）為首的少數幾個大人物出言譴責YouTube，稱他們為一群剽竊賊。不過業內多數人都對YouTube表露出親切與興趣，甚至是同情。那年夏季造訪YouTube的華納媒體（Time Warner）高層對記者表示，他發現YouTube的60名員工只能共用10條電話線，讓他「幾乎對他們

動了惻隱之心」。

賀利出席太陽谷高峰會後，新聞媒體授予他一個新封號：「矽谷的黃金男孩」。他在一場活動上和比爾・蓋茲（Bill Gates）聊過天；教瑪莎・史都華（Martha Stewart）創建YouTube帳戶；和《星際大戰》（*Star Wars*）創作者喬治・盧卡斯（George Lucas）見面，盧卡斯還收到加入YouTube董事會的邀請（他婉拒了）。那年8月，賀利的銷售團隊談成一筆大生意，網站開始藉由廣告獲利（但沒有維持太久，YouTube下個月又恢復財政赤字的狀態）。他們開始和唱片公司、電視網路與手機製造商談合作，賀利與陳士駿甚至套上黑西裝外套（裡頭仍然是牛仔褲以及沒熨的上衣），在辦公室的廉價宜家紅窗簾前拍幾張光鮮亮麗的照片，登上了雜誌。

即使是醜聞，也能推動YouTube前進。那年秋季，一名鷹眼部落客發現網名「lonelygirl15」與虛構女星布莉的真相，《紐約時報》也在報導中揭露實情：這個帳戶背後的提線木偶師，其實是兩位有志成為製片人的創作者。然而，即使發現影片與故事全是虛構的，觀眾也沒有一哄而散，大家仍想知道布莉接下來會遭遇什麼樣的事件。

儘管如此，賀利的地位在YouTube幕後已是岌岌可危。

隨著YouTube逐步成長，紅杉資本的主要投資者博塔認為是時候另聘執行長了。博塔在1年前的投資備忘錄中就曾寫道，YouTube「急須聘請」執行長。紅杉資本先前已對Google做了同樣的安排，請了施密特來和兩位創辦人共同管理公司。

此時,博塔著手找尋經驗老道的管理者來當賀利與陳士駿的主管,也覓得合乎心意的人選:麥克・佛爾匹(Mike Volpi)。YouTube董事之一也在網路硬體生產商思科系統(Cisco)工作,而佛爾匹就是思科的高層經理。

那年秋季,賀利與陳士駿在離雙方辦公室不遠的義式餐廳和佛爾匹見面。佛爾匹和矽谷多數人抱有相同的想法,他認為YouTube能以使用者訂閱的制度獲利,讓使用者付費串流經過授權的電視節目與電影。從佛爾匹的角度看來,三人的談話進行得很順利:YouTube那兩人很好相處,同時也十分認真看待他們的網站,十分堅持網站的特色——YouTube的與眾不同之處,就在於人們能夠輕鬆上傳影片。結果,這次會面過後,YouTube那邊卻音訊全無。

因為在Google的山景城大本營,另一方人已在迅速布局。

搜尋之王 vs 影片之王

蘇珊・沃西基在春季向執行長介紹許多即將加入Google Video的功能,然而那些新功能沒有一個能順利運作。到了8月,Google打出手裡的王牌、自家價值最高的領域——每日有無數人造訪的Google.com,在上頭加上導向Google Video的連結。結果呢,Google Video的流量幾乎毫無變化。Google Video員工表示,自己當時可是大感震驚:「我們的祕密武器之一、流量水龍頭,竟然毫無效果!」

拉賈拉曼坐在辦公桌前,有天忽然被人拍了拍肩膀。對方是個身形纖瘦、溫和親切的男人,也是全Google上下無人不知、無人不曉的男人——Google傳奇人物,薩拉爾‧卡曼加(Salar Kamangar)。卡曼加出生於伊朗,當初是以義工的身分加入Google,宣稱要為佩吉與布林兩位史丹佛大學時期的同學免費工作。身為程式設計師的他創建了AdWords系統,這是販售搜尋廣告的拍賣系統,後來也成了Google取之不盡、用之不竭的油井。他被員工稱作影響力排行第三的「小創辦人」,以及「Google的祕密總裁」。然而,他從之前就一直在暗中追蹤YouTube崛起的動態。

「我需要做一份投影片。」卡曼加對拉賈拉曼說,「想請你幫個忙。」他想製作的是說服公司收購YouTube的文件。

接下來數周,所有相關人士都忙得焦頭爛額,時間一眨眼就過去了。多家公司向賀利提案收購YouTube,此時YouTube不僅要面對越發棘手的版權問題,還必須負擔線上託管影音的高額成本,不得不考慮這些企業的提案。福斯新聞早先花費5億美元收購MySpace,這時也詢問了YouTube的售價;全球印刷巨頭當納利(R. R. Donnelley)甚至直接開出了價碼。然而,真正重要的提案只來自兩間公司:雅虎與Google。

Google請長期合作的瑞士信貸集團(Credit Suisse)來評估收購YouTube的可能性。於是,多位銀行家齊聚在Google戰情室,一同觀看YouTube網站上的影片。在因為影片而獲得娛樂的同時,他們也有些納悶:這個滿是無關緊要小短片的網站,

為什麼價值如此之高？數月前，賀利與陳士駿曾和Google談過收購事宜，但當時他們認為Google開出的5,000萬美元價格過低，交易沒能談成。如今，Google竟開出6.15億美元的價碼。有位銀行家想到Google還得說服股東，讓眾人認同收購YouTube的益處，不禁表示：「好消息是：它沒有收益。壞消息是：你們根本沒聽過它的名頭。」

賀利與陳士駿在離辦公室不遠的丹尼餐廳和雅虎高層見面，之所以選在這裡碰面，是為了避免被旁人認出來。Google高層已經和他們敲定時間，準備隔日見面會談。YouTube這兩人開玩笑道，「如果我們也跟他們在同一家丹尼見面，那不是很搞笑嗎？」結果，他們還真約在同一間丹尼餐廳。

10月6日周五，賀利與陳士駿在辦公室裡開了一場熱鬧的員工會議，這也是他們在披薩店樓上的最後一場員工會議了。YouTube此時的員工總數將近70人，他們在北邊的聖布魯諾市找到較大的辦公室，準備遷入那片寧靜的舊金山近郊。辦公室內，眾人開了啤酒、築起香檳塔，慶祝此次喬遷，還有幾人把飲水機的空水桶翻過來，組成臨時的鼓圈。

薛佛又拍了段影片。「請看這裡，我們的工程師和設計師像牛群一樣擠在一起。」他一面轉動攝影機，錄下辦公室全景，一面敘述道，「內容SQUAD團隊在勤奮地審查成人影片。」影片中，垃圾桶都被披薩盒和中式餐廳的外帶盒塞滿了，洗手間也沒有擦手紙可用。YouTube搬走後，有人走進那間辦公室，竟看見傳真機上堆滿無人問津的警告信。

儘管氣氛熱鬧,辦公室眾人的情緒仍有些緊張。雅虎雖有收購YouTube之意,不久前卻也對YouTube提出訴訟,指控YouTube挖走雅虎一群銷售人員,那群人此時只能灰溜溜地收拾個人物品離去。許多員工聽到公司可能被收購的傳聞,不禁為各自的未來擔憂。YouTube內部每周五都會開這樣的玩笑:員工會議開始時,賀利便會站到椅子上用這麼一句話開啟會議:「大家,我想宣布一則振奮人心的消息——我們要被eBay收購了。」(YouTube創辦人對當初收購PayPal的eBay相當反感,這是眾所周知的事了)而在這個周五,賀利站到椅子上高聲宣布:「我們想宣布一則振奮人心的消息。」停頓。**這次是真的要被收購了嗎?**「我們要搬去聖布魯諾了。」滿室皆是笑聲與怨聲。

那個周末,少數幾名員工得知公司的真正計畫。有一小群工程師是從早期就加入YouTube,手裡握著有投票權的股份,因此創辦人必須請他們盡快通過收購案。其中幾人一開始還以為這是惡作劇呢!

並非所有人都接獲消息。下周一,堪稱YouTube馬戲團領班的吉列走進新的聖布魯諾辦公室時,對收購案毫不知情,只隨意踢掉鞋子沾到的泥濘——她雖然找到願意貸款給她、幫助她買下夢想家園的銀行(就是房地產泡沫時期那種「不查收入貸款」的可疑銀行),不過她現在只能住在露營車上,也還沒在她的新家鋪路。吉列擔心自己繳不出房貸,於是和鄰居談起自己的處境,以免之後得售出這片土地。大約到了中午,還沒

完全適應遠大於預期的新辦公室時,她就看見攝影團隊倒退著匆匆進門,緊接著是賀利,然後是Google執行長施密特。「啊,原來如此。」

他們一頭鑽進會議室,不久後陳士駿、博塔與一群Google律師也都走了進去。幾名YouTube員工還在外頭狼吞虎嚥地吃三明治,現在都被召集回來聽上頭宣布重大消息:**他們現在是Google的一部分了。**

Google共同創辦人布林走了進來,只見他穿了合身的黑上衣與成套的修身長褲,全身上下都是億萬富豪那別緻的時髦。賀利與陳士駿穿了他們心目中的正裝:寬鬆的黑色西裝外套,搭配牛仔褲與未紮的上衣,陳士駿還戴了一條短項鍊。

身穿訂製西裝、繫上粉色領帶的施密特開玩笑道:「我想說要上YouTube,還特地打扮了一下。」過去曾和佩吉親自挑揀Google新員工的布林,此時和兩位YouTube創辦人打招呼,試著閒聊幾句。「那,你們是不久前剛搬過來的囉?」

陳士駿微笑著說:「大概4小時前吧!」

「喔!」布林詫異地回道。

在場幾乎沒有人知道,這場收購行動差點就無法實現。

只要網站使用Google的網路廣告系統,Google都能一窺該網站的表現數據。在收購案的談判期間,Google經理偷看YouTube的數據,因此惹毛了賀利,險些拂袖離席,最後是施密特設法安撫他,雙方才談成協議。

來到YouTube辦公室後,施密特起身對新員工們致詞。短

短18個月內，YouTube這批員工對網站做了翻天覆地的改變。YouTube網站原先只是個立足不穩的小論壇，支出全記在陳士駿的信用卡上，如今已成為商界價格最高、話題度最高也最不可思議的收購對象。

施密特開口說：「首先我必須說，你們真的太出色了。你們做得很快，也做得很好。我也不清楚你們怎麼辦到的，但我希望各位繼續保持下去，因為我一看就知道你們有冠軍相。」他對YouTube員工保證，所有人都能保留原先的工作，Google也會把YouTube當作「個別的機構、個別的品牌、個別的網站」營運。布林與兩位YouTube創辦人也分別說了幾句話，然後開放眾人提問。

「那麼，請問，」有人出聲問道，「你們打算怎麼處理Google Video？」

同個周一，施密特走進Google Video團隊位於山景城的辦公室，以遠不如另一邊隆重的方式宣布相同的消息。他表示，團隊裡負責將電視字幕編入索引、加入搜尋資料庫的人繼續從事目前的工作，其他人則必須收拾所有辦公用品，去聖布魯諾加入YouTube。

熱衷於業餘影片的年輕員工斯壯普羅斯久久無法平復心情。在他看來，Google直接放棄、直接認輸了。但是反過來說，他在一夕之間成了YouTube的一員，加入大眾文化與科技

界最新的風尚先驅。他環顧四周，眾人仍處於不可置信的情緒當中——現在所有人都讀了新聞稿，對Google收購YouTube所付出的16.5億美元震驚不已。後來有人誇施密特高瞻遠矚，為了排除競爭對手直接加碼10億。Google創辦人佩吉與布林看見人們喜歡用YouTube搜尋事物，對YouTube也頗有好感。

　　Google高層與攝影機都離場後，聖布魯諾這邊的所有人去附近的周五美式餐廳，一邊喝酒一邊計算他們的收入。吉列想到自己能保住家園，不禁哭了出來。後來的法律文件顯示，賀利與陳士駿從此次收購協議中分別得到3億美元以上，早已離開YouTube的第三位共同創辦人卡林姆，則賺到6,600萬美元。

　　不過，在賀利與陳士駿加入慶功宴之前，有名員工提醒他們：新上司施密特請剛躋身百萬富翁之列的他們兩人拍一段影片。薛佛在餐廳外替他們攝影。

> 「查德和士駿的一段話。」
> （A Message From Chad and Steve.）
> YouTube，2006年10月9日。1：36。
>
> 　　賀利率先開口。「我們今天有個大消息要跟大家宣布。我們──」停頓，從鏡頭前退後一步。「──被Google收購了。」陳士駿接著感謝觀眾的貢獻，表示此次收購案有助於解決一些技術上的問題。這部影片很明顯是臨時錄製的，兩人沒有事先寫好講稿。賀利即興發揮：「這樣真的很好，兩個王攜手合作了。」聽到這句話，陳士駿笑得難以自已，從鏡頭前別過臉。「我不知道啦，你繼續說就是了！」賀利又說道：「搜尋之王和影片之王合體了。我們以後都能為所欲為了。」兩人哈哈大笑。賀利轉回去看鏡頭。「不行不行，不能這樣。停。」

薛佛快速剪接鏡頭，將影片上傳到YouTube的官方帳號。

Chapter4

風暴兵來襲
Stormtroopers

「大家一定要看看這東西。2007年年初，莎蒂亞·哈潑（Sadia Harper）把YouTube同事們叫到辦公桌前，一同觀看那段影片。螢幕上，嬌小的前青少年期孩童身穿尺寸過大的禮服襯衫，高唱著節奏藍調歌手艾莉西亞·凱斯（Alicia Keys）的歌曲。

「這孩子太了不起了。」哈潑說。

小小歌手的母親已經寄了好幾封信給哈潑，堅持要把她兒子賈斯汀·比伯（Justin Bieber）的影片放上YouTube首頁。

哈潑是YouTube的「獵酷一族」（Coolhunter），她所屬的團隊專門挑選放上YouTube.com首頁的影片，時時注意網站上最新的潮流與趨勢。在加入Google前，YouTube才剛和無線通訊服務供應商威訊無線（Verizon Wireless）談妥交易，準備將YouTube影片播放器安裝在特定的手機上（當時還沒有應用程式商店這種東西）。威訊無線希望手機播放器上出現的影片能經過人為篩選，而不是網站上魚龍混雜的組合。蘋果不久前推出新產品iPhone，他們也希望上面出現的YouTube影片能是最

精選的那幾支。史蒂夫·賈伯斯（Steve Jobs）甚至在一場會議上斥責YouTube團隊：「你們的影片都是屎。」

於是，YouTube又雇了一位曾在線上音樂服務網Rhapsody工作的米雅·夸里亞雷尤（Mia Quagliarello）成為YouTube的編輯總監。她接著雇用約瑟夫·史密斯（Joseph Smith）當大夜班影片篩選員，被所有人暱稱為大喬（Big Joe）的他不僅喜歡上傳自己的影片到YouTube，還能在部分影片瘋傳前就注意到它們的潛力。這個團隊的官方稱謂是「社群管理員」，不過有同事給了他們「獵酷一族」的稱號，獲得眾人的共鳴。

此時的YouTube已是占地遼闊且不斷擴張的一片領域了，網站上滿是有志走紅的喜劇演員、製片人、音樂家、表演者、業餘愛好者，以及熱衷各種小眾領域的人，各行各業、各個年齡層都有（在2006年，打扮體面的退休英國老人彼得·奧克利〔Peter Oakley〕，以網名「geriatric1927」在YouTube成名，短暫地成為網站上最受歡迎的YouTuber之一）。

許多人都是收到朋友寄來的連結，或是透過網路搜尋的方式來到YouTube，而且他們越來越常觀看主要影片側邊的「相關影片」了。話雖如此，還是有不少人從正門——也就是從YouTube.com首頁進入網站，所以「獵酷一族」的工作就是顧好門面，選出精選影片供所有進來網站的人觀賞。

YouTube被Google收購後，幾個月之內，陳士駿的高中同學哈潑也加入「獵酷一族」的團隊。她每天早上瀏覽自製清單上關於音樂、娛樂、科技與建築的部落格，尋找適合放上

YouTube首頁的新鮮影片。首頁的「精選影片」欄目下，會出現10個一排的影片縮圖，也就是每部影片的小型定格畫面。獵酷一族團隊每4小時就會換一批精選影片，製作那些影片的YouTuber必能獲得大量的觀看次數，其中有些人更立刻躍升成為廣泛大眾文化的一員。哈潑在首頁上放了彼得畢昂與約翰樂團（Peter Bjorn and John）的音樂影片，以令人忍不住想聽下去的口哨旋律開場。一周後，茱兒・芭莉摩（Drew Barrymore）上《周六夜現場》時，身上就穿了樂團的T恤。

「獵酷一族」的首領夸里亞雷尤鼓勵團員們製作自我介紹影片，於是哈潑在自己的臥室裡拍了段自我介紹，並加入DIY手工藝片段，畢竟這也是YouTube上的新興次文化。哈潑在影片中鼓勵人們將影片寄到她的電子信箱，結果她一再收到那個小加拿大歌手母親的郵件，她只能禮貌地告訴比伯媽媽，YouTube偏好原創歌曲，較少把翻唱歌曲選為精選影片。儘管「獵酷一族」因技術問題錯過了比伯，YouTube還是能讓人一躍成為明星。一年過後，某個唱片公司高層在YouTube發現比伯的影片，把那孩子打造成席捲流行樂歌壇的名人——小賈斯汀。

更多編輯加入「獵酷一族」的行列，每個人都負責特定的領域。曾經在廣播規畫節目的人來到YouTube，就負責挑選音樂影片；在YouTube找到觀眾群的蘇格蘭單口喜劇演員馬克・戴，則被請來挑選喜劇影片；年輕上進、來自明尼蘇達州的記者史蒂夫・格羅夫（Steve Grove）也加入「獵酷一族」，負責

新聞與政治影片。

在部落格文化的影響下，公民新聞的高尚理念復興，一般人都可以利用網路記錄自己社群中的大小事、查證事實，確保有權有勢者肩負起責任。格羅夫創立一個名為「CitizenTube」的頻道，希望讓人注意到YouTube上的公民新聞類型創作者。穿上YouTube白T恤的格羅夫對觀眾提問：「你們對伊拉克、社會保障、墮胎或健保議題有什麼看法？」、「你們對家門外的路面坑洞有什麼看法？」（甚少管這些枝微末節的賀利倒是說得很清楚，他不喜歡讓政治影片出現在首頁上。）

YouTube編輯團隊樂於挖掘素人，也喜歡發掘願意且經常發布實驗性作品的創作者。就連編輯們自己也會去冒險──2007年，有支影片在網站上爆紅，影片中除了一台廉價電子琴，還有名為泰‧桑迪（Tay Zonday）的娃娃臉歌手，唱出令人驚豔的男中音與荒謬卻又充滿詩意的歌詞。他那首〈巧克力雨〉（Chocolate Rain）很快就成為YouTube的新潮流，連帶有數十名YouTuber翻唱這首歌。編輯團隊決定開一場玩笑，規畫以〈巧克力雨〉的相關影片全面攻占YouTube首頁。一名工程師見狀，誤以為被駭客入侵，慌慌張張地趕過去查看情況。總之，編輯團隊的噱頭起了效果，之後也不時規畫攻占行動。某個同事開玩笑地說，如果編輯們沒有靈感，上傳貓咪影片就對了。不僅陳士駿愛貓，所有網民也都對貓咪影片愛不釋手。

有了Google的資金，YouTube以大肆雇用新員工的方式開啟2007年，在這波加入YouTube的員工多達數十人。來自紐約

上州的網頁設計師加森・史若克（Jasson Schrock）穿著西裝前來面試時，意外發現這天正巧是YouTube辦公室的「睡衣日」。正式錄用後，史若克著手整理YouTube影片播放器背後亂七八糟的啟動代碼，這些「像麵條一樣」被胡亂攪在一起的編碼總令他頭疼不已。

除了新來的員工，加入YouTube的還包括部分Googler。短短數周前，這群人還把YouTube當剽竊者在罵；收購YouTube前，Google考慮採取YouTube不篩選影片的策略時，某位經理還憂慮地表示可能會迎來「一大批偽成人片、女子毆人影片和有著作權的內容」。YouTube員工與來自Google Video的新同仁首次開會時，現場氣氛相當尷尬，陳士駿甚至不確定自己該和對方握手還是揮拳。Googler感覺自己被送過來，然後忙碌的家長就直接走人了：孩子們，從今以後就要住在一起了，你們要想辦法好好相處喔。

然而，面對眼前艱巨的任務，新同事之間的緊張很快便煙消雲散了。陳士駿與賀利開始接二連三和Google的團隊通電話，設法整合諸多後台項目與商業計畫。Googler紛紛深入探索YouTube的代碼庫與種種數據，YouTube團隊則填了無數份Google的新員工資料表。對此，YouTube工程師克萊恩聯想到了電影《巴西》（*Brazil*）中對於官僚體制的諷刺劇情（收購當日，克萊恩告訴布林，大多數YouTube工程師不是沒能應徵上Google，就是根本懶得去應徵）。有時候，YouTube員工們會覺得自己出身微賤，因為Google招聘人員時往往很在意應徵

者的學術能力評估測試成績（Scholastic Assessment Test, SAT），以及是否有常春藤名校的學歷，公司甚至自誇錄取率比哈佛大學還要低。

「他們很奇怪，放眼望去都是同等級的人，沒什麼特色。」YouTube管理員莫拉－布蘭可回憶道，「感覺就像：『喔，你也是在史丹佛讀MBA的嗎？』這樣。」至於YouTube團隊，則滿是州立大學校友與大學肄業的員工，他們戲稱自己是大學校園裡的大學城一般居民。

有些YouTube員工還遇過更尷尬的場面。Google執行長施密特雖然已婚，仍會公開和其他女性交往，有一回他帶當時的女友——前電視主持人凱特・伯納（Kate Bohner）到YouTube辦公室，請員工給她一些發展YouTube頻道的建議，令人尷尬至極。

許多Googler都是心不甘情不願地搬到新的影片部門。當時的YouTube並不像Google那般大手筆，並沒有為員工提供餐點。從Google轉到YouTube的李卡多・雷耶斯（Ricardo Reyes）表示，新來的他們彷彿進軍YouTube反抗軍堡壘的帝國風暴兵。在布希時期，雷耶斯曾在白宮工作，後來則成了Google的「安排者」，專門處理公關危機事件。他是不得不加入YouTube的。2007年2月的某個周五，他帶幾名Google員工外出休息，看了新上映的《蜘蛛人》（*Spider-Man*），電影結束時，他的手機螢幕亮了起來。

「你在哪？」另一頭的同事急切地詢問。

「呃，」雷耶斯半開玩笑地回道，「我在看《蜘蛛人》啊！」

「快回辦公室。我們剛被告了，對方求償10億。」

版權風波

維亞康姆集團根本沒預期YouTube會如此來勢洶洶。

維亞康姆董事長與傳奇富豪薩莫‧雷石東（Sumner Redstone）的父親在1952年創立了汽車戲院連鎖企業，後來被兒子改造成世代相傳、相互吹捧、相互背叛的媒體企業集團。雷石東手裡的資產五花八門，其中包括動畫《南方公園》（*South Park*）、實境節目《倖存者》、海綿寶寶與艾爾‧高爾（Al Gore）。他曾輕蔑地稱網際網路為「通往幻想世界之路」，但到了2006年，維亞康姆卻迫切需要那個幻想世界。

該公司的主要生意是收費電視。該產業在2000年達到高峰，當時全美83％的家庭都使用收費電視。然而高峰過後，收費電視的使用人數就開始急遽下滑。維亞康姆試圖收購MySpace，卻敗給最大的競爭對手——福斯新聞集團（雷石東坦承那是段「羞辱的經歷」）。維亞康姆後來出價16億美元欲收購Facebook，卻遭到回絕，再蒙受屈辱。維亞康姆旗下的音樂電視網有部分員工一直在追蹤YouTube的發展，公司管理階層也知道自家節目的某些片段在未經授權的情況下，出現在YouTube網站上。儘管如此，維亞康姆仍將大部分注意力放在

另一個新創網站Grokster身上——那是個檔案共享網站,也是業內人士唾棄的對象(在收購YouTube前,某位Google高層曾鄙夷地稱YouTube為「影片版Grokster」)。

此外,維亞康姆也一直搞不懂YouTube的商業模式。那麼多娛樂、成本不斐的製作、藝術作品——YouTube居然把這些免費送出去了!而且還在旁邊放廣告。「這就像是把停車場裡的車鑰匙交給別人,然後在一旁賣熱狗。」某位維亞康姆高層回憶道,並表示自己當時認為YouTube是「窩在地下室搞剽竊的幾個屁孩」。

後來,Google花了16.5億美元重金收購YouTube,小屁孩忽然就成了大人企業的一部分。接下來發生了什麼事,至今仍眾說紛紜。在Google發布消息後,沒過多久施密特便和維亞康姆高層面談,提議用高達5億美元的廣告業務,讓YouTube免受版權聲明影響。記者基奇‧哈吉(Keach Hagey)關於雷石東的著作《內容之王》(*The King of Content*)中寫道,維亞康姆提出近10億美元的價碼,結果雙方的協商因價格差距與「其他技術性問題」而停滯不前。維亞康姆這邊還有人表示,記憶中雙方有過口頭約定,約定的金額較接近8,000萬美元,而且團隊在聖誕假期前後飛往Google辦公室進行後續會議,結果Google反悔了。「那間公司真的很奇怪。」維亞康姆高層評論道,「當執行長同意要做一件事時,其他人只當那是句建議。」

至於YouTube,早在佐伊‧特爾(Zoey Tur)事件發生時,就預見了維亞康姆的下一步行動。

特爾以洛杉磯最有成就的空中攝影記者而名聞遐邇，她在1992年的羅德尼・金案（編按：Rodney King，因超速被警方要求靠邊停車，但因為拒捕襲警而遭警方暴力制服，法院卻判決警方無罪，因而引發洛杉磯暴動）判決結果公布前，就預先查探洛杉磯中南區的狀況，和一些鄰居與當地街頭幫派組織瘸幫（Crips）成員聊過天，在暴動與警察暴力事件展開時，找到最適合停直升機的位置。兩年後，她同樣在正確的時間點飛到美式足球員辛普森（O. J. Simpson）的白色Bronco車上方（編按：1994年辛普森被指控犯下兩起謀殺案。因為沒有按期自首，警方追捕駕駛白色福特Bronco SUV的辛普森。這起案件也成為美國史上最受大眾關心的刑事審判案件之一）。她那架直升機要價200萬美元，不過各家新聞頻道都付了不少錢向她買空拍影像，完全能抵銷直升機的成本。

　　10年過去了，有天特爾無意來到一個影片分享網站，滑鼠點了幾次，竟在YouTube看見自己那些洛杉磯暴動的錄影畫面，以及辛普森那輛遠近馳名的Bronco車追捕畫面，其中幾段影片旁甚至出現了廣告。她心想：YouTube不是能過濾掉網站上的裸露影像嗎？為什麼不能同樣為她的影片進行篩選？他們可從沒為這些影片花過一毛錢，也沒冒著性命危險拍下這些鏡頭。2006年夏季，特爾憤慨地對YouTube提出訴訟，指控YouTube違反《數位千禧年著作權法》。YouTube移除了被特爾檢舉的那幾支影片，但也指稱自己缺乏人力與適當的科技，無法揪出每部新上傳的影片。那場官司遲遲沒能收尾，而到了10

月某一天，困在車陣中的特爾聽著廣播新聞，就這麼聽見16.5億美元收購案的消息。「哇。」她脫口而出，「犯罪還真好賺。」

關於特爾的官司、維亞康姆的祕密會議，YouTube大多數員工都不知情。

2007年2月某個周末，前駭客行動主義者薛佛正準備出去飲酒作樂，因為那周日就是超級盃球賽（Super Bowl）了，卻突然被勒文攔了下來。維亞康姆剛寄了10萬條連結給YouTube，聲稱那些是未經授權就上傳的影片。「這個能交給你處理嗎？」勒文問道。薛佛和同事們只能分批刪除那些影片，以免使YouTube的電腦系統過載。

然而，事情才剛拉開序幕而已。見到Google對於協商的反應，維亞康姆認定對方準備展開一場司法戰爭，而受過律師訓練的雷石東最愛司法戰爭了。他先前指派同為律師的菲利普・道姆（Philippe Dauman）為維亞康姆執行長，一同在多年前設計一場攻占行動，以威脅對維亞康姆董事會提告的方式控制住公司。仰慕者讚嘆地表示，他們談判與籌謀的技藝就如同「作曲家李奧納多・伯恩斯坦（Leonard Bernstein）和作詞人史蒂芬・桑坦（Stephen Sondheim）寫出百老匯音樂劇《西城故事》（*West Side Story*）那般驚人」。只要你是噴射機幫的人，那就從頭到腳都是噴射機幫的人（編按：When you're a Jet You're a Jet all the way。此處採用《西城故事》第一幕的〈噴射機幫之歌〉〔Jet Song〕中的歌詞）。

2007年3月13日，維亞康姆向Google求償10億美元。那場訴訟的開場白，彷彿是對娛樂界犯罪首腦的控訴：

> YouTube利用科技刻意大規模地侵犯著作權，剝奪作家、作曲家與表演者努力與創新所應得的報償，降低美國創作產業的動力，並從他人的違法行為中獲益。

維亞康姆在訴訟中指稱，即使在超級盃周末發布通知後，仍在YouTube網站上找到約15萬段侵權影片，總觀看次數達「驚人的15億次」。不是只有維亞康姆對YouTube提告，1年後還有另一群人對YouTube聯合提告，這群人包括法國網球隊、多家唱片公司，以及放棄個人訴訟加入大團隊的特爾。

那場官司在YouTube內部掀起了滔天巨浪。

另一名從Rhapsody網站逃亡至YouTube的員工大衛・金恩（David King），才剛開始適應自己在YouTube的第一項任務，就發現情勢和自己剛入職時迥然不同。

勒文和幾間唱片公司談成歷史性的協議：唱片公司同意將歌曲上傳至資料庫，YouTube就能利用「聲紋辨識」科技，在網站上尋找符合歌曲聲紋的影片。屆時，唱片公司就能請YouTube移除那些影片，或者藉由那些影片的廣告賺錢（唱片公司能拿到沒被YouTube收入口袋的部分收益）。金恩的任務就是管理YouTube網站上的類似系統，只不過該系統除了音樂以外，還包含各式各樣的內容。這份工作很有趣，但他沒什麼

機會遇到業界大人物。然而在維亞康姆提告後,金恩安撫版權持有者的這項專案就成了生死關鍵。忽然間,他受邀參加了幾場神祕會議,Google法律總顧問與執行長都積極地想了解他手上的這份計畫。

政治編輯格羅夫剛開始在YouTube工作時,每周會用CitizenTube這個帳號上傳好幾部短片,他幻想將自己的帳號發展成每周節目,以類似新聞訪談節目《與媒體見面》(Meet the Press)的形式總結當周時事與YouTube上的政治輿論。在YouTube吃上官司後,賀利建議格羅夫低調一些,YouTube可不想太像電視頻道。

維亞康姆的訴訟就如達摩克利斯之劍(編按:Sword of Damocles,出自古希臘傳說,描述狄奧尼修斯的朝臣達摩克利斯坐上國王的位置後,才發現王位上僅用一根馬鬃懸掛著利劍。通常用以代表有龐大的權勢與財富,也時常害怕被奪走)那般高懸在YouTube頭頂,勒文等律師也開始投入大量時間為公司防守。如今,關於每部影片的每項決策都變得更有分量了,這份重量還延伸到版權以外的議題。

YouTube先前匆匆投入這個線上世界的懷抱,不久後就在這個世界遇到越來越多預料之外的糾紛。新上任的設計師史若克著手進行調查研究,YouTube會在過程中邀請一般人來回答問題。有次史若克在旁觀看問答,同僚詢問參與者喜歡看什麼樣的影片。男人快速回答:「我喜歡看鐵籠格鬥賽。我喜歡看動物打架。」史若克目瞪口呆地僵在原地,在場沒有人料到這

樣的答案。在YouTube的要求下，那名男子離開後也和其他調查對象一樣簽了保密協議。

YouTube還經歷過更加黑暗的時刻，其中包括一場與基督城槍擊案同樣駭人的悲劇。

2007年秋季，18歲的青年走進一所芬蘭高中，用半自動手槍殺害8人，然後也朝自己開槍。他是個YouTuber，生前以網名Sturmgeist89上傳關於金屬樂與科倫拜校園槍手相關的影片。他經常在影片中手握著槍，身穿寫著「人類沒那麼了不起」的黑T恤。也曾在鏡頭前描述自己的槍擊計畫，然而他的影片並沒有被觀眾或YouTube的系統檢舉，審查員因此從來沒發現。悲劇發生後不久，薛佛收到一封郵件：槍手的父親想看看自己兒子的影片，試圖拼湊出恐怖的前因後果。案發後，YouTube已經移除那些影片並交給警方處置了，但槍手的父親仍一再向YouTube索取影片。

收到信件時，薛佛內心十分掙扎。他很想幫助這位悲痛的父親，但也必須遵從YouTube的隱私規範，不能將已刪除的影片傳送給他人。在天人交戰之下，薛佛遲遲未回信。過了一段時間之後，收件匣裡就不再出現那位父親的索取信了。

Chapter 5

小丑公司
Clown Co.

初見新星的那一刻,伊凡・懷斯(Evan Weiss)只覺得頭痛欲裂。他身為好萊塢的短期經紀人,參與製作了許多家喻戶曉的名人電視劇,其中包括泰拉・班克斯(Tyra Banks)、潘蜜拉・安德森(Pamela Anderson)等人的節目,但他後來厭倦了電視網一陳不變的工作,開始發展小螢幕的生意。有天,一位友人把YouTube某個冉冉上升的新星擺在他的

> ▶ 「萬聖節的弗雷德。」(Fred on Halloween.)
> 弗雷德,2006年10月30日。4:32。
>
> 　　男孩的臉出現在鏡頭近處,只見他頭戴廉價的綠假髮、巫婆帽,還裝了牙套。他的語調高了好幾個8度——而且還經過加速,說話時又急又快,和影片的剪接風格如出一轍。「我媽帶我去找學校輔導老師好幾次,她說我、我的脾氣有問題。」停頓。尖叫。「我才沒有他媽——」一片混亂。影像劇烈地翻轉了數秒,然後鏡頭回到男孩臉上。「我好像把我媽的相機弄壞了。」他尖聲說。

眼前。

「這很露骨。」懷斯總結道,「太超過了。」但他的朋友堅持要他再考慮一下。這位朋友從事授權工作,不久前才剛帶那個男孩到市郊購物中心,在熱門話題時裝店(Hot Topic)外簽T恤。結果大批年輕粉絲一擁而上,讓他不得不中止簽名活動。懷斯聽從朋友的勸告,繼續看了下去。

盧卡斯・克魯伊山克(Lucas Cruikshank)住在內布拉斯加州的小鎮,平時喜歡和同輩親戚們嘻笑玩耍,還有拿著相機到處拍。在國中校園裡找不到朋友的他,覺得和親戚拍照玩鬧有趣多了。為了獲取靈感,他看了《瘋電視》喜劇節目(*Mad TV*)與魯莽瘋狂的YouTube搞笑帳號Brookers,然後自己發明了幾個稀奇古怪的角色,練習用自己變化多端的臉演繹角色。當克魯伊山克學會用剪輯軟體加速語音時,他的YouTube人格——弗雷德・菲格爾荷恩(Fred Figglehorn)就這麼誕生了。短短數月內,他的影片觀看次數超過布莉的lonelygirl15以及YouTube上其他所有帳戶。年紀較大的YouTuber(他們其實也頂多20出頭而已)對這個一夕爆紅的篡位者頗有微詞,YouTube公司內的人則一頭霧水,只當他是搭上大人難以理解的青春時代精神,才因此獲得名氣。

即使最初對弗雷德印象不佳,懷斯還是改變了心意。從業多年來,他認為優秀的喜劇演員須具備4種特點:第一,他必須有獨特的言論,弗雷德就符合這點;第二,他必須受歡迎,這點也符合;第三,他必須顛覆人們的預期;第四,他必須擁

有自己的觀點與見解。姑且不論弗雷德那花栗鼠般尖細的聲音，其實他的影片內容意外地黑暗、沉重，主題包括了霸凌、性別身分、心理健康、兒童虐待，以及青少年複雜的內心世界（克魯伊山克當時年僅12歲，但他謊報年齡，違反YouTube禁止13歲以下孩童開立帳戶的規定）。

「就是他了。」懷斯下了定論。他非得簽下弗雷德不可。

商業化試水溫

至於Google這一邊，卻是絲毫不知該拿YouTube形形色色的主持人怎麼辦，也不知該如何藉由這些人賺錢。有些YouTuber明顯有商業潛力，觀眾人數也相當於黃金時段電視節目的收視人數，然而許多YouTuber對商業化一事深惡痛絕。

在2007年1月的消費電子展上，唐納修簡短表示YouTube正在「稍稍考慮」怎麼把網站上的熱門影片變成電視頻道。這個消息引起眾人反彈——留著山羊鬍、用鄙視眼神看待萬事的人氣YouTuber「boh3m3」貼出一段影片，標題為「親愛的唐納修」，並在影片中狠狠罵了他一頓。粉絲們紛紛用影片回應，發表類似的言論，還有一名粉絲貼出幾段貓咪服用迷幻藥（LSD）的影片來回應。Google內部有些人擔心，公司雖然買下YouTube這個新興的影片服務網站，但網站上可能有大量不討廣告業者喜歡的影片。見到boh3m3等人發布的影片後，他們更加擔心了。

有幾位YouTuber自己採取行動，嘗試影片商業化的水溫。那個年代流行數位影片錄影機，人們可以錄下電視節目，在觀看時直接跳過廣告。廣告業感受到新的威脅，慌忙發明「置入性行銷」的策略，開始將行銷訊息直接放在節目之中。舉例來說，lonelygirl15頻道就為護膚品牌露得清（Neutrogena）打過廣告。

2006年年底，在舊金山廣告代理商上班的20多歲年輕人布蘭丹·加漢（Brendan Gahan），偶然聽見合夥人拒絕電視廣告的提案，理由是製作經費太低。加漢建議他們去請YouTube當紅的青少年幫忙打廣告。他相中的是Smosh這個頻道，背後的創作者是兩個剛從高中畢業的沙加緬度青少年伊恩·席克斯（Ian Hecox）、安東尼·帕迪亞（Anthony Padilla）。他們都留著飄逸的龐克髮型、都喜歡「慵懶周日」，也在低畫質短劇中模仿它的風格。專售冰沙的連鎖店果昔王（Smoothie King）曾花500美元請他們拍一段影片，這對兩人而言可是一筆可觀的財富（席克斯當時還在兼職，領最低時薪打扮成吉祥物查克起司老鼠〔Chuck E. Cheese〕和客人互動）。加漢邀請Smosh的少年們參加他們生平第一場辦公室會議，然後說出廣告提案：只要製作一部影片，在影片中提及Zvue（一種形狀較扁、功能類似iPod的裝置）就能領到報酬。

於是，他們上傳了「腳是手」（Feet for Hands）這段3分鐘長的荒謬主義短劇，標題就是字面上的意思。Zvue在螢幕上出現的時間大約是18秒，兩名YouTuber收到了1.5萬美元。網紅

行銷這門家庭手工業，即將誕生。

起初，賀利是反對付錢給YouTuber的。「我們不想建造以金錢報酬為動力的系統。」他在一場討論會上這樣解釋。至於Google對YouTube下達的指令，也和金錢報酬毫無關係。「怎麼經營就交給你們全權決定。」在協商收購事宜時，施密特對陳士駿說，「唯一條件是，我們雙方都認同這個簡單的目標：**促進使用者、影片數與觀看次數的成長。**」另一位高層經理則表示，施密特曾說：「只要讓這東西成長起來就是了，別為花多少錢的事操心。」

問題是，如果要成長，YouTube就必須給予使用者持續上傳影片的動力。他們的競爭對手——業餘影片網站Revver，就會付費給上傳者，一些人氣YouTuber有時也會在影片中提及此事。後來賀利終於回心轉意，設計了名為「蘋果派」（Apple Pie）的計畫，目標是發展出付費給YouTuber的方法。之所以稱為「蘋果派」，是為了使「付費讓人製作影片」這件事變得和蘋果派同樣富有美國味。

儘管如此，賀利仍不願接受Google統轄的廣告領域，他尤其厭惡在影片開始前的「前播廣告」，認為這些廣告對觀影體驗帶來負面的影響。賀利平時相當冷靜，唯有人們在網站上的體驗受到干擾時，同事們才會看見他展現出急躁的一面。有一回，賀利在會議當中拍攝並上傳了一小段影片，然後數了一秒又一秒，急切地問道：「這為什麼還沒出現？」

YouTube會在網站首頁刊登小小的告示牌式廣告，但和電

視的不同之處，就在於YouTube觀眾並不習慣節目經常被廣告打斷。銷售部門嘗試推出「品牌頁面」，也就是企業專屬的客製化帳戶（如：YouTube.com/Coke）。當人們點開網站時，就會自動播放這些頁面的影片，但少有企業參與這項計畫。

　　YouTube曾試著推出由Sierra Mist檸檬汽水贊助的搞笑影片頒獎大會，也嘗試過機智的彈出式廣告──卡通人物荷馬‧辛普森（Homer Simpson）追著粉紅色甜甜圈從螢幕這一頭跑到另一頭，為即將首映的電影打廣告。問題是，這些廣告相當費時，也無法「規模化」（輕易地廣泛傳播）。這兩點在Google看來都是致命傷，畢竟Google最推崇的就是速度與規模了。大雜燴廣告策略沒能起飛，YouTube剛加入Google的那幾季，廣告銷售團隊也沒能達成業績目標。

　　為了更有效地處理問題，YouTube營業部門將網站上大量的素材切分成數塊，彷彿在切割野獸的肉體。第一塊是「頭部」，這部分包含品質最高的影片，如來自電視網、攝影棚、唱片公司簽約藝人的影片；第二塊是「軀幹」，包含弗雷德、Smosh等業餘YouTuber，這些有潛力成為職業創作者的影片，或至少具有商業方面的吸引力；最後一塊是「長尾巴」，也就是在Google眼裡幾乎無經濟價值的大量短片（熱衷於排名的Google，自然也將影片排了名次。分數達9或10的影片就歸類到頭部，6到8分的影片就是軀幹，其餘影片則都屬長尾巴）。

　　從Google Video遷至YouTube的斯壯普羅斯，就坐在YouTube的「軀幹團隊」裡。還是高瘦少年的斯壯普羅斯喜歡把相機放

在馬路上,按下錄影鍵,接著和朋友們挑戰滑板特技,最後聚在電視前看錄影成果。Google鼓勵員工每周空出一天,發展天馬行空的想法,這就是所謂的「20%計畫」。這時,斯壯普羅斯會為影片製作者描繪出不同的商業概念。在Google Video工作時,他曾說服某家公司贊助兩名身穿實驗衣、用無糖可樂和曼陀珠做出爆炸影片的主播。

斯壯普羅斯臉上常年留有鬍渣,言行舉止十分輕鬆且親切,以Googler來說更顯得親切無比。在YouTube被收購後,他向YouTube網站上最受歡迎的幾個帳戶寄出介紹信,其中半數YouTuber沒回應,畢竟這些人從來沒和YouTube員工聯繫過,只當那是垃圾信件。儘管如此,斯壯普羅斯還是設法說服幾個人參加YouTube的第一場大型經濟實驗。他集結30個願意刊登廣告的人氣帳戶,只要讓廣告出現在他們的影片旁邊,或是以小彈出式橫幅的形式出現,這些YouTuber就能獲取一部分的廣告收益。參與此次實驗的YouTuber包括了奇奇怪怪的喜劇創作者,如「Smosh」和專注於單一戲碼的「Ask a Ninja」;不屈不撓的影片部落格製作者,如「sxephil」與「What the Buck?」,當然也包括了「lonelygirl15」。

lonelygirl15背後的兩名製作人向斯壯普羅斯提出要求,希望能預付款項來作為他們節目的經費。這是好萊塢的常規操作,然而斯壯普羅斯向上司問起此事時卻被拒絕了。這不過是個簡單的廣告分組測試,不能預付款項。

廣告的觀看次數越多,錢就越多;伴隨影片刊登的廣告產

生1美元收益，Google就會取其中45美分，剩下的55美分則給那名創作者。YouTube在5月正式啟動「合作夥伴計畫」（Partner Program），要是曾經仔細留意YouTube，就會發現那年1月，宿醉的賀利和比爾・蓋茲同台時就已經不小心說出YouTube和影片製作者共享收益的計畫。

全新的廣告模式

　　YouTube不僅憑廣告獲利的路途坎坷，其賺錢能力也備受阻礙——公司用的是別人家的機器（這倒是與YouTuber無關的技術性問題）。

　　聖布魯諾辦公室裡，Google產品經理拉賈拉曼加入YouTube其中一個團隊，負責決定廣告該出現在網站何處，以及怎麼呈現。才剛加入YouTube不久，他就被沃西基抓去開會。沃西基除了管理Google影片，還負責管理Google大部分的廣告科技。這時她直接對拉賈拉曼提出疑問：「你們為什麼不用我們的東西？」拉賈拉曼只得對她解釋說，YouTube的軟體管線已經和另一間公司DoubleClick的系統盤根錯節、難以分離了。

　　DoubleClick是網路時代的廣告狂人。它創立於1995年，總部設置於曼哈頓市，公司名稱則致敬電腦滑鼠的連續點擊。至於它的商業模式，則是再精明不過了。在DoubleClick剛創立的年代，網路仍在找尋站穩腳跟的方法，但它當時就發明了自己的軟體，將數位廣告牌放在線上，並付費給網站擁有者、使用

不同網站的空間來刊登廣告。此外，DoubleClick還會使用數位存根（Cookie），就是一個人造訪網站後，附著在瀏覽器上的隱形程式碼，可以追蹤瀏覽網路的動向。如果你瀏覽了幾個居家布置相關的網站，再接著點開新聞報導，就會發現網頁上出現許多賣家具的「橫幅式」廣告，這就是數位存根的功勞。DoubleClick架設了一個交易所，用來購買與販售這些「行為定向廣告」，相當於網路行銷的那斯達克股票交易所。2006年，DoubleClick賺入了約3億美元。該公司真正的實力在於其繁複且強勢的廣告商業手段。它的銷售團隊多是舊媒體人，這些人鼓動三寸不爛之舌，說服許多行銷主管與廣告公司將廣告放上網。某位和該公司合作的銀行家則稱他們為「一群對著手機喋喋不休的禿頭男」。

在Google收購YouTube之前，曾有DoubleClick員工致電YouTube這個熱門影音網站，安排在網站上放置橫幅式廣告。YouTube加入Google時，已是DoubleClick最大的客戶了。問題是，DoubleClick經歷坎坷的歲月──監管機構質疑公司蒐集數據的習慣、公司在頗為混亂的情況下被賣給一家私人股權投資公司──如今又回到拍賣市場上，等著被人收購。賀利認為在YouTube影片上放置橫幅式廣告再自然不過了，但Google希望能在另一塊領域站穩腳步，開拓和搜尋廣告互補的市場。於是以驚人高價收購YouTube後數月，Google又準備出資收購DoubleClick。

沃西基也參與了收購DoubleClick的行動。負責收購流程的

銀行家當中，有人表示曾與沃西基參加同場會議，她在那場會議上的發言讓人窺見她心中所想。會議中，所有人詳細了解了DoubleClick的各種金融數據，這時沃西基開了口。

「真正重要的問題是，」她說，「我願意免費買下它嗎？」眾人嚇呆了。媒體推估的價碼都在20億美元上下，而且大家都知道微軟此時也起心動念要收購DoubleClick。她是真的想要⋯⋯一毛錢都不出？沃西基接著將她的想法說出口：買下DoubleClick之後雖能得到立即的收益，卻也表示公司接下來得花費數年進行營業整合──合併銷售團隊、結合軟體、解決棘手的人資問題等等。假如有人直接把DoubleClick這間公司送給她，這份禮物值得收下嗎？最終，她得出結論：「嗯，我願意免費收下它。」那年4月，Google宣布用31億美元收購DoubleClick的計畫。

10多年後，美國多位律師出聲質疑Google當時為何獲准收購DoubleClick這間不容小覷的大企業，再加上YouTube的助力，Google得以稱霸線上廣告業。不過在當時，YouTube的商業前景還顯得十分寒酸，少有人將焦點放在它身上。

🔔

Google正忙著完成收購DoubleClick的交易時，兩名Googler走進洛杉磯星光大道的嶄新建築。這裡鑲了一片片深色玻璃，中間還有個長方形大空洞，乍看像個巨大的電影銀幕。這是創新藝人經紀公司（Creative Artists Agency, CAA）的總部所在，

此外還有許多演藝經紀公司在此設置總部，使它成為無數人夢想成真與破滅的地點。後來在好萊塢各個圈子裡，都開始稱呼這幢辦公綜合大樓為「死星」（Death Star）。

好萊塢律師凱文‧莫利斯（Kevin Morris）是《南方公園》等前衛電視節目的法律代表。某天他在位於死星的辦公室裡辦了場聚會——除了交誼以外，也算是腦力激盪大會，但主要目的是緩和舊媒體與新媒體之間緊張的關係。Google收購YouTube已是1年前的事了，好萊塢大人物們都曾親眼見證唱片業遭到數位音樂毀滅的慘狀，他們可不想走上同一條滅亡之路。此次聚會上，莫利斯邀請一些家喻戶曉的舊媒體大人物——電視網高層、編劇、影星。至於新媒體，受邀人物包括紅杉資本的投資者、創造網景瀏覽器（Netscape）的軟體天才馬克‧安德里森（Marc Andreessen），以及兩位Google員工。

YouTube主管喬丹‧霍夫納（Jordan Hoffner）擁有馬蹄形的髮際線，臉上還戴著時髦的眼鏡，此次與會是坐在新科技這一方。他相當熟悉另一方的與會者，畢竟在加入YouTube的「頭部團隊」以前，他可是在NBC電視網工作了12年。然而在進入科技世界後，霍夫納就發現自己所在的新產業和舊產業之間存在著深深的語言溝壑。在莫利斯的聚會上，霍夫納試圖對舊媒體人解釋YouTube的種種（其實許多舊媒體同儕都已經聽過他這套說法了）。

霍夫納走到白板前。開口說道：「我們應該都能認同，一部達到百萬觀看次數的YouTube影片，應該能算是熱門流行影

片吧？」眾人紛紛點頭（那年5月，有位英國父親上傳了「查理咬了我手指」這段可愛的家庭影片，結果在短短數月內觀看次數就達到100萬次）。

「那我們假設，」霍夫納接著說道，「一部廣告放在那樣的影片上，CPM（Cost Per Mille，千次印象費用，是電視業賣廣告的費率）可以賣到20元。」在場所有人都認同。以電視廣告來說，20元算是合理的費率。霍夫納表示，YouTube已經開始在影片上放置更多橫幅式廣告了，不過網站上有大部分的觀眾都來自海外，YouTube還未對美國境外的使用者刊登廣告。為求方便運算，他假設那部百萬觀看次數的熱門影片有50％的觀眾在美國境內。他接著在白板上寫下算式：在20美元費率下，假設只有半數觀眾看見廣告，那這部YouTube熱門影片就能產生1萬美元廣告收益。

現場一片死寂。

那年開播的《廣告狂人》（*Mad Men*）每集能吸引的觀眾大約是100萬人，光是製作一集節目，成本就高達250萬美元。當然，熱門電視節目能透過有線電視訂閱者與插播廣告回本。至於免費網站YouTube，光是自家公司高層也不確定觀眾對插播廣告的容忍度有多高。YouTube最初讓Smosh的影片出現彈出式廣告時，兩位青少年創作者還關閉了大部分廣告功能，以免觀眾產生反感。儘管如此，還是有人在評論區罵他們出賣自己。霍夫納希望媒體人能修改他們對於YouTube世界的商業預測——在這個世界中，作品的智慧財產權握在Smosh這類的藝

術家手裡，人們必須建造全新的廣告模式。

聽完霍夫納這堂經濟學課，在場許多人心裡都沒了底：**電視那個老派的模式還能維持多久？電視觀眾都開始被吸引到網路去了，接下來到底該怎麼辦才好？**隔年，NBC執行長傑夫·佐克（Jeff Zucker）呼籲電視產業應盡速找到可行的網路商業模式，以免到時「類比世界的1元只能轉換成數位世界的1分」。

Google相信，無論如何，網際網路都將對電視業宣戰。話雖如此，公司高層對於「Smosh」與「咬手指的查理」還是缺乏信心，擔心這些影片的潛力仍不足以支撐起YouTube的商業模式。他們希望能在網站上放更受人尊敬的媒體作品，也就是他們所謂的「優質內容」。

YouTube頭部團隊派人飛往紐約、洛杉磯、東京等地，試圖說服電視網與片廠將它們的影音放上YouTube。Google平易近人的銷售長提姆·阿姆斯壯（Tim Armstrong）則對各大體育聯盟發動攻勢，嘗試說服為電視業賺入大把金錢的它們加入行動，將體育影片上傳至YouTube。收購DoubleClick之後，Google幾乎是立即鎖定另一間廣告公司——對電視網銷售電子發票的多諾凡數據系統公司（Donovan Data Systems）。多諾凡基本上等同電視版的DoubleClick，Google打算買下它之後插入YouTube。雙方談起價格，價碼一度高達20億美元，卻一直無法在收購條件方面達成共識，談判最後也無疾而終。

儘管如此，Google仍在2007年年底推出自認為極具吸引力

的「數位指紋」服務——這項YouTube律師團隊和唱片公司合作創建的新服務,將用於黃金時段的電視節目。Google將這項服務取名為「Content ID」,它的功能也如字面上的意思:辨識YouTube網站上的版權內容,允許版權持有者自動刪除侵權內容,或將內容留在網站上賺取影片廣告費(Google希望版權持有者會選擇後者)。YouTube已研發出相關工具,能夠辨識出被複製上傳的音訊及視訊檔案,後來甚至能辨識符合音樂產業商業複雜性的片段內容,使它整體形成有史以來最健全的媒體權利系統。YouTube的所有發明當中,最終提供最多商業助益與利益的就是Content ID。

話雖如此,對「頭部」影片感興趣的買家卻少之又少。當時還不存在點播串流影片,Netflix也仍是透過郵寄DVD的方式做生意。許多媒體公司對YouTube抱持敵意(例如維亞康姆),其他媒體公司也深感不安,甚少有人用正向的眼光看待YouTube。「沒有一家公司想當出頭鳥。」Google某位高層經理回憶道。

媒體公司之所以不安,主要是因為金錢問題。各大電視網從數十年前就開始為自己的各個節目收取授權傭金,也就是所謂的「載播費」。舉例來說,有線電視供應商康卡斯特(Comcast)會付費給娛樂與體育節目電視網(ESPN),將EPSN包裝在有線電視套裝中,消費者則會付費給康卡斯特,以便透過康卡斯特的有線電視盒觀看ESPN節目。如此一來,電視網自然會指望YouTube支付載播費。Google內部有些人認

為應該付費給電視網,然而公司最高層不同意。假如付費,就違背了Google的核心原則。Google搜尋引擎將數以百萬計的網站編入索引,顯示在Google.com或Google News上,也沒有付費給那些網站。既然Google沒有付費給那些網站,又為何要付費將影音內容放上YouTube?假使真的付錢將電視節目放上YouTube,那其他網站、報紙和部落格不就會爭先恐後來要求Google付費嗎?

結論就是,不能付載播費。

Google堅持不付費的態度,對好萊塢而言有些難以消化。霍夫納在創新藝人經紀公司發表完演說之後,在場的一流演員上前和他交談。即使沒聽懂YouTube的商業模式,演員還是深受YouTube的魅力而吸引,希望能拍一系列查理・卓別林(Charlie Chaplin)風格的歡樂短片放上YouTube。

「太好了!」霍夫納興奮地說,「那會由誰出資呢?」

影星看著眼前這位代表Google的男人,以及他背後價值超過1,000億美元的大企業。

「你們啊。」

「不是這樣的。」霍夫納詫異地回道,「我們只是負責放廣告而已。」

舊媒體與新媒體之爭

最後,致敬卓別林的短片系列沒能拍成。但是就算YouTube

真的和一流明星合作,結果有時也差強人意。劍走偏鋒的喜劇明星戴蒙‧韋恩斯(Damon Wayans)創建了自己的YouTube帳戶WayoutTV,目標觀眾群是年輕男性。在名為「墮胎男」的短片中,年輕男性得知女友懷孕了,於是匆匆跑到窗前高呼:「救命!」披著披風的超級英雄「墮胎男」聽到呼救聲便飛了過來,開始拳打女友的腹部,直到血淋淋的胎兒道具掉了出來。

「準備好了嗎?你將看到最噁心、冷漠、不好笑又冒犯人的影片。」女性新聞網站Jezebel這樣寫道。YouTube原先找了豐田汽車(Toyota)贊助WayoutTV的影片,這時還得安排公開道歉,設法挽救那筆數百萬美元的交易。

面對YouTube的「不受控上傳世界」,Google各個營業團隊趕忙調整作業,請回前銷售主管派崔克‧基恩(Patrick Keane)。「你能用多快的速度把東西下架?為東西辯護?廣告定向真的有效嗎?」沒人知道這些問題的答案。在應付問題的同時,Google也忙著安頓它斥資40億美元收購的YouTube與DoubleClick。基恩表示:「在這段動盪不安的混亂時期,我們還得整合這些網路棟梁般的收購項目。」

與此同時,Google面對強而有力的競爭對手。還未對YouTube提起訴訟的媒體集團,此時也蠢蠢欲動——NBC、福斯與索尼影視(Sony Pictures)高層從數月前就開始暗中規畫新專案,準備推出網頁影音服務,託管三家公司的電視節目、電影與廣告。消息傳到Google那裡,眾人大多對這項新專案嗤之

以鼻。音樂產業已經嘗試過如同漂泊樂團（編按：Traveling Wilburys，由披頭四成員喬治・哈里森〔George Harrison〕、電光交響樂團主唱傑夫・琳恩〔Jeff Lynne〕、羅伊・歐賓森〔Roy Orbison〕、傷心人樂團主唱湯姆・佩蒂〔Tom Petty〕和巴布・狄倫〔Bob Dylan〕，在1980年代後期與1990年代初期組成的超級樂團）的多方合作計畫，試圖攻入網路市場，結果還不是一敗塗地了。況且，舊媒體缺乏技術方面的資源，怎麼可能實現影音串流的大志呢？Google某個員工為那項媒體專案取了個綽號：「小丑公司」。

殊不知，自視甚高的Googler輕視了競爭對手。2008年3月，「小丑公司」以Hulu這個串流平台之姿問世時，Google上下掀起了偏執的驚滔駭浪。Hulu在新聞稿中五度提及「優質」一詞，讓YouTube內部也發起討論，爭論是否該推出自己的「優質」服務，以及那些優質內容究竟該從何得來。

「頭部」團隊又加了把勁——倫敦辦公室經理派崔克・華克（Patrick Walker）得知Hulu預計進入英國市場時，決定致電他在各電視網的人脈，說服他們別和Hulu合作，用這種方式阻礙競爭對手的行動。YouTube差點在美國談成大規模合作協議：高層和CBS進行一系列談判，特地飛往曼哈頓去和CBS首腦人物孟維斯會面，並提出了接二連三的方案，希望能將真人秀《驚險大挑戰》（*The Amazing Race*）等節目放上網。某次在拉斯維加斯和CBS代表開會後，YouTube高層對副手表示成交了，結果雙方因廣告收益的分配條件談不攏而沒能達成協議。

另一個問題則是，雖然CBS是獨立的企業，卻仍受維亞康姆的雷石東控制。根據CBS前高層經理的說法，YouTube和CBS談判的過程中，維亞康姆高層表達了他們的不滿。

若說是維亞康姆攪亂了YouTube和CBS之間的談判，那還說得過去。不過YouTube和最後一家尚未加入Hulu的電視網──美國廣播公司，就沒有維亞康姆的介入了。YouTube保證在網站上為美國廣播公司打廣告，有些YouTube員工想到最愛的影集《LOST檔案》（*Lost*）可能搬上自家網站就興奮不已。然而，美國廣播公司在最後一刻改變心意，轉而和Hulu簽約（根據參與其中的人所說，Google對舊媒體那句戲謔的「小丑公司」，就是談判中的敗筆）。

也不是所有媒體公司都拒絕和YouTube來往，偽職業摔角頻道「世界摔角娛樂」（World Wrestling Entertainment, WWE）就對YouTube伸出友誼之手。起初，頻道粉絲錄下世界摔角娛樂昂貴的按次付費節目，將畫面搖搖晃晃的影片上傳到YouTube，甚至下了功夫鑽版權規範的漏洞。YouTube觀眾也十分喜歡美國職業摔角選手「米茲」（The Miz）的數位影片系列，熱愛這名從《真實世界》（*Real World*）演出者轉職為摔角選手的人物。世界摔角娛樂在粉絲圈點了一把火，在YouTube貼出節目預告，其中包括2007年的「億萬富翁之戰」──節目參與者之一是過氣的真人秀主持人川普。此外，世界摔角娛樂深諳節目編排的哲理，在世界摔角娛樂主持人的傳記標題上也寫得明明白白──《爭議創造金錢》（*Controversy Creates*

Cash）。這種思想，後來也成為YouTube的主流風潮。

就連電視界女王歐普拉·溫芙蕾（Oprah Winfrey）也加入YouTube帶動的流行，在2007年11月邀賀利與陳士駿上節目。這兩位創辦人其實不愛受人矚目，也不認為歐普拉的觀眾群和YouTube觀眾有交集，最後是YouTube公關團隊硬把他們拖去芝加哥，他們才不甘願地上了節目。錄製期間，歐普拉站在兩名YouTube男孩身旁，舉著粉紅色手持式攝影機錄下他們的影像。她提到，平時固定看YouTube影片的訪客多達2億人，網站上的影片數量也是多得驚人。

「你們會看那些影片嗎？」電視女王問道。

「我們之所以沒時間上訪談節目，就是因為看太多影片了。」賀利開玩笑道，然後他正色補充，「實在是多到看不完。」

那天參加《歐普拉秀》（*The Oprah Winfrey Show*）的來賓當中，令人印象最深刻的並不是YouTube的二人組，而是泰森（Tyson），一隻靠滑板在YouTube成名的鬥牛犬。「小狗玩滑板！」這種可愛又淺薄的表演成了YouTube在主流文化中的定義，讓YouTube後來花費數年試圖證明自己不僅如此。

🔔

YouTube努力引入廣告與優質節目的同時，就和生命一樣，商業找到了屬於自己的出路。語音尖銳的YouTube名人弗雷德來到拉斯維加斯曼德勒海灣度假村的大廳，和意圖挖角他

的經紀人懷斯見面。懷斯為來自內布拉斯加州的克魯伊山克（創作出弗雷德的人）及其父母在星巴克咖啡店安排了座位，接著提出自己的計畫：懷斯想把克魯伊山克塑造成媒體品牌，首先就從錄製花栗鼠三重唱（Alvin and the Chipmunks）風格的聖誕節專輯開始。克魯伊山克說他想拍電影。「絕對可以。」懷斯說道，「我跟你保證。」

至於其他YouTuber則紛紛往別處尋找金錢或知名度。有些人試著使用付費給上傳者的影音服務blip.tv（也是YouTube的競爭對手）。早期活躍於YouTube的iJustine開始進行生活實況記錄，也就是每天透過筆記型電腦與固定在棒球帽上的攜帶式攝影機，將日常生活化作網路上的串流影片（但不包含上廁所或裸露的部分，朋友們都戲稱她為「輔導級公主」）。她在新創立的Justin.tv網站上貼出自己的生活實況，該網站嘗試多種商業模式後，最終改名為「圖奇」（Twitch）。

儘管如此，最強而有力的商業勢力仍是在YouTube誕生。佛羅里達州藝術系學生蜜雪兒·潘（Michelle Phan）在2007年創立YouTube帳戶，拍了許多化妝影片，一面化妝一面說話，過程中則一直注視鏡頭，也不時暫停動作，對觀眾展示特定的產品或技巧。在影片中，她將自己變成芭比娃娃、動畫角色、性感吸血鬼，讓觀眾對她的影片欲罷不能。在她的助力下，全新的媒體現象問世了，而這股風潮將全面推翻過去的時尚流行。在其他產業，也有人接著開創新潮流。

Chapter 5　小丑公司

> ▶ 「iPod nano影片（3g）：完整親測和開箱。」（Pod nano Video (3g): Complete Hands-On Review and Unboxing.）Kravvykrav，2007年9月8日。6:18。
>
> 低畫質影像顯示出居家辦公室，剃光頭、戴深色眼鏡的諾亞‧克拉維茲（Noah Kravitz）開始自我介紹。他舉起手裡的小裝置。「全新的蘋果產品剛上市，大家都瘋狂了。」

在個人小裝置風靡一時的年代，克拉維茲就是替裝置網站PhoneDog.com寫評價的寫手。他開始將評價以影片的形式貼上網，對於新裝置鉅細靡遺的評論很快就博得觀眾的喜愛。為了慶賀他成功創建粉絲群，YouTube還寄了印有品牌標記的長筒襪給他。觀眾特別愛看克拉維茲在鏡頭前慢慢拆開產品包裝。有次他透過訊息向粉絲問起了原因。

「你有好幾部手機，我們沒有。」粉絲回道，「我們沒錢全部買下來。但看你的影片，就幾乎可以體驗到把手機帶回家自己開箱的感覺。」

在商業的層面上，開箱影片不久後將拐過另一道彎，朝克拉維茲與Google眾人意料之外的方向行進。

Chapter 6

Google吟遊詩人
The Bard of Google

「如果前面說得還不夠明確的話，我要告訴妳，我的人生完完全全變了！」

2007年7月底，在來到Google不久後的某個周六，斯泰普頓寫了這封信給朋友克蘿伊。這是她到印第安泉度假村參加「康樂」活動的10年前，距離那趟旅程排山倒海的憤世嫉俗也還有好幾個光年。寄出信件前，那幾周有如狂風驟雨，時間過得飛快——大學畢業、橫跨美國的旅行、開始從事大人的正經工作。斯泰普頓從小在奧克蘭市長大，課外活動包括徑賽運動與戲劇，她整個人的氛圍也是時而輕鬆、時而呆萌，讓周遭的人都感到輕鬆又親近。那個陽光明媚的日子，21歲的她來到北加州，參加Google的入職訓練。她戴上一頂新員工都會拿到的搞笑鴨舌帽，帽頂還裝了藍色螺旋槳——Noolger帽（編按：Google的新進員工代稱為Noolger，結合新進的new＋googler兩個名詞），手指忍不住輕撫她拿到的那台公務用黑莓機（「誰想得到呢。」她對朋友寫道）。她有令人眼花撩亂的規章和原則要消化，還有大批大批的人要認識與一一分析。

「Google！它真的很神奇。」她在信上寫道,「這裡其實是奇異的烏托邦,不是畢業後累積世上最誇張履歷的常春藤人,就是因為很有潛力被挑選的常春藤人。大家都超聰明,某方面來說有超多特權,但也都很酷⋯⋯這地方滿滿都是活力,有時候這滿滿的野心真的很有傳染力。」

斯泰普頓在賓夕法尼亞大學讀大一時,得以使用由幾個哈佛學生創建的新網站:Facebook.com。她在網站上貼了許多照片──她和朋友在派對上拿著紅色塑膠杯喝飲料、大字形躺在公園裡、擺搞笑姿勢拍生活照。照片大多拍得不錯,但也從未多加矯飾,畢竟沒有人認為大學校園以外的人會用到這個社群網路。斯泰普頓的功課很好,主修英文,將托馬斯・品欽(Thomas Pynchon)等作家的作品讀得滾瓜爛熟。她跟著肯尼思・戈德史密斯(Kenneth Goldsmith)學習,對方是個自稱「文字雕塑家」與「網路激進樂觀主義詩人」,在校園裡常穿寫著「如果東西不在網路上,它就不存在」的T恤。到了大四那年,斯泰普頓正考慮要不要申請加入對應屆畢業生而言炙手可熱的教育計畫──「為美國而教」(Teach for America),卻在校園徵才博覽會上瞥見了Google那一桌。「何不試試呢?」她心想。

斯泰普頓在申請陳述裡引用了戈德史密斯T恤上那句話,也對品欽等知識分子針對「電腦時代」的鄙夷提出質疑。她主張,品欽等人都錯了,因為Google使「相互連結的知性思想渠道⋯⋯保持流動」。她被錄用了。

那是Google在大學徵才的關鍵年。到2006年年底,Google迅

速併購YouTube等新成員，缺乏人力的公關團隊早已無法應付。於是，團隊領袖決定以應屆畢業生填補空缺，並訓練他們回應新聞媒體的提問、整合企業的各個細部。Google挑了30名新成員，大多出自常春藤名校，而斯泰普頓就是第一批新人。入職後分派第一個工作崗位時，她心裡有些失望。她被分派到「內部聯絡」部門，負責處理公司內部的訊息傳遞，而不是和記者、電視主播刺激交鋒。話雖如此，她接到的任務卻十分有趣：為Google神聖的TGIF儀式（每周全員溝通會議）寫講稿。

每周五下午4點半左右，Google全員都會集結在查理咖啡廳，滿是啤酒、汽水與點心的員工餐廳。兩位Google創辦人佩吉與布林會站在房間一頭，和眾人討論公司的最新事務。除此之外，他們也會表演一齣親民的企業喜劇，由「內部聯絡」部門員工預先寫好講稿。剛入職不久，斯泰普頓的講稿中出現關於Gmail的技術性錯誤，一位創辦人在表演當中抬起頭，問道：「這是誰寫的？」斯泰普頓當下以為自己飯碗不保了。

她並沒有被開除，而且很快就學會配合創辦人的宅男搞笑風格，寫了一群程式設計師能吃幾份披薩之類的笑話。TGIF活動最偉大的發明無疑是電腦系統「多莉」（Dory，取自皮克斯動畫電影裡的角色），觀眾可以透過多莉提交問題，並為彼此的問題投票，票數最高的問題就會在TGIF現場提出。多莉反映了Google對於數據、效率與群眾智慧根深柢固的信念，感覺就像真正的民主制度。對許多Googler而言，感覺和喬治・布希治理下的美國判若雲泥。

Google領導人公然反對布希的《美國愛國者法案》（編按：*Patriot Act*，2001年頒布的國會法，意圖透過適當手段阻止或避免恐怖主義，以團結並強化美國），也開始更頻繁地展示公司的加州自由派理念。斯泰普頓加入的那年夏季，Google進行有史以來規模最大的一次企業採購，為園區購置大量太陽能板。隨著Google不斷擴張，TGIF成了公司重申與強化企業價值的場域。那年秋季的某次TGIF活動上，Google與艾爾·高爾電話連線，他才因為對環保的貢獻而獲得諾貝爾和平獎。「聽說你今天得了獎。」布林若有所思地說道，「我們都很感激你。」查理咖啡廳裡歡聲雷動。

　　斯泰普頓的工作，就是將Google的獨特之處映射回Google眼前。除了寫喜劇講稿，她也以幽靈寫手的身分替公司高層寫了許多郵件，宣揚Google獨一無二的文化。另外，她也在每周五的TGIF活動前寄出信件，內容往往引人入勝卻又怪異無比，甚至有同事稱之為「後現代詩作」。親切又機智的斯泰普頓很快就成了Google的吉祥物，出現在公司內部的討論版memegen上頭，還有人寫道：「不管她吸的是什麼藥，都給我來一點。」她甚至還得到新的綽號——Google吟遊詩人。

　　「這是公關事務，我覺得無關痛癢，但在Google就是生死攸關的嚴肅議題。」吟遊詩人在信件中對朋友解釋道，「他們真心相信世界消化公司的方式可以左右公司的命運，也認為現存的黃金光輝是暫時且有限的。」

網路管理的難題

　　距離查理咖啡廳不遠處,黃安娜(Nicole Wong)和Google其他幾位律師坐在一排辦公桌前工作。黃安娜已是身經百戰的律師,情緒甚少受工作影響。2006年年底,當她閱讀來自泰國資訊與通訊技術部的郵件時,她只當這是封詐騙信。說來奇怪,寄件人用的竟是雅虎的電子信箱。話雖如此,黃安娜很快就確認這封信的虛實,重新讀了一遍:泰國列出了20部侮辱國王的YouTube影片,而根據該國《刑法》的冒犯君主罪責,這些影片已構成犯罪。信中寫道,在那20部影片下架前,泰國上下將封鎖YouTube網站。黃安娜沒有立刻回信,而是伸手拿起電話。Google並沒有在泰國設立辦公室,但已經委託「偵查員」研究在當地設立分部的可能性,要是泰國政府將冒犯君主的罪名加到偵查員頭上,事情可就嚴重了。黃安娜撥了通電話到深夜的曼谷。

　　偵查員接起電話那一刻,她就下達指令:「你得立刻出境。」

　　YouTube是在被Google收購後不久才收到來自泰國的信件,隨後Google也接二連三收到類似的提醒:你們買下的是個使用者自由上傳的網站,但是對言論自由不以為然的國家也能看見並使用這個網站。

　　如果有民族國家對公司提出要求或發出威脅,通常都交由黃安娜處理。她先前從事與美國憲法第一修正案(譯註:保障

宗教自由、言論自由、新聞自由、集會自由，以及請願權利的憲法修正案）相關的法律工作，在2004年加入Google，很快就晉升為副法務長。同事們拿總統布希的綽號玩梗，暱稱黃安娜為「決定者」（the Decider）（大家還幫她訂製一件T恤，上面印了類似女超人服裝的大寫D字）。

　　Google的政治認同，主要是在反對布希與錢尼執政時期的馬基維利道德主義中成型的。公司成立早年，Google定下核心信念──不作惡。這間厭惡口號的公司，就此有了企業口號。之所以使用它，是因為有部分人擔心Google會利用使用者在網路搜尋收集而來的隱密細節從事不軌行為。而在實務上，這句口號象徵Google對於網際網路堅定的信念：本質上，網路是股正向力量。2006年，公司將搜尋服務帶到中國，面對審查「天安門廣場」等關鍵字的要求，公司決定配合中國官方的要求，並主張即使少了一部分，全球資訊網還是能鬆動中國獨裁專制。

　　YouTube也著手架設中國版的網站，並套用類似的限制。出生於台灣的YouTube共同創辦人陳士駿對此表示支持（「我們如果需要進入泰國，就要尊重王室。」他主張，「如果要進入中國，就要遵守規定。」）話雖如此，營運層面的複雜問題與同僚的反對聲音，終究讓這項計畫不了了之。

　　整體而言，在可行時，Googler驕傲地反對政府審查。對決定者黃安娜來說，這在起初相對容易。人們在Google搜尋後，會前往其他網站，Google也能和它編入索引與連結的網站保持

一段距離，理論上不受網站內容牽連。然而到2003年，Google買下簡便的網路日記軟體工具Blogger後，轉眼便成了網路上大量內容的持有者。即使如此，Blogger相關的內容也不難處理，畢竟律師能快速解析網路上的文字，而且同一國的人們往往會用單一語言書寫與閱讀日記，泰國人用泰文寫部落格，希臘人則用希臘文。於是，Google律師團隊開發了一套系統，可以按照不同國籍追蹤部落格文章的法律風險。

然而YouTube加入戰局後，一切又變得混亂不堪了。這個影片網站的內容龐雜多變，更隨著YouTube的勢力範圍擴張到全球多個地區，影片也包含了不同國家的多種語言，使網路管理變得難如登天。希臘足球迷突然可以拍影片嘲諷現代土耳其的國父，挑釁充滿敵意的鄰國──這件事還真在2007年3月發生了。土耳其人完全能理解那部希臘影片的意思，因此影片上架後，當地法官命令網路供應商在土耳其境內封鎖YouTube。土耳其官方似乎不知YouTube網站屬於Google，無人知會他們（不過後來有憤慨的土耳其人到Google位於伊斯坦堡的辦公室外抗議）。那回，黃安娜花費數小時透過電話和人分析土耳其法規，甚至夜裡坐在家中電腦前觀看67部土耳其影片，絞盡腦汁思索這件事該如何處理。

此次面對泰國的議題，黃安娜提議在所有冒犯國王的影片當中，移除從泰國發布的那幾支影片，從其他地區發布的影片則不做處理。泰國官方接受她的提議。至於土耳其那邊，政府並沒有接受她提出的類似提議，因此土耳其至今仍封鎖

YouTube。黃安娜希望能避免將Google的基準強加在其他國家上，不過她也和同事們討論過哪些方面該劃出界線、拒絕遵從國家限制。舉例來說，當時印度法律明令禁止同性戀行為，假使印度官方要求YouTube下架LGBTQ影片呢？

　　土耳其事件發生1年後，黃安娜對《紐約時報》表示：「我們的指令是什麼？就是：『存在於各地，不在任何一處被逮捕，並且盡可能在更多地區蓬勃發展。』」

　　至於哥倫比亞大學法學教授吳修銘（Tim Wu），就對Google抱持不同的觀點。眼見Google的力量與日俱增，就要成為世界各地主要的把關者與言論管控者，因此他對《紐約時報》表示：「如果要愛Google，就必須多少是個君主主義者。你必須懷抱信念，就如同人們對國王有信念那般。」

內容審查的挑戰

　　然而，YouTube內部比起君主制，感覺更像是一片嘈雜的議會制。

　　在YouTube被Google收購前，前駭客行動主義者薛佛曾試圖寫下一套標準供SQUAD審查團隊參考，目的是取得言論自由與體面之間的平衡。撰寫這套標準的前提是，薛佛必須十分熟悉廣闊且光怪陸離的網路世界。

　　YouTube早期有份手冊長達70頁，其中包括標題為「震驚與噁心」的章節，教審查員如何辨別須受限制的影片（毒品相

關器具、動物生殖器、成年人穿尿布的癖好影片），以及應直接刪除的影片（為性相關目的刻意製作的播放清單，尤其是孩童穿泳衣或做體操的影片清單）。「活用你們的判斷力！」文件上寫道，下方則放了兩張影片截圖，一張是女人用曖昧的動作含著香蕉（拒絕），另一張是女人用正常的動作吃炸熱狗（沒有問題）。意圖「惡意散布對受保護群體的仇恨」的影片會被下架，以評論形式宣傳「偏見觀點」的影片則該標記為「不雅」，例如喜劇演員安德魯・戴斯・克萊（Andrew Dice Clay）或政治評論家安・庫爾特（Ann Coulter）的辛辣言論。

　　找尋界線所在與劃清界線，從一開始就是困難重重的任務，團隊也甚少能達成共識。有一回，審查員找到某個帳戶，他上傳的影片是自己坐在房間裡批評猶太教飲食規定。他是在鼓吹一種相當邊緣的反猶太主義陰謀論，指控猶太教拉比藉由所謂的「教規飲食稅」致富。YouTube員工認為這個人並沒有直接詆毀猶太人，沒人知道該拿那個帳戶怎麼辦。YouTube老鳥審查員莫拉－布蘭可發現，她的待審清單上有許多推崇骨相學的微紀錄片，還有一些是反墮胎行動主義者發布的影片，片中只有流產胎兒血淋淋的畫面。後來薛佛訂立出寬鬆的原則：這類影片需要充足的「教育、紀錄或科學」價值，才能繼續留在網站上。

　　員工們多次為了類似的議題發生爭執與辯論，管理團隊雖然不夠洗鍊，但感覺很敏捷，也能及時回應問題。SQUAD團隊除了注意YouTube上的動向，也會觀察網路世界各個角落的

趨勢。有次他們讀著有毒討論版4chan上的貼文，發現有人打算在YouTube上傳大量成人影片，因此成功遏阻那次惡意攻擊。在網路的另一隅，有些年輕女孩貼出「變瘦的靈感」，簡稱就是讚揚厭食症的駭人照片與影片。薛佛早期推出的政策之一，就是將這類內容加上「年齡限制」，只允許18歲以上的人張貼相關內容，只要上傳相關影片的使用者登記年齡小於18歲，該影片就會被刪除（有些員工注意到，這些影片被刪除時往往不會對上傳者進行任何說明）。

　　YouTube加入Google後，SQUAD團隊獲得難以想像的龐大資源，不僅得以在歐洲與亞洲雇用影片篩選員，也雇用多位心理諮商師。儘管如此，YouTube仍對Google這位正經八百的家長有些戒備。某次Google高層從YouTube審查員的辦公桌旁走過，當時他們正在查看令人一頭霧水的影片——日本新流行女性利用章魚進行性行為。兩位YouTube主管匆忙遮住電腦螢幕，以免引起Google高層的反感。

　　其實Google也公開接納YouTube許多部分，像是公關團隊就讚賞YouTube有能力揭發權貴的醜惡祕密，加強網站在人們眼中的正當性。2006年8月，航空航太製造商洛克希德・馬丁（Lockheed Martin）工程師麥克・德寇特（Michael DeKort）在YouTube上傳一段影片，揭發公司違法行為，進而展開對這間武器生產商的調查。同樣在那年8月，有人錄下維吉尼亞州共和黨參議員候選人嘲諷美洲印第安人的言語，影片上傳至YouTube後又傳播到有線電視節目上，提前終止該名候選人的競選行動

（那段影片錄下所謂的「嘛咖咖時刻」〔編按：Macaca moment，該候選人以帶有種族歧視意味的用詞獼猴（Macaca）指稱競選追蹤器〕）。

不過，Google雖然接納YouTube的部分面向，也同時帶來新的指令與要求，而這些對部分SQUAD成員而言實在極其拘謹、階級主義又荒誕。舉例來說，Google一本正經地要求YouTube移除任何「美化」塗鴉、噴火器與超速駕車等非法行為的影片。此外，Google銷售人員也希望移除可能冒犯特定廣告業者的影片，有次甚至為了「搖屁股影片」召開員工會議。

不同地區對於影片的要求大不相同。舉例來說，英國人可以接受性相關的內容，卻譴責影片中的流氓行為，英國文化大臣也要求YouTube為含有粗言穢語的影片貼上警告標記。英國廣播公司時事電視節目《廣角鏡》（*Panorama*）某集播出「兒童鬥陣俱樂部」，電視主播相當驚訝YouTube影片中包含霸凌與暴力攻擊，並表示只有在影片被檢舉後YouTube才進行篩選。Google政策主任瑞秋·威特斯通（Rachel Whetstone）的人脈相當廣，在BBC記者對她提出接二連三的問題後，她回到加州開始對YouTube施壓，要求YouTube好好整頓自家網站。YouTube多半會嘗試抵抗，薛佛也許會向上司確認：「那個，我打算幫塗鴉影片辯護，這樣可以嗎？」

對此，賀利回道：「好啊，去做吧！」

YouTube加入Google後不久，SQUAD團隊就換了一位嚴厲的新領袖：湯姆·皮克特（Tom Pickett），他曾經是美國海軍

攻擊戰鬥機戰術教學計畫的機師。YouTube過去往往以見招拆招的方式管理網站，皮克特上任後，他試圖在審查團隊設立秩序與規矩。有些人尊敬他的專業精神，但也有些人對Google種種機械化的程序感到不耐煩。在Google的治理下，審查員的工作表現被數值化：透過「審查間格」衡量審查員收到檢舉後評判影片是否符合標準所需的時間；透過「逆轉率」評斷審查員的決策被其他審查員推翻的頻繁程度。

「這些數值化的方程式裡，根本就沒有『把事情做對』這個部分。」莫拉－布蘭可回憶道。審查員的決策似乎離專業判斷越來遙遠，反而演變成機械化的決定。

政治新舞台

政治人物向來會追逐媒體流行，在和選民建立連結的同時，展現出自己的時髦，柯林頓就上過《阿塞尼奧・豪爾秀》（*The Arsenio Hall Show*）吹薩克斯風。到了2008年，則是流行上YouTube。總統大選前，6位候選人分別上YouTube宣布參選意願，而席捲YouTube、成功引起眾人熱議與戀慕的候選人絕非歐巴馬莫屬。許多人發布類似「暗戀歐巴馬」的搞笑影片，其中許多影片也迅速爆紅（歐巴馬當選後，甚至有多名Googler加入以他為首的白宮團隊）。

> 「暗戀歐巴馬。」（Crush On Obama.）
> The Key of Awesome，2007年6月13日。3:19。
>
> 緩慢的貝斯與鼓聲。一名女性出現在鏡頭前，緊身上衣顯露出身材曲線，嘴唇上塗了顯眼的唇蜜。「嗨B，是我。你如果在，那就接電話吧！我剛在公共事務衛星有線電視網（C-SPAN）看到你。」接著，她唱起歌來。在這段搞笑音樂影片中，她唱到美國政壇上最新的萬人迷：伊利諾州的菜鳥參議員，巴拉克·歐巴馬（Barack Obama）。

眼見候選人成為網站上的話題人物，YouTube政治管理員格羅夫樂開了花，他邀請歐巴馬等候選人到Google攝影棚接受採訪，並在採訪過程中朗讀一些YouTuber投稿的問題。2007年6月，格羅夫已經安排好將這種形式的採訪搬上電視螢幕。這場24小時不間斷的娛樂表演中，CNN全力投入相關科技，派製作人搭乘選舉特快巴士，裡頭裝有衛星信號接受器，塞滿電腦，以便追蹤各個候選人的動向。

那年7月，CNN巴士停在南卡羅來納州查爾斯頓市要塞高等軍校外，民主黨候選人辯論大會將在校園內舉行。辯論會由CNN主持，YouTube則會線上播映活動影片，並提出多名YouTuber透過影片傳達給候選人的問題，這可說是帶有Google風格的民主政治（CNN製作人大衛·波曼〔David Bohrman〕是資深電視人，原本希望YouTube能和CNN分攤節目開銷，沒想到那群科技業者給他的答覆是：**抱歉，YouTube沒賺錢**）。

各路YouTuber以影片形式在網站上貼出五花八門的問題，格羅夫寄給CNN的問題多達3,000題，由他們挑出當天提出的問題。辯論當天，CNN主持人安德森・庫珀（Anderson Cooper）站在光滑的未來風舞台上，為辯論會開場。

「各位即將觀看的——嗯，是一種沒人嘗試過的東西。」主持人對觀眾說道。庫珀接著播出幾段未採用的提問影片：YouTuber身上穿著雞服裝發問、Vlogger想知道候選人對於用阿諾・史瓦辛格（Arnold Schwarzenegger）機器人嚇阻敵人核武威脅的看法。

格羅夫坐在辯論會場的第一排，一旁是賀利、陳士駿，以及他們的老闆施密特。回想2年前的夏天，賀利還忙著從新成立的網站上刪除盜版CNN短片，如今他的網站標識和CNN一同展示在全國觀眾眼前。賀利與陳士駿在後台和歐巴馬、希拉蕊・柯林頓（Hillary Clinton）見面。即使維亞康姆的訴訟還未解決，YouTube還是向世人展示自己的實力：現在的它不只是輕鬆小短片的網站，還能成為世界時事與嚴肅政治議題的舞台。辯論結束後，熱愛聊政治話題的施密特湊到二位YouTube創辦人身邊。「男士們，你們成功了。」他說道。

可惜這份喜悅沒能持續多久。回程時，YouTube員工坐在準備起飛的飛機上，陳士駿卻癱倒在客艙地板上不停痙攣。

醒轉時，陳士駿只見自己躺在醫院病床上，全身痠痛又十分困惑。回到舊金山的神經學中心進行檢查，他才得到明確的診斷結果：腦動脈瘤破裂。事後，陳士駿表示這是因為自己每

周工作80到100小時，嚴重睡眠不足又大量飲酒。醫師開給他強效癲癇藥物「癲能停」（Dilantin），陳士駿也花了些時間靜養。他回到YouTube參加幾場會議與活動，直到2008年他再次癲癇發作。之後，這位曾經竭力支撐YouTube熬過新生兒階段、喜愛惡作劇的程式設計師，基本上結束了他在YouTube的生涯。

　　YouTube從最初不正經的短片網站，飛速成長為世界重要事件的舞台。之後一切的管理重擔都落到賀利肩頭上，但沒過多久，公司內部又發生人事異動。

Chapter 7

全速前進
Pedal to the Metal

「是時候關掉電視，打開電腦囉！」凱蒂・佩芮大步走下Google架設的浮誇舞台，只見她身穿滿是亮片的粉黑色禮服，命令現場觀眾打開電腦，接著直接撞上一名舉著「免費擁抱」牌子的嬉皮YouTuber。

站在後台的賀利可一點也笑不出來。

賀利已經多次拒絕這類企業盛會的提案，也拒絕將YouTube辦公室改造成製片廠的提案。他認為這麼做的話，對特定使用者較有優勢，對其他使用者則不公平。然而到了2008年11月，賀利的意見在表決過程中落了下風，公司還是舉辦了「YouTube Live」。這是場生硬的宣傳活動，公司邀請佩芮與幾位當紅YouTuber與會，並頒發「遠見獎」給約旦王后，她則在現場免費發送手持式攝影機。這場活動的觀眾除了舊金山現場的群眾之外，還包括在網路上看直播的觀眾。

2008年帶來不少變化。年初，賀利著手實行Google對YouTube的第一條要求：促進觀眾的增長。他堅持不懈地拓展網站使用客群，讓YouTube的影片流在這一年已將近競爭對手

MySpace的2倍。原本地位僅次於YouTube的MySpace，如今成了即將燃盡的恆星。有些人認為賀利的成功源自於「幸運」，是他碰巧在Google與世界想要影音網站時，創建了還算能用的影音網站。但也有人認為賀利的成功可歸功於他的直覺與鑑賞力，是他特意維護了YouTube的服務，讓一般人，甚至是不擅長使用科技產品的人，也能輕鬆上傳與觀看影片。

YouTube經理金恩就記得，賀利多次回絕「太宅」或不夠合乎直覺的新功能提案。「其實，他就是個正常的傢伙。」金恩說道。在YouTube被Google收購後的一場好萊塢GQ派對上，有人目睹賀利和電視節目《無厘取鬧》（*Jackass*）的工作人員喝酒喝到超過凌晨2點。有次和一群Google員工出差時，賀利在旅途中要求停下來買起司漢堡，這對嚴格把關飲食的矽谷菁英而言可是大罪。公司員工都覺得他平易近人，和Google那些死腦筋的高層經理相比更是親切無比。金恩表示：「他在決定YouTube的開發方向時，是仰仗他對主流的實際認知。結果，這還真起了大作用。」

賀利和其他科技企業創辦人還有個不同之處：他缺乏那種征服世界的自戀性格。

Google收購YouTube後不久，《時代雜誌》（*Time*）的年度風雲人物封面上印了賀利設計的影片播放器，然而上頭放的並不是賀利的臉，而是「You」一字。他本人似乎並不介意；Google要求賀利參與公關活動時，他也大都照做，除了上《歐普拉》的節目；他也跑遍全球各地，參加YouTube新辦公室與

各地不同版本YouTube的開幕活動。有一回,賀利甚至風風火火地一口氣跑遍歐洲,先是在柏林(YouTube.de)待一晚,接著去莫斯科(YouTube.ru),然後是巴黎(YouTube.fr)。英國女王創建白金漢宮的YouTube帳戶時,賀利就站在女王身旁(他前一晚還到酒吧和王子喝酒)。在東京時,他和陳士駿還誤打誤撞來到YouTube咖啡廳,這間小餐館竟是用賀利的標誌當招牌,太酷了!在Google為美國共和黨全國代表大會主辦的宴會上,曾任尼克森(Richard Nixon)總統顧問的亨利・季辛吉(Henry Kissinger)向柯林頓前助手的鮑勃・布爾斯汀(Bob Boorstin)搭話,甚至請對方把他介紹給YouTube的黃金男孩們。「那麼,請跟我說說YouTube這東西到底是怎麼回事吧!」季辛吉說道,賀利也大方地為他介紹。

然而在Google,賀利的尋常人家風格有時並不吃香,畢竟在這裡,每個人或多或少需要那種征服世界的自戀性格。一些前員工指出,他不太注重企業管理方面的細節。YouTube的首位行政經理吉列表示,她從來沒有和賀利好好開過一場面對面的會議。

Google找來管理教練幫忙,但這時YouTube已經深深陷進企業泥淖之中:它耗費巨款將領土拓展到其他國家,還花了數月試圖讓廣告模式成功運作起來,這時公司已是入不敷出的狀態了(假如繼續照著目前的走勢進行下去,公司將會在隔年損失約5億美元,也就是YouTube收入的2倍)。YouTube在管理方面也是處處受阻:YouTube工程師對公司內部的層層主管負

責，最高層則是山景城的Google高層經理，再由他們進行績效評估與編寫預算。關鍵的部分也是由山景城送至YouTube：YouTube曾經試用全新的演算法將相關影片推薦給使用者，而這套演算法是就存放在Google程式設計師的伺服器上頭。一旦那位程式設計師請病假，YouTube就無法正常運作。此外，YouTube銷售部門也從屬於Google，但是無論是銷售部門或是工程師，都把YouTube當成小狗玩滑板的不正經網站，不會優先考慮YouTube的需求與業務。至於公司的第三大支柱——產品，則是由在聖布魯諾辦公室工作的賀利負責。即便是他，也得對另一位Google高層負責，而那位高層則聽令於施密特。差不多在那段時期加入YouTube的主管表示，YouTube就如同「三頭蛇怪」，而且Google不認為賀利有能力獨自管理這頭蛇怪。

不僅如此，Google還會不時改變賀利應達成的目標。

那年2月，施密特對YouTube下了條新指令：設計出可實行的商業計畫。施密特表示這是Google本年度「最優先」的任務，沒想到賀利卻對這條新指令感到詫異。

「你可沒叫我們做這個。」他對執行長抗議。

「今時已不同往日了。」施密特回道。

到2008年3月，Google股價相較於去年秋季已經大跌40％。《富比士》雜誌刊登文章，標題寫著「**再見了，Google**」。批評者諷刺該公司「來來回回就只有那一招」（搜尋），而且還被各種昂貴的支線任務拖累。此時的YouTube更顯得像沉重無比的拖油瓶，它雖然吸引了年輕族群的目光，這

時另一間冉冉上升的新星——Facebook，則成了年輕人關注的焦點。

　　Google下達的新指令——賺錢，將導致YouTube接下來數年的大規模改革。有張生面孔出現在聖布魯諾，此人就是卡曼加，Google的「祕密總裁」與搜尋廣告競價系統的發明者。YouTube內部人士一看就知道，公司即將發生天翻地覆的變動了。

　　身為「協調人」或「共同執行長」的卡曼加和賀利在同間辦公室工作，每個人對他所扮演的角色都有不同的理解，多數人也不太清楚兩人之間究竟是什麼關係。倒是所有人都猜到：卡曼加之所以被派來YouTube，就是為了把YouTube整頓成一間可獲利的公司。

　　除了卡曼加之外，YouTube的新成員還包括一位行銷主管，剛上任就開始規畫那年11月引人注目的活動——「YouTube Live」。他們邀請YouTube網站上幾位當紅人物：歐巴馬女孩、唱〈巧克力雨〉的歌手桑迪、Smosh帳號背後的兩個青少年創作者，以及猶他州製造商「能混合嗎？」（Will It Blend?），該公司創辦人會在鏡頭間將形形色色的物品塞進公司生產的攪拌機。另外，YouTube還邀請仍在讀電影學院的黃穀子，請他在活動現場重現那支《吉他英雄》影片的內容。盛會當日，黃穀子站在後台，心裡覺得有點好笑——現場沒有任何人知道他是誰。

　　不僅是賀利，YouTube其他員工也反對那場大張旗鼓的宣

傳活動。YouTube公關長雷耶斯表示,那場活動「和我們的DNA背道而馳」,他更認為,「那是刻意製作出來的東西,而我們的工作並不是製作內容。」

至少,在當時仍是如此。

留言區的災難

YouTube在成長的過程中,不少員工也發現網站上另一個問題區塊:留言區。蜜雪兒・福拉納利(Michele Flannery)經常提醒YouTuber小心留言區,尤其是上傳影片的女性,更應該謹慎看待觀眾留言。

福拉納利是YouTube「獵酷一族」團隊的音樂主編,曾經在地方廣播電台擔任製作總監,熱愛在YouTube網站上發掘一些尚無人知、深奧難懂的音樂影片,這讓她覺得像在灰塵滿布的唱片箱裡尋寶似地找尋有趣的歌曲。她致力發掘非比尋常的藝術家,挖出許多充滿才華的烏克麗麗樂手與風格奇特的非主流搖滾歌手。

「影片最好非常貼近個人與私密,」她對在YouTube上傳影片的音樂人建議,「像是在自家臥室裡拍影片那樣。」在把這些影片放上網站首頁之前,福拉納利也會警告這些音樂人:他們勢必會受到萬眾矚目,並得面對排山倒海的侮辱言語。

一開始,YouTube憑著設置留言區在眾影音網站中脫穎而出,人們能夠在影片下方和影片製作者互動,因而造就出一批

批忠實的追蹤者，也讓許多人離不開YouTube。然而，留言區從一開始就有著黑暗的一面，有些留言甚至會演變成幼稚的唇槍舌戰，或者是大量的垃圾留言。YouTube早期設計師曲洪（Hong Qu）坦承：「我們也知道那是一灘泥淖。」

在Google收購YouTube之前，某次賀利與陳士駿發派任務給曲洪等人，請他們處理影片留言的問題。當時流行Digg這個線上討論區，YouTube內部有人提議直接把Digg的回饋系統當作模板，設置YouTube的留言區：讓觀眾用「拇指朝上」與「拇指朝下」的按鍵為留言投票，最多人投「拇指朝上」的留言就會跑到留言區最上面。曲洪擔心這會加劇網站上的幼稚霸凌事件。

「你們要是讀過《聯邦黨人文集》（*Federalist Papers*），就會知道美國第四任總統詹姆斯・麥迪遜（James Madison）當初警告過我們，小心暴民政治！」曲洪在會議中力勸眾人。

聽了他的勸告，眾人眨眨眼。那麼，就用拇指投票吧！但是他們必須盡快找出解決留言問題的辦法，團隊中一位工程師也指出：有了可評分的留言區，電腦系統就能收集到更多數據，這也是好事啊！

數年後，YouTube移除影片下方的五星評分系統，改為使用兩個拇指——「喜歡」與「不喜歡」的評分模式，讓觀眾為每一支影片評分。

沒過多久，福拉納利就看見網民將矛頭指向她發掘的音樂人。「留言真的很可怕，到了令人髮指的地步，」她回憶道，

「尤其當影片主角是女人或有色人種時,情況更是嚴重。」

布魯克林黑人音樂家帕瓦的影片下方,出現許多種族主義的辱罵言論,以及「滾回非洲去」之類的惡意謾罵。帕瓦稱這些人為「鍵盤殺手」,他個人對這些評論不以為意。「就只是很可悲而已。」他回憶道。

YouTube提供影片上傳者篩選留言的功能,但是必須先一一挑選出篩選用的關鍵字。為此,iJustine等YouTuber互相傳起「髒話列表」。福拉納利認為,評論者是在玩一場粗野的遊戲,不斷挑戰極限,想看看他們究竟能發表多麼極端的留言。最終,福拉納利直接放棄,不再觀看留言了,也建議YouTuber效法她的做法。

杭特・瓦克(Hunter Walk)倒是認為留言問題是能夠解決的。瓦克是個高挑、健談的YouTube主管,他的履歷完全符合Google的標準:具顧問經驗、史丹佛大學企業管理碩士、總是戴著玫瑰色眼鏡看待網路世界。在加入Google之前,他在那個稍嫌太早的年代從事虛擬實境遊戲《第二人生》(*Second Life*)的開發工作。YouTube被收購後不久,他就被調過去。根據YouTube前開發人員克利斯・札卡里斯(Chris Zacharias)的說法,瓦克是「首位全面Googler」。

有些YouTube老鳥看不慣瓦克那種幹勁十足的大企業風格,但賀利十分信賴他,甚至成為賀利的主要副手,負責管理網站——也就是「產品」的外貌與觀感。其中有員工表示,同仁們有時會覺得瓦克在企業成長方面「堅持紀律到煩人的地

步」。像是「卡拉OK伴唱帶」這種不會立即提升影片觀看次數的新想法，他都會直接否決。

話雖如此，瓦克明顯很喜愛YouTube特殊的文化，對於廣告的看法也和賀利一致，認為廣告會擾亂YouTube既有的文化。在施密特的號令之下，YouTube開始在網站上放置更多廣告，也雇用更多「營利」工程師。瓦克尖酸刻薄地向他們打招呼：「你今天打算用什麼方法毀掉我的使用者體驗？」

瓦克原本指派兩名職員去處理YouTube留言區的災難，沒想到他們突然被調離原崗位。就在施密特下令YouTube朝「營利」目標全速衝刺後，沒過多久，房地產泡沫開始破裂，各行各業接連遭受重挫。Google雖未像銀行業那樣慘遭巨損，卻面臨公司成立以來的首次凍結招募，並大幅刪減因全球業務急速擴張而產生的多項奢侈福利（例如在中國舉辦的全額補助員工度假會議，或把Reese's花生醬巧克力進口到印度）。因為這些轉折，瓦克指派去負責留言區的員工，都被調去支援YouTube的營利業務了。事後回想起來，瓦克稱這項決策為「YouTube的原罪」。

轉運時刻

然而，就算一夕之間獲得Google的大力關注與資源，YouTube營利單位的成員依然處在生存焦慮之中，擔心自己隨時會丟飯碗。

2008年秋季，Google雇用新主管希社・梅羅特拉（Shishir Mehrotra），負責YouTube廣告的整體外觀與設計。他先前從微軟跳槽到Google參與某項祕密計畫，試圖提升電視的互動性。但是任職不久，他就發現那只是個空殼專案（佩吉與布林這兩位Google創辦人對該服務不感興趣，部分原因是他們認為電視內容空洞無趣且浪費時間）。於是Google高層便推薦另一個職缺給梅羅特拉：到YouTube試試看，那邊的專案總不可能和他經手的上一項計畫同樣失敗吧！

　　梅羅特拉轉職後不久參加了一場會議，與會者還包括施密特與Google新任財務長派崔克・皮謝特（Patrick Pichette）。這位來自加拿大電信業高層的財務長拿出三張圖表：第一張顯示YouTube每季以數億美元計的損失資金、第二張圖顯示有人觀看影片時YouTube每次播放所帶來的虧損、第三張圖顯示YouTube長期以來曲線逕直向上飆升的觀看次數變化。財務長甚至沒提到維亞康姆那場金額龐大且已兵臨城下的官司，但他想表達的意思再清楚不過：消費者雖對YouTube愛不釋手，這間公司卻一步步邁向破產。「這是全世界最爛的生意了。」財務長直言，並追問Google是否該考慮放生YouTube，或乾脆讓它結束營運。

　　梅羅特拉後來才慢慢發現，Google內部不時會半開玩笑地拋出類似疑問。財務長幾乎每季都會重新審視公司手中越疊越高的網路資產與計畫清單──無底洞般的免費網路影片、免費全球地圖，之後還有自駕車、智慧眼鏡等等，然後提出「究竟

要撐多久才能停損」的疑問。其實Google甚少突然抽掉專案資金，通常是讓已顯頹勢的計畫慢慢凋亡，Google Video用以搜尋電視節目的資料庫也是這麼無疾而終的。

YouTube看似即將步上相同的命運，卻在關鍵時刻轉了運。

維亞康姆那起逾10億美元的訴訟已經拖了3年多，雙方的怨懟情緒有增無減。2008年討論會上，維亞康姆執行長道姆曾當眾痛斥Google是「盜版仔」，會後施密特主動向《紐約客》（*The New Yorker*）記者肯·奧萊塔（Ken Auletta）咬牙切齒地表示：「道姆血口噴人。你就把我這句話一字不差地寫進報導裡！」Google決定在法庭上正面交鋒。

根據著作權法規定，網站若對侵權素材「實際知悉」就必須負責。Google的律師團隊於是設計了一場解說會，說明這條原則多麼站不住腳。他們播了三段影片：第一段是截取並修改自史蒂芬·荷伯（Stephen Colbert）在喜劇中心頻道上的節目片段；第二段是截取自福斯新聞的影片，柯林頓伸出手指用力指著某位主播；第三段則是YouTube明星Brookers一段粗糙又搞怪的影片。接著，律師提問道：**以上哪支影片應該保留在YouTube，哪支屬於盜版？**

從來沒有人能正確回答這一題。實際上，福斯新聞已授權讓柯林頓的短片留在YouTube網站上，荷伯那支喜劇影片則符合法規中「合理使用」的定義，也就是因學術研究、評論或諷刺等目的引用素材。反倒是Brookers那段影片，因為她和NBC有合約在先，所以必須下架。之所以安排這場解說，是為了強

調：人們根本無法快速分辨版權屬於誰、誰擁有使用授權、誰單純因觀看就侵權。既然如此，又怎麼能要求YouTube做到這些呢？

　　YouTube能在法庭上使出殺手鐧，是因為他們挖出維亞康姆內部立場的矛盾：被維亞康姆列為「侵權」的影片當中，有好幾部是維亞康姆同意留存的。在YouTube外聘律師團隊的辦公室裡，薛佛整天埋首於大量相關影片的資料表，彷彿在進行鑑識調查。他的兄弟是拍攝「慵懶周日」的喜劇團體成員，知道《周六夜現場》的行銷部門並不介意該片段在YouTube上瘋傳，反而樂見影片大受歡迎後帶來的推廣效果。他們繼續挖掘，發現許多類似的案例：維亞康姆名下的CBS曾發出刪除通知，要求移除由TXCANY這個帳號上傳，且內容和新聞主播凱蒂・庫瑞克（Katie Couric）相關的影片。豈料追查後發現這個帳號其實是CBS一名行銷人員所管理的帳號。這名維亞康姆旗下的員工大費周章跑到連鎖的影印店金考快印（Kinko's）去使用無法追查的電腦，將影片上傳至YouTube；維亞康姆要求撤下高爾《不願面對的真相》（*Inconvenient Truth*）的電影片段，維亞康姆旗下的片廠派拉蒙經典（Paramount Classics）卻寄信對YouTube表示：「這個片段沒問題。」

　　「老天啊。」薛佛驚嘆道，「這些人是真他媽的白痴。」

　　包括薛佛在內，多位早期YouTube員工被傳喚到舊金山市中心作證。在此之前，公司的律師團隊已經辦了幾場訓練會，教他們在面對訊問時如何回應（「我不記得了。」對，答得

好）。Google內部的網路論壇上，員工若完成為搜尋功能除錯之類的功績，就能拿到像小童軍那樣的成就徽章，其中還有一枚徽章是特別頒給那些被傳喚作證的人。「我們遇到的一種狀況是，」賀利在供詞中表示，「我們經常會誤刪一些片段，後來才發現那些影片是經過版權持有者授權、由他們自己上傳的。」

2010年6月24日，曼哈頓地區法院的法官裁定，YouTube受《數位千禧年著作權法》的安全港條款（編按：Safe Harbor，指的是事業行為有門檻界線，只要不逾越，原則上則屬合法）保護。這是法官的「即決判決」，而不是最終定讞，表示維亞康姆這場官司還是能打下去（結果維亞康姆還真沒放棄，這場訴訟又再拖了3年）。無論如何，YouTube已經決定先就這個結果小小慶祝一番。公司律師勒文寫了篇部落格文章，在標題名為「廣播自我」的文章中談及這次裁決。YouTube官網上也出現了一則簡短貼文，宣布「YouTube贏了對維亞康姆的官司」。

隔天，Google總部的員工們在TGIF活動上舉杯慶功，免費的啤酒源源不絕。就在佩吉與布林上台致詞前，螢幕上播放了一段短片，影片主角是《每日秀》（*The Daily Show*）名人兼維亞康姆員工喬恩・史都華。Google外聘律師團隊的成員拉住薛佛。「收拾行李，咱們去拉斯維加斯。」幾名YouTube員工飛到賭城慶功，好好享受這次勝訴所帶來的喜悅。至於YouTube第一任版權經理——工作態度極盡嚴謹，甚至令工程師們頭痛不已的吉列並未獲邀參加這趟公費之旅，只收到一封道歉信。

「多虧妳一直以來的努力，」一位工程師寫道，「我們才能以如此戲劇性、如此令人信服的方式，拿下對維亞康姆的官司。」

策略轉型

　　YouTube擊敗維亞康姆、為追尋營利而做的各種嘗試，都成了媒體關注的焦點，被視作Web 2.0企業脫離孩提時期的象徵。同一時期，較不為人知卻十分重要的變化正在悄然發生，而這一切竟是從汽車影片開始的。

　　哈潑早期加入YouTube成為「獵酷一族」，不幸放掉了尚未成名的小賈斯汀。後來，她接手精選汽車影片的工作。她喜歡汽車，而且不僅是她，很多人都喜歡上YouTube看汽車影片──賽車、悍馬車攀牆，或者是引擎結構的詳盡教學。哈潑不時會在首頁放一些她覺得有趣的汽車影片。有天，程式設計師走到她桌前，宣布工程師團隊開發出一款演算法，能依照觀看數據自動挑選最能吸引人點開觀看的首頁影片。現在，他們準備先找個特定的影片分類來試試水溫。「就從汽車影片開始，怎麼樣？」

　　程式設計師載入範例頁面，顯示出經演算法挑選的一頁影片。按下Enter、重新整理畫面後，頁面就滿是「踩油門」的影片。這類影片拍攝於豪華汽車內，鏡頭往往聚焦在腳踏高跟鞋的女性駕駛反覆踩踏油門，或是她的下半身。除此之外，畫面

中也經常出現皮革元素。

哈潑見過這類影片，但一直刻意忽略。她抗議道：「那是一種癖好。我們走的不是這種路線。」

YouTube剛成立那幾年，用於推薦影片的演算法還相當簡易。這套教電腦如何表現的指令有個主要概念，那就是「共同訪視」：一個人點開某部影片，頁面右側「相關影片區」就會列出點擊此影片的觀眾經常觀看的其他影片。**喜歡這個的人，也喜歡這些東西喔**。然而，進行任何新的實驗時，難免會出現令人尷尬的錯誤，有時甚至讓YouTube直接照見了網際網路的陰暗面。舉例來說，YouTube還在聖馬刁舊辦公室時，有次工程師們微調了系統，點擊次數果真飆高，可是他們沒料到相關影片區這下全塞滿「奶子和屁股」（這是其中一位工程師的描述）。他們只得從頭來過，往程式碼中加入更多不雅內容的過濾條件。

要算出「**這個使用者大概會點擊哪部相關影片**」，而且是每天為數百萬人進行這樣的計算，需要明確的訊號，並且把雜訊最小化。從YouTube收集到的訊號當中，最明確的就是「這位觀眾先前還看過什麼」，不過其他因素也很重要（例如影片觀看時長、當下時段、使用者身在哪個國家等等）。影片觀看次數增加，訊號也就越多，Google則為YouTube提供更強大的運算能力、精通程式設計的人員，以及大量的訊號解析工具。有了以上條件，YouTube的演算法開始逐步演進。想當初，演算法甚至連屁股和桃子之間的差異都分不清，只能仰賴員工進

行人工判別;而現在,YouTube已開發出檢測肌膚色塊的演算法,能自動剔除淫穢內容了。相關影片欄的點擊率逐步攀升,YouTube首頁演算法似乎準備好迎接黃金時段的挑戰。

也正是在這段時期,隨著YouTube被Google收購的第三年步向尾聲,「獵酷一族」團隊的重要性似乎也在日漸縮減。

哈潑等人組成的編輯團隊仍在密切合作,挑選出精選影片,並嘗試在既有的平台上做些創意實驗。舉例而言,他們曾辦過「客座主編」計畫,在萬聖節期間把網站交給歌手羅伯‧殭屍(Rob Zombie)、導演衛斯‧克萊文(Wes Craven)等風格怪異又有趣的創作者接管。負責精選音樂影片的福拉納利則直接把網站首頁當成虛擬世界市中心的廣場,觀眾可以聚集在此,發掘其他「一般人」的創意作品——這也是賀利當初對網站的期許。但是,YouTube轉而致力於營利後,這份初衷也逐漸受到侵蝕,暴露出了雙重標準:當女神卡卡(Lady Gaga)推出新單曲〈電話〉(Telephone)時,Google業務人員想用付費宣傳的方式,把這支背景設定在女子監獄、畫面相當火辣煽情的音樂影片直接放上YouTube首頁。有些YouTube員工抗議:業餘創作者發布尺度相當的火辣影片,YouTube必然會為它加上「年齡限制」並禁止它被放上首頁,憑什麼換成女神卡卡的影片就沒有問題?結果最後,女神卡卡贏了。

曾有業務主管要求哈潑將某個廣告商的影片放上首頁,當時哈潑以影片品質不佳為由拒絕了,結果對方指著首頁上五花八門的影片反問:「那妳說說看,那些東西真的比我們這個更

好嗎？」

其實，有一部分的YouTube高層打從一開始就對「獵酷一族」團隊抱有疑慮。畢竟在與維亞康姆的訴訟中，YouTube在法庭上強調自己除了移除淫穢內容，並不會主動物色網站上值得推薦的影片。問題是，「獵酷一族」的工作不正是物色並推薦精選影片嗎？隨著YouTube在全球擴張，若要在每個國家都組織負責精選影片的編輯團隊，成本實在太高了。況且，現在能用成本低廉的軟體與資源達到同樣效果，似乎就沒必要特地組織多個編輯團隊了。內部數據也顯示，首頁對大部分使用者來說其實沒什麼吸引力，他們進到YouTube後多半會直接搜尋影片，而不是在首頁逗留與瀏覽精選影片。還有少數員工認為獵酷一族扮演著祕密造星者的角色，以黑箱操作的方式決定哪些影片創作者得以星運高漲。因此，要說這種不透明的機制「不民主」也毫不為過。

說到底，「獵酷一族」團隊最致命的問題，就在於他們沒辦法量化自己的績效，而在Google的企業文化中，萬事萬物都得經過測量與計算。數學科系出身的哈潑曾試圖透過數據分析，證明首頁這個虛擬市中心廣場的實際效益，結果還是沒能挽救她所在的團隊。

此時的Google內部掀起策略轉型的風浪：公司決定讓旗下這個影片網站像社群網路那樣，為每位觀眾量身打造客製化內容。為此，產品經理布萊恩・葛利克（Brian Glick）開始和編輯團隊多次會商，討論如何讓首頁更「切合觀眾需求」，而達

成此目標的方法主要是依賴演算法進行更多決策。某次會議上，搞笑影片編輯馬克・戴忽然靈光一閃，這個想法宛如當頭棒喝。

「不對，等等啊，布萊恩。你的工作不正是要淘汰掉我的工作嗎？」

不久後，「獵酷一族」這個團隊就被解散了。其中多數成員被調到行銷部門，協助各大品牌在YouTube上的促銷工作。從此，YouTube網站上推薦影片的工作，就由機器全面接管。

PART 2
混亂成長
Figuring Things Out As We Go

Chapter 8

鑽石工廠
The Diamond Factory

受刑人08036-032號丹尼・查平（Danny Zappin）多的是時間。為了打發無聊時光，他都在幫其他囚犯畫肖像、打壘球。他和獄中其他人一樣，不時會回憶起自己鋃鐺入獄的過程，回憶自己被好萊塢拒之門外的不堪經歷。

短短數年前，他可是接近好萊塢核心的圈內人。查平從前就讀電影學院，後來他認定這完全是在浪費光陰，於是選擇退學，並在1998年搬到洛杉磯。身材精瘦、個性好強的他，頂著一頭顯眼的紅髮，走路總是大搖大擺、自信又囂張。他在導演史派克・李（Spike Lee）的電影《酷暑殺手》（*Summer of Sam*）中飾演某個小幫派分子，之後卻沒能接到其他演出工作。而且查平真正想做的並不是演戲，而是創作。於是他開始和另外兩個懷抱創作夢想的人合作，在創辦的線上製片室「認證反叛美國產品」（Certified Renegade American Product, CrapTV.com）工作。他們向喜劇中心頻道提案，在深夜節目《熱秀》（*The Hot Show*）推出試播集（「那些想法是真的很狂。」一位電視網高層對《綜藝雜誌》〔*Variety*〕吹噓道）。不過，電視網最終沒

有播出，CrapTV.com的資金迅速枯竭，查平的銀行帳戶也跟著乾涸了。

查平的人脈不足以讓他在娛樂圈闖出一片天地，走投無路之際，他轉而聯絡上唯一能為他指點活路的人：他認識的毒販。對方提議當運送毒品的「毒騾」，搭飛機前往查平的家鄉俄亥俄州。這看似輕鬆賺錢的交易，一切也都進行得很順利……結果到了辛辛那提機場時，他被警方逮個正著。查平被判有期徒刑，關進內華達沙漠一處空軍基地中的內利斯監獄營。

查平就此展開了在獄中畫畫、打壘球、反覆思考的生活，也默默策畫著再次進軍好萊塢的行動。他在小小的監獄筆記本中，勾勒出新版CrapTV的藍圖。這回，他的計畫比先前更加大膽，他打算打入無須受制於片廠老闆與電視網高層的新產業。

2005年出獄後，查平被安置在中途之家。不僅比監獄自由，也可以上網。他在這裡發現MySpace與當時令人眼前一亮的新興網站：YouTube。查平很快就迷上YouTube，利用代客泊車的現金收入買了多台攝影機，開始狂熱地拍片、上傳、再上傳。

媒體叛逆者

> ▶ 「丹尼‧鑽石（Danny Diamond）同志酒吧。」
> （Danny Diamond Gay Bar.）
> SleightOfHand，〔日期不詳〕。1:51。
>
> 鏡頭仰角拍攝，拍著一名身穿運動夾克、留了滿頭紅髮的硬漢。只見他慢動作抽著菸，目光十分凶狠。配樂響起，是感覺頗為廉價的車庫搖滾副歌：「我想帶你去同志酒吧，同志酒吧，同志酒吧。」硬漢此時脫光了上衣，穿著寬鬆的卡其褲，像醉酒的兄弟會男孩般胡亂跳起舞，目光依舊凶狠。

查平在YouTube上創造名為「丹尼‧鑽石」（Danny Diamond）的角色：粗獷荒誕的表演者，喜歡挑釁別人來和自己鬥舞。被限制居家監管期間，查平認識了麗莎‧多諾凡（Lisa Donovan）。她來自紐約州斯卡斯代爾鎮，希望成為喜劇演員，在鏡頭前的恥度毫無下限。兩人開始交往，後來多諾凡與同為演員的兄弟班恩加入YouTube社群，開始和查平合力製作大量影片，其中大部分是以多諾凡的YouTube帳號LisaNova的名義發布。多諾凡在YouTube影片中扮演冷豔且傲慢的女星，模仿真人實境秀人物及其他YouTuber，發布風格戲謔的影片。

查平自然而然成了LisaNova的非正式經紀人，他也不遺餘

力地推廣這個帳號。在YouTube舉辦喜劇競賽時,他接連寄了無數封信件給YouTube員工,要求他們將冠軍獎項頒給LisaNova。YouTube會在首頁保留部分空間,讓人看見留言數與按讚數最多的幾支影片,於是查平找朋友開發可一次生成10條留言的軟體機器人。每當LisaNova貼出新影片,留言機器人就在影片下方灌入大量留言。這種手段在技術上違反YouTube規範,查平卻從未被網站管理員抓到。

在YouTube剛成立那幾年,在一群特定的粉絲心目中,丹尼·鑽石與LisaNova象徵著YouTube。舊媒體也注意到他們,對他們伸出友誼之手。前雅虎高層克利斯·威廉斯(Chris Williams)剛把自己的青少年取向網路工作室Take180賣給迪士尼,接著委託多諾凡在她的YouTube頁面宣傳他的網站。宣傳影片上線當天就突破100萬觀看次數,遠遠超出威廉斯的預期。他內心暗想:「我這個商業計畫得全盤改寫了。」威廉斯致電給迪士尼高層,提議將工作室的影片從他的網站轉移至YouTube,但迪士尼律師團隊因顧慮盜版與侵權風險,駁回他的提案。此時,查平與多諾凡兄妹已開始籌畫自己的製片公司了,查平想仿效百年前由卓別林等人創立的聯藝電影(United Artists),讓藝術家掌控創作與作品。遙想聯藝電影成立之初,某位片廠老闆還哀嘆道:「這是讓瘋子們占領瘋人院啊!」

不久後,查平等「瘋子」果真占領YouTube,推動它驚人的商業成長。他暱稱這項計畫為「鑽石工廠」(Diamond

Factory），也邀請其他YouTube名人加入計畫，成為製作公司的共同管理者，並承諾給予他們製作上的自主權。這些人儼然是一群媒體叛逆者，以挑戰傳統規範為傲。其中一位成員經常以塗黑臉變裝的形象發布影片，還自嘲地把自己的作品稱為「反迪士尼」。這個標籤用來形容查平等人再貼切不過了——至少，在最初那幾年是如此。只是後來，迪士尼本尊主動找上門來了。

置入性行銷崛起

聖布魯諾的YouTube總部裡，賀利心中萌生倦怠的情緒。他多年心血的結晶YouTube已席捲全球，深深植入大眾文化。某位唱片製作人在YouTube發掘的歌手小賈斯汀，在2010年創下200萬雙白金專輯的銷售成績。YouTube與維亞康姆之間的官司終於畫上句點，最後是維亞康姆那群混蛋輸了。儘管如此，賀利仍每周被叫去Google總部挨罵。

YouTube設有由Google高層組成的臨時董事會，負責推行新的營利目標。每周三，賀利都會和新的共同執行長卡曼加一同開車去Google辦公室和臨時董事會開會。董事會最關注的議題就是YouTube的「售罄率」，也就是線上廣告可利用的廣告槽位（Ad Slot）中，實際對商家售出的比例。這項指標很適合衡量Google搜尋廣告的表現。要是有間專辦離婚案件的律師事務所，他們可能會在電視或看板投放廣告，增加事務所的知名

度。但是事務所會更想買下Google搜尋頁面頂端的廣告槽位，只要有人搜尋「最佳離婚律師」，這間事務所的廣告就會出現在頁面最上方了。Google的廣告售罄率本來就很高，不過對律師事務所而言，在YouTube上打廣告似乎沒什麼意義。

在維亞康姆官司尚未落幕時，YouTube對於全面投放廣告一直有所疑慮，深怕牽扯到版權風險。除了和維亞康姆打官司，和唱片公司之間的僵局，也使YouTube無法在網站上比例極大的音樂影片中廣泛投放廣告。收購YouTube之前，有位Google高層曾在內部文件中草草估算過，認為到2010年，YouTube的廣告售罄率將達到75%左右。沒想到，現實和當初的預估相距甚遠——到2009年，網站上只有不到5%的影片符合廣告資格，而其中又只有3%找到廣告商。Google高層有時會對YouTube的商業模式流露明顯的輕蔑。某次TGIF活動上，YouTube廣告經理簡報到一半，竟被憑Google搜尋廣告致富的億萬富翁布林打斷。他開了個玩笑，批評YouTube惹人生厭的前置廣告。

還有一回，Google幾乎全面摧毀YouTube的營業模式。YouTube之所以一直難以吸引電視網合作，原因之一是電視網想用自家的播放器播影片。見狀，卡曼加與Google高層進行表決，打算滿足各大電視網的需求：YouTube網站上除了自己的影片，還將提供外部連結到Hulu、CNN等第三方播放器，使YouTube變得更近似Google搜尋的模樣。當時，YouTube的歐洲區負責人華克在倫敦醒來後才得知這項決議。他心想：「我們

絕不能這麼做。」他才剛說服BBC加入YouTube，也一直以「YouTube是新媒體終極目標」的說法遊說歐洲各家媒體大亨。眼見媒體巨頭開始動搖了，現在Google竟打算將YouTube改造成「巨型連結引擎」，那怎麼可以？華克撥電話給賀利，並寄出措詞嚴厲的長信給Google高層，直言這是「錯誤的決定」。最終，Google撤銷了這項投票決議。

這類衝突本就在預料之中，但每周大費周章去向董事會報告、處理種種繁雜瑣事，同時還得緊盯各項指標，還是令賀利累得精疲力竭。後來有位同事表示，賀利的工作狀況就像卡通《呆伯特》（*Dilbert*）裡那種諷刺的職場情節。同事們也紛紛注意到，賀利在工作時早已心不在焉。YouTube被Google收購4年後，當他持有的Google股票轉為可交易狀態時，賀利離開了公司，並宣布未來會將重心放回YouTube問世前的事業──他和朋友共同打造的男裝品牌Hlaska。

就這樣，一個時代悄然畫下句點。最後一位YouTube共同創辦人離開了。儘管從前在管理上有過疏失，賀利卻一直優先考慮網站的使用者體驗，而非只是商業成功，這在矽谷已是逐漸式微的特質了。賀利以YouTube使用者的觀點出發，用他自己的方式經營YouTube；在他離開之後，Google得以從試算表與演算法的角度出發，按企業的思路經營YouTube。

賀利離職後，解決「呆伯特難題」的重擔就落到梅羅特拉肩上。初到YouTube時，梅羅特拉仍帶有從前在微軟工作時那種大企業白領的架勢，令那些較隨性也較有叛逆精神的

YouTube員工很反感。

梅羅特拉的父母都是電腦科學家,他身材矮小卻口若懸河,從小在各方面都懷有強烈的競爭意識。他愛玩撲克,21歲就創立名下第一家企業,29歲加入YouTube時,年紀輕輕卻已頗具老練氣質,有同事因而戲稱他是「最年輕又最老成的人」。他熱愛複雜的技術難題與企業數據指標,開會時總愛滔滔不絕地背誦各種指標。

梅羅特拉和YouTube臨時董事會開會時,董事會提出一個解決售罄率問題的方案:「何不直接減少廣告槽位呢?」在Google的脈絡下,這招確實合理。還記得那間亟需客源的離婚律師事務所嗎?Google搜尋廣告之所以成功,就是因為它製造了「稀缺」:如果Google顯示的廣告較少,那麼為了爭奪寥寥無幾的廣告位置,各家律師事務所想必會願意支付更高的費用。

換作在YouTube,這招就行不通了。YouTube不同於Google搜尋,並沒有珍貴且有限的廣告位可供搶購,廣告商更不會爭先恐後去投放廣告。根據梅羅特拉的計算,要提升YouTube的廣告銷量,實際上應該和董事會的建議反著來:不是減少,而是增加投放廣告的機會。梅羅特拉找上Google的資深媒體人丁恩・吉伯特(Dean Gilbert),請教對方的意見。

「你聽我說,你要是照他們的建議去做,結果失敗了,他們絕對會否認自己給過這些建議。」吉伯特告訴他,「要是你不照他們的方式做,結果反而成功了,他們又會搶著邀功。總

之，你只要確保這東西奏效就好。」

「那東西」還真的奏效了。YouTube將具備廣告資格的影片比例調升到10％，結果營收開始攀升。「營收能解決一切問題。」吉伯特評論道。

大約在同一時期，YouTube也開始探索一個新問題，那就是如何讓廣告客戶充分利用時下的熱門工具：置入性行銷。

始作俑者是以性感廣告聞名的漢堡企業。多年前，美國速食連鎖餐廳卡樂星（Carl's Jr.）就推出一支電視廣告，短片中媒體名人芭黎絲‧希爾頓（Paris Hilton）穿著性感服裝在洗車，同時姿態撩人地大啖漢堡，話題十足。這家速食店如今又要推出新的「6美元漢堡」，主打年輕男性市場，並為此準備數百萬美元的電視廣告預算。在大部分經費投入電視廣告後，還剩下一筆小額預算，廣告公司便提議把這筆錢花在不太為人熟知的網路紅人上。Google幫卡樂星找來9位YouTuber，以幾千美元酬勞請他們推廣新款漢堡。iJustine與Smosh都發布相關影片，另一位青少年YouTuber「nigahiga」則拍了段1分鐘短片，把漢堡在車子、腋下、嘴巴，甚至是乳頭上蹭來蹭去。合約只要求YouTuber在影片中說出卡樂星的廣告標語：「你都怎麼吃漢堡呢？」

2009年6月，這幾支置入性行銷影片上架時，身材纖瘦的YouTube經理斯壯普羅斯開始算帳：9支影片的總觀看次數超過1,100萬次，遠遠勝過那部成本不斐的電視廣告，而且就連一些沒收錢的YouTube也跟著自發拍起漢堡影片。

他得出了結論：電視的廣告模式已然衰敗，YouTube置入性行銷才是新廣告模式的黃金準則。

先行動再思考

不過，查平對黃金準則可有一番迥然不同的構想。那年夏季，洛杉磯威尼斯的新鑽石工廠總部裡，查平懶洋洋地躺在後院繽紛的吊床上，拿著黑莓機在講電話。電話另一頭是日本電子公司三洋（Sanyo）的業務主管，對方在考慮和這位YouTuber的贊助合作事宜。三洋提到卡樂星那波宣傳活動，覺得很「愚蠢」，並表示那種笨拙的病毒式行銷容易讓人一眼看破，年輕觀眾根本就不買單。

查平聽了哈哈大笑：「但是我真的很想知道，這些超級聰明的想法到底是誰想出來的？」

他邊說邊在院子裡來回踱步，頭上方掛著一塊鮮藍色衝浪板，用繩索固定在露台一側。查平試圖說服三洋採用更「真實」的廣告方式，那就是用手持式數位相機拍攝廣告。「到時我們家幾個大明星都會上場。」查平抽著菸說道，「只是，我們不會給這東西冠上『向錢妥協』的說法。」他打算讓LisaNova與「鑽石工廠」旗下其他YouTuber一起上傳影片，號召粉絲參加競賽：只要拍攝一支為三洋打廣告的短片並上傳到YouTube，就有機會贏得一台免費的攝影機。查平對三洋保證，這波宣傳絕對能拿下至少1,000萬次觀看，而他們的合作

金額則是6萬美元。

聽三洋那位主管的語氣,對方似乎沒有被說服。此時,查平注意到一名同事開始在後院錄影,索性把手機切到擴音模式,對著鏡頭滔滔不絕地說了下去。他宣稱,廣告公司都在浪費錢,也根本不懂YouTube的生態。「我們知道哪些人會爆紅,哪些人不會。所以啊,廣告公司就該退出這一行,把事情交給我們來辦。因為,我們不會失敗,也從不失敗,我們骨子裡沒有失敗基因,很清楚自己該怎麼做。」

其實和平時一樣,查平有些誇大其辭了。LisaNova雖在那年3月發表過一支業配影片,但鑽石工廠可沒做過這種大型企畫。鑽石工廠這群YouTuber經常透過信用卡為夢想買單,結果累積了可觀的卡債,幸好他們現在有了天時地利人和的機運。此時房地產泡沫破滅、經濟一落千丈,各家企業都迫切需要吸引消費者,人們也亟需工作機會。當YouTube啟動合作夥伴計畫,付費給影片創作者後,許多原先只把拍影片當興趣的人改變想法,開始將YouTube視為可能的生存之道。

精明的查平看準了這一點,將一眾YouTuber納入麾下,承諾讓他們成名、拿下電影合約、推出周邊商品。這些YouTuber當中,查平特別欣賞留了鬍子、像隻大熊的愛達荷州YouTuber夏恩・卡爾（Shay Carl）。卡爾以前從事的是安裝檯面的工作,後來在YouTube上以Shaytards的名稱頻繁上傳自家瘋狂日常生活的影片,觀看次數相當可觀。此時,查平隔壁的房子正要出售,查平便邀卡爾入住,並幻想讓這間房子住滿

YouTuber。他的想法可說是超前時代,直到10年後才興起網紅合住大宅的風潮。卡爾還沒同意,查平就先付了房子的訂金。

他做決策時總是這麼衝動。舉例來說,有次網名sxephil的知名YouTuber菲利普・德法蘭柯(Philip DeFranco)透露,YouTube補助他10萬美元,幫助他升級攝影設備。查平聽到立刻要求YouTube給他同等的補助金,拿到後他就開始瘋狂花錢。他先前延攬史考特・凱茲(Scott Katz)作為商業夥伴,曾任電影律師的凱茲讀了YouTube寄來的合約後才發現,查平以為YouTube會預先支付這筆錢,但根據合約規定,錢只會在影片上線60天後入帳。「他絕對是那種先行動再思考的人。」凱茲回憶道。

話雖這麼說,卡爾後來還是搬了過來,YouTube那筆錢也終於匯了進來。查平於是為自己的公司取了個正式的名稱——Maker工作室(Maker Studios),並開始四處挖人。他飛到紐約,與曾經協助卡樂星的廣告代理商主管埃茲拉・庫柏斯坦(Ezra Cooperstein),然後邀請對方加入他的工作室。「兄弟,你一定要來我們這邊啊!」兩人在曼哈頓中城散步時,查平不停遊說。

「我們這是在打造YouTube版的聯藝電影喔!」庫柏斯坦接受邀請,原先在YouTube負責辦喜劇比賽的傑本・伯格(Jeben Berg)也加入他們。伯格很快就注意到,查平的作風就像是親切版的費金(譯註:Fagin,狄更斯作品《孤雛淚》〔Oliver Twist〕中的角色,竊盜集團的首領,教唆孩童做偷竊等

不法行為以換取他的庇護），總是勸誘有潛力的YouTuber到洛杉磯、替他們安排住處。「來吧，我罩你。」查平如此告訴他們。還有人加入公司卻一直沒有明確職位，因此內部職員會暱稱他們為「FOD」，意思是「丹尼的朋友」（Friends of Danny）。查平都是憑直覺管理公司，風格天馬行空也沒有科學根據，和Google截然相反。

電視圈出身的新進人員來到Maker工作室後大為衝擊。電影學院畢業、曾參與製作影集《白宮風雲》（The West Wing）的米奇・梅爾（Mickey Meyer）受聘加入後，負責影片製作。才剛踏進臨時搭建的攝影棚，他就愣住了。「有燈光設備嗎？我要在哪裡架器材？」眾人面對他的問題只能還以茫然的眼神。查平的團隊只有一些從家飾建材零售商家得寶（The Home Depot）買來的廉價燈具，以及一塊從布料行買來的綠幕布。而且，梅爾原以為自己能拿到2,000美元的周薪，殊不知他的實際薪資是每月2,000美元。

儘管如此，他在Maker工作室體驗到莫名的歸屬感。梅爾過去為某部噱頭滿滿的實境節目外傳拍廣告，在片場上必須聽10個人為各種繁瑣細節大呼小叫，然後遵從他們的指揮去辦事。反觀Maker工作室這邊，影片拍完就立刻放上YouTube，接著再拍下支影片，整個流程都充滿創意活力。「這好有傳染力啊！」梅爾心想，於是他留了下來。

8月，Maker工作室在YouTube發布了〈殭屍攻占YouTube！！！！！！〉影片，這是工作室在YouTube上第一部熱門

影片。他們到北好萊塢一處外景地拍攝這段4分鐘、11位大咖YouTuber參與演出的短片，甚至邀請粉絲扮成殭屍擔任臨演。

Maker的主力帳號The Station很快就成了YouTube爆紅影片工廠，位於大道419號的Maker總部也成了YouTube的文化中心，不少名人與追隨者都會去那裡拍片，或者單純去亮個相。《好萊塢報導》（*The Hollywood Reporter*）稱Maker工作室為數位時代的海特－艾許伯里（譯註：Haight-Ashbury，舊金山1960年代反文化運動的發源地），只不過相較於迷幻藥，這裡消耗更多的是烈酒。網路業高層記得某次查平在下午2點的會議上拿出一支龍舌蘭開始喝酒慶祝。後來當查平要售出總部所在的公寓時，這位定義「YouTube好萊塢」的滑頭生意人表示，這都是因為「開太多趴」的負債所致。

查平的律師搭檔凱茲表示，查平那種「牛仔風」管理模式就等同於雙重人格：有時他冷靜沉著，一旦情緒上來了就會大吼大叫、逼著別人屈從。丹尼·鑽石這個YouTube人設，吞噬了查平本人的性格。出現這種狀況時，凱茲會試圖緩解緊張的氣氛。「大家快看！丹尼·鑽石來了。」凱茲高唱道。這招有時能奏效，有時毫無幫助。

星探公司「共同體」（The Collective）發掘語音高亢的弗雷德後，又陸續簽下更多YouTuber，現在它注意到聲勢正旺的Maker工作室。該公司的高層主管丹·溫斯坦（Dan Weinstein）多次約查平聊聊，希望能和Maker工作室合併，並在最後開出價碼。但是在查平心目中，這個數字還是太低了。

在商業談判中，如果對方提出令人不滿意的提案，通常會回以另一項提案或禮貌地拒絕。結果，查平選擇另闢蹊徑：他在回給溫斯坦的信件中，貼了一條YouTube連結。溫斯坦點開連結影片，只見螢幕上出現整張臉貼在鏡頭前的丹尼・鑽石，他唱著小韋恩（Lil Wayne）的饒舌歌：「我把世界拎起來，他媽的整顆砸在你腦袋上。」

Chapter 9

書呆子戰士
Nerdfighters

離Maker工作室不遠的洛杉磯市中心某處,先前因《吉他英雄》影片爆紅的黃穀子,正迎向他在YouTube的巔峰時期。

黃穀子和另外三個胸懷電影夢的朋友合租公寓,四人分攤租金(每人375美元),主要糧食來源是同個街區的塔可餐車。冬天,他們就把手伸到忙著燒CPU跑特效運算的電腦上方取暖。黃穀子的父母看到他住在毫無隔間的開放式閣樓空間,不禁擔心他的居住環境,去他家作客的朋友也會愕然問道:「不會吧?你們居然沒有牆壁?」

黃穀子在低成本的DVD原創製作公司史詩電影(Epic Pictures)工作,負責影片特效,閒暇時間就透過YouTube發布影片,將這個平台當成自己的影片製作遊樂場,只是他一直沒把YouTube視為職業……直到他在冬季奧運期間結識YouTuber帕瓦,他才改變了想法,決定把YouTube當成主業。

那年,他們都作為「品牌大使」被找去溫哥華工作。品牌大使說來好聽,實際上就是那些企業不想砸大錢找明星宣傳,

所以請這兩個價格低廉又懂數位宣傳的YouTuber過來。帕瓦是YouTube合作夥伴計畫的成員，他向黃榖子解釋計畫的運作模式：這麼多觀看次數，就可以換取這麼多的錢。兩人都不清楚這項計畫真正的潛力，但他們聽說名叫麥克・巴克利（Michael Buckley）的人氣YouTuber（網名「What the Buck?」）已經靠這些收入買房了。

黃榖子並不覺得自己非得賺大錢不可，但是他很想自己拍電影。於是他打電話給大學室友兼創作搭檔布蘭登・拉奇（Brandon Laatsch），提出全力經營YouTube帳戶的想法。

「我們完全可以辦到。」黃榖子興奮地說。

> 「火箭跳躍。」（The Rocket Jump.）
> Freddiew，2010年9月1日。01:35。
>
> 影片以真人演出的方式，重現電玩場景。黃榖子與盟友身穿迷彩服，在廢墟中激烈槍戰。狙擊手從塔樓上一一射爆他們，畫面十分血腥。最後，廢墟中只剩黃榖子站著。螢幕上出現卡通式的OS泡泡：**要是他能像電玩人物那樣，把自己「火箭跳躍」到高空，再從天而降擊敗狙擊手呢？** 說做就做，在壯烈配樂的襯托下，他就這麼飛躍了起來，最終逆轉勝。

影片拍攝地點是某個朋友家附近的廢棄空地，當地人都稱它為「墳場」。黃榖子和朋友們把攝影機、沙包、綠幕、彈跳

床、空氣軟槍及沒有彈藥的軍規火箭發射器都扛了過去。拍攝5小時收工後，他們開車回家，埋頭在筆電前進行色彩校正與剪輯。黃穀子另外找了作曲者，談妥價錢（500美元），然後把對過時間碼的影片檔發給對方。這群人花了整整一周工作，只為製作短短95秒的微電影。大學時期，黃穀子曾在宿舍裡單憑一支影片爆紅，但現在的YouTube感覺不太一樣了——只要穩定投入心力、產出影片，就能吸引同樣穩定且忠實的觀眾。以YouTube目前的演算法和收益制度而言，投入更多時間精力製作微電影，還算值得……至少，目前看來是值得的。

於是，黃穀子的團隊開始每周產出一支影片，把電玩場景搬到現實，動不動就加些煙火爆炸效果，甚至還嘗試高空跳傘特技。黃穀子提出「YouTube公路之旅」的想法：開車遊遍全美，到各地和粉絲見面，並拍出他們想看的影片。他撥電話給自己唯一認識的YouTube員工斯壯普羅斯，提出自己的構想。

「酷喔，兄弟。」斯壯普羅斯回道，「你需要什麼？」

在斯壯普羅斯的推波助瀾下，這份提案通過申請，拿到YouTube預付的廣告分潤（計算下來是6.8萬美元）。黃穀子用這筆錢買了新的攝影機、燈具，以及一部休旅露營車。某位住在密西西比州的粉絲來信表示，黃穀子可以在頭上擺顆西瓜，讓他用狙擊槍把西瓜打爆。收到那封信之後，黃穀子還真的開到密西西比拍下這段影片（影片中還是有特效加持）。在瓦倫西亞區的遊樂園裡，他們甚至自創了「雲霄飛車日」。有名年輕粉絲送了一幅具有動漫風格的畫像給黃穀子和拉奇，說是自

己花費3天才畫出來的作品，黃榖子也開心地對著鏡頭展示這份禮物。

有些片商想找黃榖子拍攝低成本的直銷DVD電影，都被他婉拒了。因為在YouTube上，黃榖子能完全掌控創作內容、可以模仿獨立電影藝術家，而他的作品又比電影更能即時反映潮流脈動。像塔倫提諾那種人，可不會讓粉絲拿狙擊槍瞄準自己腦袋，也不會有粉絲在影片中送他手繪的動漫畫像。

YouTube和好萊塢的不同，就在於前者能為創作者提供數據，可以即時查看觀眾在瀏覽哪些影片、停留多久，以及為什麼點擊影片。

「好萊塢是巫術和古老傳統的世界。我們選在這個周末上映動作片，是因為去年這個時間的電影票房不錯。矽谷則是重塑既有事物的世界。」黃榖子說道，不過他萬萬沒料到，這個世界改變的速度竟如此之快。

YouTuber頂尖盛會

在黃榖子正式展開YouTube公路之旅的前幾個月，他走進世紀廣場飯店地下一樓的會場，來到有史以來規模最大的YouTuber盛會。對面就是好萊塢權威的創新藝人經紀公司總部──巨大的「死星」，而在黃榖子所在的飯店裡，YouTuber們人手一份大會介紹：

Chapter 9　書呆子戰士

世紀廣場飯店曾兩度為葛萊美獎（Grammy Awards）會場，入住過的美國總統多達6位。世紀廣場飯店見證過不少名人與盛事，卻未曾見過VidCon這樣的活動。

這段是漢克·葛林（Hank Green）為活動寫的介紹。他和哥哥約翰有天下定決心，決定自掏腰包，在無法保證成功的情況下籌辦VidCon。當時他們已是YouTube上的老前輩了。3年前，快要30歲的葛林兄弟開設Vlogbrothers帳號，平時都以「無文字溝通」的方式對話。他們的影片像小說又像網路日誌，也帶有行為藝術的味道。漢克是個充滿活力又多產的部落客，約翰則是青少年文學作家，在創立YouTube帳號前就建立了龐大的青少年讀者群，他的第四本書《生命中的美好缺憾》（*The Fault in Our Stars*）2012年出版後迅速爆紅。葛林兄弟機智幽默、外型耐看且不討人厭，在影片中也會大方展現自己的真誠。他們會談論動物知識、聊些無厘頭的話題，也會討論小說家尼爾·蓋曼（Neil Gaiman），以及資本主義的荒誕之處。他們都以身為書呆子為榮，也是土生土長的網路原住民。漢克還在他的木吉他上草草寫了一句話：「這是虐菜機器。」（THIS MACHINE Pwns n00bs）

兩兄弟培養出忠實的觀眾群，也稱粉絲為「書呆子戰士」（Nerdfighters），並開始直接和粉絲互動。「基本上就是大家聚在一起盡情玩樂，」漢克在影片中解釋道，「還有對抗世界之爛。」

「什麼是世界之爛？」擔任捧哏的約翰問道。

「很難具體衡量啦！」漢克答道，「就是⋯⋯就是，這個世界上『爛』的總和。」兩兄弟的風格很適合那些早期被吸引到YouTube的觀眾，這些人大多彆扭、愛看書又熱愛流行文化。2007年，在《哈利波特》（*Harry Potter*）最後一集上市3天前，漢克上傳了他自己寫的歌，表達對這本書的期待。YouTube「獵酷一族」看到後，把這支影片放上首頁。那段時期無論在線上或線下，沒有任何事物比哈利波特粉絲圈更能激起人們的激情了。2年後有場粉絲活動邀請葛林兄弟當特別來賓，他們靈光一閃，便找了同一批主辦人來籌辦YouTuber活動。

他們發送邀請給每位著名YouTuber，入場票價訂為每張100美元（「業界人士」的票價則是211美元），結果大約有1,400人到場——大概一半是粉絲，一半是YouTuber。但粉絲和YouTuber之間的界線其實相當模糊。對很多YouTube使用者而言，他們平時只能在線上和其他處於這個次文化的人互動，VidCon則是他們首次能在現實中碰面歡聚的機會。葛林看到自己最喜歡的幾位YouTuber時也激動不已，有人在會場看見iJustine時更是驚呼連連。當大會選了某位粉絲摸摸謝恩・多森（Shane Dawson）一頭亂蓬蓬的頭髮時，全場爆發如同「披頭四狂熱」的尖叫聲。道森在飯店舞台上說道：「我以前一直覺得自己在房間裡拍影片很奇怪，可是我今天突然覺得，其實也沒那麼奇怪嘛！」

黃穀子在活動上主持一場「沒那麼特別的特效」主題座

談；YouTuber與青少年粉絲在現場按照自行發明的遊戲規則，玩起漫畫《凱文的幻虎世界》（*Calvin and Hobbes*）裡的隨興遊戲「凱文球」（Calvinball）；台上有樂團表演，其中有名男子還穿了丁字褲彈手風琴；眾人拿著攝影機蜂擁擠到舞台前；丹尼‧鑽石在台上跳舞；人們在後台抱成一片。

「整體氛圍純粹又寶貴。」受聘在現場工作的Vlogbrothers粉絲蘿拉‧切尼科夫（Laura Chernikoff）回憶道。對許多人而言，VidCon終於讓他們理想中的YouTube化為了現實。「像是一群有創意的怪咖齊聚一堂」漢克後來說道，「這大概是我這輩子最神奇、最美妙的活動了。」

YouTube也有20多名員工買票入場。這並非官方舉辦的活動，有些與會的YouTube員工不禁注意到，眼前的場景和自己平常的工作落差好大。此時安迪‧史塔克（Andy Stack）剛剛加入YouTube，負責管理合作夥伴計畫。那年7月，他特地跑到洛杉磯拜訪某大製片廠，談論將該公司部分片庫放上YouTube的可能性。會議從下午4點開始，一直拖到很晚很晚，而討論的都是關於版權、廣告、什麼行得通、什麼行不通、什麼理論上行得通等等。在場每個人都露出一副「我才不想耗在這裡」的表情。會後，精疲力盡的史塔克驅車前往世紀廣場飯店，去和VidCon那群人見面。他遇見自己喜愛的YouTuber，發現在場所有人都玩得不亦樂乎，他彷彿感受到流遍全身的興奮電流。他心想：哇，這些才是我想幫助、想推向成功的一群人。

許多人都注意到，那次VidCon有個人缺席了，那個人就是雷・威廉・約翰遜（Ray William Johnson）——他可是YouTube當年的流量王。不過，他並不是什麼「書呆子戰士」。

約翰遜就像個孤狼系瘋狂科學家，頭髮硬是用髮膠梳成刺刺頭，五官深邃，自信自傲的氣勢絲毫不輸丹尼・鑽石。他在2009年創建YouTube帳號後，立刻意識到網站上兩條簡單的真理：第一，大家來這裡都想看爆紅影片，尤其是一般人創作的爆紅影片；第二，大家喜歡笑，尤其喜歡嘲笑一般人。

於是，他選擇了自己的路線：剪輯網路爆紅素人影片並加上惡搞吐槽，定位相當於YouTube版搞笑家庭影片的喜劇演員鮑勃・薩格（Bob Saget）。只不過他更沒底線、精力更充沛（那段時期，YouTube最常見的搜尋關鍵字之一就是「好笑」）。約翰遜又看透了另一層：如果觀眾在搜尋各種爆紅影片時，他那些關於爆紅影片的影片也出現在搜尋結果之中，或者出現在相關影片清單裡，他就能獲得極大的收益。YouTube演算法很買他的帳，助他創下訂閱數飛速增長的新紀錄。

約翰遜以「合理使用」為藉口，技術性避開《數位千禧年著作權法》的打擊，因此得以保留影片並從中賺錢，而且相較於原創作者上傳的原始影片，他的合輯影片往往更受矚目。某篇報導指稱，他光是憑YouTube廣告就能1年進帳百萬美元，成為YouTube上首位百萬富豪。他在播客（Podcast）節目中說

道:「我就是個平凡人,剛好有個有趣的嗜好,所以我他媽的不用出門就能賺到100萬。難道我該為這件事道歉嗎?你如果嫉妒我,那就照我的方法去做,想辦法做得比我更好啊!」他開了間名叫「等於三」(Equals Three, =3)的製作公司。經紀人溫斯坦帶約翰遜和音樂電視網開會,談論合作拍節目的可能性,但電視網想長期從他的收益中抽成。約翰遜覺得自己「他媽的不用出門就能賺到更多」,於是拒絕了對方。

然而,想在YouTube上賺錢並非毫無難度。YouTube付款給創作者,也寄出1099稅表給他們,但之後該如何報稅,創作者只得自己看著辦了。2010年,約翰遜遇見了大衛・席佛斯(David Sievers),他是最早開始受理YouTube創作者財務稅務的人之一。當時席佛斯22歲,來自內布拉斯加州,正在接受會計師訓練。他替內布拉斯加州的朋友——靠魔術方塊影片走紅的丹・布朗(Dan Brown)申報過稅務。YouTube的名人圈也就那幾個,席佛斯很快就被更多大咖YouTuber委託處理財務事宜,其中就包括了瘋狂科學家約翰遜。

同年稍晚,約翰遜與他的新稅務師同行前往洛杉磯,準備為他構思的網路影集拉贊助。這是席佛斯第一次去洛杉磯,進城後,約翰遜請他喝了人生中第一杯瑪格麗特調酒。旅途中,他們還遇見大膽好鬥的紅髮男人查平。席佛斯回到家之後,查平便寄來長信,毫無保留地交代自己的生平——毒品案、被好萊塢拒之門外,以及他那個「YouTube版聯藝電影」的夢想。接著,查平熱切地邀請席佛斯加入Maker工作室。席佛斯決定

接下這份工作,於是搬到西岸,還順道帶上瘋狂科學家約翰遜及他「他媽的」百萬收入,一同加入由烏合之眾組成的YouTube好萊塢。

席佛斯抵達洛杉磯時,Maker的人帶他參觀辦公室——沒有辦公桌,Wi-Fi訊號也差得可憐。他們也參觀了辦公室頂樓的酒吧,這裡可以俯瞰海岸風景,還看得到洛杉磯威尼斯海灘上的大麻盛會。這也太讚了。

Maker接下來還想擴招更多明星納入旗下。席佛斯的新老闆問他,除了管帳之外,他是否對YouTube的其他領域有興趣?他坦言道,自己挺愛看YouTuber打電動的。

豐富卻雜亂的內容

威尼斯海灘的大麻味在空氣中四處飄散之際,媒體業正經歷重大轉變,Google也藉由數據清楚觀測到這場巨變。

從2009年起,電視的收視率就開始下滑,起初是一季、兩季的下跌,接著直接一落千丈。20年前,美國擁有電視的人數一直持續增長,結果到了2011年,擁有率首次開始下滑,幅度雖小但趨勢很明顯。這下,網際網路可以上前分塊大餅了。同年,從YouTube成立以來,《美國偶像》首次失去全美收視冠軍的寶座。僅僅2年前,全世界都在YouTube上免費觀看《美國偶像》片段,見證害羞寡言的蘇格蘭女性蘇珊・波爾(Susan Boyle)在英國版的偶像節目上高唱〈我曾有夢〉(I Dreamed a

Dream）。由此可見，人們不再需要《美國偶像》刻薄的評審或黃金播出時段也能成名了。美國收視冠軍寶座易主，換成未在網路上提供串流的《周日夜美式足球》（*Sunday Night Football*）。

另外，YouTuber們還觀察到Google未能完全理解的另一種轉變。

YouTube像有線電視一樣，內容多元且豐富，不必像傳統電視廣播那樣用同一套節目去討好所有受眾；YouTube不受觀眾群限制，可以任意往各種有趣的方向擴張；YouTuber除了累積小眾粉絲群以外，還培養更強韌的社群，以及更加深刻的羈絆。他們可以像歐普拉或實境節目明星那般親切，個性也具有影響力。而相較於歐普拉等電視名人，他們還能更貼近觀眾、更平易近人。

黃穀子靠著共同創作的平台凝聚人心，葛林兄弟靠共同的知性好奇心把粉絲們連結起來——這些互動形式幾乎完全脫離電視的架構。YouTuber可以藉這個舞台，為複雜的世界或同樣複雜的網際網路帶來意義。約翰遜便是透過剪輯爆紅影片的方式，達成這個目的。過去YouTube是靠「獵酷一族」幫人們挖掘網站上的優質內容，但那個團隊已不復存在。此時的YouTube儘管資源豐富，內容卻雜亂得令人難以搜索，也難以全盤吸收。大家想找個人帶頭，領著自己一同踏上闖蕩YouTube的旅程。

Chapter 10

風箏衝浪頻道
Kitesurfing TV

> ▶ 「決勝時刻：黑色行動：賭注模式：槍戰遊戲。」
> （Call of Duty: Black Ops: Wager Match: Gun Game.）
> PewDiePie，2010年12月16日。3：12。
>
> 「今天我們要慶祝一下，我已經有100個訂閱者啦。」畫面上，我們只能看到謝爾貝里在遊戲裡的角色拿著虛擬槍枝，聽見他本人的聲音。他流利的英語帶有瑞典腔，還有種網路世代獨有的調調。螢幕上的他精準地朝敵軍射擊。「有人問我，」他邊玩邊說道，「『你想成名嗎？』」又擊斃一名敵人。螢幕上出現文字：**羞辱！敵軍降階！**「不，我不想成名。」他接著說，「我做這些只有一個原因，那就是因為好玩。你們是讓這一切變得好玩的主要元素。」遊戲結束。「明天再跟你們聊囉！」

謝爾貝里在2006年創了YouTube帳號，結果馬上就忘了自己設定的密碼，在無法上傳影片的窘境下，他只能先觀看別人的作品。4年後，在故鄉瑞典的查爾姆斯理工大學念書時，他才終於正式發布影片。他在宿舍的書桌前錄影，蓬亂的

棕黃髮上,戴了副大大的黑色耳機。他替自己取了個荒誕的網名「PewDiePie」(聽起來像玩具槍聲,也和「甜心派」〔Cutie Pie〕押韻),並上傳一些自己玩電玩遊戲的影片。觀眾接踵而至,謝爾貝里也開始全心投入這份新嗜好。

🔔

YouTube的下一波重大變革,其實始於意外,還是由聽起來很搞笑的公司引起的。然而也是這家公司,成就PewDiePie迅速起飛的YouTube事業。

Machinima公司的起源可追溯到2000年。起初,它只是個線上論壇,專門討論如何在拍片時用上電玩技巧。其公司名稱結合「機器」(Machine)與「電影」(Cinema)。後來10年間,這個論壇變身成製片廠,為遊戲玩家產出遊戲相關的素材,並冒著極大風險將所有素材都免費放到YouTube上。Machinima董事長將YouTube比喻為「繼廣播與電視之後的第三波大眾傳媒」,並認為這波浪潮正等著人們去淘金。Machinima用低薪雇用大批年輕且多半是男性的員工,試圖透過這些出身遊戲界或有著媒體背景的人員,挖掘出第三波大眾傳媒的金礦。

路克・斯德普頓(Luke Stepleton)過去從事《美國偶像》相關的工作,也曾在打造川普電視之路的製作人馬克・伯奈特(Mark Burnett)手下工作,後來他加入Machinima。剛到位於柏本克市的辦公室報到時,新上司要他在辦公桌前坐下來觀看

公司在YouTube發布的所有影片，並下令：「告訴我們，我們還缺什麼。」

斯德普頓認為，Machinima欠缺的就是「在朋友家裡打電動」的感覺。隨著遊戲圖像技術與主機不斷演進，電玩早已脫離過去粗糙像素的小模型，成為內容龐大又細緻的虛擬世界，更催生出偌大的次文化。玩家不光只是買新遊戲，也會上網看其他狂熱玩家的實況影片，有時是為了學習遊戲技巧，有時是單純想找笑料。YouTube上的普通人（網名多是Hutch、Blame Truth之類的）錄下自己玩《決勝時刻》、《戰爭機器》（*Gears of War*）的過程，加上帶點不登大雅之堂的吐槽與笑話，結果他們粗糙的實況影片得到不少觀看次數，遠超過Machinima大費周章製作的精緻內容。

而且這些人使用的YouTube，甚至不是Machinima用的那個YouTube！如果只看螢幕畫面，YouTube影片看起來都一樣，但在後台，YouTube可是為特定合作夥伴提供了特殊版本的網站：它附有客製化軟體，可供使用者追蹤影片成效，甚至在別人盜用素材時提出版權申訴。Machinima就擁有這種客制化版本的YouTube。有天，斯德普頓坐在擁擠的辦公室裡，看著同事漫不經心地嘗試各種像素設定與下拉功能，並開了個新的YouTube帳號，開始實驗：**假如把Machinima的「合作夥伴」帳號和普通帳號合併在一起，會發生什麼事？** 結果他發現竟然真的能合併，那個普通帳號頓時也成了YouTube的「合作夥伴」，能在影片上加廣告。**這下有靈感啦！**

發現這個漏洞，斯德普頓領悟到Machinima根本不需要自行製作熱門影片，也不需要大力網羅超人氣YouTuber。只要把像Hutch、Blame Truth這些原本就擁有不少點擊量的創作者納入麾下，並與Machinima那支特別的合作夥伴帳號串連起來，就能將他們的成功直接算到自己頭上。

「我可以幫你一天內衝上1億個觀看次數。」斯德普頓信誓旦旦地告訴上司。

YouTube員工壓根沒想到，媒體公司能夠把其他YouTube帳號收編在同一個合作夥伴的後台之下——當初開發這套軟體時，他們可完全沒考慮到這種操作。待YouTube意識到這種可能性時，Machinima早已大舉招募了數十位YouTuber，替他們開通廣告計畫，並在接下來5年內奠定YouTube網站上的主流商業模式。Machinima那群年輕員工在YouTube上四處搜尋任何上傳遊戲內容的人，再跟對方簽簡易合約，讓他們透過Machinima的客製化軟體後台發布影片。Machinima承諾，如果發生版權糾紛也由公司處理，而作為回報，YouTuber會將自己一部分廣告收入分成給Machinima。沒過多久，Machinima每月簽下的YouTuber就高達1,000人了。

大約就在2011年，他們網羅到自稱「PewDiePie」的瑞典青年。

多頻道聯播網崛起

　　Machinima的新發現恰恰與卡曼加替YouTube制定的新策略不謀而合：YouTube將向電視市場發起大規模、計畫性的進攻。這位YouTube新掌門是Google第九號員工，有名前同事戲稱他是「標準Google人」。他喜歡電腦、邏輯和西洋棋。套句矽谷慣用語，他屬於「系統思考者」。查平甚至稱他為「天才機器人」。卡曼加個性內向，有時候則是防備心重。有次和某位媒體高層開會時，他在筆記本上寫了些東西，對方問他寫了什麼，他竟然回說：「我才不告訴你。」Google內部有許多人對卡曼加的印象只停留在「資深又腰纏萬貫的企業傳奇人物」這一層。和其他Google高層一樣，他在人際互動這方面稱不上出眾。有次他準備和某位重量級商業夥伴通話時，還問手下：「我該傳達什麼情緒給對方？」當然，必要時他還是能切換巧妙的應對模式。卡曼加身材精瘦、眉毛濃黑，微笑時總是露出滿口牙齒，八卦媒體《張望者》（*Gawker*）甚至揣測他是否算是矽谷「最搶手的黃金單身漢」，更爆料說他曾跟伊凡卡·川普（Ivanka Trump）交往過。

　　2010年底，卡曼加全面接管YouTube時，公司上下都慶祝了一番。那年，YouTube的年營收突破了10億美元，員工領到獎金後也照慣例跑去拉斯維加斯玩。然而，危機在暗中醞釀著——首次有跡象顯示YouTube的總觀看時數開始遇到瓶頸了。大多數訪客只是在工作或課間休息時隨手點開一支爆紅影

片,看完就直接離開。像書呆子戰士那樣的死忠粉絲仍會吞食大量影片,但一般使用者平均每天只在YouTube停留5分鐘。電視流失的觀看時數似乎並沒有轉移到YouTube,而是跑到從郵寄DVD起家、如今轉戰網路串流的網飛(Netflix)。這家新興服務對YouTube構成了嚴峻的威脅。

YouTube再度嘗試讓網站變得更加「高級」,不過內部的說法是:**該如何擺脫「狗狗玩滑板」的刻板印象**?這種老套的爆紅影片確實曾在YouTube創辦初期立下大功。當共同創辦人賀利謁見英國女王時,還拿了嬰兒大笑的爆紅影片給她看。但是單靠病毒式熱門影片,並無法獲得大量的廣告收益。大部分的廣告商都會提前數月購買廣告槽位,早在春季就以口頭約定的形式,提前和電視業者敲定秋季節目的廣告。YouTube就無法像電視業者那樣提供這類保證了,畢竟誰也不曉得下個爆笑嬰兒影片會在何時何地冒出來。

因此,YouTube準備把網站打造成對觀眾與廣告商而言更可以預測、更加熟悉的模樣,也就是變得和電視更相似。卡曼加借鏡有線電視的概念:YouTuber不該有「帳號」(這是Web 2.0的用詞),而該有「**頻道**」。

在YouTube的經濟模式下,使用者的頻道能吸引各種群體,再狹隘的小眾群體都能找到對應的頻道。有線電視網播出節目的成本很高,必須將電視訊號從應答機傳遞到衛星,1天24小時、1周7天持續播映節目。因此為了獲利,電視網就必須保證節目的觀看人次夠高,由製作人判斷一檔節目是否值得拍

攝與播出，也是由他們決定每檔節目的預算與壽命。YouTube就不需要這些了，它就像沒有紅綠燈的高速公路，播出的時段毫不受限，小眾影片在網站上存活的成本近乎為0。為了說明這個模式，卡曼加還拿自己的興趣舉例：他喜歡風箏衝浪，有時會和辦公室好友佩吉一同享受這種奢侈的體育活動。「有線電視裡找不到什麼風箏衝浪頻道、滑雪頻道、鋼琴頻道，」卡曼加在採訪中表示，「可是在YouTube上，我關心的這些主題都能找到歸宿。」他的副手梅羅特拉更言簡意賅地對廣告客戶說道：「線上影片對有線電視的衝擊，相當於當年有線電視對電視廣播的衝擊。」有線電視把原本三大電視網的市場拆解成上百個小頻道，區分出一個個觀眾群體，讓廣告商更準確地瞄準戶外運動族群、居家購物族群、右派新聞觀眾等等。YouTube也將重新劃分觀眾群體，而懂得把握先機的人，最好現在就上車。

　　YouTube抓住Machinima意外的發現，並開始加以推廣。就像ESPN電視網底下還有ESPN2、西班牙語為主的ESPN Deportes等子頻道一樣，如果YouTuber都有各自的頻道，那麼同時贊助多個頻道的企業，就可以自成一家頻道網了。換言之，這些公司就是「多頻道聯播網」（Multichannel Networks，MCNs）。在這個前提下，一整個新興產業在一夕間萌芽，突飛猛進地壯大了起來。

　　在洛杉磯的查平也迅速轉向這個新模式。他的Maker工作室已經擁有一支YouTube明星陣容，現在他能以多頻道聯播網

的名義招攬更多明星，讓他們加入更宏大的營運體系（後來內部有人主張是他們首先想出多頻道聯播網的概念）。

當時面對這些圍繞在網站周邊的新衛星企業，YouTube一時之間也不知該做何感想。它們日後帶給YouTube不少棘手問題，但在那當時，多頻道聯播網正好填補了YouTube一直難以處理的空缺：Google本身不擅長和鏡頭前表演的演藝人才打交道，畢竟這類人可能不理性、情緒多變、舉止難料。就連明星最基本的標誌，對Google來說也很陌生。

黃穀子的經紀人溫斯坦有次替當紅YouTuber「柳丁擱來亂」（The Annoying Orange，影片內容多是說話尖酸刻薄的水果），打電話聯繫YouTube。結果YouTube某位主管的反應竟是：「等一下，你是誰？」

「演員喬治‧克隆尼（George Clooney）不是有經紀人嗎？」溫斯坦解釋道，「『柳丁擱來亂』也有，我就是他的經紀人。如果你想找『柳丁擱來亂』，就得先跟我談。」

卡曼加與Google團隊最在行的是0和1組成的編碼——他們懂這些黑白分明的分類，卻不懂人類，而多頻道聯播網正好提供便捷的方法，解決管理創作者的問題。YouTube很快就開始對其他合作夥伴施壓，推動他們跟進這種模式。

莎拉‧潘納（Sarah Penna）在洛杉磯經營管理公司，其公司業務是為YouTuber制定商業企畫與拓展新領域，YouTube還曾出錢讓她飛到聖布魯諾和YouTube的廣告客戶一同參與活動。有天YouTube告訴她，如果不把公司轉型成多頻道聯播

網,之前那些好處可能就會取消。YouTube也對溫斯坦的公司提出相同的要求。該公司後來改名為Studio71,成了多頻道聯播網。這些新組織能專門處理YouTube這隻龐然巨獸的「軀幹」,也就是那些富含商業潛力、數量龐大的中段業餘影片。

處理完軀幹後,卡曼加接著得找個人來重振「頭部」了。

征戰好萊塢

羅伯特・金奇爾(Robert Kyncl)從小到大接受的培育,就是為了做到兩件事:滑雪,還有得勝。

他從小在捷克斯洛伐克長大,青少年時期就讀政府經營的寄宿學校,受訓成為奧運滑雪選手。沒想到國內發生政治劇變,共產政權遭推翻,金奇爾於是靠獎學金到美國讀書,將那股強烈的競爭意識轉而投入娛樂產業。他從經紀公司的收發室做起,一步步往上爬到HBO,接著到Netflix,負責與片廠及電視網簽約。當時Netflix還未成為真正的好萊塢大咖,不過金奇爾在這裡熟悉了經紀人、藝人及片廠政治的世界。至少比起Google那些工程師,他在這個領域已經算是見多識廣了。身材修長、五官立體的金奇爾,有個方正的下巴、語音低沉而短促,言行談吐都流露出明顯的自信。2010年時,正值大改造的YouTube聘用金奇爾。

在與維亞康姆的官司落幕後,YouTube又看到了讓傳統媒體「上車」的機會。Google派出負責Google電視硬體企畫的吉

伯特前往YouTube，擔任內容部門（也就是頭部）與營運部門（包括軀幹與長尾）的主管。這位行事老道的有線電視老將，可不吃矽谷那套「所有內容都一樣珍貴」的說法，更曾對手下職員說：「並非所有像素都一樣優秀。」吉伯特招募多位媒體同業一起鑑別YouTube的「鑽石」與「雜石」，並在網站上開闢電視廣告商較為熟悉的內容類別。他更說服YouTube買下了新銳聯播網（Next New Networks）——由多位電視業老手創立的工作室，旗下經營好幾個熱門YouTube頻道，其中包括製作「歐巴馬女孩」的那個頻道，該公司還撰寫了教YouTuber如何一步步邁向成功的「攻略手冊」（Google高層對這本攻略手冊愛不釋手，心想終於出現一份白紙黑字的編碼了）。

此外，吉伯特還鼓勵團隊去拉攏大型體育聯賽。雖然公司裡的大人物很愛風箏衝浪頻道，但YouTube還是想託管一些主流運動賽事。在這方面，Google高層實在沒什麼幫助。美國人熱衷的體育賽事對Google而言不夠有「Google味」。有位職員就提到，佩吉曾在會議上把國家美式足球聯盟（National Football League, NFL）錯認成足球聯盟。後來YouTube團隊好不容易幫佩吉和NFL總裁羅傑・古戴爾（Roger Goodell）牽線商討串流轉播權，結果消息走漏。Google懷疑這是NFL用來向電視台索取更好條件的手段，佩吉大為光火，直接喊停。

依照這份改造計畫，金奇爾的任務就是想辦法說服好萊塢和YouTube合作。在他加入之前，YouTube員工經常飛到洛杉磯拜會影視界大人物卻毫無成效。其中的問題之一是：Google和

不少空降好萊塢的科技公司一樣,要求經紀公司簽些繁瑣的保險條款和供應商合約,而經紀公司和片廠合作時根本不必考慮這些繁文縟節。金奇爾成立YouTube第一間位於洛杉磯的辦公室,而根據某位知名經紀人透露,他很快就砍掉這些繁瑣的合作條款,讓各大經紀公司更願意把自家電視、電影明星引進YouTube。

有位前同事表示,金奇爾踏進YouTube時的氣勢就如同一記重錘。他對麾下員工明白表示:最好跟他一同到洛杉磯工作。他也與其他新進高層立刻為了領域問題起衝突。有次他前往新銳聯播網所在的曼哈頓與領導人物共進午餐。用餐期間,這位「重錘」毫不掩飾地說出:「如果是我,絕不會把你們買下來。真是筆愚蠢的交易。」就因為金奇爾這句話,他與駐紐約的團隊在策略和資源分配上展開一場長達數年的爭鬥。不過,和金奇爾對著幹的競爭對手,都沒有比他待得更久。

不過,這批美東新員工倒是解決了YouTube內部爭議:該怎麼稱呼網站上的人?一開始,所有人都是「使用者」,不管是拍影片或看影片的使用者都該一視同仁。後來開始有人在YouTube上成名,YouTube嘗試以其他方式稱呼他們:「YouTuber」不夠精確,畢竟有些人是製片人,有些人是彩妝創作者,也有人僅僅是拿著網路攝影機亂拍的怪咖;「合作夥伴」(Partner)感覺太商業化了。新銳聯播網習慣把觀看者稱作「觀眾」(Audience),製作者則統稱「創作者」(Creator),用「創作者」一詞包含網路媒體製作的所有面

向。最後，YouTube也選擇了「創作者」這個說法。

一些工作室員工還注意到YouTube公司奇怪之處：內部的人其實很少有人花時間去看YouTube。

在好萊塢這邊，金奇爾的第一步是復刻Netflix的行動。他花了數個月和媒體公司談判，打算在YouTube上推出按次付費觀看的功能，把這些公司的節目上架。《周六夜現場》、深夜談話秀等常青電視節目，已陸續把部分片段放上網了，若這些節目能在網路上賺到錢，YouTube理應能吸引更多節目跟進。可惜《廣告狂人》這類高知名度影集被錯綜複雜的聯播與版權合約綁死，大型片廠也仍舊對YouTube存疑：金奇爾和吉伯特到迪士尼拜訪某位高層主管時，連對方的面都沒見上，只見到了一排律師。Google也嘗試收購Netflix未果，改而洽談將Netflix整個片庫搬上YouTube（當時Netflix經常當機，YouTube則已很穩定）。這些協商最後都無疾而終，金奇爾構想的按次付費方案也告吹了。

遇到昔日的青少年偶像布萊恩・羅賓斯（Brian Robbins）之後，金奇爾決定讓整個計畫來個大轉彎。

羅賓斯保養得宜，一身肌膚晒成了古銅色，儼然是好萊塢的化身。他看起來和1980年雷根時代吸引眾多青少年目光的模樣相差不遠。看著此時的他，還能聯想到在ABC電視網《我的這一班》（*Head of the Class*）中留著狼尾頭、身穿皮衣的那名

少年。後來他剪掉狼尾頭,轉往幕後擔任導演與製作人,拍過幾部成功的作品,如《主力難當》(*Varsity Blues*),也栽過幾次大跟頭。就在和金奇爾搭上線前,羅賓斯接到經紀人的電話,邀他和超人氣YouTuber、嗓音尖銳的弗雷德見上一面。

「我的事業就到此結束了嗎?」羅賓斯回道,「你居然帶我去見個YouTuber?」

演藝經理人想讓羅賓斯替弗雷德拍電影,但羅賓斯對此深感疑慮……直到某回帶家人去邁阿密海灘度假,悠然躺在富麗堂皇的楓丹白露飯店裡時,他看見還沒到青少年階段的兩個兒子完全無視套房裡的大電視,整天盯著電腦看YouTube。羅賓斯問他們:「你們知道弗雷德是誰嗎?」孩子馬上尖聲模仿弗雷德的口吻,把他的台詞倒背如流,就像爸爸背誦心愛的電影台詞那樣。羅賓斯又進一步測試這個「焦點群體」:「你們想不想看弗雷德的電影?」

「今天晚上嗎?!」

羅賓斯真的拍了這部片。他砸下100萬美元製作《弗雷德電影版》(*Fred: The Movie*),最後進帳300萬。電影上映時,羅賓斯看著該片登上Twitter全球趨勢——網路世代的電影評審,相當於從前的西斯柯爾與伊波特(編按:指Gene Siskel與Roger Ebert。兩人自1975年主持每月播放的影評節目,後來升格成為全國節目,成為美國當代影壇最有影響力、最值得信賴的影評人)——由此得到了靈感:投資100萬拍一部給青少年看的短片,只要製作水準夠高,就必定能再挖出更多「弗雷德」來,

繼續用錢滾錢。他把短片計畫提案給尼克兒童頻道（Nickelodeon）卻被拒絕，於是他索性自己動手，替此計畫取了個有點幼稚又大眾化的名稱——「棒電視」（AwesomenessTV），還做了充滿高畫質影音、宛如大型企業簡報的提案。他在YouTube好萊塢辦公室向金奇爾展示這些內容，甚至自備一面大螢幕，好讓對方感受這檔節目的魅力。

金奇爾對羅賓斯的構想一見傾心：讓好萊塢老手在YouTube打造專屬頻道網，這點子正中他的下懷。為了對外說明頭部團隊的這場豪賭，金奇爾命令下屬改寫羅賓斯的簡報。他對團隊說道：「要在這地方贏得信任，就得用實際行動證明自己。」根據他的計畫，YouTube會先資助羅賓斯等大咖製作高畫質原創影片，當這些創作者的頻道穩定產出節目後，廣告商也能心甘情願地排隊贊助他們了。Google提供的金援，會以廣告預付款的形式撥付給創作者，就像先前黃穀子拍公路之旅時拿到的那6萬美元，只不過這項計畫的規模比那場公路之旅大得多。金奇爾打算一口氣贊助20個頻道，每個頻道最高可獲得500萬美元經費。

為了物色值得贊助的對象，金奇爾招募了好幾位來自數位新創公司與電影片廠的行家，組成一支「祕密黑色行動小組」（這是其中一名成員對團隊的形容）。他們的任務是確保計畫能祕密實施，在競爭對手的眼皮底下先行布署。他們先鎖定YouTube上200種熱門分類，狂熱愛馬人士、汽機車玩家、時尚迷，然後一路篩到只剩20個分類。期間，他們根據內部數據觀

察趨勢,才發現Google的資料探勘作業有時相當粗糙:YouTube流量圖顯示,「軍事」類影片比例高得驚人。這是怎麼回事?結果一查才得知,系統把玩《決勝時刻》電玩的YouTuber都歸類在「軍事」標籤底下。

有時金奇爾會讓團隊參考「哈德遜報攤」(Hudson News)的商業模式。作為各地機場都能找到的雜誌攤,哈德遜報攤總能照顧到所有人的喜好,所以每個人一定能在報攤上找到自己感興趣的雜誌。金奇爾的團隊聽了超過500個提案,每30分鐘就換一組,甚至連魯伯・梅鐸(Rupert Murdoch)這種出版界大老也出面提案了(梅鐸家族過去和Google是死對頭,但他們與金奇爾算是熟人)。金奇爾還去遊說新一代的媒體奇才,其中包括《逆雜誌》(*Vice*)雜誌共同創辦人西恩・史密斯(Shane Smith)。這本曾經的龐克風雜誌,此時正想把自己改造為「龐克風網路電視」。史密斯曾在拉斯維加斯的亞利亞飯店同時見到金奇爾與華克。會談才剛進行5分鐘,史密斯就突然插話:「你們喜歡賭博嗎?」他們回答:「喜歡啊!」史密斯雙手一拍,立刻叫人搬出專屬賭桌,上頭擺了好幾疊5,000美元籌碼,提議邊打21點邊聊。最後,該雜誌順利拿到YouTube的資助。

在一連串激辯過後,YouTube決定以「反好萊塢」為核心概念,設計這些補助的架構:YouTube只保有1年的節目版權,而且不持任何股份。在金奇爾拍板定案下,YouTube將推出一系列邀請名人入駐YouTube的概念頻道:喜劇頻道找來俠客・

歐尼爾（Shaquille O'Neal），舞蹈頻道邀請歌手瑪丹娜（Madonna），滑板頻道則給了演員東尼‧霍克（Tony Hawk）。

Google提前賣出廣告槽位，並預估了亮眼的觀看次數，各路廣告商也紛紛湧入，急著跟這群A咖明星合作。新頻道的影片開播前夕，金奇爾在Google曼哈頓辦公室接受《紐約客雜誌》採訪。該辦公室裡有幾間會議室分別以知名電視節目命名，當時金奇爾就坐在「天才老爹」（Cosby Show）會議室裡，一如往常地展現他的自信風格。

「要順利推進計畫絕對不簡單，」他說道，「不過，我有個朋友剛到某電視網任職，跟我說了一句很有道理的話：『至少你們願意全力揮棒。』」

在YouTube內部，金奇爾以另一個比喻來形容他這項寶貝企畫，給了它「燈塔」這個代號。YouTube擁有優美的海岸線風景，但好萊塢需要一盞指引他們登岸的燈塔，才有機會來此欣賞美景。某位經紀人則更直白地吐槽，說金奇爾這套計畫根本是「想在YouTube裡硬塞個迷你版Netflix」。公司內部也有不少人認為，贊助特定頻道有偏袒之嫌。而且在與維亞康姆纏訟期間，YouTube曾因害怕招致法律爭議而極力避免自製節目。如今，職員們問起了令人頭疼的問題：**我們究竟是媒體公司，還是科技公司？**

黑色行動計畫

　　媒體公司向來消息靈通。10月間，YouTube正要敲定最終的補助頻道名單，結果消息就被人洩漏了出去。當《華爾街日報》記者開始追查線索時，YouTube高層立刻召集內容部門人員與律師在聖布魯諾召開緊急會議。他們擔心資助計畫若提前曝光，尚未談妥的協議恐怕會破局。高層要求所有團隊成員在24小時內簽訂合約，否則合作可能沒機會成立。「紅色警報！」有人大喊。眾人當下奮力衝向電話，開始急切地聯繫合作對象。

　　同一時期，有位知情的YouTuber提醒金奇爾團隊：如果只把經費投給名人和舊媒體，卻一毛錢都不給YouTuber，可能會造成不佳的觀感。於是團隊再次緊急出動，四處尋覓值得贊助的YouTuber。Machinima和Maker工作室都拿到資金；YouTube還有代表特地打電話給「書呆子戰士」部落客漢克，簡單說明「黑色行動」計畫，並告訴他：「如果你能在禮拜一前交出提案，也許我能幫你遞去給他們參考。」當時已是周五，他花了整個周末趕工，做出簡報來介紹自己想打造的YouTube教育節目「科學秀」與「速成班」。在簡報最後一頁，他標上「預算」，然後再憑空編個數字。最後YouTube照他提的數字付錢。

　　對許多人來說，黑色行動計畫簡直是場災難。YouTube一開始就砸錢給100個頻道，隔年同樣的計畫又施行了一次。有

位高層經理諷刺地表示，金奇爾花錢就像個「爛醉如泥的水手」。結果，影片正式上線後，沒多少人想看瑪丹娜、俠客這些名人；有人批評金奇爾過分迷戀好萊塢，犧牲了網站上那些幹勁十足的創作者。不過，也有人把這筆經費視作YouTube的刺激方案，提升YouTube在好萊塢娛樂界和麥迪遜大道廣告界的能見度。

羅賓斯對金奇爾的「高招」讚不絕口：「他成功喚醒廣告市場，讓原本沒獲得認可的平台變得正式了。」

但是幾乎所有人都同意：真正成功的受補助頻道，幾乎都來自YouTube原有的創作者，例如葛林兄弟這種深諳YouTube生態的人。「我們發現，我們的超能力其實是那些創作者。」曾參與補助頻道專案的高層經理伊凡娜‧柯克布萊德（Ivana Kirkbride）回憶道，「YouTube不可能成為自己以外的東西。」

然而，要真正領悟到這個道理，還得花上好幾年。

在第一波補助頻道計畫中，金奇爾的團隊找了幾位頂尖導演組成頻道「WIGS」。拍攝由茱莉亞‧史緹爾（Julia Stiles）等影星主演的網路劇集《藍色祕密》（*Blue*）。問題是，這些自詡高雅的頻道並沒有針對YouTube上最受歡迎的特定主題或類別。結果YouTube的推薦系統——左右點擊量的關鍵，幾乎沒給它們流量。

來自墨西哥的簡陋Vlog頻道Werevertumorro也拿到補助，卻得到比好萊塢明星更高的流量。金奇爾到聖布魯諾時，氣惱地問YouTube管理階層：為什麼WIGS的影片不常出現在搜尋結果

裡?為什麼YouTube首頁看上去像是專門為15歲男孩設計的網站?

面對他的追問,主管們只能聳聳肩。YouTube的搜尋結果與首頁影片,都是演算法依據使用者點擊行為決定的啊!

Chapter 11

現在請看
See It Now

1951年11月18日，愛德華・默羅（Edward R. Murrow）透過電視將韓戰的戰況帶進美國人的客廳，電視從此正式進入成熟階段。當時美國觀眾已熟悉默羅。他早在10年前就曾從倫敦多處建築的屋頂上，透過廣播向世人報導希特勒（Adolf Hitler）的恐怖政權，以及諾曼第登陸行動等事件。1951年，他在CBS的晚間節目《現在請看》（See It Now）開始在電視上播映，首度以影像呈現美國最新一場戰事的種種醜惡，並將重點放在那些年紀尚輕的士兵身上。

「他們也許需要一些血，」默羅直視鏡頭說道，「你能為他們捐500毫升的血嗎？」在此之前，電視螢幕上粉墨登場的多半是米爾頓・伯利（Milton Berle）、傑克・本尼（Jack Benny）等喜劇丑角，而自從《現在請看》首播後，有位新聞業同行告訴默羅，他已經不記得上次看到如此扣人心弦的節目是何年何月了，節目的每一秒都打從「顯像管深處緊緊抓住觀眾視線」。

至於YouTube的「默羅時刻」，則是在2009年6月19日降

臨，也就是它將伊朗革命播報到觀眾眼前的那一天。

伊朗民眾最先上傳到網路的，是他們用手機拍下畫質粗糙的街頭抗議及政府殘酷鎮壓的景象。這些原本只是零星片段，後來竟匯聚成驚人的洪流。伊朗的綠色革命（Green Movement）成了全球最大新聞，然而陷入裁員風波又遭伊朗政府拒之門外的有線電視網，卻難以全面報導。YouTube公關主管雷耶斯接到某位困惑的CNN製作人打電話來問：「你們那邊的影片怎麼會比我們多？你們是怎麼做到的？」

雷耶斯向這位製作人解釋YouTube的運作模式，並邀請電視網派人走訪公司。於是在6月19日，主播沃夫·布里澤（Wolf Blitzer）的晚間節目上，播出從YouTube總部發回的報導。攝影師在聖布魯諾辦公室一台桌上型電腦的螢幕前就定位，放大拍攝螢幕上的畫面，藉此鏡頭將伊朗革命的影像傳給數百萬觀眾。雷耶斯指著Google地圖上德黑蘭的位置，地圖上也顯示了人們上傳的一支支數位影片，不少內容都相當血腥駭人。從Google調任到YouTube的新任政策總監維多利亞·格蘭德（Victoria Grand）對記者表示，這些影片依常規本該被下架的：「YouTube並不是供人發布駭人內容的網站。」但她也補充道，「如果某段影片擁有『明確的紀錄價值』——也就是全世界都該看見的現場紀實，網站就會破例保留影片。」

「將鏡頭轉交給棚內的主播，沃夫。」那位記者最後總結道。這個時刻對於YouTube而言，無疑是分水嶺般的一刻。

隔天是周六，伊朗安全部隊在德黑蘭槍殺了學生奈妲·阿

嘉－索爾坦（Neda Agha-Soltan）。不斷搖晃的鏡頭拍下她中槍倒地的瞬間：周遭人群驚聲尖叫，靠近她嬌小的身軀，鮮血不斷自她的眼眶湧出。這段影片的內容殘酷又備受矚目，飛快地傳遍全球，也出現在莫拉－布蘭可的螢幕上。她是YouTube最早期的審查員之一，升職後專門負責棘手的審核難題。3年前，YouTube內部曾為是否該保留薩達姆・海珊（Saddam Hussein）的絞刑畫面而爭論不休，結論是保留部分片段，另一部分片段則因過於暴力而下架。但在這種事件上，公司至今仍沒有明確的規範可套用。莫拉－布蘭可明白，自己這次的決定可能會造成全球性的影響。她找來同事和律師商議，最後決定以影片「具新聞價值」為由，破例保留內容。工程師另外在影片開頭增設了「血腥內容警示」標籤，影片就這樣留在YouTube上。這段血腥的死亡影像最終成了一種象徵，象徵了伊朗動盪的政局，以及世人看待此事件的眼光。這最直接、最震撼的畫面，就存在YouTube網站上。

然而面對這份判別影片價值的責任，YouTube仍無法完全調適過來。無論是公司的演算法或管理員，都不是中東議題的專家，難免會出錯。從開羅上傳的殘酷影片，曾有一段顯示警方虐待女子，並把另一具女性屍體裝進垃圾袋拋棄。太暴力了。YouTube判斷影片違反規範，直接刪掉那些影片及上傳者的帳戶。結果，人權團體立刻告知Google的律師，那個帳戶其實是埃及知名維權人士用來揭露警察暴行的。YouTube得知消息後，只好把影片重新上架。

可想而知，伊朗政府最終全面封鎖YouTube。但是駭客們另闢蹊徑，打造出一種電腦網路工具，讓伊朗境內的民眾可以把影片寄到某個電子信箱，系統會自動將影片上傳至YouTube帳戶。不過，任何人都能利用這個方法卻也造成漏洞，結果有人開始往那個電子信箱寄送受著作權保護的影片。YouTube的規則很明確：同一頻道若累積3次「版權警告」，就會被系統自動關閉。於是，成千上萬記錄伊朗動盪時勢的影片就連同那個帳戶消失了。有些YouTube員工懷疑是伊朗政府派人刻意上傳侵權內容，藉以封殺帳戶，但沒有明確證據。無論如何，YouTube內部人員也無力挽回這一切。

新聞短片庫

馬克・李特（Mark Little）待在都柏林的家中，透過YouTube見證綠色革命爆發。李特在愛爾蘭無線電廣播業工作了20年，曾赴伊拉克與阿富汗報導戰爭新聞。由於預算縮減，他無法親往伊朗，但是看到YouTube上那些真實又直接的一手畫面，深深被其潛力吸引：**既然有人能在現場直接拍片上傳，新聞業還需要外國特派員嗎？**

這股社群媒體風潮正在席捲全球。2009年，Twitter從科技圈內人使用的小眾網站，一躍成為大眾焦點；Facebook推出「讚」按鈕後，使用人數幾乎翻了2倍，攀升到3.5億人。李特與少數幾位資深新聞從業者都折服於社群媒體的力量，它像是

取代了新聞通訊社的即時性、主播的權威性,以及目擊者證言的情感衝擊。這點在伊朗抗議風潮過後幾周,歌手麥可‧傑克森(Michael Jackson)辭世之時,再次深深震撼了他。當時李特在愛爾蘭參加婚禮,有些年輕賓客突然告訴大家「流行樂之王」(King of Pop)去世的消息。

他問其中一人:「你怎麼知道?」

對方答道:「Twitter。」

為了致敬傑克森,婚禮賓客隨即播了名曲〈戰慄〉(Thriller)並隨之起舞,在報紙正式證實傑克森死訊前10分鐘就先一步開始哀悼。

在李特看來,這彷彿一道警鐘——網路上任何人都能報導新聞,民眾也都買單。他不禁心想:**如果人人都能說故事,那麼你到底該相信誰?**李特成立Storyful數位新聞室,試圖找到這個問題的解答。它會篩選來自伊朗等地的社群媒體內容,驗證其真偽與重要性。李特招募一小群職員來向各大新聞媒體推銷他們的服務,並將自己定位為「數位時代的國際新聞編採部」。不久之後,李特和YouTube的年輕政治主編格羅夫取得聯繫。先前格羅夫的編輯團隊解散後,他更加專注於與外部團體合作,將YouTube塑造成正經媒體的落腳處。

這時,突尼斯有名小販在街頭自焚,引爆「阿拉伯之春」(Arab Spring)。埃及抗議者湧上街頭的同時,埃及使用者的影片上傳量一夕之間大規模激增,YouTube上頓時冒出10萬支影片。格羅夫撥了通電話給曾在CNN工作的資深媒體人大

衛・克林奇（David Clinch），如今他掌管著Storyful在美國的業務，格羅夫希望他們能協助整理源源不絕的阿拉伯之春影片。克林奇掛上電話後，立刻致電遠在愛爾蘭的李特，轉告了YouTube的請求。

「他們會付錢嗎？」李特問。

克林奇愣住了。「我不知道。」

最後，YouTube同意每個月付給Storyful約1萬美元，明確表示他們需要有「編輯腦袋」的人手幫忙篩選發自中東的內容。不過，YouTube自己不做這件事，他們只雇用工程師，不雇用記者。而且經歷過維亞康姆的那場官司之後，YouTube也刻意避免讓外界產生「YouTube會干預內容」的印象。可是Google高層認為，阿拉伯之春是個絕佳機會，可以讓YouTube擺脫「狗狗玩滑板」的刻板印象。

2011年第二屆VidCon上，YouTube負責人卡曼加便在演說中提及此事。會前，部分團隊成員心裡很是忐忑。他們的上司雖然聰明，但有時顯得有些彆扭，而且他想爭取讓「頭部」獲得更高的聲望與收益的同時，又得讓「軀幹」的創作者群體感到自在與自由，處境相當艱難。

卡曼加走上VidCon舞台，先是報出YouTube令人瞠目結舌的數據：當時每分鐘新上傳的影片總時長是48小時，每天總共有30億次的影片播放。他表示，過去一整個世紀，傳統媒體一直嘗試讓「一般人」參與新聞與節目製作，「但直到今天，YouTube平台才真正讓一般人本身成為媒體。你們不只是看新

聞，而是在製造新聞。」接著，他邀請了YouTube上的喜劇紅人「柳丁擱來亂」上台。

與此同時，大量新聞片段仍不斷從阿拉伯世界的匿名帳戶湧入YouTube，帳戶背後的使用者身分也難以查證。Storyful的工作，就是驗證這些影片是否真實，讓YouTube能放心將影片推到全球觀眾眼前。

> ▶ 「كتيبة المقداد بن عمرو تدمر دبابة في داريا باستخدام قاذف في يب」
> 2013年3月5日。2:43。
>
> 畫面中，士兵坐在綠色椅子上，臉上只露出雙眼，其餘部位都被阿拉伯頭巾遮住了。很快地，鏡頭跟著士兵起身，跟隨三個背著火箭推進榴彈發射器的男人走在碎石瓦礫上。炮火聲。鏡頭跟著他們跑了起來，躲進破敗不堪的建築。攝影者衝到殘破的小窗戶邊。爆炸聲。鏡頭瞬間搖晃模糊，攝影機摔到地上；攝影機再次被拿起，鏡頭重新聚焦，只見坦克正冒著濃煙與烈焰。「真主至大！真主至大！」（Allāhu akbar! Allāhu akbar!）

影片標題是阿拉伯文，聲稱片中畫面顯示敘利亞反抗軍在大馬士革郊外的德拉雅擊毀一輛政府坦克。李特的團隊在都柏林那間小辦公室裡看了這段影片，並開始進行他們的「鑑證」作業。首先，他們找尋能證實地點的特徵，如水塔或背景裡造型稜角分明的建築；然後上Google地圖、圖片分享網站，尋找德拉雅的水塔。接著，他們用Facebook貼文與衛星影像，比對

爆炸發生的時間地點。他們又找到另一段從不同角度拍攝的GoPro影片，那段影片拍下了同輛坦克爆炸的瞬間。多方交叉驗證後，確定影片所言屬實。

一段時間過後，透過YouTube上傳影片的抗議者注意到Storyful的驗證機制，開始在拍片時先用當天報紙對著鏡頭（表明日期），然後鏡頭往上轉，帶到熟悉的清真寺尖塔（證實地點）。李特看在眼裡，不禁感到驚嘆：Storyful儼然是新時代的新聞短片庫了。

「這就是『此時此刻』的檔案庫。」他表示，「這就是『驚人』的網際網路。」默羅與布里澤早已不再是書寫歷史初稿的人。現在，史書撰寫者換成德拉雅那些匿名的YouTube帳戶。

在這段探險過程中，YouTube看似扮演了合作夥伴的角色，但是事後回顧，會發現此時已經浮現許多雙方不合的跡象。Storyful一開始向YouTube員工說明他們的作業流程時，說到會由專業人士精選影片，此時克林奇聽到Google工程師不以為然地嗤笑道：**我們有演算法可以做這個，哪裡還用得上什麼專業人士。**

言論自由的模糊界線

除此之外，Google也以始料未及的方式被捲進阿拉伯之春。埃及抗議行動爆發後不久，在Google杜拜辦公室工作的開

羅人威爾‧戈寧（Wael Ghonim）忽然失去音訊。原來，戈寧在未告知Google的情況下，以化名在Facebook上經營頗具影響力的粉絲專頁，號召埃及民眾走上街頭。隨著抗議規模日益壯大，這名電腦宅男決定搭機飛往開羅，落地後就與外界斷了聯繫。

「我們不知道他在哪裡，」慕尼黑的一場會議上，華克神色凝重地告訴同事。Google在埃及的Google首頁上貼出戈寧失蹤的訊息，還雇用私人保全協助尋人。雖然戈寧在Facebook上是匿名發文，但他支持抗議的立場稱不上祕密。Google內部擔心，如果為這名社運員工出面辯護，是否會被外界解讀為美國企業在支持抗議分子顛覆政府。駐中東地區的Googler本就為自己的處境憂慮，現在又為戈寧這件事憂心不已。大約在同一時期，公司指派身在以色列的主管負責整個中東地區的政策事務，卻又交代當地員工別對外公開此事。在該區工作的部分員工擔心，如果揭露這項人事任命，只會讓阿拉伯世界更加認定Google人員是間諜。

失聯11天後，戈寧自開羅某間監獄獲釋。他接受埃及電視台的訪問，一面啜泣一面脫口說出：「我不是英雄，我只是在用鍵盤而已。」儘管如此，在倫敦的Google迎接會上，Google執行長施密特還是稱他為「英雄」。根據公司一貫的理念，人的一切創舉都能透過電腦鍵盤實現，也能成就英雄壯舉。

除了地緣政治之外，戈寧的經歷也讓Google意識到另一個問題：戈寧僅僅透過Facebook就能鼓舞並號召如此龐大的人

群,甚至令威權政府深感威脅。原本就被Google視為網路世界強力競爭對手的Facebook,如今更成了新型態的全球公共廣場,萌生各種革命性行動。Storyful在追蹤阿拉伯之春情勢時,不得不將許多重要的驗證作業從YouTube轉到Facebook平台上進行,就是因為許多關鍵貼文最先都是出現在該社群平台上。

同一時間,阿拉伯之春最初的熱情與理想主義漸漸消退,YouTube也在2012年切身感受到這股氛圍。那年7月,有帳戶上傳了14分鐘的電影預告片,名為《穆斯林的無知》(*The Innocence of Muslims*)。這個帳號實際上是「山姆・巴希爾」(Sam Bacile)的化名,他是加州的埃及科普特基督徒,有過多次詐欺與毒品前科。這支預告片的品質很差,演技僅止於低成本社區劇場的等級,劇情也類似俗濫的聖經電影,把穆罕默德先知描繪成戀童癖與暴力狂。一開始沒多少人注意到這部影片,YouTube更是對它一無所知。直到9月,有位恐伊斯蘭部落客用阿拉伯文寫了關於該預告片的文章,這部影片這才被廣為傳播。

隨後便是一觸即發的危局。數以萬計的民眾因這部由美國拍攝、疑似抹黑先知的影片上街抗議,埃及的電視新聞也反覆播放YouTube上的片段,更開始有人號召民眾到美國大使館示威。巴基斯坦也有群眾縱火燒電影院,造成6人死亡。當時身在伊斯蘭瑪巴德的一些Google員工,一覺醒來就看到載著美國外交人員的裝甲車停在飯店門口。有人記得車上的人是這麼對他們打招呼的:「多虧你們那支白痴影片,我們的大使館被攻

擊了。」

同樣在9月,法國《查理周刊》(*Charlie Hebdo*)刊登了嘲諷穆罕默德的漫畫,還有美國外交官員在利比亞班加西遭恐怖襲擊身亡。阿拉伯之春徹底脫離了當初的軌道,演變成圍繞著言論自由、西方帝國主義與宗教教條的暴力衝突,而YouTube也深陷其中。

公司先前積極進軍全球,鼓勵各地民眾以各種語言在平台上「廣播自己」,在各國的人手卻不足以監看上傳的影片或處理相關的政治紛爭。關於YouTube上那部電影預告片的不實報導接連出現,更有人認為那是班加西慘劇的起因,不斷加深混亂。據YouTube公關人員回憶:「全世界都陷入了混亂。」

當時的歐巴馬政府國務院打電話給Google華府辦公室負責人布爾斯汀,要求YouTube撤下那支電影預告片。YouTube高層、Google律師團隊,以及政府官員進行多次氣氛緊張的遠端會議,討論下一步該怎麼做。有人主張先將影片下架,等風頭過後再上架,畢竟這場暴動已造成多人喪命。然而,公司律師團隊堅持主張「言論自由」,卡曼加也贊同他們的看法。Google向來以「不向任何政府低頭」的原則為傲,哪怕是自家政府也不能左右公司政策。被稱作「決定者」的Google律師黃安娜也從技術層面分析:這支影片雖然極度荒唐,而且所有參與討論的人都覺得它內容惡劣,但它不算違反公司禁止「仇恨言論」的規範,因為影片裡並沒有直接號召人們傷害他人。**YouTube為什麼非得禁止批評宗教的內容不可?**

最後，支持言論自由的一方勝出。YouTube只是在埃及和利比亞封鎖該預告片，但在包括巴基斯坦的其他地區仍保留影片。不過巴基斯坦並沒有當地版本的YouTube網站，該政府乾脆封鎖了整個YouTube。YouTube隨後發表聲明，強調那支預告片「明顯在我們的準則範圍內」。

然而，YouTube的「準則」從來不是銅牆鐵壁。公司雖然對外宣稱這些準則至高無上，私底下卻經常在具體決策上搖擺不定。比如隔年，歌手羅賓·西克（Robin Thicke）發布了〈模糊界線〉（Blurred Lines）音樂影片，影片中上身赤裸的模特兒隨歌起舞。YouTube刪除了影片，因為女性乳頭違反社群規則。但有員工認為這支流行歌曲的影片可能符合公司訂立的「藝術性」豁免條款。某次會議期間，YouTube高階律師蘭斯·卡瓦諾（Lance Kavanaugh）只能透過電話與會，只好由同事笨拙地描述整支影片的內容，讓他判斷這些半裸走秀的模特兒究竟算是藝術還是性愉悅。據與會人士回憶，某位高層主管引用「我太太不會看這種東西」來支持刪除影片的主張。不過，YouTube最後還是恢復該影片。事後，YouTube政策總監格蘭德不時在簡報中使用「模糊界線」這個詞，形容YouTube那種走鋼索般的審核程序。

公司在判定「藝術性」時，常以流行明星的尺度為準；面對政治或文化敏感的影片，則採取較自由放任的態度。格蘭德經常提到YouTube在《穆斯林的無知》事件上的決策，將它視為YouTube核心價值的典範，而且多年來始終堅持不變。她在

2014年的演說裡說明了這些價值,並將網際網路形容為「思想的市集」。

當然,當我們捍衛資訊的暢通,難免會與部分人士發生正面衝突,這些人也許是政府,也許是試圖審查危險言論、覺得某些內容令人反感、某些觀點或講者具有威脅性的人物。

後來,《查理周刊》辦公室遭到恐怖攻擊時,Google還特地買下多本雜誌陳列在公司辦公室裡,象徵對言論自由的聲援。

🔔

《穆斯林的無知》事件顯示出YouTube煽動風潮的驚人力量。隨著中東地區的動盪持續,李特在檢驗影片真偽的過程中,也注意到另一種令人憂心的力量──越來越多造假影片。

Storyful起初揭穿的都是些無傷大雅的惡作劇,比方說颶風艾琳肆虐期間,有段熱門影片是鯊魚悠遊在淹水的高速公路上。後來,虛假內容也滲入阿拉伯之春的影片中:有段影片看似是7月某條河川的景象,但事實上當時那條河川處於乾涸狀態;另一段影片顯示敘利亞叛軍活埋了政府軍人,但那個坑洞卻淺得可疑。Storyful職員越看越覺得不對勁,詢問其他偵查專員後發現,該影片在聲音上被人動了手腳。但是更令人憂心的

是,那似乎是敘利亞政府以發起資訊戰為目的而刻意修改的影片。

然而,此時的李特正面臨更迫切的難題:YouTube不確定該拿這些阿拉伯之春影片管理員怎麼辦。YouTube希望Storyful能用有意義的方式賺到錢,但哪有人願意在敘利亞叛軍影片前頭插播廣告呢?

「這樣會讓人卻步。如果YouTube變成死亡頻道,小孩子就不會來看了。」YouTube這樣告訴李特。

Youtube的目標幾度轉向,嘴上口口聲聲說想聚焦世界新聞事件,似乎又覺得力挺新聞節目的成本過高。李特最初在YouTube的靠山格羅夫,已轉而投入Google的下一項大計畫「Google+」社群平台。後續接手的YouTube主管們試圖推動收購Storyful的計畫,卻沒有成功。最後,有位YouTube主管建議李特稍微調整營運模式,**你要不要乾脆打造成多頻道聯播網?**

站在局外人的角度來看,李特覺得YouTube內部過於混亂。但是他不知道的是,YouTube內部的人也萌生了相同的感受。

Chapter 12

船能再快一點嗎？
Will It Make the Boat Go Faster?

佩吉身穿黑色T恤與牛仔褲，握著麥克風壓低聲音說話。此時的他年近40，滿頭的髮絲已經白勝於黑，沙啞的嗓音令人聯想到電視節目《芝麻街》（*Sesame Street*）的科米蛙（Kermit the Frog），但這是聲帶不健康的徵兆。不過，這位Google共同創辦人依舊面帶笑容，看上去甚至有些興奮。由於公司成長太快，周五例行的TGIF會議只得搬到園區裡更寬敞的露天劇場舉行。佩吉站在平時少有人使用的架高舞台上，面對台下一排排密密麻麻的員工，所有人都全神貫注地聽他演講。

施密特在2011年初讓位，改任公司董事長（他還發了一則推文：「它再也不需要成年人每日監護了！」），Google執行長之位又回到佩吉手裡。再度出任執行長的他，要擔心的倒不是財務危機，而是創新力凋萎（Google在2010年創下290億美元的營收紀錄）。簡單來說，Google就快要變成微軟了。

微軟曾是科技界的霸主，卻因規模過於龐大又官僚化，錯失了網際網路與手機這兩大消費趨勢，成為令同業不勝唏噓的

前車之鑑。面對持續崛起的Facebook與iPhone，佩吉生怕Google也會走上微軟的老路，於是他開始閱讀企業執行長成功創新的故事，也拜訪身患重病的蘋果創辦人賈伯斯。對方告訴他，Google的策略「遍地開花，毫無章法」。佩吉轉而告訴自己的下屬：Google必須「減少目標，加強力度」。他砍了好幾十個專案，把資源集中在重點領域上，其中包括他最珍視的手機專案——安卓（Android）。

過去由委員會主導的Google，今後將變得更像蘋果，由佩吉一人做最終裁決。佩吉的語錄「賴利格言」（Larry-isms）成了公司準則，他主張每個人都該「在興奮中帶點不安」，該「對不可能的事抱持理智又大膽的輕蔑」。他最常掛在嘴邊的賴利格言則是「10倍」：**既然你在做這件事，那何不把它放大10倍？**有次Google新推出的Chrome瀏覽器沒達到預期的使用率，佩吉竟要求把目標設得更高；當機器人專家開發出功能較原始、只能在校園等可控範圍內行駛的自駕車時，佩吉直接下令讓汽車開上所有的道路。**10倍！**

佩吉下達「10倍」指令之後，YouTube內部隨即對商業目標與營運模式進行大規模調整。短短數月間，YouTube便為規模與經濟活動層面的大幅擴張奠定了基礎。事後回顧公司這段時期的活動，人們才發現YouTube的表現超乎所有人的想像。這些變化將YouTube轉變成可觀的商業成功案例，卻同時造就一些不良誘因，讓YouTube不久後深陷爭議漩渦。

這一切的起源，是佩吉的那句格言：對不可能的事抱持理

智又大膽的輕蔑。佩吉在重新上任執行長後，每每對職員說話，總會提醒大家：Google的野心是要開拓那些少有人認為可行的市場。「Google X」實驗室的機器人自駕車計畫正是如此。該實驗室被他們稱為「登月工廠」，除了研發自駕車，還研究延長人類壽命，換言之就是「終結死亡」的研究。而在紐約，Google成立由設計師與廣告人組成的「創意實驗室」，目標是為科技注入蘋果公司那種藝術感，並與蘋果一樣贏得無數讚譽。

　　Google吟遊詩人──編寫TGIF短劇的斯泰普頓正準備到紐約那間實驗室赴任。她調職前的最後一次TGIF活動上，佩吉對台下員工發表演說的同時，身穿白襯衫的斯泰普頓靜靜站在舞台內牆邊，原以為沒人會注意到她。孰料，台上的佩吉突然脫稿演出，用他那科米蛙嗓音問道：「能不能請大家一起為斯泰普頓，還有她那些優秀的郵件鼓掌？」斯泰普頓當場滿臉羞紅，尷尬得抬手摀臉。

　　「她好像有點害羞。」掌聲漸歇時，佩吉說道，「她比較喜歡透過電腦來表達。」

　　多年後，轉調到YouTube的斯泰普頓回想起這段過往仍覺得溫暖，這是她在Google那些年事情失控前最後的美好片刻之一。

不良指標改善計畫

佩吉復權後，YouTube展開徹底的改造行動。這場行動的開端乍看之下再平常不過：辦公室裡多了座溜滑梯。

那是2011年夏季的某個周一，鮮紅色、巨大且荒誕的溜滑梯出現在辦公室裡。這個工業級遊樂設施可同時容納三個人從3樓一路滑下。隨著職員人數增長，YouTube買下舊聖布魯諾辦公室對面那塊更大的房產。該建築原先是GAP總部，共3層樓高，一進門便能看見寬敞的中庭與上方樓層，圍繞中庭的高窗使整幢建築看起來像商場。之所以安裝溜滑梯，是因為卡曼加想為YouTube工作環境增添幾分「Google風」。Google其他辦公室設有按摩室與專屬廚師，這些福利營造了舒適又令人嚮往的氛圍。YouTube也在新的空間裡架設攀岩牆、擺滿巨大電視螢幕（播放YouTube影片），並將會議室改名成各種爆紅影片的名稱。就在那個溜滑梯首次亮相的周一，從程式設計師到穿白廚師服的新聘餐廳工作人員，YouTube所有人都擠到欄杆邊，看著卡曼加和兩位同事為這項新福利揭幕。三人手牽著手，一起以快得驚人的速度滑下樓，卡曼加還在滑到盡頭時踩了個踉蹌。

不過，擔任卡曼加副手的梅羅特拉卻很看不慣這座溜滑梯，原因倒不是嫌它太「Google風」，而是它壞了他的管理計畫。梅羅特拉熱衷數據分析，想在YouTube辦公室擺放有輪子的辦公桌。YouTube遵循「Google人員時常移動能激發創意」

的信條,每隔幾個月就會重新安排座位,但這實行起來簡直是噩夢。梅羅特拉認為,如果每張桌子都能滾動,就能減少調整座位時的混亂了。可惜,YouTube總務部門駁回這個想法,擔心有人一不注意就把裝上輪子的辦公桌推下溜滑梯。

辦公桌都困在原地,YouTube也同樣停滯不前。

2011年末,梅羅特拉等YouTube高層眼見YouTube成長曲線漸趨平緩,不禁萌生了深深的焦慮。Google最聰明的一群人都想轉去「登月工廠」或其他酷炫的新專案;相較之下,YouTube顯得缺乏焦點,彷彿是Google的次要代表隊。各種相互競爭的專案與目標在YouTube並存——頭部與軀幹計畫、不再保密的黑色行動專案,以及代號「極樂」(Nirvana)依舊神祕的新音樂服務。老員工們感嘆 YouTube失去了原本的性格與魅力。

「我們變得有點像影音界的沃爾瑪超市了。」2010年離職的開發者克利斯・札卡里斯(Chris Zacharias)回憶道。阿拉伯之春重新點燃了Google高階主管們的熱情,但對大多數YouTube基層員工來說,所謂「死亡頻道」實在令人疲憊。況且,他們平時忙的也絕非攸關地緣政治的風雲大事,而是一些芝麻綠豆般的小事……例如乳溝。

YouTube在成長的同時,有越來越多上傳者試圖鑽系統漏洞。用假留言灌水的人,絕不只有丹尼・鑽石。還有人發現,在影片標題末尾加上「……」能吸引觀眾點擊,但這是YouTube首頁顯示影片縮圖的方式所致(舉例來說,某支影片

的標題可是「來看最新最酷的小賈斯汀⋯⋯」看到標題後點進去卻發現影片根本和小賈斯汀無關。）

　　2010年，蘋果iPad問世，人們在使用這款優雅的平板時，能隨心所欲地轉向操作。數位盜版者迅速領悟到用iPad把電影影片「上下顛倒」上傳的伎倆，從而躲過YouTube的著作權過濾系統。面對新一波的盜版影片，YouTube工程師只得緊急修補漏洞。就這樣，對付狡猾創作者的「打地鼠」遊戲，沒完沒了地進行著。有位主管甚至將那些把規則玩弄於股掌的使用者比作「圍著柵欄，伺機而動的迅猛龍」。

　　這些創作者當中，有個特別棘手的群體。當時，只有加入合作夥伴計畫的創作者才能自訂縮圖，其他使用者必須任由YouTube自動選定縮圖畫面。儘管如此，還是有YouTuber研究出系統自動選圖的規律，更有一群女性看準這個規律並加以利用：她們以回覆影片的方式把作品貼在熱門影片之下，並在影片中穿著低胸上衣直視鏡頭，確保影片縮圖捕捉到誘人的角度，接著就藉熱門影片的點擊率「搭便車」刷流量。那年夏季，這些「回覆女孩」成群竄出，占據了整個網站。15歲男孩哪裡抵擋得了點進去的衝動？YouTube演算法能不推薦這些影片嗎？大多數觀眾才剛點開影片就馬上離開這個頁面，然而只要影片開始播放，就算是被觀賞一次，因此回覆女孩的影片累積了很高的觀看次數（某方面來說，這些女性的「成長駭客」手法，和矽谷那些受人推崇的工程師大同小異，但她們在YouTube用盡一切方法往上衝，換來的卻不是掌聲，而是死亡

威脅）。最後，YouTube專門增加了一些程式設定，用以遏止「回覆女孩」。儘管這股亂象得以平息，它終究是強化了YouTube內部某種信念：單靠點擊數來衡量影片表現，恐怕不是一條行得通的路線。觀看次數不適合拿來當指標。

Google最痛恨不良指標了。每年，Google各部門都得擬定年度營運目標；2012年來臨之際，YouTube董事們帶著筆電與礦泉水齊聚在會議室，在這個離溜滑梯遠遠的房間裡，撰寫下一年的目標。

當時YouTube高層是一小群男性成員，由卡曼加擔任主帥，最沉穩的他也是少數能和佩吉直接對話的人。卡曼加的副手們性格較為活潑、直率，也常互相爭論。對部分同事而言，YouTube的內部文化帶有幾分大男人氣概：工作拚盡全力，玩樂也全力以赴。

梅羅特拉以對撲克狂熱的愛好聞名，深夜打線上撲克、狂喝威士忌到凌晨3、4點，早上照常活蹦亂跳地到公司四處巡視；正步步高升的金奇爾，能從容應對好萊塢那群無賴；吉伯特文明的形象是拍桌（某次會議上，眾人為了是否直播奧運爭吵不休，梅羅特拉竟起身繞過會議桌，逕直走到吉伯特面前，像棒球裁判那般粗聲粗氣地說了句：「我也會吼啊！」）YouTube在東京的聚會，甚至鬧到多名員工酒後弄丟錢包和鑰匙而差點大打出手。有人在酒吧被搶了，卻毫不在意地繼續喝下去。

這段時期極少有人談到孩子或家庭。某位男性主管那段時

間正經歷離婚,卻沒有告訴同事,因為他從公司例行的「校準會議」(其實就是工作評價會議)中感受到,這些私事可能會被視為個人弱點。「我們就是世界的主宰。」那名經理回憶道。

金奇爾通常在周間自好萊塢飛到聖布魯諾辦公室,和其他幾位主管碰面辯論。這些人肩負的任務,就是替YouTube擬訂Google「福音」:目標與關鍵成果,也就是神聖的OKR(Objectives and Key Results,目標與關鍵成果)。佩吉在Google成立初期就採用這套管理框架,這套做法也滲透到所有層面。簡而言之,OKR用來界定何謂成功,以及達成目標的方法。目標(Objective)必須鼓舞人心,關鍵成果(Key Result)則需要明確的時程與數字。每個Google員工都有個人OKR,這些都列在內部目錄供人查閱,每個人的升遷、名望與獎金(有時是高達7位數的獎金)都和OKR的達成程度綁定。佩吉不是執行長時,就利用OKR掌握部分權力;待他再度掌權後,又更加大力推行激進的目標。其中恆久不變的目標,就是加快網站搜尋的速度。他常對員工說:「Google應該讓網路像翻雜誌一樣快。」佩吉甚少造訪YouTube總部。YouTube員工記得在佩吉擔任Google執行長期間,只去過聖布魯諾兩趟。少數幾回到訪時,佩吉重複的要求始終如一:提升影片載入速度。有些員工表示,他在會議中不停中斷話題,抱怨YouTube的緩衝速度太慢,甚至毫不留情地批評這是「全Google最大的問題」。

於是,在聖布魯諾集合的YouTube「世界主宰們」開始草

擬OKR，希望能在討好佩吉的同時，解決「回覆女孩」的釣魚式標題亂象，並且擺脫停滯局面。他們盤算著如何達到矽谷最重視的「超速增長」。

YouTube幾位領袖各自尋找靈感，圍繞著三種敘事方式來激勵人心。其中一種是歐洲某位主管分享的勵志新書：書裡講述英國奧運划船隊憑著一句簡單的訓練口號「船能再快一點嗎？」在2000年奪金的故事。團隊的每個決定：划手的座位、採用什麼訓練菜單、早餐吃什麼，都離不開這個口號。後來，其中有名隊員把這套理念寫成商業暢銷書。「船能再快一點嗎？」這位奧運選手寫道，「能的話，就去做吧！」全書充滿設定瘋狂目標、培養冷靜理性心態的建議，並利用高績效談話、反彈力等企業術語，有種令企業高層愛不釋手的魔力。

他們喜歡的第二種敘事方式和汽水有關。數年前，可口可樂公司為了擺脫與百事之間的僵局，決定不再只盯著汽水的市占率，而要鎖定「胃占率」。這家軟性飲料企業因而收購了礦泉水和果汁品牌，重新打造自身定位。

「那，我們的『胃』又是什麼？」YouTube幾位主管在會議中問道。

第三個靈感則出自金奇爾之口。身為前高山滑雪選手，金奇爾最厭惡猶豫不決的情況，因此認為公司總部的搖擺政策拖累了他的團隊。「你不能老是這樣對我們，不能一直不把事情的重點告訴我們。」他對同事抱怨道。他常舉前東家Netflix的例子：有次執行長訂下2,000萬數位訂閱者的瘋狂目標，乍聽

之下像天方夜譚，結果他們真在那年1月達成目標。

可口可樂的比喻簡單直接：YouTube已經把DailyMotion和blip.tv等次要對手遠遠拋開，現在它的「胃」顯然是價值4,500億美元的電視市場。YouTube也能學Netflix那樣，制定瘋狂的目標；幾位高層還引用科技界常見的那句大男人口號：「宏偉、艱難和大膽的目標。」

然而，第一個「船能再快一點嗎？」的概念就沒這麼容易實行了。梅羅特拉打開YouTube的內部數據面板RASTA，上頭羅列公司追蹤的各種統計數據：觀看次數、訂閱數、獨立用戶、新用戶、每日活躍用戶、點擊率、停留時間、造訪時間、按讚數、按倒讚數、留言⋯⋯指標清單可說是無窮無盡。若真想聚焦，讓這艘「船」再快一些，他們似乎得從這一長串指標中，選出至高無上的單一目標。

觀看時數獎勵

就在YouTube高層開會時，克里斯托斯・古德羅（Cristos Goodrow）把信寄給所有主管。為了博取注意力，他下了個醒目的主旨：「觀看時數，重點有觀看時數。」

古德羅在矽谷多家公司及Google搜尋團隊累積了20年軟體工程經驗，後來進入YouTube，負責搜尋與發現系統，也就是能把鮮為人知的影片如寶藏般挖出來、呈現給觀眾的演算法。這位數學科系出身、髮型與體格都帶點海軍陸戰隊風範的工程

師，立刻察覺到YouTube內部的僵局，以及目標不明確的困境。他在評估現況後提出建議：改寫YouTube的機器演算法，單純以人們花在影片上的時間為最高指標。「在其他條件不變的情況下，我們的目標就是提高觀看時數。」他在信上中寫道。

古德羅喜歡和工程師同儕辯論這一點，分析Google和YouTube這兩大搜尋引擎的差異。有次他請同事在YouTube搜尋「怎麼打領結」，並想像他們搜尋到兩部教學影片：第一支影片只有一分鐘，簡單帶過打領結的方法；另一支影片長達10分鐘，除了教學以外還加入幾句笑話，甚至是歌曲。

「你們比較喜歡哪一個？」古德羅問道。

「當然是一分鐘的了。」有名Google同事答道。

Google真傻啊！ 在古德羅看來，10分鐘的影片反而更好。這與Google一貫的邏輯相悖：使用者在Google搜尋方塊輸入關鍵字時，Google衡量成功與否的指標，就是搜尋結果將使用者導向另一個網站的速度（而且最好是花錢在Google搜尋頁面投放廣告的網站）。但古德羅主張，人們在YouTube上停留越久，理論上越開心。「這是個良性循環，」他後來在探討OKR的管理書中寫道，「我們的工作就是留住觀眾，讓他們一直待在我們的平台上。」古德羅把這封信件改寫成Google內部留言板上的一篇長文。在Google看來，這種積極進取的行為再好不過了（某位前同事曾打趣地稱古德羅為「優等生」）。

對YouTube高層而言，古德羅的宣言似乎很合理。他們也

曾有過類似領結影片的辯論，認為比起點擊次數，平台更應該獎勵觀看總時間較長的影片。他們也考慮過其他指標，例如能一年賺入6位數以上金額的創作者比例、廣告銷售量，但他們最後還是達成了共識。Google當下最大的對手非Facebook莫屬，而對手之所以壯大，不只因為網站上有大量的帳戶，更因為使用者願意持續停留。電視節目也遵循相同的道理，讓觀眾移不開目光。考慮到以上幾點，YouTube決定推薦累積最長觀看時數的影片，藉此留住更多觀眾。

船能再快一點嗎？能的話，就去做吧！

現在，他們只差沒有「宏偉、艱難和大膽的目標」了。大家時常提到「黏著度」這個目標——既能讓觀眾一直看下去，也能成為長遠的企業策略。經過一番計算後他們得出結論：網路龍頭Facebook（用汽水那個比喻的話，YouTube就是可口可樂，Facebook則是百事）每個月捕捉約2億小時的用戶使用時間，非常「黏」。不同統計者對「大胃」電視的計算不盡相同，但總之電視平均每天占據美國人4到5小時。此時的YouTube，每天大約有1億小時的影片總觀看時數。好，1億。那就再來個10倍。

梅羅特拉離開會議室後，立刻問手下的資料科學家：「如果達到『10億』，那代表什麼？如果用合理的方式推算，我們什麼時候能達到10億？」

隔年在洛杉磯舉辦的YouTube年度領袖高峰會上,梅羅特拉正式宣布公司的新OKR:接下來4年內,YouTube要將每日觀看時數增加到10億小時。

「我知道你們在想什麼。」梅羅特拉說道。「不可能。」學術界出身的梅羅特拉,說起話來像個慷慨激昂的TED講者,耐心地帶眾人進行運算。他解釋,10億小時就等於Facebook流量的5倍,而Facebook可是當下網路上最大的流量平台。說完,他拋出最後的結論:「即使如此,這還是只占電視的2成而已。這,就是我們的胃占率。」

接下來幾個月,YouTube各個團隊陸續得知這個大膽的目標。只要完成目標,理論上就能把YouTube帶到和佩吉其他10倍登月計畫相同的層級。從今以後,廣告業務團隊的業務衡量標準會是「每小時觀看所帶來的營收」,並和有線電視做比較。根據電腦網路工程單位的估計,一旦YouTube的每日觀看時數衝上10億小時,YouTube的頻寬使用量幾乎會等同整個網路世界流量的2倍。為了將這些數字圖像化,他們畫了張曲線預估圖,稱之為「打爆網路圖表」。古德羅的工程團隊開始重新調整YouTube的搜尋與推薦系統,力推那些創造最佳觀看時數的影片,而非最高點擊次數的影片。換句話說,他們現在**只推薦能讓船划得更快的作品。**

不過,在其他團隊汲汲營營朝「增加觀看時數」這個目標行進時,YouTube內部有個團隊實在無法一起熱血。

陳賓(Bing Chen)剛進YouTube不久,負責和平台上最受

歡迎的創作者合作。2012年初,他收到梅羅特拉寄來的信,邀他到聖布魯諾辦公室的「產品窩」開會。在設定大膽的目標之前,YouTube打算先測試以觀看時數為優先的演算法。陳賓一進產品窩就被告知,他必須在5天內寫出一份說明,告訴創作者YouTube未來會做哪些調整。陳賓心裡震驚不已。他知道,許多YouTuber已學會憑著獎勵點擊次數的系統存活,甚至是賴以維生。如今若是改寫演算法,那些創作者過去所做的一切努力,可能瞬間化為烏有。

陳賓和同事們絞盡腦汁才擬好文章,準備對創作者揭露這份重大消息。文章終於寫完時,他們決定不署名,因為他們明白——這篇貼文肯定會引起軒然大波。

Chapter 13

遊戲實況
Let's Play

> 「關於相關影片與推薦影片的更新。」
> （Changes to Related and Recommended Videos）
> 2012年3月9日，YouTube團隊部落格貼文。
>
> 你上次瀏覽電視頻道時，有喜歡（或記得）你轉過的20個電視節目嗎？還是說，你只喜歡（也只記得）真正從頭看到尾的那幾個？你會把那20個隨手轉過的節目推薦給朋友嗎，還是只推薦你真正看完的節目？為了讓你在YouTube看到的影片更加有趣、更讓人印象深刻，並且更容易分享，我們打算更新「相關影片」與「推薦影片」，讓那些為觀眾帶來娛樂的作品能有更好的曝光。

崔佛・歐布萊恩（Trevor O'Brien）坐在YouTube以玻璃隔間的會議室裡，忽然看見同事在門外急得又蹦又跳。對方是管理付費創作者的經理，在門外用口型喊他名字！歐布萊恩走出會議室，想了解現在是什麼狀況，就聽對方說道：「你的演算法出錯了。」

歐布萊恩負責YouTube的搜尋產品，他完全符合Google

「產品經理」的典型形象：說話速度快、懂軟體技術，同時也比程式設計師更善於與人溝通。YouTube轉換演算法，改用觀看時數作為優先指標時，部分職員並沒有預期到新演算法會對特定YouTuber造成如此巨大的衝擊，於是乾脆把責任歸咎於電腦錯誤。事實上，系統是照著YouTube的設置在運作——演算法開始推薦那些能吸住人眼球最久的影片，先前屢創點擊奇蹟的爆紅影片反而遭受打壓。拍了〈大衛看牙醫〉影片的父親，原本用兒子可愛的爆紅影片賺取廣告收入，此時卻見到影片流量直接腰斬，緊張得連忙聯絡公司。更麻煩的是，當時還沒有人更新YouTuber專用的網頁分析面板，在上頭添加「觀看時數」這項指標，創作者只看到「觀看次數」狂跌，完全摸不著頭腦。

公司只得費盡唇舌說服YouTuber：那些只點進來看沒多久就關掉的觀眾，根本不算是真正留下來的觀眾。「相信我們，」歐布萊恩建議同事這麼告訴創作者，「我們現在把焦點放在觀眾品質。」

不久後，歐布萊恩自己也必須硬著頭皮面對這些咄咄逼人的「猛獸」了。他飛往洛杉磯，向YouTube流量最高的幾間製作商見面，並解釋網站演算法的調整為什麼會重創他們的生意。歐布萊恩先拜訪了智需媒體（Demand Media），這家公司經營多個大型YouTube帳號，例如批量產出教學短片的「eHow」頻道，專門滿足人們各種搜尋需求，像是〈怎麼幫狗洗澡〉、〈怎麼當服務生〉、〈國中生怎麼把到女朋友〉。

智需媒體一度自稱是YouTube上最大宗的影片供應商，如今卻因新演算法損失龐大流量。為了解決問題，智需媒體的幾位主管提議拍攝更長的教學影片，但歐布萊恩表示這不一定管用，因為系統想獎勵「人們真心想看下去」的影片。他將推薦系統比作餐廳評論家：「我們只是想確保大家找到最優秀的影片。」

和另一家大型YouTube影片工廠Machinima的代表會面時，歐布萊恩也用了同一套說詞。對方主管不斷追問該怎麼做，Machinima是不是該修改影片標題？片頭的蒙太奇是不是該做得更長？

「不是，不是。」歐布萊恩回道。「你不能用人類的腦袋去想事情，要學會像機器一樣思考。」

機器最愛的就是那種能讓觀眾繼續看下去並在YouTube網站停留的影片。歐布萊恩分享了幾個小細節：比方說，留言比按讚更費工，所以演算法把留言比重看得比按讚高。他分享了幾個類似的建議。沒想到，後來那位主管帶著Machinima特製的海報到聖布魯諾來，上頭印著歐布萊恩教的每一句小撇步。看到這些海報，歐布萊恩心想：「天啊，他們對我說出口的每個字都如飢似渴，就只為了多搶占一點優勢。」

演算法的挑戰

這並不是YouTuber第一次有被背叛的感覺。前一年夏天，

YouTube推出暱稱為「宇宙熊貓」（Cosmic Panda）的全新網站介面。官方說法是YouTube.com的外觀亟需翻新（業界部落格TechCrunch前曾批評其「醜得驚人」），同時也是轉移焦點的方法，讓觀眾不再只觀看爆紅影片。YouTube很快就在首頁加了專門推薦頻道的面板，還推出整個YouTube宇宙的導覽功能（代號：便車客〔Hitchhiker〕），以及更多個人化推薦機制，並根據使用者觀看紀錄與習慣，為每位觀眾量身打造專屬動態，類似Facebook的動態消息。

個性親切的巴西人潘納（Joe Penna）不僅是音樂人，同時也是定格動畫創作者，在YouTube上的網名是「神祕吉他男」（MysteryGuitarMan）。他常和黃穀子合作，風格俐落、旋律洗腦的短片讓他成了YouTube上家喻戶曉的名人。YouTube在VidCon介紹新推出的宇宙熊貓時，潘納還拿著吉他演奏助陣，全場掌聲不斷，YouTube也發了熊貓周邊給大家。結果潘納回家後，駭然發現自己的觀眾人數瞬間暴跌，人數銳減了60%，顯然是新版介面使觀眾看不到他這類熱門影片創作者。幾個月後，YouTube開始強調「觀看時數」時，他的流量下滑得更嚴重了。潘納的經紀公司Big Frame另外統計了其他幾位YouTuber的數據，發現這些YouTuber的流量全都在一夕之間大幅度下跌。YouTube當時在部落格貼文裡公布這項新規則，一併提供的建議卻沒什麼幫助：

要怎麼適應這些變動呢？答案和過去一樣──做出

能抓住觀眾的好影片。不管影片是1分鐘還是1小時，都沒有差別。

潘納大部分的影片都只有1分鐘長，卻是他花了好幾個小時、甚至好幾天心血的結晶，觀眾正是衝著這份用心而來。「那時整個血流成河，」Big Frame共同創辦人與潘納的妻子莎拉·潘納回憶道，「對真正有創意的人來說，簡直像是整個環境的氧氣都被抽光了。」

Big Frame旗下另一位YouTuber的情況更慘：2012年初，帕瓦的音樂頻道每月播放量高達900萬次，讓他稱得上YouTube最具代表性的黑人創作者之一。自從開啟頻道以來，他的作品類型越來越多樣，片頭經常以同樣的標語開場：「今天過得怎麼樣啊，世界？又是新的日子，新的挑戰。」在那個還不流行個人品牌的年代，帕瓦就以數年之差領先時代，成功打造個人品牌。YouTube突如其來的演算法調整，卻使他的瀏覽量和收入雙雙受創，連帳戶都出現各種系統錯誤。帕瓦與莎拉·潘納花了1年多時間，多次向YouTube人員反映問題，直到最後，終於有某位公司代表出面承認是系統出了問題。

撇開程式錯誤不談，YouTube仍堅持力挺自己的新演算法。但是演算法上線後，整個網站的觀看次數下滑約25％，對應觀看次數的廣告收益也隨之降低。但從YouTube的角度看來，這是為了提升品質必須付出的代價。新系統確實抑制了那些單純用釣魚式標題誘惑觀眾點擊的「回覆女孩」亂象。從理

性、運算與整體大局來看，這套做法也更能將觀眾想看的影片送到他們眼前。至於為帕瓦等個別創作者干涉系統，在YouTube看來違反了公平性原則。

話雖如此，在外界看來，YouTube彷彿就此拋下少數幾位黑人合作夥伴。帕瓦寫了篇專欄文章〈我能指望YouTube嗎？〉談及此事：

> 有人以為這很簡單：「不就是拍影片、上傳到YouTube嗎？」錯了。我們可是全職工作，甚至比一般全職還要辛苦……網路世界不像電影或電視，沒有所謂的播出淡季……一切正常運作時，你感覺自己站上世界之巔。但因為這東西成了我們的工作，占據了生活大部分的時間，一旦有東西出錯，我們就會陷入人間地獄。

不久後，他就停止更新YouTube頻道了。

面對新時代的挑戰，其他人開始尋找符合新規則的影片形式。訂閱數最高的帳戶Smosh，除了發布短篇喜劇以外，也推出遊戲頻道。經紀人溫斯坦原本在替YouTube爆紅節目《超狂美食時光》（*Epic Meal Time*）籌拍電視節目。這是風格浮誇、用培根做出壯觀料理的烹飪節目，結果電視節目還未播出，該頻道的觀看次數竟一夕間蒸發了90％。就連YouTube高層前一年親自在舞台上介紹、以說話水果為主角的「柳丁擱來亂」，也難逃播放量大幅下滑的命運。

少數YouTuber發現了可行的新方向：拍攝類似AM電台的長篇日常談話節目。這種形式很快就迎來爆炸性成長。

黃穀子是透過關係得知YouTube修改演算法的小道消息。網站大部分內部機制，如哪些東西能影響成效、哪些東西只是擺設，大多是以口耳相傳的方式在YouTuber之間流竄。大家可能會在聚會或派對上聽別人說：「現在的重點是這個。」**真的嗎？你怎麼知道？**實際上，誰也不清楚。但過沒幾個月，眾人都看出YouTube的主要指標：演算法只看重觀看時數。

黃穀子最初拍YouTube影片時，還會精心研究影片爆紅的學問，嘗試在影片中添加各種元素。現在他卻感覺演算法變得單調又直白。「好吧，」他心想，「看樣子就只能生產大量的長篇影片了。」和黃穀子合作的經紀人回憶道，YouTube這一調整，等於把頻繁上傳影片、製作成本低的創作者「推上了電扶梯」。不久之後，黃穀子察覺到大家對YouTube的信任明顯降低。新推出能自動安排上傳時間的功能，方便YouTuber在觀眾最可能上線的時段上架影片。這項功能看似相當便利，但黃穀子認識的YouTuber同行都不敢用這項新功能，生怕演算法又出現錯誤，讓他們得不償失。

除此之外，黃穀子也觀察到另一種變化。在第一屆VidCon上，他帶著讚賞的目光，看著數十位胸懷抱負的YouTuber拿著小型攝影機在飯店會場四處奔走，大家也會互拍；到了2012年，VidCon搬到鄰近迪士尼樂園的安那翰市，他卻發現人們不再互相拍攝，而是把攝影機舉得遠遠的，將鏡頭對著自己。

讓所有人賺錢

在YouTube改以觀看時數為優先指標後，最受惠的影片類型非「遊戲實況」莫屬了。所謂「遊戲實況」，指的是玩家拍下自己玩熱門遊戲或怪誕遊戲的過程，並邀粉絲觀賞。此時像《麥塊》這種新型遊戲迅速竄紅，還衍生無數變化版供電腦玩家使用，讓人們不再需要昂貴的遊戲主機。此外，遊戲本身就設計了劇情，讓死忠粉絲可以一口氣連著觀看多部遊戲實況影片。

此時在遊戲實況的世界裡，出現了一位新興宗師。

> ▶ 「搞笑遊戲合輯！」（FUNNY GAMING MONTAGE!）
> PewDiePie，2012年10月28日。11:00。
>
> 這是支精選大雜燴影片，回顧了許多搞笑的短片段——不過，它的觀看次數卻比電視上的回顧節目還高。謝爾貝里以「PewDiePie」的身分出現在螢幕角落，金色頭髮往後撥，頭戴巨型耳機，下巴帶著鬍渣。他解說著螢幕上播放的遊戲，口中不時飆出「幹」和誇張的驚喜尖叫，模仿《南方公園》裡的阿ㄆㄧㄚˇ（Cartman）。影片剪輯了20多場遊戲實況，混搭成精華合輯。「我他媽的現在超怕的！」他在敘述驚悚砍殺遊戲時說道。恐怖遊戲正是他的招牌。尖叫。播到第9分鐘，謝爾貝里打開粉絲寄來的信，裡頭裝了個保險套。「Pewds，你要繼續優秀喔。」他唸出信中文字，然後露出搞怪的笑容。

在YouTube的轉型時期，謝爾貝里堪稱如魚得水。他住在海外，正好符合YouTube讓更多國際創作者加入的策略；他也直覺掌握了YouTube的魅力所在，開始在新推出的每周影集〈跟PewDiePie過周五〉（Fridays with PewDiePie）裡，直接面對鏡頭跟觀眾對話，增加本人的出鏡率。「我的粉絲其實不在意什麼專業、高成本的製作，」他在一次採訪中說道，「反而是坐在電腦螢幕前的寂寞感，把我們凝聚在一起。」

更關鍵的是，PewDiePie的遊戲實況影片在搜尋方面特別吃香。他會在精華合輯下方，列出玩過的所有遊戲名稱與連結。YouTube系統一看到這些文字，就能在使用者搜尋相同遊戲或觀看類似影片時，推薦PewDiePie的作品。

在YouTube這個新崛起的商業據點中，所有人都開始注意到遊戲實況的吸引力。遊戲實況主能吸引大批年輕男性觀眾，對某些廣告商來說再合適不過了。查平的Maker工作室裡，營業團隊發現：相較於一般遊戲實況主，藍眼、帥氣的謝爾貝里竟吸引了更多女性觀眾。

對Maker工作室而言，「遊戲實況」正好提供轉型到商業模式的機會。他們先前在YouTube上招攬了更多知名創作者，甚至還招到史努比狗狗（Snoop Dogg）等YouTube平台以外的名人。這些人紛紛入鏡，在新辦公室裡的巨大綠幕前拍攝影片。直到2011年初，Maker聯播網旗下已有150個頻道，號稱每月YouTube觀看次數超過3億，觸及規模可與部分電視網匹敵。另外，查平也成功募得150萬美元的創投資金。不過，Maker旗

下許多頻道都是拍攝事先寫好劇本、製作費不低的節目，廣告分潤未必能抵銷這些開支。當YouTube改採用觀看時數來衡量影片表現後，這些頻道更明顯陷入了入不敷出的窘境。遊戲實況主只要錄自己打電動與說話的影片，也許加以剪輯、配點動畫，然後直接上傳到YouTube即可，不需要高昂的製作成本或綠幕。而且這類影片的粉絲，往往一口氣就看個10分鐘以上。早期幫YouTuber報稅的席佛斯，如今轉行替Maker經營遊戲實況業務，而且曾擔任教會青年領袖的他，竟特別喜歡那位滿口髒話的遊戲實況宗師——PewDiePie。

在YouTube轉型、達成創投目標的壓力節節高升之下，Maker工作室開始對另一家遊戲聯播網Machinima挖角，用更誘人的分潤條件吸引遊戲頻道加入工作室。挖角期間，Maker員工發現Machinima跟謝爾貝里簽的「永久」合約竟沒什麼約束力，也有辦法脫身，於是就趁勢把他挖了過來。之後，PewDiePie的影片觀看次數一路狂飆。Maker決定突破300萬訂閱時辦場派對，象徵他正式踏入YouTube的頂尖圈層。Maker員工設計了派對邀請卡，熱烈慶祝這個里程碑⋯⋯沒想到，他們才剛印好卡片，訂閱數就突破400萬，接著繼續衝高。最後，Maker索性直接辦了600萬訂閱的慶功派對。

Maker在卡爾弗城租了間倉庫，還請來墨西哥捲餅餐車，邀請上百人參加派對。謝爾貝里本人受寵若驚，並沒提出太多特殊要求，只對員工說：「我聽說在美國，有人會做那種上頭印了人臉的蛋糕。」於是，工作室就真的為他準備蛋糕，上頭

印的就是謝爾貝里的臉。

> 「成為YouTube創作者，現在更有成就感了。」
> （Being a YouTube Creator Just Got Even More Rewarding.）
> 2012年4月12日，YouTube團隊部落格貼文。
>
> 我們已經看到合作夥伴拍出足以吸引龐大、忠實觀眾群的影片，並以此拓展自己的事業。不過我們也知道，還有更多具天賦的創作者尚未加入這些人的行列，我們想幫助他們實現各自的目標。

那年春季，YouTube忙得不可開交。就在演算法改版1個月後，公司又採取另一項大規模措施，日後看來，這項計畫同樣影響深遠：這是個大開水閘的計畫，讓幾乎所有人透過YouTube影片賺錢。

5年前，YouTube開始與少數創作者共享廣告收益。隨著時間推進，參與計畫的創作者人數膨脹到大約3萬人。然而，對YouTube高層而言，這個模式並不完美。

首先，合作夥伴計畫在經濟層面就不理想。雖然麥迪遜大道的廣告業者對YouTube的態度漸漸好轉，但問題是，YouTube覆蓋了全球大量觀眾，其中也包括中東、東南亞等地區的使用者，而這些地方往往沒有適合的數位管道，可播放的廣告也受限，甚至根本無法播放。有些創作者還會選擇關閉廣告功能，

擔心在影片裡插入廣告會惹惱粉絲。結果就是，相較於YouTube有機會賺到的廣告收入，與YouTube能投放的廣告槽位根本不成比例。梅羅特拉前幾年和YouTube臨時董事會鬧得不愉快時，也曾遇過《呆伯特》類型的難題。現在有個顯而易見的方法能解決問題：既然要想辦法賣出更多廣告，那就得擴大空間，騰出更多可以插播廣告的槽位。

另一方面，YouTube整體局勢看上去相當失衡。Maker和Machinima等多頻道聯播網之所以一下子就把幾百個頻道收入囊中，是因為對許多YouTuber來說，加入聯播網是他們最簡單的獲利管道。如此一來，也讓多頻道聯播網成了左右局勢的「造星者」。

YouTube不喜歡造星者。卡曼加和梅羅特拉經常強調的原則是：網站應提供「公平競爭的舞台」。這個舞台讓素人創作者能與名人平起平坐，讓公民能與新聞主播比肩，讓美妝Vlogger能和專業時尚人一較高下。當時的阿拉伯之春尚未演變成寒冬，一切似乎都能證明這種平等主義的精神。對於那些被演算法無情淘汰的YouTuber而言，YouTube進一步擴大廣告分潤的舉動，讓人感覺很不公平；但是對於一貫從總體數據角度思考的YouTube來說，它就是在分配收益。

基於上述考量，YouTube開始允許所有上傳者申請廣告收益，前提是他們沒有頻繁違反著作權規定，或是頻繁發表仇恨言論、暴力血腥內容。打開水閘之後，擁有廣告分潤資格的頻道數量瞬間從3萬增至300多萬，讓YouTube龐雜的「軀幹」與

「長尾」一夕之間規模暴長。這無疑是大眾媒體與網路自治史上最大膽的一次實驗，也開創網路史上規模空前的經濟生態。

事後回頭看這些，很多當事人都察覺到：讓數百萬創作者廣播自己、讓Google做後盾，再加上幾乎沒有把關的播送環境，其實暗藏了不少隱患。YouTube內部後來有些員工建議增設「播放量或觀看時數的最低門檻」，超過門檻的人才能開啟廣告功能。內容部門主管吉伯特也重申他的口頭禪：「並非所有像素都一樣優秀」，認為不同類型的影片應該搭配不同的廣告費率。但最後，維護「公平競爭舞台」的主張占了上風。

回頭檢討時，還有人想起其他缺失：公司當時沒統計究竟有多少觀看時數，其實來自於被使用者檢舉為不當或有問題的影片；在擴張廣告計畫時，大家也沒進行詳盡的討論，探討誰才有資格「營利」。大多數人只擔心，很多創作者會發現即使開了廣告，仍舊難以累積足以維生的收入。事實也確是如此，不過依然有許多人選擇奮力一搏。

Chapter 14

迪士尼寶貝・玩具好朋友・彩蛋・驚喜
Disney Baby Pop-Up Pals Easter Eggs SURPRISE

趙哈利（Harry Jho）看著那封信件，壓根不敢相信自己的眼睛：竟然有YouTube真人員工主動聯絡他？他早就放棄和公司真人對話了。之前在某次活動上，有位YouTube員工遞給他名片，他還以為這是個好兆頭，低頭一看，卻發現名片上印的竟然是support@google.com，連個姓名都沒有。

趙哈利在華爾街的美國銀行擔任證券律師。他和妻子索娜（Sona）也共同經營名為「鵝媽媽俱樂部」（Mother Goose Club）的YouTube頻道，發布色彩繽紛的動物角色唱童謠的影片。1990年代，夫妻倆在韓國教英文，之後哈利進入銀行界發展，擁有哈佛大學教育碩士學位的索娜，則為一些公共頻道及當地公共廣播電視公司製作兒童節目。

身為韓裔美國人，他們在自家兩個年幼的孩子身上注意到，市面上的兒童電視節目中少有跟他們外貌近似的臉孔。另外，身為教育工作者，他們也認為兒童節目的教學性不足。舉例來說，孩子需要看到真人嘴唇實際動起來，才能跟著學說

話，但是像紫色恐龍邦尼（Barney）這樣的布偶角色，嘴唇完全不會動；《小小愛因斯坦》（*Baby Einstein*）這種節目則主要都在拍玩具相關的內容。

於是，他們決定推出鵝媽媽俱樂部，投資攝影棚、找來多元背景的演員穿上動物裝，一起表演童謠〈小小蜘蛛〉（The Itsy Bitsy Spider）與〈滴答滴答老鼠上鐘樓〉（Hickory Dickory Dock）等歌曲。鵝媽媽俱樂部的整體風格有點類似《天線寶寶》（*Teletubbies*），不過看起來沒那麼迷幻、沒那麼無厘頭。這對夫婦原本打算靠販售DVD打入家長市場，進而讓頻道累積人氣，未來若有機會就做電視節目。YouTube最初只是個方便的影片存放處，所以趙哈利在2008年開了帳號，當時並沒有多想。

2年過去了，他開始在下班後留意帳戶的統計數字。點擊次數一開始是1,000。隔天再看變成了10,000。他在YouTube上找不到太多專門給孩子看的影片，於是他心想：「也許我們不用透過電視，就能率先在這個領域做出點成績。」至少，在尼克兒童頻道進軍YouTube市場之前，他們還有機會在此闖出一片天地。

大約在2011年春季，有位YouTube員工寫信給趙哈利，邀請他到Google的曼哈頓辦公室。那名員工拿出網站改版的設計給他看，還分享了一些小訣竅。最後，趙哈利終於問出他憋在心中的問題：「你們為什麼會找上我們？」

「因為，你們可能是全紐約最大的YouTuber。」那位員工

回答，他的答案對趙哈利來說可是條大新聞。

　　趙哈利和他太太都是戴眼鏡、說話柔和的職業人士，平時穿著實用舒適的衣服，比起YouTube明星，他們倆看起來更像家長教師協會的成員。不過，自從1年前iPad問世後，這款便利的裝置成了許多父母求知若渴的救星。他們可以把iPad直接塞給家中蹣跚學步的孩子，省去許多麻煩。

　　YouTube很快又新增了自動播放功能，一段影片看完後，系統會自動接著播放下一支影片。自從那次在Google開會後，鵝媽媽俱樂部的頻道流量更上一層樓，YouTube也讓他們加入廣告分潤計畫。1年後，YouTube演算法改為優先看重觀看時數，鵝媽媽俱樂部迅速多了幾個競爭對手。首先出現的是「BluCollection」，這個匿名帳號只拍攝一雙男人的手，把玩具玩偶丟在地板上推來推去。趙哈利與太太看著這些影片一支支出現在自己影片右側的相關推薦裡，同類型的影片跟著大量湧現，幾乎把整個影片側欄都塞滿了。接著，他們發現這些影片幾乎攻占了全YouTube。

兒童內容把關新難題

　　家長與政府官員從以前就很關心孩子都在看什麼。早在1970年代，一群協助《芝麻街》在電視上播映的倡議者與教育人士擔心兒童無法分辨節目與廣告，於是提倡為兒童電視節目的廣告活動制定更嚴格的規範。舉例來說，周六早晨時段播放

Chapter 14 迪士尼寶貝・玩具好朋友・彩蛋・驚喜

的卡通，禁止加入推銷商品的內容。隨後在1990年，政府通過新法案《兒童影片規範》（*Kidvid Rules*），對所有兒童取向的電視頻道制定更嚴苛的要求：必須每周播放固定時數的教育類節目，並限制廣告的播出時數。電視網想鑽漏洞，但監管單位手握吊銷執照的大權，藉此制衡。

這一切在網路時代到來時出現變局。1995年，《時代雜誌》危言聳聽的封面上，放了一名金髮男孩的圖片。只見男孩坐在鍵盤前，雙眼冒著恐怖片特效的詭異光芒，下方則寫著駭人的字詞——「網路色情」（Cyberporn）。

該期雜誌提問：「孩子們一旦上線，是否就會接觸到人類性欲中最骯髒的部分？」掌管現代網路法規的立法者，全都對性與暴力的威脅深感憂慮，卻沒理會其他更廣泛的議題，例如媒體中教育內容的比例，以及無節制的消費主義對孩童發育的潛在影響。

主張隱私權的倡議者紛紛提出警告：Google這類公司的數位存根等網路追蹤技術，正逐漸營造出全景式監控環境。於是，他們向國會請願，提倡規範兒童的上網行為。當時也有不少網站明目張膽地邀請孩子填寫行銷商渴求的個資。舉例來說，《永遠的蝙蝠俠》（*Batman Forever*）電影宣傳網站就號召「網路好公民協助高登警長做高譚市人口普查」。1998年，隱私倡議者好不容易爭取到小規模的成功：美國通過《兒童線上隱私權保護法》（*Children's Online Privacy Protection Act, COPPA*），禁止網站向13歲以下的孩童蒐集定向廣告用的資

訊。可惜，執行該法的機關並非監管電視的聯邦通訊委員會，而是聯邦貿易委員會，而且該法和之前規範電視節目的法案不同，並不包含關於教育節目或廣告的規定。此外，舊媒體還有關於童星的規定，像加州就嚴格限制童星拍電影或電視節目的時數，並保障他們的收入不被侵吞，網路世界則沒有這些規定。

儘管如此，孩子們已大量湧入網路世界，規模碩大的兒童娛樂複合體也迫不及待地跟隨他們湧了進來。

YouTube早早就留意到這股遷徙風潮了。在Google收購YouTube之前，YouTube副總裁、曾任卡通頻道（Cartoon Network）製作人的唐納修，就向YouTube創辦人提議做專供兒童觀看的YouTube版本。創辦人叫他去跟公司律師談，律師很快否決了這個想法。因為依照《兒童線上隱私權保護法》的規定，若要推出兒童版網站，就得進行極為繁瑣的調整，而當時的YouTube人手十分短缺，光是處理著作權問題就忙不過來了。於是，YouTube只要求上傳者勾選，保證自己已年滿13歲。網站也在服務條款裡註明「僅供13歲以上的使用者利用」，如果只看字面上的意思，YouTube就是個所有使用者都年滿13歲的網站。

Google也得出類似的結論。Google的宿敵雅虎經營過名為Yahooligans的兒童版網站，而在Google內部，每隔一陣子就會有人提議做「兒童友善的Google搜尋」。不過，這些提議從未跨越最大的難題：**我們要如何界定「兒童友善」的範疇？**公司

裡有些員工家中也有小孩,他們確實注意到,YouTube網站上有些影片明顯就是為了學齡前幼童拍攝的童謠、ABC字母歌和玩具影片。早在BluCollection問世前,趙哈利與他太太就已經有競爭對手了。這些家長相當擔心影片的品質。

「看起來像是一堆垃圾。」某位母親這樣回憶道。

凡是清理這些垃圾的提案,都得先通過瓦克這一關。他曾嘗試大幅整頓YouTube留言區,如今擔任產品經理的他,對YouTube的年輕文化與兒童世界並不陌生。他還在商學院讀書的時候,就曾到美泰兒(Mattel)玩具公司實習,也曾在兒童書店工作。然而,當同事們提議做「兒童版YouTube」時,瓦克拒絕了。原因很簡單:YouTube上的高品質兒童節目不夠多,如果硬要做兒童版YouTube,只會變成品質低劣的有線電視替代品罷了(尼克兒童頻道歸屬於維亞康姆,YouTube是拿不到那些電視頻道節目的)。YouTube當然有些經典電視節目,公司在第二屆VidCon播放過《芝麻街》的影片,但YouTube只把它們歸類為「懷舊內容」,而不是「兒童內容」。員工們都知道弗雷德這類的青少年喜劇在網站上極受歡迎,但多數人都自欺欺人地認為,弗雷德的觀眾主要是厭倦電視的青少年,而13歲以下的小孩都必須在家長陪同下觀看影片──畢竟YouTube使用條款就是這麼寫的嘛!

然而,網站上湧入越來越多影片,很明顯就是為了小學生,甚至是幼兒設計的影片。有部分員工認為他們不得不採取行動了。2011年初,瓦克因手腕反覆勞損而暫時離開YouTube,

直到同年秋季才帶著仍未成熟的構想回歸：「YouTube為善」（YouTube for Good）。這是一項拼拼湊湊的計畫，旨在改善網站上給社運人士、非營利組織、學校等使用的功能。不少學區都因擔心無法掌控網路內容，乾脆封鎖YouTube。但此時網路上興起了教育類影片：葛林兄弟的節目有教育意義、對沖基金分析師薩爾曼・可汗（Salman Khan）則在YouTube的「可汗學院」（Khan Academy）頻道上傳了大量數學教學影片，這是矽谷「顛覆高等教育」浪潮的一部分。於是，瓦克著手幫這些創作者取了個名字——EduTubers（教育YouTuber），並為他們提供額外的工具和資源，並同時在校園和政壇推廣「讓YouTube進入學校」的概念。公司認為，如果學校願意解封YouTube，那麼網站上或許能出現更多高品質的兒童內容，對學生大有助益。

除了以上幾點之外，瓦克的「YouTube為善」計畫還包括讓網站增添光鮮形象的其他部分。YouTube工程師製作了工具來模糊人臉，如此一來，抗議者上傳影片時就不用擔心身分暴露而遭到報復。還有小組致力研發另一項功能，將YouTube影片相關的推文及其他線上討論串連到網站與首頁，讓YouTube更像是個新聞網站。先前為了推廣「頻道」概念，瓦克曾把YouTube稱為「全世界的客廳」（這是對電視的挑釁），如今他進一步將YouTube定位成全世界的教室與市中心廣場。

YouTube致力凸顯自己教育與正向的一面，同時卻被自身孕育出的另一種怪物狠狠衝擊，回神時才發現怪物正瘋狂朝著另個方向衝刺。

亂七八糟演算法

和以往一樣，怪物最先出現在資料數據中。YouTube從前負責精選首頁影片的獵酷一族解散後，其中一些成員調到名為YouTube趨勢（YouTube Trends）的行銷部門。每周，這個部門都會寄出「熱門趨勢」報告，彙整網站上浮現的新潮流，營業部門也會盯著YouTube廣告收入最高的前百頻道名單。忽然間，某個乍看之下怪裡怪氣的頻道，開始同時登上每周趨勢報告和高收入排行榜了。

> ▶ 「大公主、健達出奇蛋、迪士尼、冰雪奇緣、艾莎、安娜、米妮、米奇、培樂多、驚喜蛋。」（Giant Princess Kinder Surprise Eggs Disney Frozen Elsa Anna Minnie Mickey Play-Doh Huevos Sorpresa.）
> DisneyCollectorBR，2014年3月24日。14:27。

「嗨，大家好，我是迪士尼收藏家。」畫面裡出現20幾顆大小不一的玩具巧克力蛋，外包裝上印著各種出自孩童娛樂節目的熟悉角色。畫面外傳來女性嗓音，聲音輕柔舒緩，帶著一點口音。我們看不見她的臉，只見鏡頭緊緊聚焦在她的雙手上，她的指甲塗成黑色，還畫了可愛的迪士尼公主肖像。她按部就班地介紹每顆蛋。「米──老──鼠。」她開始拆開玩具蛋，先是撕開鋁箔紙，發出輕柔乾脆的剝落聲。再來是巧克力外層，巧克力裂開時的劈啪聲非常療癒。之後是裝著玩具的小塑膠膠囊，揭露裡頭的寶藏。然後繼續拆下一顆蛋。

YouTube可從沒見過DisneyCollectorBR這麼厲害的頻道。那年夏季，該頻道點閱率最高的「拆蛋」影片時長不過4分鐘，卻累積9,000萬次觀看；整個頻道的影片總觀看次數更高達24億次，著實令人震驚。影音排名網站Tubefilter（類似YouTube的《告示牌》排行榜）把這個頻道列為觀看次數第三高的頻道，僅次於PewDiePie與凱蒂・佩芮。不久後，該頻道就將冠軍寶座奪了過來。

　　有研究機構推估，DisneyCollectorBR光靠YouTube的廣告分潤，每年能進帳高達1,300萬美元。這些影片彷彿帶著前所未見的魔力，以少有人理解的方式深深探入孩子們的大腦，抓住他們的神經元。但其中究竟有什麼奧祕，就連YouTube自己都說不清。行銷專家在受訪時對記者表示：「我覺得她好像消失在孩子們腦中。」

　　「開箱影片」其實早已在科技產品測評圈風行多年，許多影片都把iPod或智慧型手機拍得像是令人迷戀的物品。但現在，義大利生產的小眾產品──健達出奇蛋卻成了舉足輕重的存在。美國官方認定蛋裡頭包的玩具可能使孩童噎到，於是禁止該產品在美銷售。結果，為追趕DisneyCollectorBR掀起的熱潮，YouTuber們乾脆在eBay上高價購入這些「違禁品」。

　　在Maker工作室，員工們也緊盯著這場風潮，私下給這類頻道取名叫「手頻道」，也有YouTuber乾脆稱它們是「無臉頻道」。這些頻道和昔日的YouTube爆紅影片一樣，都是透過Google最關鍵的渠道──搜尋入口，來吸引人氣。只要看到

DisneyCollectorBR那支影片下方的標題雜湊，就能看出這類影片是如何靠標籤關鍵字累積點擊了：

公主蛋、冰雪奇緣蛋、叔比狗、凱蒂貓、憤怒鳥、小公主蘇菲亞、小熊維尼、玩具總動員、培樂多驚喜

根本是關鍵字大雜燴。玩具開箱影片的標題，也是遵循類似的邏輯，例如：「巧克力、玩具、驚喜、捏捏樂軟膠、DC、漫威、復仇者聯盟、蝙蝠俠、綠巨人浩克、鋼鐵人」，或「迪士尼、嬰兒、玩具好朋友、彩蛋、驚喜、米奇、高飛、唐老鴨、布魯托、小飛象」。這些標題並不是寫給目標觀眾看的，甚至也不是給觀眾的家長看的，而是特地寫給演算法、給機器爬文並吸收用的。迪士尼和許多媒體巨頭一樣，不願將自家寶貝影音放上YouTube。於是，當有人在搜尋欄輸入「冰雪奇緣、艾莎」、「漫威、復仇者聯盟」（迪士尼在2009年買下漫威），演算法最終送到他們眼前的，就是這些無臉頻道。

YouTube好萊塢團隊裡，有個人看著這股趨勢，心中懊惱不已：「這個演算法真的是有夠爛。」更古怪、甚至帶著些陰森感的影片，也在YouTube邊緣地帶蠢蠢欲動。某位公關員工曾看過觀眾向YouTube管理團隊檢舉的影片樣本：居然是小孩子喜歡的卡通人物兔巴哥，被剪接到暴力的第一人稱射擊遊戲裡。「這可能不至於真的嚇壞小孩，」那位公關員工評論道，「但就是很奇怪啊！」但相較於後頭出現的怪奇現象，這已經

算是相對無害了。

　　DisneyCollectorBR等多數無臉頻道都屬匿名。YouTube創立早期，網站上幾乎所有名人都用了化名，但他們大多還是會公開本名或至少現身鏡頭前，希望能憑著自己的真實身分出名。這些人有經紀人、跟班，還有Twitter個人帳戶。至於要賺廣告分潤的YouTuber，就必須向官方提供真實姓名與電子郵件信箱。不過基於資安考量，YouTube通常不會對員工公開這些資訊。現在遇到DisneyCollectorBR這種超人氣頻道，YouTube卻碰上了前所未見的問題：他們對網站上最受歡迎的頻道幾乎一無所知。

　　結果，YouTube的員工打電話給趙哈利，對他提出不同的問題：「你知道他們是誰嗎？」

　　即使拿到Google分潤，趙哈利也一直沒辭去他的銀行工作，因為YouTube的收入始終不夠穩定。有些月份，像是遇到暑假或假期，光是YouTube廣告就能替他們的頻道帶來70萬美元，數字十分驚人。但有時候，他們的廣告收入又會驟降到15萬美元。在收入大幅波動的情況下，他們根本無法雇用大批員工並支付固定薪資。若只靠YouTube過活，「我們大概早就被壓力逼瘋了吧！」趙哈利回憶道。

　　隨著頻道人氣爆漲，Maker工作室代表打電話給趙哈利。他本來對Maker頗感興趣，直到第二通、第三通電話時，他發

Chapter 14　迪士尼寶貝・玩具好朋友・彩蛋・驚喜

現打來的又是不同的Maker招募員,認定對方只是按照某個名單依序撥號罷了。他後來去了幾場YouTube活動,如VidCon、兒童娛樂圈的盛會Kidscreen高峰會,向其他創作者問起加入這些多頻道聯播網的好處。**沒什麼好處。**

　　YouTube雖然態度比從前更友善了,但並未特別把他的節目和其他內容區隔開來,或者至少演算法沒在做這樣的區別。有一回,鵝媽媽俱樂部YouTube頁面上滿滿都是恐怖片新作的宣傳。《大法師》(*Exorcist*)外傳的電影海報是名被惡魔附身的女孩在尖聲嚎叫,這個縮圖就放在〈跳到朋友面前〉(Skip to My Lou)的童謠影片旁邊。**我們可是兒童頻道,誰想看那種鬼東西?** 趙哈利嘗試向YouTube投訴,卻四處碰壁。最後,他乾脆自己掏錢在YouTube買廣告,把自己頻道的廣告插在YouTube頁面上,如此一來不僅《大法師》電影廣告消失不見,他頻道的流量也大幅攀升了。

　　待到2014年,健達出奇蛋已席捲整個YouTube。只要懂得抓住側邊「相關影片」的演算法規則,你的影片就能出現在兒童觀眾眼前,你也能大獲成功。趙哈利與他太太在位於曼哈頓的辦公室開了場會議,一同檢視相關影片欄中無臉頻道及無數跟風者做出的亮麗縮圖,以及塞滿關鍵字的影片標題。

　　「製作這類影片的成本其實很低,」趙哈利評論道,「我們也可以弄個房間,花個幾千美元買這些玩具來開箱。」他們又看向網站上一欄又一欄的影片。

　　最後,辦公室裡有人突然冒出一句:「這根本就跟色情片

一樣啊。這就是玩具版色情影片啊!」

最後,他們決定放棄這項提案。

在網站裡加點花椰菜

無臉頻道在YouTube上四處擴散的同時,公司裡越來越多員工開始生兒育女。有些家長的孩子年紀稍大了,就天天追著爸媽吵鬧,想要屬於自己的3C裝置。

矽谷流行帶有諷刺意味的育兒觀:讓自己的孩子儘量少碰矽谷科技。據說賈伯斯在家都限制孩子使用iPad或iPhone的時間,而YouTube工程師們就像賈伯斯一樣,雖然在公司裡花大把時間調整程式碼和營運策略,好讓觀眾在YouTube上停留更久,回家後卻叫小孩趕快下線,別再看YouTube了。對於大腦如海綿般吸收一切的前青少年期的孩童來說,網站明顯有著致命的吸引力。有些YouTube員工感覺自己像在菸草公司上班,總覺得惴惴不安。YouTube高層多是忠心耿耿的Googler,他們想要量化這個問題,將它當成網站表現的指標。

他們定義了兩種影片類型:「可口型」和「營養型」。前者類似人們過去對電視節目的嘲諷,宛如「給眼睛的泡泡糖」,五顏六色、甜膩又容易上癮。不過YouTube相信,自家網站上也有許多具教育或健康價值的內容(如果把平台上營養型節目的時數加總起來,確實超越電視上同類型的節目)。可口型影片確實能提升觀看時數,但有些員工擔心這種黏著度只

Chapter 14　迪士尼寶貝・玩具好朋友・彩蛋・驚喜

能持續一時，觀眾不會為了可口型影片在網站上久留。你狂嗑零食之後，不也會產生罪惡感嗎？要是看完一大堆開箱節目後，同樣產生了罪惡感呢？或是家長發現孩子們整天在看無臉頻道，決定把糖果從孩子手裡拿走呢？

「YouTube想長遠成功，除了讓人開始看影片、影片看到一半時感到開心，還得讓他們在下線時也是開開心心的。」梅羅特拉在聖布魯諾開會時對員工說道（瓦克離職後，梅羅特拉除了負責工程業務之外，也接管了產品部門）。YouTube一直在觀察用戶看影片的總時長，員工們也想用定性方式，來衡量營養型影片的表現。「YouTube為善」團隊甚至嘗試在部分影片結尾加上小問卷，上面有幾個選項，問題則是：「你覺得花1小時做哪件事比較值得？」

☐ 看書
☐ 去健身房
☐ 看電視
☐ 看YouTube

然而，YouTube終究不是電視，沒辦法利用黃金時段推廣營養型影片。瓦克提出替代方案：替這類影片設定「優良分數」，在搜尋與發現系統中，可汗學院、葛林兄弟等教育型創作者的影片加上更高的權重。在公司會議和內部通訊中，YouTube有時稱這項計畫叫作「在網站裡加點花椰菜」（有時

也說是「裹著巧克力的花椰菜」），甚至有些人寫了花椰菜相關的OKR。負責管理各領域創作者的軀幹部門也擬定目標，希望能使營養型影片的觀看時數占總時長的30%。負責搜尋與廣告業務的工程師也加入討論，思索該如何達成此目標。

然而，事情走到關鍵處卻突然夭折了。最終，還是沒有人為全公司設定任何關於營養型影片的OKR。

先前阻礙Google做兒童搜尋引擎的難題又再次冒了出來：**究竟什麼算「營養」？我們要怎麼定義它？要怎麼靠演算法來判斷影片品質？還是說，我們本就不該這麼做？**只有少數參與YouTube教育相關計畫的員工，轉去開發一款專為兒童設計的應用程式。瓦克則選擇離開YouTube。沒有人設立新指標。

「如果想不到衡量它的辦法，」一位高層主管回憶道，「那就假裝這東西不存在吧！」

其實，比起花椰菜，聖布魯諾辦公室眾人還有更棘手、更難看的問題得處理──此時，無論是Google外部或內部，都發生了醜惡的紛爭。

Chapter 15

五大家族
The Five Families

2012年某個周五深夜,卡曼加撥了通電話給弗朗西斯科‧瓦雷拉(Francisco Varela),他是負責YouTube與商業夥伴合作事宜的副手之一。當時身為YouTube執行長的卡曼加,心裡忐忑不安。

「你確定這樣行嗎?」他問道。

公司正準備來一場豪賭。數年前,YouTube與蘋果達成協議,準備在全球(中國地區除外)出廠的每部iPhone手機裡預先安裝YouTube應用程式。這項計畫幾乎能確保YouTube獲得數以百萬計的使用者,但作為交換條件,蘋果可分得YouTube一小部分的收益。而且雙方談成這筆交易時,蘋果是由一向對設計吹毛求疵的賈伯斯治理,所以YouTube在設計自己的iPhone應用程式時也得聽從蘋果的意見(賈伯斯於2011年過世)。YouTube的員工認為,當他們建議為應用程式添加新功能時,蘋果總是很不積極,要不就是乾脆置之不理。更令他們憂心的是,網際網路使用者正在迅速轉用手機上網,而YouTube卻受蘋果掣肘,無法在手機市場上自由發揮。於是,卡曼加的團隊

勸他向蘋果提出終止預裝YouTube應用程式的合作計畫，改由YouTube親手掌控自己的應用程式。他們打賭：就算iPhone出廠時沒有預載YouTube應用程式，使用者還是會自己跑去下載。

瓦雷拉所在的團隊，先前也在智慧型電視的YouTube應用程式上這麼賭了一把，結果相當成功。然而，iPhone能為YouTube帶來數以百萬計的新使用者，這次賭注比先前高得多。

「相信我，」瓦雷拉聽到長官不安的詢問後，冷靜地回道，「你不會損失任何一名使用者的。」

結果，他們還真的賭贏了。在蘋果正式終止合作之後，iPhone上的YouTube使用量幾乎毫無下跌，表示YouTube已深植人們的生活中心，成為難以抹滅的存在。隔年，YouTube宣布，網站每月的訪客數已突破10億。隨後，一間間銷售iPhone和智慧型電視的購物中心，也開始販售能連上網的喇叭與冰箱，每部新裝置都內建螢幕，能以各種創新的方式觀賞YouTube影片。

要把YouTube安裝到各種裝置上，並非易事——全公司都被捲入這場爭分奪秒的行動，趕著重新設計與推銷新版的iPhone應用程式。除了重製iPhone版的YouTube應用程式之外，YouTube還得和電子企業協商推廣不同版本的應用程式。大部分的協商過程中，員工們都感到苦不堪言。

不過，所有人一致認為，這些狀況所造成的壓力，都遠遠

比不上和Google內部其他部門周旋所帶來的巨大壓力。

那時候的Google，大致可形容為群雄割據的企業，每個部門各自負責不同的網路服務：搜尋、地圖、瀏覽器、廣告。多數部門都由強勢型主管，也就是那種Alpha型、A型人格的人領軍，他們同時也是佩吉管理委員會的成員，在這所謂「L團隊」（Larry Page, L Team）擁有令人豔羨的席位。這些板塊當中，安卓的獨立與絕對地位最為明顯。安卓部門主管安迪・魯賓（Andy Rubin）是才華洋溢的程式設計師，也是痴迷機器人的技術宅。他當初以免費提供作業系統的方式，成功把安卓推銷給所有想和蘋果較勁的手機製造商（作為回報，安卓要求這些手機製造商預載Google的多個應用程式）。在Google園區裡，安卓職員甚至有專屬的餐廳，提供魯賓最愛的日式料理；他們崇尚的企業文化與蘋果相似，一切都瘋狂地圍繞著單一領袖運轉。魯賓身材高瘦、頭頂光禿、戴著眼鏡，外型竟也和賈伯斯有幾分相似。許多傳聞指出，他也像賈伯斯那樣有著天才技術狂人的火爆脾氣，在工作時經常有激烈發言。不僅如此，之後還會出現更加嚴重的狀況。

魯賓延攬了多位來自YouTube的人才，其中包括第一任律師勒文。這些人被挖角到安卓團隊，負責打造數位音樂與電影商店，希望能和蘋果的iTunes抗衡。與此同時，魯賓旗下的工程師也掌控了安卓手機上YouTube應用程式的開發工作。YouTube內好幾位董事長都認為，Google的音樂服務該由YouTube掌管才對。因為，自從演算法改以觀看時數來評估成效之後，網站上

的音樂影片發生了爆炸性增長。此外，他們也覺得YouTube理應能自己掌控自家應用程式的主導權。幾位董事向不愛和別人起衝突的卡曼加施壓，要求YouTube執行長去和魯賓交涉。當卡曼加真的出面協商時，手下們都注意到，他是帶著心力交瘁的神情回到聖布魯諾。

直到2013年，YouTube幾乎和Google的每個部門都鬧得疲憊不堪。安卓團隊為音樂與應用程式議題和他們爭論不休；網路部門因頻寬問題跟YouTube吵吵鬧鬧；搜尋部門想搶工程師人才；銷售部門則為了掌控權和他們勾心鬥角；銷售部門希望把YouTube的廣告和影片等其他服務綑綁，一起打包出售，YouTube高層卻不想被收編。YouTube還打算學電視台的模式賣廣告，比如給予回扣或提早敲定廣告預約等。這些議題引爆的爭論，常常演變成激烈又吵鬧的交鋒。當時的L團隊裡沒幾位女性成員，某位前董事將Google領導層形容為「大屌橫行的領域」。

YouTube最糟糕、也最令公司高層筋疲力竭的衝突來源，非Google+莫屬了。

Google過去最重視的專案就是自家社群網路──Google+。當時，Facebook正以雜草瘋長的態勢擴張，人們原先把時間花在網路其他領域（也就是Google控制的網路市集），現在卻開始朝Facebook平台流逝。從2011年開始，佩吉就把Google這艘巨輪轉向Google+。它Facebook一樣，邀請使用者在網上用真實姓名分享情緒、生活瑣事，並且互加好友、和好友互動。

Chapter 15　五大家族

Google生怕整個網路與網路廣告市場都將拋下Google，朝社群串聯的方向發展，於是公司要求每個員工為Google+的增長目標出一份力，所有人的獎金與OKR都和這個目標綁在一起。

Google+如瘟疫般降臨YouTube。它先是帶來新版面與新設計：專為個人客製的動態與推薦影片。接著，YouTube程式設計師被迫在網站裡加上各種G+小工具，鼓勵人們分享廣告。之所以加上這項功能，是因為Facebook就有「可分享」的廣告（結果，幾乎沒有人分享YouTube廣告）。為了騰出空間給Google+，YouTube不得不擱置幾項特殊計畫，其中包括YouTube為善專案中要將推文與線上對話串合併到首頁的計畫。一條條新指令如《摩西十誡》（*Ten Commandments*）般，從上頭頒布下來。有一陣子，高層甚至認真考慮把整個YouTube.com搬到Google+的「影片」分頁，等於直接終結YouTube。卡曼加雖然成功阻止這場行動，但從那次的討論就可以看出：卡曼加名義上是YouTube負責人，實際上還是得遵從Google的號令。

多年後，Google+走入歷史，外界給了它或褒或貶的評價。YouTube前產品總監瓦克回憶道，當人們發現它無法跟Facebook並駕齊驅後，Google+便像殭屍般苟延殘喘，成了一種「集體幻覺」。有些人將之歸咎於公司自上而下的強硬命令，也有人認為這一切錯在Google的企業基因：社群連結並不符合Google內部的邏輯。有Googler自嘲地暱稱Google為「博格」，指《星艦迷航記》（*Star Trek*）中冷酷無情的半機械種族。

「博格腦不懂情感和社群。」當時擔任Google人力資源主

管的拉茲洛・博克（Laszlo Bock）回憶道。

「博格」對於自己已經擁有的社群媒體，同樣置若罔聞。技術上來說，YouTube有很大一部分的運作模式更類似一般的單向傳播媒體，或是一種「擬社會網路」（Parasocial Network）。「擬社會」是種心理現象，指觀眾能對素未謀面的表演者產生親密感的現象。YouTube雖然拋棄了一部分Web 2.0時期的社群功能，卻依舊是全球數百萬人每天互動的平台，培養出人與人之間深厚的信任關係與強烈的忠誠。

然而，這些都不在Google的考量之內。2013年末，YouTube開始強制觀眾使用Google+帳號登入，登入後才能留言；經常活躍於Google+的「意見領袖」，留言出現在影片下方時排序也較偏前。這些異動瞬間在YouTube社群掀起軒然大波，久未露面的第三位YouTube共同創辦人卡林姆（他在離開YouTube去念研究所後便銷聲匿跡了）竟回到YouTube第一支影片（也就是他自己上傳的那支），在下方留言道：「為什麼我他媽的非得用Google+帳號才可以留言？」

就連YouTube創作者也必須註冊Google+帳號，才能管理自己的頻道。Google對外宣稱Google+社群網路大獲成功：「每月的活躍用戶有3億人！」卻沒提及有多少是被迫加入的。

「那些人全都是YouTuber啊！」VidCon創辦人漢克・葛林回憶道。

「他們看不見自己擁有的東西，只在意自己沒有的東西。」YouTube早期團隊成員當中，許多人認為Google如此冷

落YouTube社群，就像是在否定他們的文化。有人認為，這顯示網際網路進入可怕的階段——只看重成長的數字，而忽略了一般使用者本身的需求（Facebook日後也將淪為這種情況的另一個典型）。

「這就是所有社群媒體的宿命啊，」曾任YouTube早期審查員、後來跳槽到Twitter的莫拉－布蘭可表示，「最初只有一小群人的時候，你們慢慢培養出社群，等規模夠大後，你就拋棄那個社群，變成一個『平台』。」

在Google+如日中天的時期，更加陰暗的現實也浮出水面。負責Google社群網路架構的程式設計師尤納坦·曾格（Yonatan Zunger）經常往返聖布魯諾，向越來越不領情的YouTube員工頒布來自Google+的指令。在Google+團隊工作期間，曾格發現令人不安的趨勢：人們會出於憤怒或純粹想帶風向，而在Google+發表惡意貼文。這些貼文往往接近仇恨言論的邊界，但又沒真正違規。

曾格在YouTube上也看到類似情況。如果有影片違反規範，YouTube就會刪除，否則所有影片一律平等。舉例來說，否認納粹大屠殺的影片雖然遊走在仇恨言論規範的邊緣，但未被視為違規。在和YouTube政策團隊開會時，曾格提議對這類有爭議的影片設置刪除與保留之外的第三個層級：讓影片繼續保留，不過在內部系統將它標記為「接近踩線」。如果某個帳號經常出現這種踩線狀況，就把它的影片排除在推薦清單之外。然而，政策部門認為此舉違反YouTube對言論自由的承

諾,甚至可能危及YouTube的法律責任豁免。公司內部處於權力核心的工程師群體,也贊同政策部門的看法。工程總監古德羅後來解釋道,YouTube當時的立場是:只要是可保留在網站上的影片,就應該獲得同等對待。「這樣說吧,如果它根本不值得推薦,那就不該留在YouTube上。」古德羅表示。

後來,YouTube遭受接二連三的災難衝擊,湧上平台的影片更是多如牛毛,古德羅和他的同事終於接受了曾格的建議⋯⋯但此時,他們已經遲了好幾年。

規模戰亂象

Google+一步步侵蝕YouTube的一部分領域時,多頻道聯播網也在另一塊版圖上掀起風暴。

開創YouTube合作夥伴計畫的斯壯普羅斯,一開始就看準這場淘金熱。他在2010年離開Google,孤身闖天下,搬到洛杉磯之後在查平家借住了一陣子。他曾考慮加入Maker工作室,但最後決定自立門戶,成立與Maker競爭的多頻道聯播網Fullscreen,更將辦公室設在Maker總部東方幾公里遠的地方。相較於好萊塢人,斯壯普羅斯有種「Google味」的穩重。比起查平那種大膽不羈的工作室,斯壯普羅斯更想打造精密的機器。早期數位媒體高層主管麥克斯・貝納托(Max Benator)在形容斯壯普羅斯與查平時,曾拿賈伯斯和蓋茲來比喻。

斯壯普羅斯對投資人提出「飛輪模型」這種高科技圈熱愛

的概念：他打算和許多YouTube頻道簽約，提供各式軟體工具來協助頻道成長。例如在影片中嵌入彈出式方塊，引導觀眾去看那個創作者過去發布的影片。有了這些成長帶來的營收，他就能簽下更多頻道。他還構想出「子網路」概念：由頂尖創作者去挖角並扶植其他新秀，就像饒舌歌手德瑞博士（Dr. Dre）從普通音樂人一路晉升到嘻哈大亨那樣。

Fullscreen正式上線沒多久，斯壯普羅斯就約了過去在YouTube共事的老同事傑米・拜恩（Jamie Byrne）碰面，向他炫耀戰績：公司目前已經和數萬個頻道簽約合作了。拜恩先前完全不知道這件事。Fullscreen和其他多頻道聯播網，就這樣在YouTube眼皮底下瘋狂擴張了起來。

然而，Fullscreen的「Dr. Dre戰略」很快就撞上YouTube龐大且難以預測的現實面。

2013年年初，FPSRussia已經躍升為YouTube上排名第九的熱門頻道。這個頻道是由邁爾斯和基斯・拉特利夫（Keith Ratliff）共同打造，後者是槍械迷，還在汽車保險桿上貼著「我♥槍和咖啡」的貼紙。斯壯普羅斯聯絡拉特利夫，向他提出雄心勃勃的計畫：FPSRussia和Fullscreen合作成立YouTube子網路，專攻打獵等硬派戶外運動，由美國專業冰桶製造商Yeti等品牌出資贊助他們。拉特利夫同意了，但他要求YouTube對他的地點和身分保密，因為他在喬治亞州經營槍械店，不希望那邊的生意受影響。

這個要求聽起來雖然怪異，但也並非無法理解。於是，斯

壯普羅斯著手準備相關的合約文件。

> ▶ 「末日生存的3大必備武器。」
> （TOP 3 WEAPONS TO SURVIVE THE APOCALYPSE.）
> FPSRussia，2012年11月10日。6:15。
>
> 「我想先介紹的第一種武器，是雷明頓870型十二口徑霰彈槍。」名叫凱爾・邁爾斯（Kyle Myers）的YouTuber站在戶外空地上，用生硬的假俄羅斯口音開場，面前桌上放了3把巨大的槍。邁爾斯在影片中扮演「迪米特里」這個愛開玩笑、嘻皮笑臉的武器教官。「在美國，大部分的大賣場──甚至不一定是槍械專賣店──都能買到槍。」忠實觀眾都知道，他接下來肯定會把什麼東西轟爆。他果真沒讓人失望，只見他舉起狙擊槍──「**轟**！」

沒想到他有天醒來就聽到一則消息：拉特利夫中彈身亡。

可想而知，Fullscreen的員工們全都嚇壞了。他們平時雖然也會接到創作者情緒激動的電話，但大部分面對的不過是YouTube上的搞笑短劇、惡搞或小打小鬧。這次的事件和先前迥異。而且，拉特利夫的謀殺案仍懸而未決。

「我們現在是黑幫的一部分了嗎？」Fullscreen高層主管菲爾・蘭塔（Phil Ranta）問道。網路上關於這宗謀殺案的陰謀論傳得沸沸揚揚，也在YouTube這個溫床落地生根。

Fullscreen和其他頻道之間的合作案當然沒這麼駭人，但即使是那些較正常的合作案，經濟效益也越來越值得商榷了。所

謂的「規模化」是很有道理，斯壯普羅斯在Google時就學到，Google崇尚能**大規模複製的軟體與商業模式**，要用最少的成本和人為干預，在最廣的範圍內複製同樣的運作方式。要想將多頻道聯播網策略規模化，就得遵守以下邏輯：盡可能和大量頻道簽約、衝流量、賣廣告，然後再重複這樣的循環。

　　Fullscreen的規模化進程主要發生在公司內部的「鍋爐房」：在好萊塢南方的卡爾弗市56坪大的倉庫裡，一排排20多歲的員工坐在長桌前，面前都擺了好幾個螢幕，上頭顯示出YouTube前10萬大頻道的名單（後來變成了前百萬大頻道）。每位招募員每天都得發出上千封毫無溫度的電子郵件、簡訊或打電話給創作者，和對方談合作。Fullscreen約50名員工當中，一度有將近半數人都在負責和頻道簽約。

　　這時YouTube已經推出一項簡單功能，創作者只需要點擊3次，就能輕鬆加入Fullscreen。問題是，其他多頻道聯播網也同樣擁有這種「3點擊」工具。於是，規模戰就此開打，真正在做影片的創作者卻沒有因此得到多少好處。

　　在YouTube內部，負責付款系統的史塔克從創作者給他看的合約文件裡，發現這場暗潮洶湧的衝突。遊戲領域多頻道聯播網Machinima在合約中聲稱，YouTube會支付2美元CPM（每千次觀看的收益），如果創作者和Machinima簽下長期合約，就能保證讓他們拿到3美元。**聽起來很划算吧？**（Machinima員工更以「讓多少YouTuber辭掉正職工作」為評估成功與否的標準）。史塔克接著在YouTube內部系統點擊幾個連結調查了一

下,才發現這些創作者若不加入多頻道聯播網、不被抽成,實際上能賺得更多。**其實很不划算嘛!**

然而,多數YouTuber無法聯絡上關心此事的YouTube員工,只能依賴小道消息,或多頻道聯播網招募員的各種說法,而這些招募員還會不停抬高賭注。在好萊塢,經紀人會從每個製作案中抽取固定比例的佣金;多頻道聯播網一開始也是從YouTube的廣告收入中抽成(70%給創作者,30%給聯播網),但隨著聯播網之間的競爭白熱化,很快就放棄這種做法。Machinima對創作者許下種種保證,Maker則以更優惠的抽成條件招攬遊戲類創作者。新聯播網如雨後春筍般冒出來,開出更加誘人的分潤條件——創作者可以拿80%!90%!95%!所有多頻道聯播網都瘋狂爭搶YouTube越來越稀薄的市場蛋糕,甚至不惜虧損也要防止創作者和競爭對手簽約。

溫斯坦嘗試將某位YouTuber招攬到自己的聯播網時,赫然發現Machinima給付的金額居然是其廣告收入的2倍。溫斯坦驚訝不已:「真是瘋了!他們到底是怎麼做到的?」

只要YouTube的廣告費率不斷攀升、廣告商持續從電視圈轉進YouTube,這種商業模式似乎就能持續下去,聯播網也能一直掌握這條「金流」,以及品牌代言等各種好處。然而,當YouTube將廣告分潤計畫全面開放給所有人之後,聯播網的經濟基礎就立刻瓦解了。插入廣告的影片大幅增加,導致整體廣告費率下跌,聯播網已無法再輕鬆地大把撒錢,也很難將自己的「中間人」定位合理化了。先前有成千上萬名年輕創作者在

缺乏法律專業人士建議的情況下加入聯播網，結果損失慘重。德州Vlogger卡萊布・納蒂安（Kaleb Nation）和Machinima簽約後，有天接到對方電話：儘管聯播網保證要給他固定分潤，現在還是要將他的收益砍到原先的六分之一。「你們不能這樣做。」納蒂安抗議道，「合約不是這樣寫的！」但合約細則卻明確表示聯播網確實有權這麼做。納蒂安最後成功解約，但其他人就沒這麼幸運了。

許多聯播網員工認為，真正提出爛條款的是YouTube。因為YouTube經常在毫無預警的情況下改動演算法或調整經濟條件，讓聯播網彷彿踩在不停移動的地板上。有時，YouTube甚至會直接抄襲聯播網的創新概念：Fullscreen推出彈出式視窗功能的半年後，YouTube就推出自家版本。最後，YouTube還在後台加了「一鍵退網」的按鈕，讓創作者輕鬆點擊就能脫離聯播網。這些曾被視為媒體與好萊塢未來希望的聯播網終於發現，若要只靠YouTube做生意、光明磊落地賺錢，幾乎是天方夜譚。有位聯播網高層回憶道：「那幾乎和龐氏騙局沒兩樣。我們只是在聚集別人的影片和頻道，承諾能幫他們賺更多錢。確實有少數人成功了，但大多數都沒有。」

溫斯坦曾經嘗試召集其他四家頂尖聯播網舉行會議，希望能在所有人爭得頭破血流之前達成和解。他戲稱這五家聯播網為「五大家族」，暗喻這行業黑手黨一般的性質。他們在洛杉磯各處多次會面，試圖擬定彼此都能接受的傭金和競爭模式，但一直未能成功。溫斯坦發現，太多聯播網都在投資人的資金

壓力下急於尋找退場機會，希望能被別人收購，以便將資金還給投資者。

理想幻滅

各大聯播網鬥得你死我活的同時，原本以「賦予YouTuber權力和主控權」為宗旨而誕生的聯播網，正在逐漸瓦解。

Maker工作室投資人馬克·薩斯特（Mark Suster）當初投入資金時，提出了附帶條件：不能讓有前科的查平擔任Maker執行長。然而，薩斯特這位創業投資者還是想讓公司創辦人掌握大權，於是改變心意讓作風獨特的查平重返執行長一職。薩斯特的想法是：「讓他在帳篷裡朝外撒尿，總比他在外頭朝裡面撒尿來得好。」

話雖如此，帳篷內還是變得一團亂。薩斯特寫信給重返執行長之職的查平，想討論召開董事會議事宜。查平只回了一句：「別在那邊對我指手畫腳。」

丹尼·鑽石向來不怕商業糾紛，他過去就常與YouTube在好萊塢負責談合作的高層經理金奇爾爆發激烈爭執。查平從一開始就想讓YouTuber成為Maker工作室的持有者與經營者，但這項決策引發了不小的爭議。有幾位明星創作者表示和公司理念不合，早早就離開Maker；也有人直接對查平提出訴訟；YouTube知名喜劇創作者約翰遜更是和Maker撕破臉，指控Maker要求他交出更多金錢和智慧財產權，雙方鬧得十分難

看。2012年12月某天深夜,查平傳簡訊對約翰遜說:「你缺乏誠信和人格,真的很可悲。去死吧!準備開戰囉……爛人。」

約翰遜旋即公開這些對話內容,在部落格和Facebook上痛批查平的「黑社會作風」。查平在一封寫給Maker員工的信中反駁約翰遜的指控,並提到自己的入獄經歷,以及自己在那段時期的蛻變。「我能得到第二次機會,真的是太感動了。」然而,這第二次機會也快走到盡頭了。

查平與女友兼Maker共同創辦人多諾凡分手後,同事們注意到他的情緒和行事風格變得越來越難以捉摸了。此時,YouTube各家多頻道聯播網湧入可觀的資金,整個產業的利害關係已遠非以往能比擬。就在Maker與約翰遜發生矛盾那段期間,Maker正準備向時代華納及其他投資者募資,更表示工作室的估值達到2億美元。讓丹尼‧鑽石風格的領導者繼續掌舵,已不再符合金主們的利益,薩斯特於是找來以轉虧為盈著稱、作風強硬的以色列電視業高層伊農‧克瑞茲(Ynon Kreiz)。2013年4月16日,查平遞辭呈,並與Maker董事會一同投票通過由克瑞茲接任執行長。

然而在事後,查平還是壓不下心中的驚慌。據他所說,他發現克瑞茲與董事會暗中和其他共同創辦人協議,只要能把他擠掉,就會給對方更多股份(克瑞茲等人否認此事)。查平隨後控告Maker工作室、董事會及前女友多諾凡,指控他們犯下推定欺詐(編按:Constructive Fraud,雖然不是故意欺騙,但結果和法律後果都與實際欺詐相同),並「密謀把他逐出公司」。

他敗訴了,當所有創作者都離開Maker後,查平當初建立「YouTube版聯藝電影」的理想也隨之幻滅。

在這場風波中,查平還失去了另一件珍貴的東西:Maker新任管理團隊上任後不久,他原先的YouTube頻道就從網站上被抹去了。

> 「我一些不為人知的事情。」
> (THINGS YOU DIDN'T KNOW ABOUT ME.)
> PewDiePie,2013年8月9日。5:48。

謝爾貝里出現在燈光明亮的特寫鏡頭裡,滿面笑容。今天,他要和粉絲分享自己的20個小祕密:他曾靠出售Photoshop藝術作品籌錢買電腦,開始在YouTube上展開事業;他14歲時贏過網球比賽冠軍;他不吃蔬菜;「我的宅宅個性是遺傳自我媽。」;他喜歡電台司令(Radiohead);現實生活中「幾乎不罵髒話」;「我女友比我更懂足球和車子。」他也在影片中宣傳自己的慈善募款活動,最後以招牌動作「兄弟碰拳」──對著螢幕前的觀眾輕輕碰拳──作為影片結尾。

但Maker最耀眼的新星,卻越發光芒四射。

6天後,PewDiePie訂閱數突破11,915,435,正式超越Smosh,成為YouTube上訂閱人數最多的頻道。在之後精采紛呈的6年裡,他將持續穩坐YouTube冠軍寶座。

Chapter 16

盡情享受
Lean back

鐵粉都對英格麗‧尼爾遜（Ingrid Nilsen）的生活瞭如指掌：從早晨的保養流程到晚間的固定儀式，她愛用的遮瑕膏、眼線筆、洗髮精，粉絲們也都如數家珍。他們知道她厭惡公開演說，也知道她長年與痘痘搏鬥；他們知道父親去世後帶給她多大的創痛，也知道她的高中成績幾乎只拿C和D，好不容易才畢業；他們更知道陷入憂鬱低潮時，她是如何轉向YouTube尋找發洩出口。

尼爾遜擁有泰國母親與白人父親的血統，成長於加州橘郡，自小翻閱的時尚雜誌裡，幾乎找不到她這種混血兒能派上用場的美容祕訣。反倒是YouTube上的女性，也就是所謂「美妝達人」那些樣貌和她較相像的女性，為她提供了切實可行的建議。2009年的某個深夜，20歲的尼爾遜熬夜到很晚，情緒「跌到了谷底」（她後來是這麼告訴粉絲的），於是開了自己的YouTube帳號Missglamorazzi，取名靈感來自女神卡卡的歌曲。她在家裡拍下第一支影片〈怎麼化完美的紅唇〉，只靠桌燈作為簡單的逆光照明，整個人緊貼著攝影鏡頭示範彩妝技

巧。尼爾遜身材嬌小、個性活潑，能面對鏡頭侃侃而談，無論是彩妝技巧、護髮產品的特性或任何零碎話題，都可以用充滿青少年氣息的口吻隨興開講。

獵酷一族早已留意到YouTube上興起的化妝教學風潮，因為這類影片剛好可歸入「怎麼做」（How-to）的類型，而這類的影片與網站的搜尋機制天生契合。然而，更重要的是這類影片蘊含的深層吸引力：無論是誰都能跟著簡單的步驟操作，教學中也往往帶著一種輕鬆的親密感與安全感，令觀眾很是受用。

有位時尚觀察家在尼爾遜剛嶄露頭角的那年，曾於《紐約時報》的文章中指出：「這些影片提供你安全空間去盡情嘗試、失敗，然後再嘲笑自己。」自從YouTube轉而看重觀看時數後，美妝達人的排名便節節飆升。尼爾遜錄製10到15分鐘的影片，僅需少量剪輯就能上架。她的題材也從彩妝保養延伸到服飾、美食，以及更多私人化的分享（像是〈關於我的50個冷知識！〉、〈殭屍痘痘＋清潔日〉、〈讓你們知道太多了〉）。時尚產業起先並未看懂這股潮流。有一次，尼爾遜和某知名雜誌的美容編輯會面，對方竟指責她頻道裡不夠多紅毯風格的內容，還對她說：「妳做的這些根本就行不通。」

參加各種YouTube活動與創作比賽時，尼爾遜身邊幾乎都是喜劇演員和音樂人。儘管美妝頻道有群狂熱粉絲，YouTube最初並沒有大力推廣美妝達人。「他們不太理解這個類型的作品。」尼爾遜回憶道。直到後來，YouTube的軀幹團隊才看出

其中潛在的商業價值——包括尼爾遜在內,許多美妝創作者開始製作「戰利品開箱」影片,慢慢開箱自己在商店買的每件商品。YouTube最初將這類影片標記為「風格類型」,後來又因尼爾遜等人經常發布主題更廣泛的作品,改將它們歸在「生活風格類型」。YouTube的演算法特別青睞這些內容。

廣告出現時機

YouTube演算法越趨強大。創辦Storyful的愛爾蘭記者李特,最早是在「沉浸式演示」(Leanback Presentation)中見識到演算法的威力。觀眾只要點擊這個功能,影片就會自動一支接著一支連續播放。「再也不需要點來點去、擺弄滑鼠了。」宣傳片中,悅耳的聲音介紹道:「你只要舒舒服服地靠在椅背上,盡情享受就好。」

李特在Google曼哈頓辦公室裡觀看這段宣傳時,心中感到些許不安。做新聞報導時,通常會先將最重要的消息播報給觀眾,讓他們掌握近期發生的大事件,然後觀眾就能回歸各自的日常生活。他心想:「這個就完全不同了。你一旦進來,就很難再離開了。」特定幾支影片獲得越來越多人的觀看,YouTube就越會把它們推送到觀眾眼前。「它這是在打造無數個還沒被爛泥填滿的無底洞,」李特回憶道,「但再過一陣子,爛泥就會開始出現了。」

當初推出這個功能時,YouTube還為它包上網路行善的包

裝。身材瘦削又帶點文青氣質的創業者喬納・派瑞提（Jonah Peretti），也在紐約參與功能演示活動。他經營名叫BuzzFeed的新創網站，不久後這個網站將成立新聞編輯室，試圖結合網路爆紅現象與嚴肅的新聞報導。李特的公司Storyful先前被迫朝多頻道聯播網的方向發展，後來也採用BuzzFeed的做法：一方面整理上傳到YouTube的阿拉伯之春相關影片，進行嚴肅的報導；另一方面則積極搜尋能帶給人好心情的爆紅短片，賺錢資助該公司正經的新聞工作。舉例來說，他們找到〈感性寶寶〉（Emotional Baby）這支影片：母親拍下自己對孩子唱歌，孩子瞬間淚流滿面的反應。Storyful致電這位母親，詢問是否能在影片中放置廣告，並與她分潤。公司甚至將影片推薦給電視節目，提升該片的觀看次數。Storyful為這種策略取了個綽號叫「鯔魚頭」（The Mullet，一種前短後長的髮型），因為人們對這種髮型的描述是「前面正經，後面狂歡」。

不僅是Storyful，新聞媒體同樣會使用這種「鯔魚頭」策略。由俄羅斯政府克里姆林宮出資營運的電視網「RT電視台」（Russia Today）正是其中的佼佼者。節目內容雜揉了政治報導和引人好奇的釣魚式標題影片，例如可愛動物、車禍影像，甚至是街頭熱情擁吻的情侶（這種演算法「煉金術」讓RT電視台連續多年在YouTube排行榜上節節攀升，當時YouTube對此不以為意，直到後來俄羅斯政局逐漸變得敏感、引發巨大爭議，YouTube才開始重視此事）。

這個功能並未在YouTube上長久存續，但是背後的概念卻

深深扎了根。大多數使用者都是接連點開演算法推薦的影片，累積總觀看時數的同時，也為網站提供同等重要的大量數據。在聖布魯諾YouTube總部，員工幾乎不會親自觀看影片，卻會隨時監控與影片相關的數據，尤其是廣告與觀眾數量之間此起彼落的變化。廣告播放得太頻繁會令使用者反感。YouTube並不像電視節目有固定的廣告時段，而是平均每觀看7分鐘左右就出現一則廣告。但這個數字其實並不一致（有些頻道的無廣告時段更長），常因效率不佳而惹Google不快。在梅羅特拉手下工作的程式設計師阿列克謝・斯托布希金（Alexei Stolboushkin）提出建議：「乾脆讓YouTube演算法決定何時插播廣告吧！」

YouTube成效最佳的商業行動之一，就此開始了。

從這項計畫就可以看出，公司其實常常不太清楚自家機器在做些什麼。這項功能稱作「動態廣告載入」（Dynamic Ad Loads），內部代號「達拉斯」（Dallas）。大約在同一期間，Google正狂熱地投入機器學習的領域。這是一種人工智慧技術，相關理論已經存在多年了，但一直缺乏足夠的運算能力與大量數據支撐，而Google剛好兩者兼備。在此之前，多數軟體的程式碼都是寫死的——**如果A，那就B**；如果使用者看了尼爾遜這支影片，那就推播某一則廣告。至於機器學習系統，則能夠編寫自身程式，從數據中找出規則來，例如辨認照片中的人臉或影片中的乳頭。在執行特定任務時，效能優異的機器學習系統甚至能勝過人類。不過很多時候，機器學習系統的決策都

難以理解,即使是系統開發者也說不清這些決定背後的原因。

YouTube工程師團隊提出的構想是:蒐集足夠的觀看行為數據,讓機器學習模型自己找出「不會把觀眾嚇跑」的時機顯示廣告。每個機器學習模型都需要目標,於是梅羅特拉畫了一張圖表,「觀看時數」和「收益」分別放在橫軸和縱軸,接著他告訴工程師:他可以容忍觀看時數減少1%,來換取廣告收益2%的提升,但絕不能超過這個範圍。

團隊開始針對「達拉斯」進行測試,未經告知便調整部分使用者的觀賞體驗。每周五,梅羅特拉都會召開「YouTube統計」會議,工程師們在會中報告驚人的結果:系統想出既能增加廣告、又能延長觀看時數的方法。

「怎麼可能兩邊都是正數?」梅羅特拉質疑。

「不知道啊!」工程師回道,「我們可以直接發布嗎?」意思是:**我們能把它應用到所有影片上嗎?** 梅羅特拉要求工程師下周開會時提出更詳細的解釋,然而他們給出的結果還是一樣:更多廣告,觀眾待得更久。至於原因,沒人說得上來。

最終,程式設計師推敲出機器的邏輯:若使用者一進網站就先看到廣告,很可能就會立刻下線;相反地,等使用者先看個10分鐘、20分鐘的影片後再插播廣告,就更能忍受廣告的打擾了。機器就此歸納出一套「讓人願意繼續看影片、最終看到更多廣告」的完美方程式。

與此同時,YouTube還推出全新的廣告形式──「可略過廣告」,正好和動態廣告載入功能完美配合。出現可略過廣告

時，觀眾可以按下「略過」按鈕跳過廣告，而且只有當觀眾選擇不跳過時，廣告商才需要付費。這表示，廣告本身必須夠吸引人（除非觀眾太懶，或者是看不懂「略過」按鈕的小孩）。YouTube廣告銷售部門對此愛不釋手：如果人們正在看耐吉廣告，愛迪達自然也會想放上更誘人的影片與之競爭，甚至可能砸更多錢在YouTube的廣告競價系統裡，力圖擊敗對手。前任高層經理回憶道：「這之後，YouTube的業務發展就成了一列『停不下來的貨運列車』。」

　　身為首席工程師，斯托布希金參加了聖布魯諾辦公室的YouTube全員會議，在會議上受邀說明達拉斯的功能。他的簡報時間只有短短10分鐘，於是他選用簡單的比喻來形容演算法帶來的豐厚利潤。**把影片想像成食物，廣告想像成酒。**上台後，他開口說道。達拉斯就像個機器人侍酒師，能為你挑出最完美的搭配。作為示意，斯托布希金在投影片上放牛排餐的圖片，牛排旁的水晶酒杯裡裝了法國瑪歌酒莊的紅酒。

在角落滋生的邪教

　　YouTube忙著精進自家演算法之際，越來越多觀眾被吸入網站上某個快速增長的角落。

　　粉絲們都稱呼這位YouTuber為史蒂夫（Stef），他是個禿頭、身材壯碩、頗有親和力的加拿大人，說話帶點愛爾蘭口音。他經常談起自己悲傷的童年、戀愛與婚姻，各種重大嚴肅

的議題——幾乎什麼都能聊。他的語調溫和，似乎特別能撫慰那些覺得生活舉步維艱的年輕男性，讓他們產生「黑暗盡頭終將見到光明」的希望，而觀眾也確實被他深深吸引住了。

史蒂芬・莫利紐克斯（Stefan Molyneux）原本是資訊科技業的生意人，接近40歲時，他將自己包裝成自視甚高的「導師」。和許多在網路泡沫時期靠電腦賺錢的人一樣，他常穿著寬鬆的POLO衫，並著迷於自己侃侃而談的嗓音。2005年，他創立自由域名電台（Freedomain Radio），這不僅是播客，也是社會運動。不久後，莫利紐克斯轉戰YouTube，上傳〈哲學導論〉等滿是搜尋引擎關鍵字的影片，以及風格近似演說家東尼・羅賓斯（Tony Robbins）的勵志演講，許多影片都長達1至2個小時。幾年後，金融危機導致經濟衰退和社會疏離，莫利紐克斯便針對這種焦慮狀態上傳演說影片。「大學生當然有權利覺得憂鬱，」他對觀眾說道，「他們的社會就快要崩潰了。」他以《哈利波特》與《星際大戰》作為切入點，將自己的觀點包裝成對大眾文化的評論。

另外，也有些觀眾被他分享的世界觀與個人生活細節深深吸引。來自西維吉尼亞州的大學中輟生卡萊布・凱恩（Caleb Cain），喜歡聽末日甘迺迪樂團（Dead Kennedys）的歌，也愛看美國著名紀錄片導演麥可・摩爾（Michael Moore）的影片。某天，凱恩在YouTube側欄看見莫利紐克斯的影片，嚮往這位導師口中和妻子、女兒之間幸福互動的美好家庭生活。他心想：「我也想要這些，只要一直看下去，我也能變得和史蒂夫一

樣。」

剛開始經營YouTube頻道時，莫利紐克斯並沒有特別在政治議題上表態。如果有人問起，他會說自己傾向自由意志主義（Libertarianism）或無政府資本主義（Anarcho-Capitalism）。然而，政治話題還是逐漸滲透進他的影片，尤其當美國選出黑人總統之時，莫利紐克斯再也克制不住大談政治的想法。

> ▶ 「你被奴役的故事。」（The Story of Your Enslavement.）
> Stefan Molyneux，2010年4月17日。13:09。
>
> 　　這部影片看似探討人性與經濟的紀錄片，不時使用柔和的淡出效果與紀錄畫面，實際上是段激烈的抨擊。莫利紐克斯先以教科書般的歷史描述談論「奴隸制如何演變至現代社會」，然後拋出關鍵論點：「現實絕非如此。」他說著，畫面切換到動物被囚禁在籠中的鏡頭。「你所在的國家、你的納稅農場裡——」說到這裡，莫利紐克斯的語音飽含唾棄意味。「——你所謂的農場主人給了你某些自由，並不是因為他在乎你的自由，而是因為他想提高自己的利益。」接著，鏡頭轉到茶黨（Tea Party）抗議現場，畫面中出現一張海報，上頭是歐巴馬總統的照片，下方標著「法西斯主義」（Fascism）字樣。「現在，」莫利紐克斯問，「你看清自己生來所在的這座牢籠了嗎？」

到這時，莫利紐克斯的言論已經讓部分家長心生擔憂。英國地方議員芭芭拉・威德（Barbara Weed）駭然發現，某天她兒子突然留下字條離家出走，上面只寫著：「請不要聯絡我。」威德後來得知，兒子和其他觀眾遵從莫利紐克斯在播客

上的建議,拋棄原生家庭。根據莫利紐克斯的說法,如果無法透過諮商或其他方式解決與家人的問題,就應該「切割原生家庭」。莫利紐克斯和身為心理治療師的妻子克莉絲蒂娜・帕帕多普洛斯(Christina Papadopoulos)不只在線上宣揚這些理念,還在自己家中舉辦聚會,提出這類言論(加拿大某心理學委員會日後對帕帕多普洛斯提出專業失當的處分)。他們邀請聽眾捐款,換取YouTube影片以外的特殊課程,並提供名為「哲學王」的粉絲訂閱方案,每人收費500美元。早在2008年威德向外界公開兒子離家出走的經歷時,報章媒體就已在莫利紐克斯相關的報導中用上「邪教」一詞。

　　YouTube規範中,並沒有調查創作者私下行為的相關條款。如今有這麼多人上傳影片,公司光是要管理好自家網站就已經力不從心。達拉斯演算法系統讓YouTube更能為創作者帶來廣告收益,而當時YouTube傾向把這些資源與優勢平均分配給所有創作者。

　　那時,網路上滿懷怨懟的男性尚未成為無可阻擋的政治力量,倒是已經能看到一些徵兆。「我敢肯定,一定有幾樁婚姻是因為女性主義而破裂。」2008年,莫利紐克斯接受加拿大記者採訪時表示,「但這並不代表女性主義就是邪教啊!」

Chapter 17

Google之母
The Mother of Google

蘇珊・沃西基的航班被取消了。那時是2010年,距離她加入YouTube還有好幾年。她原本要前往華府參加盛會,慶祝《財富雜誌》(*Fortune*)年度「商界最具影響力的50位女性」排名出爐。主辦單位還邀歐巴馬去演講。這是沃西基首度上榜,但她因為工作與家庭的種種責任,覺得再換另一班飛機去趕場並不值得,於是決定作罷。

Google在她家車庫創立後的第10個年頭,沃西基依然維持著差不多的金棕色短髮造型,也依然對Google懷抱熱忱。她是典型的Google主管,擅長審慎地調整細節、達成各項指標。Google Video讓位給YouTube之後,沃西基調到Google最賺錢的廣告部門,掌管為各大網站鋪設網路廣告看板的系統——AdSense。她被譽為發明AdSense的主要貢獻者,獲得Google「創辦人獎」,等同一份留任獎金,獎勵職員留在Google,不單飛成立自己的公司。當時,Google最高管理層的女性屈指可數,沃西基就是其中之一。

但是,其他同屬高階女性主管群的人,卻得到遠勝於沃西

基的公眾矚目度。

曾任Google業務員的雪柔・桑德伯格（Sheryl Sandberg）轉往Facebook擔任二把手。天生具政治手腕的她，經常在矽谷家中舉辦社交聚會。由於她在Facebook擔任要職，得到許多受媒體專訪的機會與榮耀。《財富雜誌》2009年的權力榜上，桑德伯格名列第22名。另一位榜上有名的女性是梅爾，她與沃西基同屬Google所謂的「迷你創辦人」，也是公司產品領域的首腦人物。

無論是梅爾或桑德伯格，都能在鏡頭前、舞台上表現得泰然自若，沃西基有時則顯得比較生硬。身處最高層的女性，往往被放在不同的標準下受人評判。比起個人能力，外人重視的反而是媒體曝光度與舞台表現。於是，Google公關團隊著手安排讓沃西基在更多場合露臉，爭取更多媒體版面。有段時間，人們只要在Google搜尋她的名字，第二條搜尋結果便是《張望者》網站上一篇文章──〈蘇珊・沃西基天大的謊言〉。文章指控她誇大自己在AdSense發明過程中所扮演的角色。說起那篇文章時，她對記者史帝夫・李維（Steve Levy）坦承，「是啊，那真的讓我有點不爽。」但Google從不因為顧及自家高層的顏面，就去修改搜尋結果的排序，或直接抹消一筆搜尋結果。對Google而言，演算法搜尋的結果，具有至高無上的神聖性。

沃西基終於在2010年闖進《財富雜誌》排行榜，以第43名的成績首次上榜，比同年排名第16的桑德伯格低了27名，也比

排名第42的梅爾稍遜一籌。

沃西基錯過班機後本想就此作罷，但負責公關事務的同仁委婉地提醒她：「妳還是得去一趟啊！」桑德伯格和梅爾很可能已經先一步抵達現場，開始和其他與會者交際了。無奈之下，沃西基還是動身前往華府。

Google之母的公眾形象

沃西基1968年出生於加州聖塔克拉拉市，正好位在矽谷的核心地帶。她家族所有人都在各自的領域展現優異的才能，沃西基家後來也因此名聞遐邇。

蘇珊的父親史丹利是粒子物理學者，從小在波蘭克拉科夫的天主教家庭長大，住家緊鄰通往奧斯威辛集中營的鐵路。他家公寓一度被納粹強行霸占，後來他成功逃到瑞典。蘇珊還小時，史丹利就受邀到史丹佛大學擔任物理系主任；蘇珊的母親艾絲特出生於紐約下東城，父母是俄裔猶太移民。艾絲特個性開朗，長大後成了新聞工作者與教育者，在史丹佛大學附近的帕羅奧圖高中任教，是矽谷頗受敬重的人物。沃西基一家在短時間內接連迎來3個女兒，而且從小就嚴格培養她們勤儉節約的習慣，讓她們學著剪折價券、對帳本，還沒到能開車的年紀就得學著管好家裡的開銷。

蘇珊4歲那年，曾在史丹佛幼兒園的停車場裡一路跑到母親面前，興高采烈地說：「我們今天吃棉花糖，我拿了兩顆

喔！」艾絲特後來才得知她的長女參與了一場心理學實驗：史丹佛教授沃爾特・米歇爾（Walter Mischel）讓孩子待在房間裡，房裡擺著一顆棉花糖。他告訴孩子們，可以立刻吃掉棉花糖，也可以多等15分鐘再吃，多等一下的人能多拿到一顆棉花糖。這份傳奇研究的結論是：40年後，選擇等待的孩子在體能狀況、認知與社交方面都較有競爭力，成年後心理狀態也較佳。在所有同齡的幼兒中，小蘇珊是那個等待最久、最能忍耐的孩子。

米歇爾的研究後來雖屢遭質疑，還是成了參與者生命故事的一部分。在《養出內心強大的孩子》（*How to Raise Successful People*）這部育兒書中，艾絲特談到女兒小時候的棉花糖實驗，並寫道：「我認識的所有人當中，蘇珊是最有耐性也最講邏輯的人了。沒什麼事能動搖她，她的自制力也非常驚人。她身邊圍繞的員工都是她所信賴、尊重的人。這些特質她其實從小就有，但並不是與生俱來，而是多年不斷練習與實踐的成果。」

蘇珊先是在哈佛大學攻讀歷史，之後到印度待了1年，從事攝影記者的工作。不久後，她又轉往更實用的領域，先後修得經濟學碩士與企業管理碩士學位，開啟了科技領域的職涯。她和丹尼斯・特羅珀（Dennis Troper）結婚，對方也是個科技人，之後兩人一同在Google工作。蘇珊的二妹珍妮特成了流行病學研究者，而小妹安妮則先是在華爾街工作，後來回到家鄉成為矽谷名流：她和合夥人共同創立基因檢測公司「23與我」（23andMe），並在巴哈馬舉行了突破傳統框架的婚禮，和

Google創辦人之一布林結為連理。個性爽朗又討喜的安妮博得各界稱譽，《浮華世界》（*Vanity Fair*）將她形容為「穿著勃肯鞋的珍妮佛・安妮斯頓（Jennifer Aniston）」；還有雜誌盛讚她是「全美最勇敢無畏的執行長」。相比之下，姊姊顯得更為低調謹慎，有熟人稱她為「典型的姊姊性格」。

YouTube併入Google後，沃西基協助策畫DoubleClick的收購案，並將廣告看板鋪設到所有願意合作的網站上，使Google成為廣告界不容小覷的一股勢力。最關鍵的是，佩吉總會傾聽她的建議。Google從前的主管金・史考特（Kim Scott）甚至稱她為「賴利語者」。史考特回憶道：「其他人都沒辦法讓他聽進道理時，她就是有辦法。」沃西基情緒穩定，鮮少咄咄逼人，善於在後方觀察形勢。

Google每年會舉辦「Google熱門關鍵字搜尋排行榜」盛會，與會的財閥、政治人物與名人會藉機來找Google高層攀談。某年的盛會上，有人看到沃西基仍穿著她在附近爬山時的裝備，安靜地在一旁做筆記，根本沒人認出她來。不過，沃西基在必要時也能展現出犀利的一面。有位前Google高層回憶道，有次和梅鐸的新聞集團會面談論商業合作事宜時，向來與Google水火不容的新聞集團擺出強硬的姿態。沃西基平靜地說道：「那好啊，我們乾脆別付錢給你們了。各位意下如何？」

Google公關團隊在替沃西基塑造形象時，強調的倒不是她的精明，而是高適應性且柔和的特質（勤奮、不具威脅性、忠誠等等），讓她在男性主導的業界中顯得更加討喜。自此以

後，沃西基的公眾形象逐漸成形。2011年，《聖荷西信使報》（*The Mercury News*）刊出歌頌沃西基的報導，稱她為「你從未聽過卻在Google內舉足輕重的人物」。多位同事在文中誇讚她從不搶鋒頭，並指出她對DoubleClick與YouTube收購案的巨大貢獻——他們將後者的成功歸功於沃西基，甚至超出當時許多相關人士的印象與記憶。

然而，該篇報導真正的焦點其實是她的「母性」。沃西基是Google第一位生過孩子的女性員工，也是她訂定了公司的產假制度，補足Google男孩們未能考慮到的制度架構。到了2011年，她已經有了4個孩子。《聖荷西信使報》那篇文章形容她開著豐田Highlander休旅車接送小孩，活脫脫就是個「足球媽媽」。沃西基接受採訪時表示：「孩子們知道我每天晚上都會回家和他們吃飯。」這種宣傳手段似乎再聰明不過：曾和她合作的生意夥伴回憶道，沃西基平時有點「不苟言笑」，但只要一談到她作為母親的角色，就會活躍起來。《財富雜誌》更因此為她冠上「Google之母」的稱號。

《富比士》的文章提到她「自嘲式的樸實無華」：她在辦公室裡習慣穿牛仔褲和帽T，不具名的前同事還拿她和彼得·謝勒（Peter Sellers）在喜劇《無為而治》（*Being There*）中飾演的「園丁錢斯」這個角色相提並論（譯註：園丁錢斯是個眼界狹隘、簡單直白、大愚若智的角色）。提到沃西基的每篇報導，以及員工們在茶水間的閒聊，幾乎都不忘強調那間孕育了Google的車庫，也是Google天才男孩們在她照料下孵化的巢窩

（Google後來甚至買下那塊土地，並在Google地圖上將該處標示為「蘇珊的車庫」）。這種論調多少會讓人忽略她身為主管的種種成就與個性，有同事更是以「世上最幸運的車庫主人」這種帶貶義的方式，來淡化她的努力與功績。不過，沃西基與Google共同創辦人從最初就建立了深厚的關係。之所以值得一提，倒不是因為他們之間存在裙帶關係，而是這解釋了她在公司裡特殊的地位。佩吉與布林年紀輕輕就功成名就、積攢驚人財富，備受外界關注，因此他們身邊需要一些能幹的人，而且必須是在他們成名前就和他們相熟的人。「兩位創辦人在這世界上最信任的人可能就是沃西基了。」早期的Google業務總監基恩表示，「不管情況多麼棘手，沃西基都不可能倉皇失措。」

博克在Google當了多年人力資源主管，直到2016年才離職。在他看來，Google近似家族企業。2011年，佩吉與布林調整Google的股票結構後，他們倆的投票權成了一般股東的10倍；沃西基的丈夫與妹夫也在Google任職，母親則受聘協助公司設計教育相關計畫；Google還投資了安妮的公司。「在家族企業裡，」博克表示，「忠誠才能換得最大的回報。」

計畫改變

然而，到2013年，沃西基夾在Google家族內部的權力競爭之中進退維谷。她是佩吉手下L團隊的成員，而該小組內部常

爆發爭執。不僅如此，部門內還有人對她的權位虎視眈眈。

斯里達・拉瑪史瓦米（Sridhar Ramaswamy）戴著眼鏡、要求嚴謹。他是Google工程師，靠著在廣告部門步步高升，爬到和沃西基相當的地位。

兩人在行事風格上大相逕庭：拉瑪史瓦米注重細節，會親自翻閱程式碼文件，對各項數據指標瞭若指掌；根據同事的形容，沃西基偏向「大局思維」，習慣將細節交給信任的下屬處理（有位前Google員工回憶道，自己曾帶著60頁簡報向沃西基提案，結果才翻到第5頁，沃西基便轉頭問副手的直覺想法，然後提前結束會議）。

此外，沃西基與拉瑪史瓦米之間還有過節：沃西基希望把使用者的搜尋字詞整合起來，用於挑選Google投放到各個網頁的橫幅廣告。如果廣告商能根據人們的搜尋行為及瀏覽網站來鎖定消費者，就可能在Google砸下更多廣告費。然而，拉瑪史瓦米從商業層面考慮這個問題，認為廉價的橫幅廣告可能會稀釋搜尋廣告原先的優渥利潤，而且許多程式設計師也堅定地排斥這項計畫（他們認為，人們在網站上到處看到根據自己搜尋內容而出現的廣告，想必會感到毛骨悚然）──最後，拉瑪史瓦米也反對這項計畫。佩吉從很久以前就強調，搜尋數據應該跟其他業務分開，但包括沃西基在內的一派人都認為，佩吉的做法已經跟不上廣告業界不斷追求更多數據的潮流。

2013年年底的一系列會議中，這場衝突逐漸白熱化。這段時期佩吉舉行多次高層會議，為公司規畫長期方向，也就是他

所謂的「Google 2.0」。一向沉穩的拉瑪史瓦米在會上卻顯得相當激動。據說某次會議上，他甚至指控沃西基「隱瞞了她的真實意圖」。除了參與共同的會議之外，這兩位高層經理都竭力避免碰面。廣告團隊的職員回憶道，他們每周二都要參加一次由沃西基召開的檢討會，周四還得再參加一次拉瑪史瓦米主持的會議，兩次會議的內容相差不遠。在沃西基手下工作的員工表示，她最生氣的一次，就是因為那名下屬協助拉瑪史瓦米做了某項專案（拉瑪史瓦米後來解釋：「我跟沃西基的確在政策與商業決策上意見不合，但不涉及個人恩怨。」）最終，佩吉不得不在兩人之中擇一，由那人來掌管廣告業務。

與此同時，沃西基的妹妹安妮與布林爆發宛如小報八卦般的離婚鬧劇。Google富有想像力的共同創辦人布林，愛上公司裡20多歲的行銷職員。該名員工試戴被Google宣稱是「未來電腦」的Google眼鏡，看上去有些搞笑。布林追求她的時候，她還同時與安卓部門的某位高層主管交往。2013年8月，布林與安妮公開宣布分手，並透過公關聲明表示他們「依舊是好朋友，也是事業上的夥伴」。安妮和幾個女性好友跑去斐濟度假，做瑜伽放鬆身心；布林則跑去參加火人祭（編按：Burning Man，美國內華達州在黑石沙漠舉辦的儀式，會焚燒巨大人形木像）。兩人分手、這段尷尬的「四角關係」，在Google內部傳得沸沸揚揚，令原本已經不太平的氣氛變得更加緊張。向來重視家庭的佩吉，在那之後一度不願和布林溝通。沃西基則向親近朋友透露，她對這段離婚過程非常不滿，尤其是布林在那段

期間的某些行為。

　　相較於Google家族的內鬨，YouTube這邊更讓人難以忍受的是日益龐雜的官僚體制。2011年，YouTube洛杉磯辦公室的凱薩琳・格蕾斯（Kathleen Grace）向卡曼加提議設立YouTube製作工作室，她拿派拉蒙影業與環球影業（Universal Studios）那種戒備森嚴的好萊塢片廠來做對比，再展示她幻想中YouTube空曠開放的場地，然後配上一句口號：「在這裡，我們永遠說『可以』。」卡曼加只考慮約30分鐘，就拍板通過格蕾斯的提案。然而，3年後，格蕾斯想推動一個花費更少的新企畫時，卻得4度向多達15人的委員會報告，請求他們通過提案（之所以成立這個委員會，就是因為有人質疑YouTube專案太多了）。與此同時，YouTube的高層領袖們覺得自己比起握有實權的主管，更像四處奔波的穿梭外交官，時常得向Google旗下不同事業部門低頭，無法自行掌控決策。「我被情勢所逼，不得不去練習一項我根本不想練的本領。」梅羅特拉曾如此向卡曼加抱怨。

　　2013年，YouTube員工很少有機會看見自家執行長。卡曼加大概一周只去聖布魯諾辦公室一次，他對YouTube的熱情似乎也逐漸消退了（有位主管曾在舊金山機場撞見他，卡曼加揮手打招呼，只見他背著背包，準備去爬山。也有員工記得卡曼加有次參與YouTube Kids相關的重要會議時，卻默默翻看著自己的Facebook頁面，顯得漫不經心）。話雖如此，卡曼加其實十分關心組織的問題：每周一，他都會參加L團隊從早開到晚

的「Google 2.0」會議，佩吉時常拋出想法，試圖讓Google重拾新創時期的靈活。有時候，卡曼加還會與佩吉私下會面，討論更大刀闊斧的企業重組方案。

從實際運作層面來看，YouTube是由二把手梅羅特拉在掌舵。此時內容負責人吉伯特已經退休，公司內由梅羅特拉負責替團隊做多數決策，YouTube管理團隊也越來越信賴他了。卡曼加開始帶著這位副手去和佩吉私下開會，有時候自己甚至不出席，讓梅羅特拉與佩吉一對一議事。大家都以為卡曼加很快就會宣布退位，將大權交給梅羅特拉。

然而，計畫發生了變化。

10多年來，梅羅特拉一直定期和矽谷企業老將比爾·坎貝爾（Bill Campbell）會面。坎貝爾行事硬派，被矽谷人尊稱為「教練」，先後指導過佩吉、賈伯斯，以及眾多尚未出師的科技巨頭。身為Google個性頑強的執行長，佩吉拜託坎貝爾去指導YouTube創辦團隊，也經常請他去進行那些自己不願面對的溝通工作。2014年初，坎貝爾請梅羅特拉將他們原本的定期會面提前，並改用視訊方式進行（當時坎貝爾疾病纏身，2年後便因癌症離世）。梅羅特拉加入視訊會議時，準備了一堆管理難題要和「教練」討論。

「其實，我有另一件事要和你聊。」坎貝爾開口說道，「除了我以外，不會再有人跟你說這些了。賴利已經挑好了另一位人選，要讓那個人來領導YouTube。」

梅羅特拉聽得目瞪口呆，脫口而出：「誰？」

「是沃西基。」

　　那年2月,有幾位YouTube員工走訪Google的蘇黎世辦公室。那裡被形容為企業版「糖果樂園」,有彈珠台、樂高房、酒窖,還有讓人躺進去午睡的泡棉浴池,辦公室內甚至設置了塑膠溜滑梯。YouTube員工和當地同事晚上一起喝酒狂歡時,突然看到手機接二連三跳出訊息:**「公司換了新執行長。」**、「等等,是誰?」、「什麼!?」

　　聖布魯諾總部裡,多數人收到這份消息時都十分震驚。前來接掌YouTube的人,是位Google高階主管,和她共事過或見過面的人可是少之又少。

　　和沃西基關係較接近的人都知道,她早就躍躍欲試,想像許多同儕那樣接下更高層的職務。到了2014年,她和廣告工程師拉瑪史瓦米之間的衝突似乎無解,沃西基私下甚至考慮跳槽去特斯拉(Tesla)當營運長,成為PayPal幫成員馬斯克一人之下、萬人之上的副手。不過佩吉並不想讓她走,他知道卡曼加早有意離開YouTube,佩吉自己也在計畫淡出Google,準備將Google交給信任的副手桑德爾・皮查伊(Sundar Pichai)。某次談話中,人力資源主管博克提到,如果把沃西基調去YouTube,佩吉挑選的接班人就能順利就任了。於是,YouTube成了沃西基的新舞台。佩吉最後把決定告訴梅羅特拉時,只對他說:「繼續做好你現在的工作就行了。」

Chapter 17　Google 之母

　　媒體與部分YouTuber將這些異動看在眼裡，認為廣告部門出身的人來主掌YouTube，意味著Google打算從這個網站榨出更多營收。「沃西基對不可能的事抱持理智又大膽的輕蔑。」佩吉對《紐約時報》表示（刊出這篇關於沃西基調任YouTube執行長的報導時，報社誤放成妹妹安妮・沃西基的照片）。

　　在YouTube總部，梅羅特拉含淚向大家宣布這項人事變動。沃西基對眾人發表簡短的演說，接著便陸續與各團隊見面。她和演算法負責人兼「觀看時數」推手古德羅見面時，對方準備了46頁的簡報，第5頁展示了YouTube每日觀看時數的目標──10億小時，以及目前的進度。「對了，其實我們現在的進展非常、非常落後。」古德羅告訴這位新上司，「我現在很焦慮，希望妳也多少體會到我現在的焦慮。」他最討厭無法達標的情況了。

　　在矽谷，新任主管常會透過大幅改變公司方向，來昭示自己的權威、留下自己的印記。沃西基剛加入YouTube時和Google網路工程團隊開會，該團隊向她提出調整建議：他們也對YouTube觀看時數的目標深感憂慮，擔心伺服器負載太重，因此想縮減YouTube的規畫，好緩解頻寬壓力。

　　然而回顧當時，似乎沒有人提醒沃西基YouTube所承受的另一種負擔：過度強調「使用者參與度」，而且將廣告收入盡可能分配到不同領域，最終會引發一連串災難。當時，沃西基並不認同網路團隊的看法。

　　「我們還是先照原定計畫進行吧。」她對大家這麼說。

PART 3
擴張與分裂
Beyond the Horizon and Division

Chapter 18
油管之中
Down the Tubes

　　Google吟遊詩人斯泰普頓如今成了「獵酷一族」……大概吧。

　　她本人沒聽過「獵酷一族」這個暱稱，只知道YouTube內部曾有個更具編輯主導權的團隊，後來被拆分到行銷部門，也就是她在2014年初加入的單位。當時有位人資主管建議斯泰普頓去應徵「策展策略經理」，她看了職務內容後心想：「這到底是什麼？」話雖如此，她還是接下了這份工作。

　　上任第一周，YouTube就派她到巴黎，和負責研發推薦系統的工程師會面。那些程式設計師談到演算法採用的多種信號，卻沒正面回答她的疑問：她的職責究竟是什麼？最後，倫敦有位同事透過公司內部訊息丟來一個連結，算是迂迴地回答了她的問題。斯泰普頓點開連結一看，原來是位人類學者寫的檄文〈論狗屎工作之現象〉（On the Phenomenon of Bullshit Jobs）。

> 　　就像是某人在某處，僅僅只是為了讓我們繼續苦幹，而故意創造些毫無意義的工作。這正是事情的神祕

之處……所謂的地獄,就是許多人一輩子都耗在一項他們不喜歡、也不怎麼擅長的工作上。

在此之前,斯泰普頓在紐約的Google創意實驗室待了2年。實驗室號稱要「激發一點蘋果的魔力」,在內部推廣蘋果廣為人知的「工作狂文化」,要求下屬熬夜加班「撐下去」,就連周末也不例外。但問題是,他們並不是在發明iPhone,而是在做產品再包裝、各種構想的「草樣」,還有一些和Google其他計畫一樣,最後無疾而終的專案。斯泰普頓發現,實驗室裡被壓榨得最嚴重的一群人,並不是她這種正式員工,而是約聘人員——他們既沒有Google的股權,也拿不到員工福利,甚至在辦公室佩戴的識別證顏色也不一樣。先前在加州,斯泰普頓任職於Google的公關團隊時,覺得自己的工作既充實又有意義,更覺得那個由女性主管領軍的部門宛如「母系社會」。但到了創意實驗室,她只覺得自己無人管理。有次,她想與實驗室裡的男性主管打好關係,於是問另一位同事該怎麼做。

「他就是個真性情的男人,」對方說道,「喜歡和那種下班後能跟他一起喝啤酒的好哥兒們共事,這樣說妳懂吧?」

接近30歲的斯泰普頓脫離了Google的舒適圈,定居在布魯克林,吃著農場直送的餐點、穿著喀什米爾毛衣、看著大製作電視劇。她曾短暫考慮離職,卻又因YouTube的迷人文化魅力而選擇留下。那時的YouTube宛如龐大的文化汪洋,每天都在衍生新的河口與氣候型態。ASMR影片(輕聲細語與沙沙聲等

可令部分觀眾產生愉悅感的音效內容）正在平台上快速竄紅；從韓國電視傳入的「吃播」也大受歡迎，觀眾愛看人狼吞虎嚥，YouTube上的吃播影片更是誇張又失控，往往搞得現場一片狼藉。斯泰普頓所在的部門主要負責觀察與記錄這些趨勢，沒有積極介入。她的任務是策畫「聚光燈」頁面，也就是YouTube官方的精選影片播放清單。

她全力投入這份任務，像先前撰寫Google TGIF講稿時那樣，用活潑且富個人風格的文字寫下一則又一則播放清單介紹。結果，主管卻叮囑她：「保持制式就好，別加入個人特色。最好聽起來像電腦寫的稿子。」

「可是，我的文字就是充滿個性啊！」她反駁道。

主管告訴她，YouTube必須是個中立的平台，盡可能避免帶入任何編輯意圖，才可以免吃上官司。其實在斯泰普頓到任後不久，YouTube就面臨一股在平台上崛起的新風潮，讓公司更是對自身謹慎的立場深信不疑。相較於這場風波，YouTube之前那些法律糾紛都顯得微不足道了。

斯泰普頓的意見被主管否決後，她決定不顧上意，私下行動。她自行發起一份電子報，並取名為「油管之中」（Down the 'Tube），精選一些能再現YouTube早期魅力的影片連結，就如汪洋大海中少數幾滴清新的水珠。她分享了可愛的小獵豹、配上作曲家柴可夫斯基（Tchaikovsky）古典音樂的袋鼠拳擊秀，以及鼓手巧妙將牛隻拍賣師喊價過程改編成鼓樂演奏的影片。她在信末簽上：「願串流與你同在。」比起YouTube名

Chapter 18 油管之中
303

人的原創作品,她更常在這些郵件裡推薦一些電視節目片段,但其實公司本身也在往那個方向偏移。幾位高層經理主動訂閱。到了年底,斯泰普頓寄出最後一封信,回顧YouTube那一年帶來的衝擊:

> 佳節愉快!
>
> 先認真說幾句⋯⋯今年YouTube的總觀看時數超過720億小時,絕大部分是一些有氣無力的流行文化片段。這種東西,我們「可能」看得太多了。東西越多,就越難發現任何特別之處;但你越努力去找,就能看見越多——至少,老人家是這麼說的。
>
> 我們帶著希望向2014年道別,期待我們在這種淺薄的視聽習慣裡,還能找出那麼一點點深度。也期待在這個總讓人眼花撩亂、影片被切得零零碎碎的時代,至少能找出那麼一絲意義。但也可能不行(小心翼翼地從電腦前退開)。

空降的新主管

到了2014年,有句真言已傳遍YouTube,這是能概括所有成功企業生活史的咒語:**笑話、威脅、如日中天**(Joke, Threat, Obvious)。

這是梅羅特拉先前在微軟時從主管那裡學到的說法,後來

他也傳給自己的團隊。「一開始你不過是個笑話，沒有人相信你。」梅羅特拉解釋道，「接著你成了威脅，所有人都懼怕你。最後你變得如日中天，人們預期你做任何事都會成功。」

對YouTube而言，「笑話」的階段並不陌生：溜滑板的狗、遭人恥笑的Google次要代表隊，都屬於企業的「笑話」階段。而YouTube對其他企業構成的「威脅」則一步步浮現：與維亞康姆的訴訟、串流平台Hulu，以及舊媒體想插手或無視網路卻弄巧成拙的種種嘗試。當YouTube這艘大船逐漸起航，「如日中天」的階段就到來了：YouTube雖是由群眾決定內容、製作成本低廉的媒體，卻成了娛樂產業未來的走向。

如今YouTube模式已然成形，其他產業紛紛投入這塊市場。導演史蒂芬・史匹柏（Steven Spielberg）的製片廠、以《史瑞克》（Shrek）等電影聞名的夢工廠（DreamWorks），斥資逾1億美元收購青少年取向的YouTube多頻道聯播網AwesomenessTV；美國電信集團AT&T花了更多錢收購Fullscreen；迪士尼也掏出支票簿，準備採取行動；Netflix及其他線上內容供應商則開始網羅YouTube名人。Google甚至一度打算斥資近10億美元收購風靡電玩圈的直播平台圖奇，並將它與YouTube合併。但Google顧慮到價格過高與反壟斷審查的種種風險，談判最後破局，亞馬遜就此乘虛而入買下圖奇。不僅是上述企業，就連Facebook也開始在影片領域試水溫了。

沃西基接掌YouTube之時，公司正處在「如日中天」階段。她不需要從零開始發明YouTube的商業模式，而是要讓它

發展得更強大。畢竟到了2013年，YouTube每年收益還只停留在30億美元，和整個電視產業的規模相比，仍是小巫見大巫。財經媒體批評YouTube擁有10億用戶，卻沒能賺錢。

上任後，沃西基首次在重大場合公開亮相，是在麥迪遜花園廣場舉辦的「Brandcast」活動上——這是YouTube為了讓廣告客戶了解自家內容而舉辦的年度盛事，類似傳統電視台的廣告招商會，只是更「YouTube」一點。沃西基在台上宣布YouTube最新的服務：「Google Preferred」（現在名為YouTube Select）。使用這項服務時，廣告商可選擇在YouTube最受歡迎的一批影片裡投放更高單價的廣告。這就是YouTube長久以來打造「優質節目區」的成果。然而，YouTube終究是YouTube，所以挑選優質節目的並不是公司，而是一套不公開的演算法邏輯。這位新任執行長在演講時表示：「我們身處在影片領域的大革命。」她的演講結束後，由歌手菲瑞・威廉斯（Pharrell Williams）演唱一曲〈快樂〉（Happy）作結。

演藝圈逐漸轉移重心。同樣在那年秋季，沃西基到舊金山出席由雜誌《浮華世界》主辦的盛會，與她的新同行——HBO執行長，以及有線電視巨擘探索公司（Discovery Communications）的執行長同台對談。幾位男性媒體大亨仍是一副標準的矽谷打扮：牛仔褲配樂福鞋；沃西基則穿著高跟鞋與簡潔的銀色洋裝。主持人問她：「10年後有線電視還在嗎？」沃西基露出狡黠的微笑，答了句：「也許吧。」同年，《紐約時報》刊登她的長篇人物專訪，稱她「悄然成了世界上最具影

響力的媒體業高層之一」。她為這篇報導拍照時，穿著深藍色晚禮服，明顯懷著她的第五個孩子。

不過，在YouTube內部，並不是所有人都歡迎她的到來。

沃西基初次在公司發言時，依舊保留她一貫未經雕琢的演說風格，夾雜不少「呃」、「那個」之類的口頭禪。在場的女性菜鳥職員回憶時，表示這種散漫令人感到「很勵志、看了很開心」。當時，大部分YouTube職員都在為些日常瑣事操心，沃西基上任後舉行的首次全員大會上，得票最高的員工提問竟是：「為什麼YouTube的員工餐廳沒有希臘優格了？」

一些資深媒體人倒是樂見她的到來，認為這代表Google對YouTube的重視。先前，賀利與卡曼加雖然偶爾會被介紹為「YouTube執行長」，但在Google官方文件上，他們其實只是「資深副總裁」。如今，沃西基正式取得「執行長」的頭銜，足見她在Google大家庭中的崇高地位。「感覺就像救兵來了。」YouTube創作者公關總監提姆‧謝伊（Tim Shey）回憶道。

YouTube內也有人將沃西基視為外來者，擔心她過於迷戀傳統好萊塢勢力（另一位總監記得沃西基曾興奮地表示上任之後，演員布萊德‧彼特〔Brad Pitt〕是首批向她道賀的人之一）。沃西基接任執行長之後，梅羅特拉請了半年的長假思考下一步。沃西基竭力挽留，希望他能協助自己站穩腳跟。不過梅羅特拉最終還是走了，而且沃西基的多位副手也在1年內陸續離開。其中有些人是對「如日中天」的階段感到乏味：有位YouTube總監先前致力讓YouTube進駐幾乎所有手機和裝置，卻

在公司嘗試把服務置入飛機座椅螢幕時決定離職。在他們看來，YouTube再無新天地可開拓了。不過也有許多人效忠梅羅特拉，對他被淘汰的結果感到不滿。

或許，問題根本在於這位新上司過於「Google味」的作風。

在Google成立之初，所謂的「Google味」曾是公司的競爭資產。Google資深人力資源主管博克曾在管理書中提到，公司在招募新人時最看重的正是「Google味」特質：謙虛、盡責，以及「能在模糊環境中保持舒適」。在辦公室溜滑梯不怕出糗，就是「Google味」的典型表現。此外，Google還有句口號：「別搞政治，用數據說話。」當年在討論是否收購YouTube時，就有位Google主管質疑：如果憑盜版內容獲利，是否符合「Google味」？

然而，隨著時間推進，「Google味」也逐漸染上貶意，變成用來形容「過度順從Google管理文化、只顧成全Google大目標而壓抑個人情感與特質」的人。與沃西基共事多年的員工坦言：「我說不出她到底是什麼樣的人，她就像張白紙。」

在美國企業界，如果公司在你頭上空降新主管，人們就會用「層疊」一詞婉轉描述你被變相降職的尷尬處境。Google都用資歷與數據為職員排定名次，而在次要代表隊YouTube內部，許多經理和其他Google部門主管相比都相對資淺。沃西基入主聖布魯諾辦公室後，把兒子猶太成人禮的照片和過去累積的Google名片盒都搬了進來，擺在辦公室書架上；與此同時，

她也帶來多位Google出身的主管、副總裁、資深總監與資深工程師。換句話說，她「層疊」了整個YouTube架構。部分YouTube員工認為，那股更「企業化」的氛圍已襲捲而來。

有位YouTube員工回憶起自己當時的想法：**這幢大樓已經被Google全面滲透了**。沃西基偏好和自己信賴的顧問合作，有人認為這是她值得肯定的管理特質，但也有人（包括後來在離職潮中毅然離去的YouTube經理）主張，沃西基只想找那些聽命於她、願意諂媚逢迎的人。還有人推測，這些新進人員可以代表沃西基想將她在Google廣告部門的那套做法複製到YouTube。她在產假期間，每周只參與一次業務會議，主題正是高品質廣告。

YouTube仍努力在顛簸交接時期保持穩定，卻又猛然面臨另一場全新的噩夢。

🔔

那年8月，名為〈給美國的一則訊息〉（A Message to America）的影片出現在YouTube。影片開頭播出美國總統歐巴馬宣布空襲伊拉克的片段，2分鐘後，鏡頭一轉：荒涼沙漠中，男人穿著橘色囚衣跪在地上，光線打在他身上，可以看到男人衣領上別著小麥克風。在他背後，是個全身黑衣、面目不明的男人。跪地的美國人被迫念出「人質宣言」，然後，他就死了。「如果你，歐巴馬，」黑衣男人直視著鏡頭說道，「想剝奪穆斯林在伊斯蘭哈里發治理下安全生活的權利，就會導致

你們人民血流成河。」這支由伊斯蘭國（ISIS）拍攝並上傳的影片，最後以另一名橘衣人質跪地的鏡頭作結，帶著明顯的恐嚇意味。

被斬首的人質名叫詹姆士・佛利（James Foley），是2年前在敘利亞遭綁架的記者。其實在上傳佛利那段影像的2個月前，這個武裝激進組織便宣稱建立了殘酷且帶有前現代化風格的「哈里發國」（Caliphate），並在地面戰場與社群媒體上同時發動戰爭。

伊斯蘭國成員開始在YouTube大量上傳影片，包括譴責西方罪惡的布道，以及精心剪輯過的人質處決影片，畫面令人膽寒。這類影片多在歐洲白天時段被大量上傳，規模較小的Google歐洲分部頓時忙得焦頭爛額。Google依照禁止「血腥暴力內容」的政策，移除佛利遭斬首的影片，但對其他伊斯蘭國影片則須更加謹慎，因為許多新聞媒體也上傳了與伊斯蘭國相關的片段，YouTube不想一併刪除。況且，YouTube並不想替人定義「什麼是新聞媒體」。經歷阿拉伯之春後，YouTube領悟到：任何人都能成為新聞來源。

話雖如此，眼見伊斯蘭國的影片大量湧入，YouTube不得不立刻採取行動。在巴黎裝潢華麗的Google辦公室裡，幾乎所有員工都被迫放下份內的工作，臨時被派去審核內容一周。他們緊急建立一張大型試算表，用以追蹤每次佛利影片及類似的恐怖片段被重新上傳的實況。被指派去觀看這些伊斯蘭國影片的YouTube業務部門員工，日後回憶起當時的感受，表示自己

十分震驚：這些宣傳片拍得極具電影戲劇張力。更棘手的是，伊斯蘭國上傳者常會把真實新聞片段剪接穿插在影片裡，讓YouTube更難以辨識哪些是伊斯蘭國成員上傳的片段。那名員工發現，比起直接播放動態影片，用逐格翻看的方式檢視靜態畫面，比較不會造成內心受創。員工們咬牙翻看——新聞主播畫面、新聞主播畫面、新聞主播畫面、沙漠與橘色囚衣。確認違規。換下一支影片。其他員工眼見同事看完這一連串影片後，臉色蒼白地坐在座位上，明顯飽受衝擊。

陽光是最好的消毒劑

多年來，YouTube一直因「提供激進伊斯蘭教主義者發聲管道」而飽受批評。2010年，美國民主黨籍眾議員安東尼・韋納（Anthony Weiner）曾寫信給YouTube，憤怒地要求平台移除「網路版賓拉登」——伊斯蘭教聖職人員安瓦爾・奧拉基（Anwar al-Awlaki）的所有影片。Google回覆道，任何和美國國務院恐怖分子名單掛鉤的帳號，「通常」都會在發現後的「1小時內」被刪除。

對Google來說，這類要求經常帶著某種說教或幼稚的成分，著實令人不耐（有些政客完全不了解YouTube的運作模式，竟直接問Google代表：「你們為什麼要把這東西放上去？」）。Google法務部門認為，除了那些確實在官方恐怖分子名單上的人物，YouTube實在難以提出明確的判斷標準，因

此也只能限制名單人物相關的帳號，無法進一步篩選。有些男人在沙漠中持槍奔跑的影片，就令許多政治人物大為惱火。問題是，美國陸軍的募兵影片看起來也很類似，無經驗者都分不清楚了，遑論機器演算法？此外，「恐怖分子」一詞在巴勒斯坦或北愛爾蘭往往有不同的定義，YouTube對這些爭議的看法是：**何苦捲入那種政治爭議呢？**

然而，面對伊斯蘭國的影片攻勢，YouTube別無選擇，只能涉入政治爭議的領域。更多與伊斯蘭國殺人相關的影片不斷浮現，倫敦警察局甚至宣布，下載或散布這些影片可能構成逮捕事由。接二連三的「斬首」相關新聞，點明YouTube已成為伊斯蘭國的主要宣傳媒介：在這個開放的平台上，他們能夠輕而易舉地上傳影片，又能藉由影片自我宣傳，YouTube彷彿為全球頭號公敵提供了便利的舞台。這下公司終於發現，從前關於「邊緣地帶」的模糊策略、與各國政府正面衝突的舊方法，已經行不通了。

YouTube開始盡可能下架與伊斯蘭國相關的內容，Twitter也跟著採取行動。但是，此舉驚動Google過去的某些盟友，包括曾在與維亞康姆官司中力挺YouTube的電子前哨基金會。

原本是由網路平台自行判斷下架何種內容，如今卻得仰賴美國官方來決定哪些重大社會事件應被記錄下來。主張公民自由的電子前哨基金會看在眼裡，很不是滋味。「大多數新聞機構都把這種事視為道德問題，而非法律問題。」電子前哨基金會負責人之一吉莉安・約克（Jillian York）向記者表示，「把

審查權力交給企業,恐怕會開創危險的先例。」

然而,在歐洲多數地區,YouTube卻被批評刪得不夠多。Google在歐陸的形象每況愈下,歐洲政客指控這家口號「不作惡」的公司涉嫌逃稅、忽視隱私及壟斷市場;猶太團體則指責YouTube提供太多曝光機會給否認大屠殺的言論。2013年,愛德華‧史諾登(Edward Snowden)揭露的機密文件顯示,美國國家安全局入侵Google的數據中心,而Google否認事前知情。「我們非常憤慨。」Google法務主管大衛‧德拉蒙德(David Drummond)對媒體表示。不過,這也沒讓Google駐歐洲的員工好過多少,他們普遍被視為美國山姆大叔的海外爪牙。

2015年1月,佛利影片上傳5個月後,Google代表被傳喚至布魯塞爾的歐洲議會,要求他們解釋為什麼平台託管了那麼多恐怖主義影片(當時,YouTube在歐洲甚至沒有專責的政策人員)。Google某位經理拿出一組數據,之後成了YouTube用於解釋其龐大規模的關鍵證據:每分鐘上傳至YouTube的影片長達300小時,若要逐一審查這些內容,就好比在電話打出去之前,先行檢查通話內容。

聖布魯諾的YouTube總部裡,公關團隊似乎天天都得面對駭人的事件。有位員工記得,員工向沃西基簡報審核程序時,在逐漸理解這些決策的沉重代價時,她的臉色也變得十分凝重。在「教育價值」與「紀錄價值」的例外規則下,YouTube允許保留部分含暴力或極端訊息的影片,不過影片必須加上警示畫面(然而,公司內部並不是所有人都認同這些標準。就有員工發

現「示範如何用塑膠袋自殺」的影片長期被標示為「教育內容」，最後還是政策主管親自審核後才將它下架）。

但是，YouTube的中心策略帶有濃濃的「Google味」，其關鍵就是「反制言論」。律師們常引用一句法律格言：「陽光是最好的消毒劑。」面對網路上的種種黑暗，與其將它們全部抹除，不如讓光線照亮網路上其他的事物。Google律師德拉蒙德曾在主題為「審核」的演講中提到：「強制噤聲不是解決之道。科技是強大的工具，能引導世界各地高風險年輕族群遠離仇恨、免受激進化。」歐巴馬的國務院也嘗試反制言論，發布揭露伊斯蘭國暴行的YouTube影片，希望削弱該組織的吸引力。YouTube員工則想出各種方法，試圖讓更多創作者拍攝「光明」內容，進而抵消極端訊息的影響力。

到歐洲議會報告之後，幾位Google經理私下會晤歐盟反恐協調員吉爾斯・德・克爾喬夫（Gilles de Kerchove），他是位舉止文雅的比利時政治家。參與這類會議時，Google人員通常會先強調公司已經移除的大量恐怖內容，但從不提及留存在網站上的數量，令人難以估量已移除與未移除的比例。

「這樣是多還是少？」克爾喬夫問道，「我完全沒概念。」

Google一再保證，他們會盡快下架恐怖主義影片。然而，克爾喬夫下班後偶爾查詢斬首影片，仍能輕易在YouTube上搜到好幾支。他也注意到，涉及美國人的血腥影片通常會先被移除，阿拉伯人遭殘殺的影片則相對沒下架得那麼積極。

在那場會議中，Google經理提出他們的陽光策略，想請歐盟各國政治人物協助製作有效的反制影片，甚至請YouTube上的知名創作者幫忙。克爾喬夫有位同事是瑞典人，當時YouTube上最頂尖的網紅也是瑞典籍。

　　接著，Google經理轉向這位白髮蒼蒼的反恐官員，誠懇地問道：「您知道PewDiePie是誰嗎？」

Chapter 19

真實新聞
True News

> ▶ 「VLOG－新加坡 ── 四海皆兄弟！」
> （VLOG － Singapore － BROS ARE EVERYWHERE!）
> PewDiePie，2013年5月29日。6:23。
>
> 　　畫面看起來像是狗仔跟拍──尖叫聲、人群推擠、保全在旁維持秩序──而名人本人就拿著鏡頭在拍攝。謝爾貝里為了參加「社群明星獎」頒獎典禮來到新加坡，而我們這些「好兄弟」也與他同在。影片裡，他在高樓陽台俯瞰這座異國城市，他下水游泳、用餐、被粉絲團團包圍，將這一切收入眼底。「我剛才下去大廳，」他對著鏡頭說道，「結果大廳大概擠了100多個粉絲！我一走進去他們就開始尖叫，這也太誇張了吧？我根本不知道我在新加坡有這麼多朋友。」

　　PewDiePie無疑是YouTube世界最耀眼的那顆太陽。謝爾貝里的粉絲──他的「兄弟軍團」，現在能透過螢幕看到他的更多生活點滴。粉絲們在影片中見到他的女友，同為YouTuber的馬爾齊亞・比索琳（Marzia Bisognin），她也去了新加坡。粉絲會留言推薦謝爾貝里玩各種遊戲，謝爾貝里在鏡頭前也越

來越自在、膽子越來越大。線上遊戲文化蓬勃發展的同時,人們對各種轉瞬即逝的網路迷因與熱門話題也越發著迷,甚至出現了「跟風」產業。Facebook當時瘋傳「冰桶挑戰」;Reddit、BuzzFeed等網站則把柴犬、不爽貓等動物炒成了網紅。

謝爾貝里和其他YouTuber一樣,樂於投入這些瘋傳話題。2013年流行「哈林搖」(Harlem Shake)舞步,謝爾貝里故意梳了雙馬尾、穿粉色內褲與胸罩拍攝影片,吸引數百萬人爭相點閱。不過,他最主要的流量來源還是恐怖遊戲實況,是可以在家裡簡單錄製、成本極低的影片。這時,他的經紀公司Maker工作室即將迎來龐大收益,他的名氣也將更上一層樓。

2014年,迪士尼以超過5億美元的價格收購這家多頻道聯播網。查平當初在加州威尼斯後院草創的小公司,如今已演變成掌控逾5.5萬個YouTube頻道的龐然大物。《紐約時報》在報導這筆交易時,提到PewDiePie及Maker工作室在數位明星領域的強大實力──「你們想想看,他們能為鋼鐵人、米老鼠和尤達大師打多少廣告!」一位經紀人興奮地表示。然而,該篇報導並沒有提及查平、LisaNova,或Maker最初那批成員的任何一個人。

謝爾貝里挺滿意這次收購的某些方面。其他知名YouTuber大多搬到洛杉磯,但他這個人比較內向,選擇定居在倫敦南方海濱的退休小鎮布萊頓(YouTube內部文件中,有人形容他是「喜歡待在家裡的人」)。謝爾貝里飛到加州時,多半會要求去迪士尼樂園,而且園方都會為他提供VIP導覽。

不過，換了新老闆後，謝爾貝里也並非事事順心——有次，PewDiePie以他近期常用的「揭開網路怪誕面」模式拍影片，和其他電玩玩家邊玩邊吐槽一款色情同人遊戲，而遊戲主角正是迪士尼電影《冰雪奇緣》（*Frozen*）的角色。迪士尼員工看到後，立刻呈報給執行長巴布・艾格（Bob Iger），艾格對此極度不滿。某個深夜，Maker工作室主管試圖透過電話向艾格解釋，謝爾貝里其實是在調侃網路文化的扭曲面，並保證這位YouTuber真的是《冰雪奇緣》的忠實粉絲。迪士尼建議謝爾貝里刪除那部影片，他也照做了。然而，雙方在品味與文化用語上的溝壑終究越裂越大，最終導致PewDiePie與迪士尼分道揚鑣。

不過那時，PewDiePie仍被視為極具才華的「表演藝術家」，是新媒體的化身。YouTube在辦公室裡到處張貼他的海報，有的舊媒體努力理解他的魅力，有的則對他嗤之以鼻。

「來瞧瞧這個滿口胡言亂語的小丑，他將讓西方文明踩下緊急煞車。」2013年，他從新加坡返國後幾個月，《綜藝雜誌》有篇報導寫道，「你從沒聽過的人發布的影片，怎麼能拿到26億次觀看呢？大概是因為他嘰哩呱啦地胡扯吧！」跟據與謝爾貝里合作過的人透露，他對那篇文章深惡痛絕，多年後還對該文章作者懷恨在心。儘管如此，在Maker被迪士尼收購後，謝爾貝里還是接受了更多的媒體採訪。他對《華爾街日報》表示：「能擁有這樣的影響力很酷，同時也讓我覺得有點可怕。」該報刊出他頭戴花環的照片，文章標題是〈YouTube

人氣王靠玩遊戲，一年賺入400萬美元〉。媒體對YouTuber收入「到底有多少」好奇不已，這讓謝爾貝里和他的同儕深感惱火，總覺得不被媒體尊重。某種程度上，YouTuber已經習慣對自己的高人氣頻道擁有絕對主導權。因此面對不受他們掌控、能用任意角度報導他們的新聞媒體，這些YouTuber往往感到厭惡。

儘管YouTuber的觀眾多過電視節目，傳統媒體還是把他們當新鮮玩意兒看待。早期YouTube紅人MysteryGuitarMan上CNN受訪時，他的經紀人妻子潘納特地叮囑製作人別問他賺多少錢——**畢竟不會有人對喬治・克隆尼提出同樣的問題嘛**。結果，CNN還是問了。2015年，謝爾貝里上《史蒂芬・荷伯晚間秀》（*The Late Show with Stephen Colbert*）時，這位瑞典YouTuber穿上俐落的藍色西裝，梳著背頭，神情顯得相當緊張。他的父母特地飛到現場旁觀錄影。「我想感謝網路，讓他們的『皇帝』今晚在此現身。」節目主持人這麼開場，然後請謝爾貝里解釋觀眾為何愛看他玩電玩。「我覺得，這是全世界最棒的工作。」謝爾貝里答道。荷伯接著提醒觀眾，謝爾貝里去年賺的數字跟「其白灣美元」（700萬美元）諧音。

YouTube雖未曾明講，但公司顯然十分開心獲得這種大眾的注意。短短幾年前，根本沒人把經營YouTube頻道當成可行的生意，更不認為YouTube能成為專業媒體的大本營，如今竟出現「其白灣美元級」收入的YouTuber。

私底下，YouTube開始替謝爾貝里等幾位頂尖創作者指派

專屬的業務經理。PewDiePie雖然沒拍過任何反恐宣傳影片，他的身影卻出現在YouTube官方的推廣影片裡。自2010年起，YouTube的獵酷一族團隊每年都會製作暖心的年度影片「YouTube回顧」，邀請眾多創作者在影片中登場。YouTuber總是高度關心誰能參與、誰沒有入鏡。到了2015年——YouTube成立第10年——謝爾貝里在「YouTube回顧」中段出場，朝YouTube商標打出他招牌的「兄弟碰拳」。

YouTube內圈

在謝爾貝里住處西方約160公里的英格蘭南部小鎮，少年大衛・謝拉特（David Sherratt）也踏上他的YouTube之旅。

謝拉特頭腦靈敏，個性有些孤僻，又厭倦學校生活。2010年，13歲的謝拉特深深著迷於YouTube上五花八門的電玩世界，開始關注《麥塊》、《決勝時刻》等遊戲的實況影片。大多數實況主只是在鏡頭前閒聊，不過其中一位偶爾會談到哲學，於是YouTube的推薦系統介紹了更多哲學相關內容。點擊。他很快就從哲學領域飄到「YouTube懷疑論者」的範疇：這是一群無神論YouTuber與挑戰權威者鬆散組成的團體。謝拉特成長時並沒有明確的宗教信仰，對宗教也沒有特別強烈的感受，但他覺得這些YouTuber聰明又大膽，看他們一次又一次破解教徒的論點，別有一番樂趣。

謝拉特並不孤單。對聰明、想法跳躍、渴望四處探尋的年

輕人來說,「YouTube懷疑論者」這個社群確實頗具吸引力。

波士頓的19歲鋼琴學生娜塔莉・薇恩(Natalie Wynn)也開始拚命觀看理查・道金斯(Richard Dawkins)、山姆・哈里斯(Sam Harris)等知名無神論者的演講與辯論影片。粉絲們將這些內容上傳至YouTube,再自己加上創意標題。薇恩因而發現Thunderf00t等言詞犀利的YouTuber,再觀看許多結合蒙太奇拼貼與諷刺手法的作品,像是一共48部的系列影片〈為什麼人們嘲笑創造論者?〉。這些創作者包含世俗主義者、理性主義者、自由意志主義者與種種怪咖,他們藉由YouTube平台,取得與頂尖學者同等的傳播舞台。他們的影片探討自由意志、人性等沉重議題,結合(或假裝結合)學術理論與網路嗆聲的趣味,觀眾也經常在留言區和回覆影片裡激烈辯論。對薇恩而言,整個YouTube世界彷彿17世紀的歐洲咖啡館,而薇恩與謝拉特就如同咖啡館常客,他們密切地追蹤那些辯論,也都叫得出圈子裡各號人物的名字。

這些觀眾觀看YouTube影片的方式和一般人可不一樣,他們並不是來YouTube搜尋教學、聽首歌或看段爆紅影片就離開。像謝拉特這樣身材瘦削、膚色蒼白並留著一頭棕色齊瀏海的青少年,會一整天都待在房裡,一邊打電動一邊播放自己最愛的YouTuber作品。他還能透過iPad應用程式下載影片,在上學路上、午餐時間、課餘空檔都收聽。至於凱恩這位來自西維吉尼亞州、追隨加拿大網路導師莫利紐克斯的少年,也會觀看懷疑論者的內容。工作時若能戴耳機,1天會看上12或14小

時。

《紐約時報》記者凱文・魯斯（Kevin Roose）在挖掘凱恩的故事後，形容這些忠實觀眾生活在「YouTube內圈」（Inner YouTube），把YouTube視為一面「折射所有文化與資訊的稜鏡」。魯斯進一步以富有畫面感的描述寫道：

> 想像一種基因突變，使得1995年後出生的人都能看見紫外線。接著，再假想這些人因此產生新的自我認同，稱自己為「UV人」，並且懷疑任何只在可見光譜下製作的媒體內容。對眼睛正常、年紀較長的人而言，這種變化就像面臨逐漸的認知退化。每天，這個世界有越來越多部分都在紫外線底下展開，而你卻只能勉強捕捉那個世界的浮光掠影。

包括書呆子戰士與PewDiePie的兄弟軍團，YouTube內圈裡有些人是因共同興趣或粉絲身分產生連結，但YouTube懷疑論者則是因共同的思想而聚集。或者說，他們至少對「（通常是大聲且極端地）主張並捍衛」那些思想，有著同樣的熱情。演算法就喜歡他們這一點。

然而到了某個時間點，咖啡館對話開始走樣了。

在謝拉特的回憶中，那是一場網路無神論的分裂。事情起源於2012年：某位成員表示除了反對有組織的宗教以外，還應該關注種族主義與性別歧視等問題。有人持反對意見，於是懷

疑論者圈子裡出現了新的次文化。然而在那之前，這個運動就在暗地裡醞釀著醜陋的厭女情結，只是如今才終於浮上檯面。

早在2011年，知名懷疑論者YouTuber「神奇無神論者」（Amazing Atheist）就發布影片譏諷「女性主義的失敗」，還在電視節目上大罵所謂「嘎嘎大笑的臭鮑」。某位女性上傳一段描述性相關尷尬事件的影片，就連道金斯也用文字回道：「別再哭哭鬧鬧地抱怨了，好嗎？」薇恩也看見原本揶揄創造論者的Thunderf00t開始在影片裡戲謔女性。

YouTube向謝拉特推薦「薩爾貢大帝」（Sargon of Akkad）的影片，這位自稱英國菁英、滿口長篇大論的YouTuber，指控女性主義是種「有毒又病態的意識形態」。謝拉特最初覺得他義憤填膺的風格十分好笑，又能帶來宣洩感，於是自己也開了個YouTube頻道（網名：Spinosaurus Kin），製作〈女性主義是恐怖主義〉等標題聳動的影片，靠著觀眾的好奇或憤怒換取觀看次數。畢竟觀眾贊同、憤怒都能算作觀看一次。謝拉特上了大學後，英國小報甚至把他捧成「新男權運動」的代表。這位穿著皮衣外套、表情冷峻的處男，自豪地宣稱要與女性保持距離，免得被誣指強姦。

線上社會正義大戰開打

在YouTube出現以前，上一回不受管制的媒體大爆炸曾帶來一大批吵鬧不休、口若懸河的評論者──這股煽動性政治浪

潮相當龐大，且多半是對女性進步的反撲。而這一切的開端，得先從拉什‧林博（Rush Limbaugh）說起。

1987年，美國聯邦通訊委員會撤銷了《公平原則》（*Fairness Doctrine*），該法原本要求廣播者在處理爭議性議題時，必須播出正反雙方觀點。隔年，事業失敗的DJ林博在AM電台上開播新的時事談話節目。他把「震撼電台DJ」的作風套用在政治上，建立充滿性別歧視的媒體品牌（比方稱女性主義者為「女權納粹」），並成功吸引了自認被主流媒體忽視的保守派聽眾。他和聽眾建立了默契，粉絲固定收聽節目並打電話上節目參與討論。為了勝過FM電台與有線新聞，越來越多AM電台轉向播送林博這類能提升收聽率的談話節目，也有電台藉著「收聽時數」等指標來證明這種做法的合理性。梅鐸更直接形容福斯新聞為「帶畫面的電台談話節目」。到了2007年，美國平日的脫口秀廣播節目當中，有91％都屬保守派立場。

或許因為如此，這些談話節目主持人一開始並沒有急著進軍YouTube。多年來，堅克‧維吾爾（Cenk Uygur）總覺得自己是YouTube上唯一的電台談話節目主持人。他支持自由派，又能言善道，也從事電台工作相當長的一段時間。2005年，他把自己的新節目《青年土耳其人》（*The Young Turks*）搬上YouTube，定調偏向左翼視角，經常批判媒體與政治人物，同時也融入吸引人點擊的花邊新聞。維吾爾表示，起初他在YouTube上幾乎看不見保守派的震撼電台主播，直到YouTube開始強調觀看時數之後，這些人就像「雨後春筍般冒了出來」。

很多人直接針對《青年土耳其人》或維吾爾的本名製作揶揄影片，藉著在影片中標註這些關鍵詞來增加演算法的推薦機會，維吾爾也經常回擊。當時，少有主流新聞頻道在YouTube建立官方帳號，因此這些搶眼的談話節目主持人有了更大的發揮空間。維吾爾注意到，這些新來的網紅主持人有些奇怪，他們似乎和現實脫節了。

「林博說謊時，還會多少沾到真實事件。」維吾爾回憶道，「但這些新傢伙完全是信口胡謅，憑空捏造謊言。」

加拿大勵志哲人莫利紐克斯也加入這場混戰，發布影片反駁《青年土耳其人》。但莫利紐克斯與那群「反社會正義戰士」真正在等待的，其實是更能徹底引爆一切的火花——「玩家門」（編按：Gamergate，2014年因一款由女性遊戲製作人開發的獨立遊戲與一系列相關爭議行為，引爆美國埋藏已久的性別歧視、進步主義價值觀衝突）。

謝拉特目睹「玩家門」越演越烈，一路追蹤這場被人刻意炒作的爭議。據他的理解，起因是女性主義遊戲設計師與前伴侶的關係，疑似在新聞媒體獲得偏頗的報導，導致隨後關於此事件的YouTube影片和論壇文章都遭到攻擊，甚至直接被刪除。感覺不太對勁。這起事件的具體細節並不好懂，但眾人的憤怒卻顯而易見：有些女性批評遊戲裡的女性角色刻板化，結果令男性玩家怒火中燒，更加深了政治正確與女權之風橫行的印象：**社會正義戰士準備大舉進軍，來毀滅電玩了。**至於玩家門表面上的核心醜聞——某部遊戲在媒體上得到不公正的報

導——根本不是真的。但這場風波還是像毒瘤般擴散，導致多位身處遊戲業界的女性因騷擾與死亡威脅而被迫隱姓埋名。林博的文化戰移師到網路世界，而且就如網際網路般被放大，也更加無法收拾。

「玩家門」主要在社群媒體與4chan等網路邊緣地帶迅速延燒，但在YouTube上，這則發酵中的網路醜聞也提供了絕佳素材，YouTuber紛紛製作參與度高的長篇影片，各自提出對這則大新聞的見解——這完全就是演算法偏愛的內容。

此時，自稱人生導師的莫利紐克斯變得越發尖銳與暴躁，開啟名為《真實新聞》（*True News*）的系列節目，套用林博的手法，將自己包裝成忠誠反對主流媒體的人物。他經常上傳標題為「關於……的事實」的影片，範圍涵蓋馬克思（Karl Marx）、以巴衝突、非裔美國人民權運動領導者馬丁・路德・金恩（Martin Luther King Jr.）、國際族群衝突的佛格森暴動（Ferguson Riots）到《冰雪奇緣》和《神力女超人》（*Wonder Woman*）（在他眼中，這兩部電影都是女權陰謀的大外宣）。他表示，媒體會以各種方式強迫人們接受這一切，「把社會正義戰士的刑具直接鎖在你的尿道、你的睪丸上」。對他的忠實粉絲來說，這套說詞極具說服力。莫利紐克斯的鐵粉凱恩事後回憶道：「我當時在追求真相。然後他告訴我：『來，看看這個洞穴。洞裡有知識、有真相，就在那裡。』」

2013年，喬治・齊默曼（George Zimmerman）案開審，舉國上下都在密切關注這樁案件。Googler自發舉辦「帽T遊

行」，呼應全美各地為佛州遭到槍殺的少年特雷翁·馬丁（Trayvon Martin）發起的抗議活動（譯註：黑人少年馬丁在社區內行走時，社區守望相助隊員齊默曼懷疑他意圖犯罪，於是跟蹤他，兩人發生衝突，齊默曼開槍射殺馬丁）。莫利紐克斯在YouTube發布長達35分鐘的影片，照例取名為「關於喬治·齊默曼與特雷翁·馬丁的事實」，在影片中引用齊默曼的證詞來譴責媒體、黑人單親母親以及饒舌音樂（這段證詞後來在法庭上引發爭議）。莫利紐克斯也在其他影片裡談到所謂的「種族現實主義」智商差異論，其實這是帶有優生學暗示的委婉說詞。他開始執著於歐洲難民危機，並稱之為「歐洲的葬送」，還與YouTube其他右翼創作者一同痛斥穆斯林移民招致的「取代率」。

在某支影片中他盯著鏡頭大吼：「我不知道是不是歐洲人的生育率已經太低，低到這些政客根本不在乎他們的孩子將要在什麼樣的世界長大。但我在乎。我在乎。」

🔔

其實，充滿惡意的內容一直以來都在YouTube上占有一席之地。2007年4月，YouTube剛併入Google不久，南方貧困法律中心（Southern Poverty Law Center）就指出新納粹相關影片在網路上盛行。例如白人至上搖滾樂團影片，以及前3K黨領袖兼電台常客大衛·杜克（David Duke）的演說影片。英國前喜劇演員派特·康戴爾（Pat Condell）也是著名的YouTube懷疑論

Chapter 19　真實新聞

者,更早在2010年前就經常上傳影片,將伊斯蘭教描述為落後且充滿問題的宗教。「那時沒人覺得這有什麼大不了的。」懷疑論者粉絲薇恩回憶道,「他罵伊斯蘭教有什麼奇怪的?我們是無神論者,當然要罵宗教了。」只要沒違反YouTube寬鬆的仇恨言論規範,這些人就得以在意見市場裡暢所欲言。

在脫口秀電台稱霸20年後,YouTube理應早早做好準備,迎接這些極端政治聲音的衝擊。然而,YouTube高層身處自由派色彩濃厚的加州,很少真正接觸極右翼分子,甚至對文化上偏保守的群體也了解有限。「根本沒人知道怎麼面對右派。」某位員工回憶道。

有很長一段時間,最不入流、最偏激的角色,都藏在YouTube乏人問津的角落。反正這些人不只存在YouTube,也同時在Facebook、Twitter上流竄嘛!

不過,YouTube與其他網路平台最大的差別,就在於YouTube開始付錢給內容創作者,而且鼓勵製作「時間長、有吸引力」的影片,還打造一套演算法,可以精準地把這些作品推薦給感興趣的觀眾——而且這套系統即將變得更加強大。

Chapter 20

不可思議
Disbelief

馬修·門格林克（Matthew Mengerink）在2015年末加入YouTube，在此之前，他已經在軟體工程領域耕耘了20年，曾長期任職於PayPal和eBay的沃西基，相當看重的正是這種資歷。YouTube先前定下頗具挑戰性的目標：每日總觀看時數達10億小時。如今，最後期限即將到來。公司雖然正逐步邁向那個門檻，但情況還是相當驚險。

沃西基推行極具「Google味」的激勵機制：在負責特定目標的每位員工名字旁邊，都會有個小小的進度條，以紅色、黃色、綠色標示他們是否達成目標。對本就具競爭意識的程式設計師們而言，這不僅是競賽，能否衝到「綠色」進度，還牽涉到個人的職業成就、獎金及升遷機會。

門格林克到任時，團隊士氣萎靡。沃西基原本挑選來領導工程部門的文卡特·潘恰帕卡桑（Venkat Panchapakesan），是從Google挖角過來的菁英人才，但由於不幸因癌症病逝，讓整個部門大受打擊。門格林克以副總裁身分接手「10億小時」的艱巨任務，負責統籌所有龐大的工程事宜。先前大家開玩笑說

YouTube有可能造成網路中斷,即使沒有真的「打破」整個網際網路,但也離此不遠了。

門格林克初來乍到,便立刻震驚於YouTube在網路世界的規模:一方面是它占用網路極大的頻寬,另一方面則是許多影片幾乎只被播放過一、兩次後就再無人問津了。大量影片被標記為「私人影片」,意思是大部分使用者無法觀看。YouTube提供這項功能,是為了讓上傳者把作品分享給特定觀眾,而非所有使用者。雖然有些YouTuber依照原先設想的方式使用私人影片,卻也有許多企業將網站當成免費的儲存空間,把好幾天份的監視器影像原封不動地丟上YouTube伺服器。

門格林克的新團隊裡,有許多成員除了要幫助YouTube朝10億小時目標邁進,還得進行另一項吃力的工程:把共同創辦人陳士駿10年前打造的網站核心程式轉換成更穩定的程式語言。這就好比把世界名著《戰爭與和平》(*War and Peace*)翻譯成另一種語言後,再接著把世界上所有針對這部作品的讀書心得也一併翻譯成另一個語言。如此繁瑣的專案並不利於激發創新,反而引發另一種常見的憂慮:團隊有可能因為這種任務而變得怠惰。

「用人的時候,要留意那些從Google過來的同事,」有位同事提醒門格林克,「因為YouTube常被戲稱是Googler養老等退休的地方。」

與此同時,另一個領域卻激起人們的熱情:當時,有種新奇而強大的人工智慧技術正在全矽谷掀起浪潮。門格林克在設

計概覽會議上,親眼看見團隊對這項技術的狂熱痴迷。

Google經常舉行這類帶有儀式感的檢討會,眾人聚集在會議室裡,詳盡討論Google.com或其他服務外觀上極細微的變動,或其他微乎其微的改變。而此次會議的重點,則是慶祝一項已經完成、象徵技術進步的改動。會議室前方的大螢幕上,顯示著YouTube.com網頁:熟悉的影片縮圖成排羅列(每列6支影片),右側附有小箭頭供人點擊以瀏覽更多。頁面上還標示影片標題、頻道名稱、觀看次數及紅色「訂閱」按鈕。

「如果拿掉機器學習演算法,畫面會變成什麼樣子?」員工一面說,一面點下滑鼠。下一秒,畫面只剩下YouTube標誌,以及幾條用來分隔各橫列的細線。若沒有人工智慧,YouTube就會瞬間被清空,猶若影片世界的「被提」(譯註:Rapture,基督教末世論中的概念,指耶穌再臨之前或同時,已經死去的人會復活升天,活著的人也會一同被送到天上和耶穌基督相會,身體也會變得不朽)。

讓人工智慧更像人

門格林克加入YouTube的1年前,也就是2014年3月,Google執行長佩吉坐在溫哥華的舞台上,嘗試向外界說明這場智慧革命。

佩吉穿著藍綠色T恤與拉鍊未拉上的灰色外套,這是某幾個億萬富翁與藝術家才能駕馭的慵懶造型。一些在他手下工作

的人表示，佩吉的頭腦精密到宛如《星艦迷航記》裡的瓦肯人（Vulcans），再加上他那平直瀏海與帶點未來感的打扮，確實有點主角史巴克（Spock）的影子。佩吉說話時，幾乎把麥克風貼在嘴邊，而他因部分聲帶麻痺導致說話顯得生硬吃力，此時他的頭髮也幾乎全灰了。佩吉身旁擺了張小白桌，桌子對面是脫口秀主持人查理‧羅斯，至今仍是人們眼中美國媒體界理性會話的代表人物，並且一如往常地不打領帶、襯衫開了一顆鈕子（再過3年半，他會因性騷擾指控而名譽掃地，但這是後話了）。

這場TED演講的主題原本是Google的未來，羅斯卻偏偏問起Google的過去。他提到史諾登揭發美國國家安全局監控計畫的事件，以及Google當時又驚又怒的反應。佩吉微微一笑，說起會場裡循環顯示的其中一張照片：他的創業夥伴布林站在史諾登身旁開心合影。史諾登當天也透過電話會議機參與演講。

「我覺得，那件事真的很令人失望。」佩吉的笑容慢慢收斂。他把政府未經授權的監控描述成「對民主正常運作」的威脅，言語中帶有只有Google創辦人才能駕馭的直率，絲毫不顧一般外交場合的客套。他繼續說道：「我很難過，因為現在反倒是Google得保護你——」說到此，他瞥了羅斯一眼，「和其他所有用戶，免於政府那種誰也不知道的暗中監控。聽起來是不是很奇怪？」佩吉看上去有些疲憊，他向來不特別喜愛政治場或公眾舞台，這次訪談也將是最後幾次訪談。17個月後，他會把Google託付給皮查伊，然後淡出公眾視野。然而，在台

上的此時此刻,佩吉似乎恢復了昔日Google黃金年代的少年氣息。他興致勃勃地談起自己新收購的寶貝:DeepMind科技,一家位於倫敦、專門研究人工智慧的公司。Google花費6.5億美元,買下這間並未提供任何產品或服務的公司。佩吉緊貼著麥克風悄聲說道:DeepMind最厲害的地方,就在於它成功解決了「無監督式」學習的難題。眼見羅斯似乎一時沒聽懂,佩吉問道:「不然,我把影片播給你看吧?」

　　他們後方的螢幕突然亮起,出現一些懷舊電玩畫面。DeepMind開發出一款電腦模型,可以在沒有任何指示或監督的情況下自行掌握這些遊戲,不像昔日西洋棋電腦那樣需要既定規則。畫面上一連閃過好幾款經典街機──《耐力賽車》(*Enduro*)、《運河大戰》(*River Raid*)、《終極戰區》(*Battlezone*)等等。「系統看到的就跟你看到的一樣,只是螢幕上的像素,」佩吉看著螢幕解說道,「但它已經學會玩這些遊戲了──同一個程式,已經可以在這些遊戲上發揮超越人類的水準,從前我們可沒辦法用電腦做到這種事啊!」接著,螢幕切換到一款名為《拳擊爭霸》(*Boxing*)的早期雅達利電玩(編按:Atari,1972年在美國加州成立的電子遊戲品牌,發行不少經典早期電腦遊戲,在電子遊戲歷史享有舉足輕重的地位),畫面是一片磷光綠的俯視圖,兩條彎彎曲曲的線條代表兩位拳擊手互相揮拳。雙方差距懸殊。「左邊那個是電腦,它發現可以把對手壓制在角落。」佩吉描述道,眼見電腦操控的角色痛揍對手,他不禁露出燦笑。「它就是一直在刷分。」

Chapter 20　不可思議

其實，Google早就投入類似超越人類智慧的研究，只是沒正式向外公開過。早在2011年，就有工程師被安排到公司內部的「登月工廠」祕密進行某些計畫，目標是打造能模仿人類思維的電腦系統。這個團隊自稱「大腦」。此時電腦系統已有能力辨識人類語音或圖片中的物件，能在西洋棋棋盤上擊敗人類對手。但是，這些成就都有些局限，電腦無法像《星艦迷航記》裡那樣對話，而且它們都太「專一」──訓練來下西洋棋的程式，就只能下西洋棋；訓練來辨識貓咪的程式，就只能判別「是不是貓」（尋找四條腿、尖耳朵、觸鬚、尾巴），如果碰到狗，該程式只會回覆「不是貓」。

為了讓電腦進一步擁有「通用智慧」，大腦團隊從擱置已久的理論中找到出路。從1940年代開始，電腦科學家就想用「類神經網路」來建構機器智慧，模擬人腦運作，透過多層次的數學模型處理視覺、聲音或概念等數據。如此一來，電腦就能在沒有標籤（例如「貓」、「西洋棋皇后」）的情況下學習。不過，人腦大約有1,000億個神經元、上兆個突觸連接，礙於過去電腦運算力不足以達到人腦的等級，這套理論也只能塵封。一直等到網路普及、電腦運算能力飛躍提升，類神經網路這才有了實現的可能。Google將它早期的類神經網路智慧系統命名為DistBelief，取自「分散式訓練」（Distributed Training）的概念，也就是用機器集體進行運算。不過，這個名稱也透露出任務的難度：**要是成功，那就真的是不可思議了**（譯註：DistBelief發音類似disbelief〔不可思議〕）！

Google大腦的工程師起初和佩吉、布林在同一層樓辦公，常討論到2005年的一篇神經科學論文。該論文以癲癇患者為研究對象，觀察他們如何辨識人或物。結果顯示，當患者看到特定臉孔，例如影集《六人行》的女星安妮斯頓時，大腦中某個與記憶形成有關的神經元會莫名其妙地被觸發。更妙的是，當患者看到安妮斯頓和艾菲爾鐵塔的照片時，仍是同個神經元在放電，這似乎表示人腦會主動建立並記錄這些聯想。Google程式設計師很好奇：機器是否也會出現類似的狀況？類神經網路能否自行「記住」熟悉的物體影像或概念？要測試這點，就得讓類神經網路看大量圖片。

　　恰巧，Google擁有全世界規模最大的影音資料庫，可說是人類經驗的龐大倉庫。大腦團隊把YouTube上的靜態截圖輸入類神經網路，其中還特地選了許多貓咪影片的截圖。他們沒有將這些圖片標註為貓咪，就直接把數百萬張圖片丟給機器。雖然這個類神經網路遠小於人腦，但它的神經元與突觸數量，已經比以往任何一版的電腦多上百倍。最後，它居然自己學會辨識貓了。

　　「我們能自行學到什麼叫作貓，」2年後，佩吉在溫哥華對羅斯解釋道，「這一定非常重要。」從Google成立之初，佩吉就一直痴迷於人工智慧。早在2002年，他就在訪談中說過，若要真正讓搜尋引擎明白使用者的需求、有效搜尋到使用者想找的東西，電腦就得先「理解世界上的一切」，而這就要仰賴人工智慧了。10年後，他也精準預測到機器學習會成為大勢。

亞馬遜推出名為Echo的語音辨識裝置；習慣每年公布自我改善計畫的Facebook創辦人馬克・祖克柏（Mark Zuckerberg），則會花1年時間發明人工智慧管家。當科技圈高喊「手機優先」，以宣示他們在智慧型手機時代的競爭力，Google已經開始宣稱自己「人工智慧優先」了。

TED舞台上，拳擊街機遊戲播放完畢後，佩吉稍微喘了口氣。「想像一下，如果能把這種智慧應用到你的行程管理上，用來滿足你對資訊的需求，那該有多好？」他對羅斯說道，「我們現在才正要起步呢。」

沒過多久，Google各部門便開始重寫企畫案與OKR，盡可能整合更多人工智慧技術。加入人工智慧技術的成果，最先體現在Google搜尋上：輸入一個長得要命的問題，例如飾演《六人行》裡瑞秋媽媽的那位女演員，以前讀的是哪所大學？答案馬上就出現了。再把這個問題翻譯成法文，搜尋引擎也能輕鬆完成。類神經網路被用於Google的電子郵件系統，可以過濾垃圾郵件。此外，在廣告定向、數位相簿這些領域之中，類神經網路也派上用場。

YouTube也在推薦引擎中接入類神經網路。

演算法疑慮

不妨把YouTube推薦系統想像成巨大的分揀機，它有許多條手臂，但是要完成的任務只有一項：預測使用者接下來想看

什麼影片,並把那些影片送到使用者面前。自YouTube誕生以來,系統就一直在努力做好這件事,現在大腦團隊的類神經網路能用前所未見的方式進行預測與分揀,不再局限於人類工程師與原始程式碼的思維。類神經網路經常出現連工程師都無法立即或完全理解的行為,然而這正是它的特性。

門格林克加入YouTube時,大腦團隊的類神經網路已經開始運行了。觀眾感覺不到它的存在,不過他們的推薦清單中,可能越來越常出現正中下懷的影片。舉例來說,類神經網路偵測到使用者在手機上看影片,就推送較短的影片給他們;當使用者瀏覽電視版YouTube應用程式,就推送較長的影片,兩者都能有效提升總觀看時數。此外,它還會自動把帶有連續劇或系列特色的影片分門別類。類神經網路透過觀察與聯想,記住點和點之間的連結,將它學到的事物記入系統。當人們觀看《復仇者聯盟》(The Avengers)的相關影片時,系統就推測他們也會對演員小勞勃・道尼(Robert Downey Jr.)感興趣。找到人氣電影與人氣明星之間的連結,這看似很簡單,但試想:在幾百萬支影片、上千種主題、數十種語言中,找出這種連結並及時給出推薦,是多麼浩大的工程?2年後,大腦網路的能力突飛猛進,每天能用76種語言,向使用者推薦多達2億支不同的影片。

除了學會精準推薦影片之外,類神經網路還找出某些「公式」。YouTube主管向記者表示:「如果我看了某位喜劇演員的影片,舊的推薦系統通常會再推同一位演員的影片,盡可能

推薦差不多的內容給我。可是Google大腦模型就不一樣了,它能找出其他相似但不盡相同的喜劇演員。也就是說,它能看見更多鄰近的關聯,找出那些不那麼顯而易見的規律。」在Google內部,工程師將這稱之為「把後台片庫的寶藏呈現給觀眾」,為使用者提供重要的服務。員工致力找出「入口影片」,就是那些讓觀眾一再回來觀看的影片。「然後,你就上鉤了。」參與開發該系統的工程師傑克・波森(Jack Poulson)回憶道,「每次做這種事,我都會感覺有點怪怪的。」YouTube持續在各個元件中加入更多機器學習模型,最後就像「被提」會議時所展示的那樣,幾乎整個平台都交給模型來控制。

可是,門格林克心中產生了疑慮。他花了不少時間了解機器學習模型,知道這種技術最常見的問題不在於思考方式「不像人類」,而在於「太像人類」。人工智慧也可能像人類一樣,表現出性別或種族歧視,並產生冷酷無情的行為。「它一旦發現什麼偏見,就會毫無節制地挖掘並放大那個偏見。」門格林克日後說道。

此時,YouTube仍為伊斯蘭國的爭議頭疼不已。2015年,美國全50州都有針對伊斯蘭國「同情者」(編按:非正式成員,但在思想、情感上支持該組織的人)的調查案件,總計900件。YouTube內部會定期討論如何處理鼓吹極端伊斯蘭言論的影片,這時若用上更強大的機器智慧,確實能幫上不少忙。因為管理員面對排山倒海的影片時,往往審核得焦頭爛額,這時

若能用機器自動偵測片中的伊斯蘭國旗幟，就能顯著提升決策效率了。不過，門格林克發現YouTube同時也收納了不少似乎同樣極端的內容，只不過這些是攻擊伊斯蘭教的影片，或針對猶太社群與黑人群體的影片。

門格林克本人是穆斯林，深知一般虔誠教徒不會隨便談論「聖戰」（Jihad），除非是指「自我奮戰」（Jihad al-Nafs），也就是個人在靈魂層面的修行與奮鬥。他在YouTube上搜索「聖戰」，網頁立刻跳出與伊斯蘭國、恐怖主義相關的影片，但稍微往下拉就會發現茶黨擁護者的影片，或是莫利紐克斯等直言布道的YouTuber。他們雖然怨憤惱火，卻還是謹慎地迴避過於露骨的罵詞，也不直接主張暴力行動，所以影片不會被YouTube刪除。但由於大腦網路的目標是將觀看時數最大化，所以這類咄咄逼人的影片表現極佳，往往能達到驚人的觀看次數。

YouTube已經開始過濾宣揚伊斯蘭恐怖主義的影片，對部分片段加上年齡限制或直接刪除。在某次會議上，門格林克提議用類似手法來掩埋其他形式的激進言論，減少它們出現在搜尋結果和推薦影片的次數，讓它們變得極難找到。假如有人看了大肆批評美國黑人的影片，何不順勢推薦一些闡述黑人歷史的正向內容呢？那類影片也不少啊！但同事提醒他，這種操作可能會干擾搜尋的「神聖性」，還可能被視為反對言論自由——Google向來竭力避免這種嫌疑。門格林克一再聽到同樣的顧慮：「那很不Google啊！」**那能拿出數據，支持這個論點**

嗎？另一位YouTube員工回憶自己在反對某項決策後，就會被同事指控「不夠正面」、「不夠Google」。甚至有人認為門格林克的立場「讓人毛骨悚然」。

其實，大家都知道那些惡劣影片的存在，也不怎麼喜歡它們。他們考慮對部分問題創作者採取「懲罰箱」處置（編按：Penalty Box，原指冰上曲棍球、橄欖球運動中，犯規的選手要被判罰進入懲罰箱，這是球場邊特地架設的區域，以玻璃門與強化玻璃區隔場外與場內），而他們認為應受處置的創作者包括陰謀論主持人艾力克斯・瓊斯（Alex Jones），他的談話節目《資訊戰》（*InfoWars*）在YouTube廣受矚目，有些人單純是在看熱鬧，有些人可能真心相信他的主張，機器難以區分這兩類觀眾。這段時期，來應徵YouTube高階職位的人在面試時就被問到：「我們該怎麼處理艾力克斯・瓊斯？」

當時最正確的回答是：YouTube應該盡量減少干涉，而微調推薦機制就是干涉。這種說法體現了公司捍衛言論自由的堅定立場，也暗示YouTube自認不具備替觀眾做道德判斷、不干涉觀眾自由意志的資格。

「人們想看那些東西，那就是他們的選擇。」有人這麼對門格林克說道。

然而，門格林克審視整個網站，發現這種邏輯有個致命的破綻。「可是，這在兒童身上就不適用了啊！」他說。

Chapter 21

男孩與玩具
A Boy and His Toy

YouTube成立後,第二個10年最炙手可熱的明星誕生於2011年。短短3年5個月後,他就在媽媽拍的新玩具開箱影片中,首次在YouTube上亮相了。

> 「小孩玩玩具樂高得寶數字火車。」
> (Kid playing with toys Lego Duplo Number Train.)
> 瑞安玩具測評(Ryan ToysReview),2015年3月16日。15:13。
>
> 「嗨,瑞安!」「嗨,媽咪!」「你今天想要什麼玩具?」瑞安‧卡吉(Ryan Kaji)蹲在目標百貨走道上。他長得非常可愛:花栗鼠般鼓鼓的臉頰、酒窩、圓滾滾的棕色大眼睛。他手裡已經拿著兩輛紅色玩具卡車了,但媽媽一提出讓他挑玩具,他立刻放下卡車,改拿新目標。我們跟著他走出百貨回到家中,接下來的14分鐘,他把樂高火車一塊塊拆封,練習從1數到10,然後在地毯上推動火車前進。

YouTube還處於孩提時代之際,瑞安的父母在德州讀大學時初次見面。瑞安的爸爸紫苑(Shion)出生於日本,特別喜

歡看YouTube上的節奏口技（Beatbox）頻道，還和未來的妻子洛安（Loann）一起沉迷於早期網路世代典型的宅系卡牌遊戲《魔法風雲會》（*Magic: The Gathering*）。後來，他們生下第一個孩子瑞安。當瑞安會自己觀看影片時，迷上了YouTube的小網紅EvanTubeHD，頻道主角是個頑皮的小男孩，年紀比瑞安大幾歲，影片中大部分的時候都在破壞《憤怒鳥》系列商品。瑞安的父母表示，他們之所以會開始拍攝兒子的影片，原本是想分享給遠在海外的家人。

瑞安在YouTube初次亮相之後，半年內上傳了超過100部瑞安的影片，他多半都是拿著一、兩樣玩具（可能是湯瑪士小火車或培樂多黏土）玩得不亦樂乎。到那年7月，媽媽錄下年幼的兒子把玩「超大閃電麥坤驚喜蛋及100+件迪士尼《汽車總動員》（*Cars*）玩具」的影片。這支影片套用了無臉頻道常用的元素：關鍵字堆疊的片名、大量玩具，以及廣受歡迎的系列角色。那顆幾乎和瑞安一樣高的巨大紅色驚喜蛋裡，滿是皮克斯電影的玩具驚喜，還貼著皮克斯電影的標誌。1年後，這部影片的觀看次數突破5億——成就了當時無人能敵的新紀錄。那時，瑞安的頻道每日播放量超過1,900萬，是PewDiePie的2倍。這段「超大驚喜蛋」影片迅速為瑞安與父母帶來意料之外的名與利，也正式宣告YouTube兒童明星時代的伊始。

「我也不知道為什麼好多人喜歡這部影片。」他爸爸曾對記者坦承，「要是我知道就能一直複製這種爆紅影片了。」

兒童領域的龐大商機

　　就在瑞安首度現身YouTube的前1個月，YouTube官方宣布：「我們推出YouTube Kids應用程式，這是Google第一款從零開始、專門為小朋友打造的產品。」當時業餘兒童影片的數量如雜草般瘋長，YouTube想用這款新手機應用程式來整頓秩序。它在原有平台的影片裡篩選出適合兒童的內容，介面上也改用更大、更圓的圖示按鈕，方便小孩子用手指操作，並增設家長可設定的計時器與音量控制。YouTube主管在部落格寫道，「這下，家長可以放心了，因為YouTube Kids應用程式裡的影片都是專門為兒童挑選，篩選掉很多不適宜的內容。」然而，那篇文章並沒有提到，負責「篩選」影片的並不是人類，而是演算法。

　　YouTube Kids和YouTube應用程式一樣都是免費的，但是會有廣告。公司相信這能讓家庭用戶和其他使用者同樣公平地觀賞平台上的影音。與此同時，YouTube也開始正視孩童領域的龐大商業潛力。

　　2014年，YouTube為經銷商準備了一份文件。其中提到，如果想看完過去12個月內上傳、標記為「開箱」的所有影片，無論是開箱電子產品、保養品或玩具，大概需要花上7年的時間。在與廣告商洽談時，YouTube員工會小心避免提到「孩子」一詞，而是使用「共同觀影」這種說法，意思是家長與孩子共同觀看影片。之所以說得如此委婉，因為從法律層面來

看，這才是實際情況。

　　YouTube為廣告商提供的高價位方案中，也出現一個標籤為「家庭與童趣」的區塊。公司並未明確透露該區的影片清單，但線上雜誌《影音新視野》（*Tubefilter*）做過調查，找到一些出現在家庭與童趣區的頻道，其中包括鵝媽媽俱樂部，以及無臉頻道界的女王DisneyCollectorBR。《今日秀》（*Today*）上，有位父親表示他的孩子著迷於DisneyCollectorBR的開箱影片，甚至稱該頻道的開箱影片為「給幼兒的毒品」。有些人猜測這可能與多巴胺或鏡像神經元有關——當我們執行某個目標明確的任務，或看到別人執行這樣的任務時，腦中的鏡像神經元就會活躍起來。**來看看這顆驚喜蛋裡裝了什麼吧！**孩子究竟是真心好奇，所以才忍不住觀看這些影片？還是因為YouTube不斷自動播放同類型影片，讓他們停不下來？當時人們還是第一次見到這種現象，尚未有人能徹底進行研究，YouTube也幾乎不對外公開任何數據。

　　趙哈利與太太索娜在華爾街的10樓辦公室裡經營鵝媽媽俱樂部頻道。辦公室裡設有跑步機辦公桌，提供趙哈利處理法律事務。也有一堆色彩繽紛的服裝和綠幕，專門用來拍攝YouTube上的童謠影片。趙哈利在法律工作之餘，會密切注意YouTube上瞬息萬變的趨勢，有時網站上的風向甚至會在一夕間變動。

　　有段時間，YouTube的相關影片區幾乎被「手指家庭」影片占據：畫面裡有幾隻卡通手掌，隨著改編版的〈咩，咩，小

黑羊〉（Baa, Baa Black Sheep）擺來擺去，每根手指分別代表核心家庭中的一名成員。趙哈利著手追溯這股風潮的起源，發現它可能來自一支韓國的舊影片，而之所以爆紅，很可能是因為「爸爸手指」留了個荒謬的希特勒小鬍子（趙哈利猜創作者不是故意模仿希特勒的）。孩子們似乎很喜歡這首歌和搖擺的手指。影片雖稱不上多有教育意義，但至少沒什麼不良內容。然而，後來出現另一種狀況：前幾支手指家庭影片表現優異後，就會有成堆的類似影片湧上YouTube。其中多數是動畫，也有真人穿戴道具自唱自跳。趙哈利意識到，YouTube的演算法把大量湧入的類似影片視為正面訊號，進一步加強推廣手指家庭的影片，使得更多人加入製作這類影片的行列。最後，趙哈利夫婦自己也拍了一部手指家庭影片。

趙哈利夫婦瞬間在YouTube上多了不少同行，有些家庭想增進感情，也有些家庭是瞄準了廣告收入而來。外向的梅莉莎·杭特（Melissa Hunter）原本是曼哈頓房地產公司的營運總監，後來因為罹患多發性硬化症，不得不辭去工作。「媽媽現在出不了門，妳今年暑假想做什麼？」她問8歲的女兒。母女倆平時喜歡看YouTube上的娃娃製作影片，那何不自己動手試試看呢？她們開了個名叫「媽咪與葛蕾西」（Mommy and Gracie）的頻道，專門評測各種娃娃，風格延續早期YouTube那種隨性、搞笑的即興表演。隨著觀看人次上升，杭特也開始籌組兒童影片YouTuber的多頻道聯播網。她發現，多數經營這類頻道的人，其實不太懂媒體與商業運作。早期許多YouTuber都

是10多歲、20多歲的年輕人,想藉由YouTube這個跳板闖進好萊塢或時尚圈。如今這些YouTuber則是父母,背負房貸與大學教育基金,甚至有人乾脆辭掉正職,轉而仰賴YouTube廣告收入。此時,YouTube廣告收入似乎呈現只漲不跌的趨勢。

小瑞安超凡的成功,吸引更多小小孩登上YouTube,也引來大企業的目光。生產芭比娃娃競品「貝茲娃娃」(Bratz)的玩具大亨艾薩克·拉里安(Isaac Larian),從自己孩子口中得知YouTube的新趨勢,於是指示旗下MGA娛樂公司(MGA Entertainment)專門打造適合開箱的玩具。於是,就這麼發明出藏在不透明包裝裡的「L.O.L. Surprise!驚喜寶貝蛋」這款色彩繽紛、眼睛圓滾凸出的洋娃娃(記者形容它像「某人嗑了迷幻藥後的產物」)。拉里安若想在電視上打廣告,必須提前幾個月買檔期,但YouTube和電視不同,可以即時回饋玩具的市場反應。為了推廣,拉里安把這些新娃娃送給許多知名兒童頻道,其中包括匿名玩具達人CookieSwirlC。不久後,驚喜寶貝蛋系列就成為美國最暢銷的玩具之一,創下超過40億美元的營收。其他玩具廠商紛紛跟進,付費請YouTuber在影片中玩他們的產品。

趙哈利早就料到與玩具相關的影片會在YouTube上大放異彩,畢竟在電視上,玩具向來是廣告大宗。不過,他也注意到更令人憂心的趨勢:海外接二連三出現許多大型動畫工作室,專門爭奪YouTube上的學齡前觀眾。

數位動畫軟體便宜又容易上手,這類影片甚至有些不像是

人力製作。動畫工廠大規模產出兒童內容，形成一股無可阻擋的洪流。YouTube雖然禁止上傳過多重複影片，但動畫製作者只須微幅改動影片（例如幫每個手指家庭角色改變外觀），就能規避系統檢查。打從一開始，YouTube上就有大量產出廉價影片的內容農場，但對成人觀眾來說，它們毫無吸引力，因此這類影片很快就會沉到網站不為人知的角落。問題是，孩子們就沒這麼挑了。2015年，也就是YouTube推出YouTube Kids應用程式的那年，趙哈利目睹這些影片如「無抗體可對付的病毒」一般，在網站上肆意擴散。

兒童應用程式危機

　　與此同時，聖布魯諾總部裡，YouTube再度調整了整體策略。公司計畫為三個最大宗的領域——兒童、音樂和遊戲，推出各自專屬的應用程式，而沃西基特別看好音樂的發展空間。像韓國歌曲〈江南Style〉、嘻哈歌手小喬恩（Lil Jon）的〈有甚麼好拒絕的〉（Turn Down for What）這類音樂影片，觀看次數都十分驚人。**何苦讓Spotify那家小小的瑞典公司奪走音樂串流市場呢？**然而，YouTube首度進軍音樂串流市場的結果並不順利。YouTube Music Key的使用者每月只要付9.99美元，就能在平台上觀看無廣告的音樂影片。可是，訂閱的人數並不多，主要是因為YouTube難以判斷哪些影片是音樂影片、哪些不是。

Chapter 21 男孩與玩具

負責好萊塢事務的金奇爾透過個人經驗來解釋這件事的難處：他女兒在測試音樂服務時，發現找不到《冰雪奇緣》的歌曲。「對她來說，那就是音樂。」金奇爾對記者說道。於是，YouTube重新修訂方案：整個網站，包含小喬恩的歌曲、遊戲實況、玩具開箱、辛辣脫口秀等，都將納入無廣告付費平台，變成像Netflix與HBO的訂閱服務。公司將這項新服務命名為YouTube Red，以象徵紅毯大道，絲毫不在意這個名稱和熱門成人網站「欲望紅館」（RedTube）的相似之處（這項訂閱服務後來又改名為YouTube Premium）。

沃西基接掌YouTube後，金奇爾選擇留下來，一路晉升為公司負責好萊塢、唱片公司與創作者關係的「商務長」。他提到的《冰雪奇緣》案例，同時也成了談判策略：為了推動YouTube Red，他的團隊成功說服幾乎所有傳媒巨擘，將部分內容移轉到YouTube。唯一還在觀望的，就只剩下迪士尼了。

2013年《冰雪奇緣》問世後，成為迪士尼史上最賣座的動畫電影，也帶動龐大的周邊商品市場。雖然這部電影本身不存在YouTube平台上，但有不少粉絲在YouTube出沒。從小瑞安到各類無臉頻道，無不藉由上傳各式各樣關於艾莎公仔、艾莎娃娃、艾莎卡通、艾莎服裝的影片，並在影片標題與標籤中放進「艾莎」字眼，藉此吸引演算法的注意。

在洛杉磯，Maker工作室忙著履行成為華特・迪士尼「數位繼承者」的使命，首要目標就是大量引入玩具評測內容。兩度效力迪士尼的Maker高層威廉斯，一口氣簽下5個知名玩具開

箱頻道，將這些YouTuber拉入Maker旗下的聯播網。他也試圖招攬DisneyCollectorBR，甚至得以和這位未曾公開受訪的開箱女王談話。她雖然婉拒加入聯播網，但確實成功被說服移除頻道名稱中的「Disney」字樣。2015年2月，《每日郵報》（*Daily Mail*）曝光這位可能是YouTube最高收入創作者的真實身分——她曾經是成人片演員。這件事提醒世人，YouTube明星沒有經過任何事前審核，如今，他們的私生活也成了八卦媒體的目標。

　　Maker職員正式加入迪士尼公司時，得知這家傳奇電影製片廠打算全面搶攻YouTube市場，拿下《冰雪奇緣》、《星際大戰》與體育競賽等人氣作品所累積的龐大粉絲群（ESPN也是迪士尼旗下的品牌）。不過，迪士尼起步相當謹慎，只在YouTube上零星發布電影預告與電視網宣傳片。直到YouTube正式推出Kids應用程式，迪士尼方面才有所警覺。

　　迪士尼的律師致電前去監督YouTube整合業務的Maker員工席佛斯，氣急敗壞地問道：「這到底是怎麼回事？」依據聯邦法令規定，凡是專門給13歲以下兒童觀看的「兒童取向」內容，都必須遵守嚴格的電視法規，不得在線上追蹤觀眾習慣。可是，YouTube演算法在Kids應用程式中抓取數支迪士尼電視節目的片段，這些是迪士尼認為「非兒童取向」的節目。律師和席佛斯開始每周通電話檢視YouTube Kids上的相關影片，並私下與YouTube員工協調，將迪士尼不希望出現在此應用程式中的影片全數移除。

其餘幾個YouTube應用程式,就沒有享受到這種精緻審核的待遇了。美國東岸另一個關心兒童媒體的組織注意到這點。曾經在米拉麥克斯電影公司(Miramax)工作的喬許・戈林(Josh Golin),如今是「守護純真童年運動」非營利組織的負責人。顧名思義,該組織的宗旨就是不讓孩童成為商業行銷的對象。戈林過去多著重在電視廣告等相關議題,眼見YouTube Kids問世,他決定好好研究網路版的「電視」——YouTube。

YouTube Kids應用程式推出2個月後,他便致函聯邦貿易委員會,指稱YouTube這款應用程式充斥了「不公平且具誤導性的行銷」,以及基本上等同長篇無間斷廣告的玩具影片。戈林在信中表示,YouTube Kids上大多數內容若放到電視上,恐怕根本無法通過審查。

其實維權團體經常寄出此類措詞嚴厲的意見書,因此矽谷和華府多半不以為意。於是,戈林繼續深掘,結果發現許多值得登上新聞頭條的資料。1個月後,他的團體再度發表公開信:他們在YouTube Kids平台上竟然發現品酒影片、電鋸教學、髒話連篇的惡搞短片《賭國風雲》(Casino),而且主角是美國知名兒童節目《芝麻街》的伯特和恩尼(Bert & Ernie),以及含有戀童癖笑話的片段,甚至有支影片標題直接寫著〈一場超大的迷幻之旅?〉(跟迷幻藥有關)。那封公開信中還列舉了一些人對應用程式的評論:有人抱怨4歲小孩看完《粉紅豬小妹》(Peppa Pig)影片後,演算法竟然推薦名為〈粉紅陰莖〉(Peppa Penis)的色情卡通。

有家長在評論中寫道:「這些影片到底是誰在過濾啊?」

YouTube為此疏失道歉。系統將影片歸類到應用程式時,雖然設定了自動篩選機制,但上傳者的數量與上傳速度都遠遠超出演算法的負荷。

然而到了8月,戈林寄出第二封信後僅僅過了3個月,這場風波就幾乎被所有人忘得一乾二淨了。《時代雜誌》派記者前往YouTube辦公室後方的露天空地,見證公司成立10周年的慶祝活動。沃西基在此推行「YouTube周五」(YouTube Friday)——帶有濃厚Google味的每周員工例會。據報導,派對現場有「充氣城堡、果汁冰沙機、超大型桌遊、滿地的紅色糖果及DJ」。沃西基甚至戴上安全帽參加「融化」遊戲:玩家要在巨型充氣泳池裡,閃避旋轉的樂葉(她對這種尷尬的活動並不陌生。依據Google傳統,若有超過98％的員工填寫公司問卷,高層就得扮裝上班,沃西基就經常選擇動物連身衣)。

從泳池上來後,沃西基接受《時代雜誌》訪問時表示,她最喜歡的YouTube影片是HBO主持人約翰・奧利佛(John Oliver)談論義務帶薪育嬰假的激烈評論。沃西基18個月前剛生下第五個孩子,雖然Google給了18周的產假,但她只休了14周。報導中寫到,沃西基能把育兒經驗轉化為「商業優勢」:「她的孩子們,都是她許多新想法的頭號實驗對象。」金奇爾則形容這位上司為「非常接地氣的人與媽媽,深知多數人在現實生活中會遇到哪些難題。」

讓知識傳播

YouTube的方針雖決定讓Kids應用程式採演算法主導、各式影片百花齊放，但並非所有人都同意這個做法。多年後，有幾位員工透露，當時他們曾投票支持篩選或人工精選Kids應用程式的內容，但這個方案最終未被採納。公司知道許多學齡前兒童愛看YouTube上的火車影片，偏偏只要不是卡通，火車影片就不像標準的兒童節目，也不會被納入人工精選的應用程式。**可是，這種難以預測的特性，不正是YouTube根本的魅力所在嗎？為什麼不讓孩子看這些呢？**部分職員提出質疑：若不進行人工篩選，考慮到YouTube上追看災難影片的熱潮，孩子們遲早會看到火車事故的驚悚片段。反對這項決策的Google主管，得到一個典型的Google味回覆：**資訊越多就越好。**

Google的許多業務運作，都建立在隱約帶有滑坡謬論味道的信念上：大眾接觸到的資訊越多，自然就會變得越「知情」。

然而，在充斥火車事故與玩具開箱影片的視覺洪流之下，YouTube確實也孕育出一群創作者，堪稱所有線上平台中最富教育性的人。公司先前雖嘗試把服務帶進校園，但未能成功，不過隨後出現擁有教學背景或濃厚學術興趣的創作者「教育類YouTuber」（EduTubers），開始在平台上成長茁壯。漢克與約翰‧葛林兄弟已經建立了成功的教育系列節目，後來又延伸製作兒童版的新節目。也有其他YouTuber用生動的動畫或探索頻

道那種「驚奇科普」風格，更深度且詳細地拆解科學概念，製作科普節目。

許多人光靠YouTube廣告收入就足以全職創作。他們的年紀比一般YouTube名人稍長，並且因為擁有更多社會經驗而拒絕多頻道聯播網的邀約（公共廣播電視公司曾想組建聯播網，但收效甚微，因為許多YouTuber覺得該公司的節目乏善可陳）。EduTuber們一方面想在線上建立事業並娛樂觀眾，另一方面也抱持著「提供正確資訊、追求事實」的堅定信念，甚至有些人養成習慣，在影片下方直接羅列所有參考資料（但其實YouTube並沒有要求或鼓勵創作者這樣做）。

也有許多EduTuber意識到，侵蝕科學精神的危機正在網路上生根：透過YouTube和社群媒體，陰謀論獲得新生與推波助瀾——這波「雜訊」即將吞沒理性思考的空間。

回首YouTube的發展歷程，平台上不實或扭曲事實的影片一直都不少。早期有部名為《脆弱的變化》（*Loose Change*）的911事件「真相派」影片，就是先在Google Video瘋傳後，再轉到YouTube繼續流傳。YouTube員工並沒有太關心這種內容，也沒考慮過限制它的方法。「大家總覺得，『群眾會分辨出真相，進行自我修正』。」前YouTube公關長雷耶斯回憶道。

曾有位員工提議，既然飛碟與各種超自然現象的影片在YouTube很受歡迎，何不為它們劃分出正式的分類，變成像電視上的超自然科幻頻道Syfy那樣，由YouTube策略性地支援這些創作者？不過，這個想法最後不了了之。況且，要界定什麼叫

「陰謀論」，比界定影片「是否兒童友善」還要棘手。於是YouTube乾脆採取放任政策，任由此類影片恣意蔓生。

不過，EduTuber並沒有袖手旁觀。很多人製作影片來駁斥其他頻道關於氣候變遷是騙局、地球是平的等荒謬錯誤觀點。阿拉巴馬州出身的航太工程師戴斯汀・桑林（Destin Sandlin）創建一個帳號「每天更聰明」（SmarterEveryDay），並在某支影片中解釋他的做法。他指著自己標誌性的徽章，那是他最喜愛的作家C・S・路易斯（C. S. Lewis）筆下會擊劍的小老鼠角色「老脾氣」（Reepicheep）。桑林的太太幫他在polo衫上繡了老脾氣的圖案，讓他穿著上鏡頭。

「面對幾乎一定能弄死他的敵人，他還是會勇敢迎戰。」桑林在影片中笑著說道，「但如果對方反真理，那就是敵人，他非戰不可。」

YouTube內部有少數人想推動計畫，替這群EduTuber爭取更多資源。沃西基本人也常說自己很喜歡看他們的影片，尤其是以「廢柴機器人」（Shitty Robot）影片在YouTube闖出名號的瑞典發明家西蒙娜・耶茨（Simone Giertz）。然而，這些計畫一直都沒有獲得公司的大力支持，沃西基也沒有積極把這些教育創作者的內容推送給年幼觀眾或是沉迷陰謀論影片的人⋯⋯直到後來，她別無選擇時才終於採取行動。

之所以如此消極，是因為那時YouTube還有其他商業事務等著她去應付。

Chapter 22

聚光燈
Spotlight

> 「2014年VLOG節來囉！！！」
> （VLOGMAS 2014 IS HERE!!!）
> TheGridMonster，2014年12月1日。16:28。

　　尼爾遜（Missglamorazzi）用她的第二頻道上傳影片，這個頻道主要上傳的是一些Vlog與個人雜談。影片開頭響起她一貫的開場音樂：「到聖誕節之前，我每天都會拍Vlog給你們看。」此時的英格麗沒有化妝，理由是「讓皮膚透透氣」。她身上穿著溫暖的Brandy Melville高領毛衣，以及一雙目標百貨的拖鞋，一邊在家中走動一邊對螢幕前的觀眾說話。她得去買菜，於是把手機固定在方向盤後方，一面錄影，一面開車前往全食超市（Whole Foods）。「你們只要放輕鬆，跟著我走就好啦。」回到家後，尼爾遜整理她買的食材，並帶著觀眾做菜。我們還能瞥見她男友克利斯的身影，他並不是YouTuber，不過他在Snapchat很活躍。按照慣例，英格麗準備了像是身體乳液之類的小禮物要送給粉絲，不過要到她的Instagram頁面參加抽獎才有機會抽到禮物。影片結尾，她笑著說道：「明天再見囉！」

　　尼爾遜在2011年自創了「Vlog節」（Vlogmas），也就是聖誕節前後的Vlog挑戰。她十分擅長拍Vlog，起初也非常

喜歡這樣的形式。每年都有更多YouTuber加入她，藉由Vlog8（Vlogust）、Vlog10（Vlogtober）、7月Vlog節（Vlogmas in July）或VEDA（Vlog Every Day in April，4月每天都拍Vog）」等活動，來考驗自己每天上傳影片的毅力。隨著尼爾遜年齡增長，現實生活中的節日壓力也增加了許多，她漸漸覺得Vlog節沒那麼好玩了。要固定且持續地產出有趣、有吸引力的影片，成了日復一日的單調工作。

年近26的尼爾遜已算是YouTube資深的一輩，屬於第二代YouTube創作者。他們不再只將YouTube視為轉往其他領域的跳板，而是把這個平台視為正職事業。同年稍早，尼爾遜簽下代言合約，躍升為封面女郎，成了第一位YouTuber出身的「美力大使」（Glambassador），替這家開架品牌拍攝影片。過去曾對她不以為然的美容雜誌，如今頻頻打電話來採訪她。人們開始用全新的詞彙稱呼尼爾遜這樣的創作者：「影響者」（譯註：Influencer，台灣也經常翻譯為「網紅」）。

自2014年起，沃西基就發起一項廣告活動，打算把這些影響者推薦給主流觀眾。同年夏天，《綜藝雜誌》公布問卷調查，結果顯示美國青少年對Smosh、PewDiePie等YouTuber的熟悉度，比對珍妮佛‧勞倫斯（Jennifer Lawrence）或強尼‧戴普（Johnny Depp）等大明星還要高。這份調查在YouTube辦公室內廣為流傳，也證實了公司的新信念：過去努力拉攏明星的策略已經過時，YouTube本身就擁有自己的巨星。

沃西基這場廣告活動被稱作「聚光燈」（Spotlight），

YouTube明星的臉被印在廣告看板、地鐵車廂及電視廣告上。首先亮相的是3位女性「生活風格」YouTuber。其中一人以美妝聞名，一人以戰利品開箱影片聞名，還有一人以烹飪影片聞名。公司還幫這些有商業價值的創作者取了新稱號：「原生創作者」——就像是土生土長的本土物種。

　　這樣的大規模宣傳，鼓勵更多YouTuber加入追名逐利的行列，也讓已在網站上小有資歷的老手倍感壓力。這下，他們得更加拚命才能保持熱度了。

　　在許多「生活風格」網紅成名之前，奧嘉・凱伊（Olga Kay）就已先在YouTube上闖出名號，YouTube圈子裡人人都對她的勤奮有所耳聞。凱伊最初上傳的，是她表演雜耍的影片。她14歲時在家鄉俄羅斯加入馬戲團，不久後，她迷上Vlog的親密感與新奇刺激，陸續發布了自白日誌、搞怪短劇，只要是觀眾感興趣的內容她都願意嘗試。凱伊身材嬌小、擁有心型臉蛋又精力旺盛，在YouTube早期充滿各式風格的大雜燴時期，已經是觀眾心目中不可或缺的YouTuber。她跟LisaNova一同出現在Maker工作室的影片裡，也曾在VidCon的舞台上耍劍。除了凱伊以外，沒有其他YouTuber會帶著笨重的iMac電腦來參加VidCon，但她是自學剪輯的高手，在大會期間自然也得繼續工作了。

　　當時要靠YouTube賺錢可不容易，頻道得先累積大量訂閱

者，而凱伊觀察到，只要多一點個人互動，她就能吸引更多人注意到她的頻道。每次收到新訂閱，她就會到對方的YouTube頁面留言：「謝謝你的訂閱，我在俄羅斯也愛著你喔。」其他人看到這則留言，可能會因此點進她的頻道，如此循環往復。她甚至在家裡看電影時、在製作電視節目的日間工作期間也會不停留言，有時一小時就能發出好幾百條。

「謝謝你訂閱，我在俄羅斯也愛著你：)」

她慢慢嚐到了些許成功。凱伊拿到第一筆YouTube收益支票時，金額只有0.54美元。「不錯啊，」她告訴自己，「明天也許就能變成5塊錢了。」有些時候，她一天會花上12個小時製作影片。到了2014年，凱伊已經連3年靠YouTube賺進超過10萬美元了——這筆金額看似可觀，但還得先扣稅，再計算周邊商品投資（她也會賣自己的產品）與雇用剪輯師的支出。此外，這是她多個頻道每周上傳20支影片才好不容易得來的成果，某方面來說又是另一種「雜耍」了。

此時，第二代YouTuber與一堆挑三揀四的社群應用程式接連登場。為了配合YouTube延長觀看時數的趨勢，凱伊開始上傳遊戲實況與美妝影片。出席各種YouTube活動時，她逐漸意識到自己的粉絲大多是青少女。身為30出頭的女性，凱伊透過影片傳達給粉絲的訊息是：女人味也可以古怪、不完美與跳脫傳統框架。她原本每周只更新一次，後來發現這樣已經不夠了，若想保持粉絲的關注度，她就得天天上傳新影片。

> ▶ 「我沒準備好啊！！！」（I AM NOT READY!!!）
> 　　奧嘉・凱伊，2015年1月21日。4:29。
>
> 　　她遠遠舉著iPhone，自拍著自己斜躺在沙發上的模樣。「我為什麼要拍這支影片？因為我臉上長了一堆痘痘，我只是想讓你們看看，這些痘痘長在我臉上是什麼樣子。真的好多顆啊！」她指著嘴唇左上方那一粒。「我跟大家都一樣。」她接著說道，之所以發這段影片，還有另一個原因──她其實拍了兩支超棒的影片，可是還沒剪好。「總之，我想說總得貼個影片讓你們知道，我還在這裡喔。」

多巴胺機器的競爭

　　2015年4月，YouTube邀請上百位明星創作者來到曼哈頓時尚區的攝影棚，參加首屆「YouTube創作者高峰會」（YouTube Creator Summit）。這可是YouTube自己主辦的影音盛會。現場準備了豐盛的餐點，還請了魔術師大衛・布萊恩（David Blaine）來表演，卻沒有成群的青少年粉絲出現。即使如此，受邀的創作者還是覺得自己必須保持「開機」狀態。有位YouTuber在午餐時錄影，鏡頭轉向尼爾遜，只見她穿著灰色帽T，隨意坐著吃沙拉。眼見鏡頭轉來，尼爾遜瞬間露出燦笑，和YouTuber同行說說笑笑。

　　無論如何，尼爾遜離開會場時，心裡還是頗受鼓舞。YouTube不只分享了製片技巧，更是用心表彰這群全情投入、古靈精怪的創作者，終於把他們當成A咖看待了。對YouTube而

言,這場高峰會同樣是一大成功。公司內部,員工們常提到創作者通往成功的兩條路:一種是「《周六夜現場》模式」,表演者以YouTube為墊腳石,躍升到電影和電視圈;另一種是「歐普拉模式」,創作者在YouTube平台上累積忠實觀眾,打造專屬帝國。這場高峰會上,處處可見初出茅廬的「歐普拉」。

同時,這場活動也提醒YouTube:後方已有其他競爭對手虎視眈眈。幾乎每個與會的YouTuber都曾在某個時刻掏出手機,拍照上傳到Instagram。那是社群應用程式盛行的時期,除了Instagram還流行Snapchat,以及可錄製6秒循環影片的Vine。在這些應用程式上發布內容,只需用到一支手機,不需要像拍YouTube影片那樣備齊攝影機和剪輯軟體。野心勃勃的創作者覺得自己得同時進駐所有平台,並且時時刻刻保持在線。雖然這些應用程式還沒開始支付酬勞給創作者,暫時無法對YouTube構成威脅,但Hulu創辦人新推出的影片平台Vessel就不一樣了——它會付錢給創作者,而且還網羅了尼爾遜這樣的頂尖YouTuber製作獨家內容。YouTube商務部門原本不太擔心Vessel搶占YouTube的市場,結果他們聽說佩吉十分在意這個新興平台,便開始火速思考對策,想設法把競爭對手扼殺在搖籃之中。這項策略在公司內部稱作「白金」:先預付可觀的廣告收益給部分人氣創作者,確保他們繼續忠誠於YouTube。

不過,相較於其他競爭對手,最令YouTube憂心的還是Facebook。

2012年，Facebook斥資10億美元收購Instagram，如今看來這筆交易實在划算。自YouTube之後，這款照片分享應用程式成了最能抓住年輕世代潮流的平台。剛開始，身為競爭對手的Facebook其實帶給YouTube不少助力：許多YouTube影片在這個社群網路上分享後，觀看次數就像早年在MySpace那樣一路飆升。然而到了2014年前後，YouTube管理層注意到來自Facebook的影片流量開始停滯，接著就急速下跌了。Facebook自己也有影片播放器，而比起外部連結，Facebook平台的演算法更偏好在動態消息中顯示Facebook內部的影片。Facebook還計畫在Instagram加入直播和影片功能。反觀Google+，此時已名存實亡。「Google在社群媒體領域可說是自廢了武功，」有位YouTube主管表示，「而現在，Facebook朝影片領域大舉進軍了。」

Facebook最大的一波攻勢，是與電視收視統計權威尼爾森公司（Nielsen）合作推出的機制，讓廣告商能用相同的受眾評比系統，同時在電視與Facebook上投放廣告。簡單來說，它就是衝著YouTube來的。

數位廣告領域紛繁複雜，而這正是沃西基花最多時間耕耘的戰場。沃西基立刻推動多項系統改革，試圖讓YouTube頻道像電視那樣被「打包」銷售廣告。她也從多頻道聯播網手裡收回廣告銷售權，不再允許他們天馬行空地自行招商。先前的改革已令各家聯播網動盪不安，如今，YouTube和Facebook之間對於「線上廣告成效量測」的競逐，更是讓多頻道聯播網再度元

氣大傷。此時形勢十分緊迫，正如Maker工作室的席佛斯所說：「Google就像隻400公斤重的巨無霸猩猩，這場仗他們絕不能打輸。」

就算如此，YouTube仍感到自己在這場對決中處於下風。即便成功延長使用者花在平台上的時間（從2011年平均每天觀看5分鐘，躍升到2015年光是手機觀看時數就高達40分鐘），Facebook的廣告營收卻依舊遠遠超越YouTube。這種落差，促使沃西基在擔任YouTube執行長後，早早提出重大的「宏偉且艱難目標」之一──「2020-20計畫」：2015年，YouTube設下目標，要在5年內突破200億美元的營收。

這些「小型多巴胺機器」社群應用程式的競爭，或許也能說明沃西基的另一項重大指令。上任執行長後，她檢視數據，發現YouTube在延長既有觀眾的觀看時數方面表現相當出色，一路穩定朝「10億小時」目標邁進。但是，在擴大每日活躍觀眾的整體數量這方面，成效就不如預期了。關於這件事，佩吉最常掛在嘴邊的格言是：「牙刷測試」──Google產品只有達到「每天像牙刷一樣頻繁使用」，才算有存在的價值。於是，沃西基要求工程團隊重新調整推薦演算法，加強推播那些能重複吸引使用者天天上線的影片。

這也能說明YouTube力捧這群「小歐普拉」的理由了──公司期望他們得到資源後，能像專業節目製作人一樣日更頻道內容，把廣告價碼拉到和電視一樣。要達成這個目標，YouTube就必須和這些明星創作者建立更密切的合作關係。但

是在那之前，YouTube還得設法越過雙方之間的文化鴻溝。

亞列爾・巴丁（Ariel Bardin）是沃西基從Google挖來的YouTube高層，上任初期便開始拜訪各大YouTuber。某次他來到洛杉磯拜訪馬修・派屈克（Matthew Patrick）。這位前音樂劇演員以「遊戲理論家」頻道著稱，擅長用戲劇化的誇張手法結合遊戲、科學及YouTube知識。派屈克見到巴丁，決定先破冰：「你平常都看哪些YouTube頻道啊？」

「Vice。」巴丁回答。

派屈克不禁皺眉。這家時髦的布魯克林媒體公司曾在YouTube拿過官方補助，後來又籌得更多外部資金。對多數YouTuber而言，Vice就像是資本加持的冒牌貨，只有對YouTube文化毫無歸屬感的人才會看這個頻道。

「好喔……還有嗎？」派屈克追問。結果，這位YouTube高層一句話也接不下去。

首屆YouTube創作者高峰會上，派屈克就坐在前排，DJ在主節目開始前先播歌暖場。在場每位創作者都用他的YouTube網名MatPat稱呼派屈克，但YouTube官方卻不這麼叫他。官方演講開始後，大螢幕陸續放出各位創作者的照片——Smosh！iJustine！MatPat！沒想到，出現在螢幕上的卻是另一個人的臉，根本不是派屈克。**好尷尬。**

接著，金奇爾走上台。「我在這裡，看到好多親切的熟面孔啊！」他以低沉的嗓音開場，「像是——」這句話說到一半，突然卡住。

呃，派屈克心想，「他是連一個人的名字都想不起來嗎？」終於，金奇爾提到漢娜‧哈特（Hannah Hart），她是近來出現在全城廣告看板上的YouTuber。

觀眾為王？

謝爾貝里一身人偶裝，施虐女王不停拿鞭子抽打他。與此同時，揚聲器還傳出他自己的聲音，這下他得聽從自己發號的施令。一切顯得極其超現實。

YouTube內部，沃西基正因為Facebook而煩惱，金奇爾卻在為另一件事操心：他的前東家Netflix。

2013年，這家串流服務推出的原創影集《紙牌屋》（*House of Cards*）首映，霎時間就成了話題度極高的熱門作品。不甘示弱的亞馬遜也開始自製串流節目，正式進入黃金電視時代。**既然它們都做得到，為什麼YouTube不行？** YouTube先前試圖找大明星拍節目卻不太成功，於是金奇爾轉換策略，推出YouTube自己的原創節目「Originals」，由觀眾最喜愛的創作者主演，並且只能在收費訂閱方案裡觀看。

Netflix和亞馬遜走的是傳統媒體模式，由節目統籌與製作人決定劇情和演員。成立維亞康姆的商業大亨雷石東有句著名的口頭禪──「內容為王」，就是用來捍衛這種模式的財務價值。而在這個《紙牌屋》時代，YouTube也提出自己的信條──「**觀眾為王**」，用以彰顯自家與眾不同的方針。

於是，在2016年初首播的YouTube影集《PewDiePie嚇破膽》（*Scare PewDiePie*）第九集中，YouTube觀眾才會看見謝爾貝里挨鞭子。

該節目由Maker工作室製作，場景設定是他在影片裡玩過的恐怖遊戲，謝爾貝里則在模擬恐怖遊戲的現實場景中粉墨登場。整部《PewDiePie嚇破膽》融入大量電視實境節目的套路，第九集後半段，謝爾貝里還得像《誰敢來挑戰》（*Fear Factor*）的挑戰者那樣，在生肉與蟑螂堆裡翻找線索解謎。謝爾貝里雖然配合度很高，節目的評價和話題度都不甚理想，或許是因為謝爾貝里在片中飾演的是真實生活裡那個稍嫌內向又有點笨拙的YouTuber本人，而非螢幕上那位誇張耍瘋的PewDiePie。雖然節目整體製作品質不差，看起來卻像過時的電視節目。周遭的人也都注意到，錄製這檔節目幾乎耗盡了謝爾貝里的精力。

YouTube前前後後推出10多部類似的原創節目，許多YouTuber卻看出其中的矛盾點。一方面來說，YouTube想要做到華麗的後製、炫目效果與高成本製作。在洛杉磯，YouTube甚至把占地1,124坪的飛機棚，改裝成專供少數創作者使用的高端攝影棚「YouTube Space」。但是另一方面，平台的演算法卻與公司的方向背道而馳。演算法看重的是觀看時數與每日瀏覽量，而能達成此目標的影片往往製作成本低廉，卻能夠扶搖直上。YouTube高層經理後來感嘆道，公司從前還會栽培創意和人才，如今卻只顧「搜尋符合數據指標的人」了。

對不少YouTuber而言，平台最初提倡的「獨立」與「平易

近人」,和現今大規模商業廣告運作互相牴觸。「當你把這個當成職業,就很難同時維持真實和親民。」VidCon創辦人漢克．葛林在標題為〈誠實YouTube談話時間〉（Honest YouTube Talk Time）的影片中感嘆道。

凱伊也經常陷入這種拉扯,她的訂閱數還不夠多,不足以獲邀參加YouTube明星高峰會,但她也收過一些片商或電視網的合作提案。他們要的是好萊塢式的大製作,但凱伊知道YouTube的觀眾與演算法都不愛那一套,而是更喜歡她坐在家裡對著鏡頭聊天,而且更新得越頻繁越好。於是,凱伊依舊每周上傳約20支影片。朋友約她出門,她的答覆都是:「如果那裡不能錄影,那我就只能待在家裡繼續做影片了。」

凱伊偶爾會到YouTube的洛杉磯攝影棚拍片,但大多時候只是去那裡做臨時諮詢。某家多頻道聯播網想簽下她的遊戲頻道,她也曾把該聯播網的合約拿給YouTube主管史塔克看。

史塔克看了她的頻道數據。「要是簽下去,妳會損失很多錢喔！」他說道,並勸她不要接受這份合約。史塔克和Google其他人得出相同的結論:這些聯播網的合約條款不夠明確,加上行事手段有點像黑手黨,實在靠不住。有的YouTube員工甚至稱它們是「寄生蟲」。

儘管如此,作為經紀管理平台,YouTube的缺陷也日益明顯。史塔克負責管理平台分潤系統,必須付款給數以百萬計的「長尾」YouTuber。有次Google律師團隊來電提醒他,這些給YouTuber的收益已對Google每日營收造成實質影響,必須增添

法令遵循（編按：Compliance Management，包含許可證或執照、法院判決、合約義務、產業標準和企業章程等內外規則、標準或義務要求，以防控違規行為，避免企業遭受財務與商譽損失，甚至是停止執業等風險）。聽到律師的這番話，史塔克才真正認知到長尾的規模。

許多YouTuber都會透過系統來追蹤金流，並因應平台頻繁更新。換作是其他公司，或許會設立客服中心或招募專門團隊來管理創作者，但Google卻依循他們一貫的做法。「Google解決問題的辦法，向來是靠機器而非人力。」史塔克表示。於是，工程師創了一套電腦系統，希望能在無需通話或人工介入的情況下，滿足創作者的需求。然而創作者和機器互動時，偶爾也感到頭疼不已。在沃西基的治理下，YouTube系統過濾可能令廣告商反感的影片（例如過量髒話或性暗示）時，會更加武斷地撤下其中的廣告。問題是，系統只會先扣除創作者的收益，卻沒有進一步向創作者通知或說明。史塔克在某次會議中向同事求援，希望能得到更完整的資源。他說：「就算是被逮捕了，警察至少還會讓你打通電話求助啊！」

有時機器真的會鬧烏龍。YouTube某次更新了檢測肌膚裸露的演算法，自動識別色情或性剝削的內容，並將這些影片標記為「待移除」。結果，有人把參數調得太高，沒做任何公告就上線了，孰料演算法無法分辨色情裸露與泳褲的差別，誤刪了許多健美選手的影片（健美影片也是YouTube上的熱門類別）。在YouTube工作的格雷斯目睹這一切，才驚覺**演算法真**

的無法做到全知全能啊！

格雷斯負責管理YouTube在洛杉磯的攝影棚。創作者不僅會在這裡拍片，也常傾吐煩惱。有位女性YouTuber因觀看次數下滑而心情沮喪，對格雷斯分享自己捲土重來的計畫：她準備在未來六周內拍攝300支以上的影片，並且每天上傳一支，同時製作一檔全新的YouTube節目。這位YouTuber可說是把「10倍」精神發揮到極致。格雷斯從YouTube剛起步時就一直在製作與導演網路影音，如今看到創作者的這份計畫，只覺得：太瘋狂了吧！另一位YouTuber則是迎合演算法對長片的偏愛、為了得到系統推薦，不得不持續上傳長度超過10分鐘的影片，結果把自己累得在攝影棚裡崩潰大哭。

「這種日復一日的消耗，根本像是在『痛苦跑步機』上不停奔跑。這樣反而無法真正激發創意。」格雷斯說道。

同樣在YouTube服務並時常和創作者合作的陳賓，曾想要經營自己的頻道來實驗，並且頻繁更新影片。儘管他的外型如男星般出眾，陳賓還是很快就放棄了。他對同事說道：「這是份動輒花上100小時的工作。工作量實在太龐大了。」

史塔克在正職工作之餘，把位於好萊塢山的家改裝成「煉金屋」，希望這裡能成為充滿創造力的藝術家空間，然後邀請音樂人和YouTuber到家中。凱伊第一次到訪時，訝異地看到工作時總是穿得很保守的史塔克竟然換上短褲，還塗著藍色指甲油（史塔克和不少Google員工一樣，是「火人祭」的常客）。2013年，史塔克重新把煉金屋整修成「壓力釋放空間」，每次

VidCon結束後,他都會邀請YouTuber來這裡喝喝小酒、欣賞風景,暫時遠離擁擠的人潮、鏡頭,以及頻繁上傳影片的壓力。

如果只是每周產出20支YouTube影片,凱伊也許還能在這痛苦的跑步機上勉強撐下去。但是隨著想分食YouTube市場的社群應用程式越來越多,她的時間和精力都快被掏空了。其他社群媒體撥電話給凱伊,讓她終於徹底抓狂了:通訊軟體Snapchat推出「限時動態」這個新形式來分享照片或影片,只要一段時間過後就會消失。某個品牌想贊助並與凱伊合作,邀請她幫品牌拍5段限時動態,每段10秒,全部支付7,000美元酬勞。

乍看是筆相當豐厚的酬勞,但她考慮接受時雙手卻不斷顫抖。光想到要多拍這短短50秒的影片,她就感到又憤怒又噁心,她是真的做不到。「天啊,」她心想,「我受夠了。這樣下去不行。」難道到了40歲、60歲,她還要繼續活在鏡頭前,不斷為了博得注意而塑造出另一個自己嗎?才不要。

「我只想過普通人的生活。」她下定決心。

找出更公平的方法

公司也知道創作者的經濟出現某種問題,但此時他們得先處理另一場企業內部的騷動,無暇顧及YouTube上的小問題。

2015年8月,佩吉震驚全世界(以及大多數Googler)——他宣布成立Alphabet的控股公司,把麾下事業拆成幾個獨立個

體：Google、自動駕駛車、智慧恆溫器，諸如此類。YouTube一看很適合成為拆分出去的其中一塊，畢竟它本來就有自己的品牌名稱，也有獨立的辦公室。YouTube內部領導階層也考慮脫離Google，成為獨立的Alphabet子公司。佩吉自封Alphabet執行長後，沃西基想繼續以佩吉下屬之姿辦事，而不是向Google新任執行長皮查伊匯報工作。不過最終，大家認為YouTube和Google的業務與系統密切交織，難以完全切割，因此YouTube依然留在Google旗下。

同一年，沃西基延攬兩位新任高層主管，一同規畫YouTube的未來。他們沒有媒體製作的背景，但都是Google的資深員工。其中一位是尼爾・莫漢（Neal Mohan），曾經是DoubleClick主管，替YouTube敲定第一筆重要的廣告合約（那時YouTube的辦公室還在披薩店樓上）。DoubleClick被Google收購後，他便留在Google的廣告部門。莫漢擁有兩個史丹佛學位，熱愛美國職籃NBA，說話沉穩得像個會計師。在Google內部，他以高超的政治手腕聞名，擅長「向上管理」。某位YouTube總監回憶道，某次周二會議上，莫漢和沃西基之間的氣氛一度劍拔弩張，結果到了周四，沃西基竟然改變主意。那位總監說，想必是莫漢「私下施展了絕地武士的心靈控制術」。事實證明，莫漢的手段相當管用。2011年媒體報導Google為了留住莫漢、避免他跳槽到Twitter，祭出1億美元的留任獎勵。Google同事們戲稱莫漢為「1億美元先生」，令他頗感尷尬。

沃西基將YouTube的產品業務交給莫漢負責，莫漢也迅速成為她的得力副手。莫漢替自己找了個能幹的部屬——喜歡Vice頻道的巴丁。他是個能說善道又直接的以色列人，打從2004年就在Google工作，最近則負責公司的支付服務。莫漢與巴丁正式到任後，一起審視YouTube創作者經濟的種種數據，發現其中存在嚴重失衡：絕大多數的廣告收益都流向排名前百的創作者。要是這些大咖跳槽到其他平台或乾脆停更，那該怎麼辦？**眼下這套分潤機制，真的公平嗎？**於是他們著手制定重整YouTube分潤制度的方案，打算透過精準的數學指標來衡量影片的成功與否。他們把這項專案稱作「比恩計畫」（Project Beane），致敬電影《魔球》（*Moneyball*）裡那位以奇招聞名的棒球經理比利‧比恩（Billy Beane）。

　　這項計畫還有另一個代號叫做「沸騰大海」（編按：Boil the Ocean。英語慣用語，比喻任務極其龐大、幾乎不可能完成，或者試圖解決一個過於廣泛、難以駕馭的問題），呼應該計畫在工程方面龐大且繁複的挑戰。YouTube過去也曾用過這個詞，來形容大規模重塑服務以因應應用程式與電視平台的計畫，那次的結果十分成功。

　　就這樣，在2016年初，公司準備一如往常地透過工程手段，解決創作者群體財務上的問題。但是當時他們並未料到，天邊已出現足以動搖全局的風暴。

Chapter 23

笑話、威脅、如日中天
Joke, Threat, Obvious

2016年1月

白宮東廳裡設置了小型布景，模擬尼爾遜家中的環境：粉藍色牆壁前擺了幾株多肉植物和白色菊花。尼爾遜轉向歐巴馬，開口就是和他討論衛生棉條的話題。

「生活風格」YouTuber尼爾遜，是白宮官方YouTube頻道挑選的三位YouTuber之一，此次來白宮就是為了訪問美國總統。此舉意在讓年齡層較高的觀眾看見YouTuber在網路世界中的影響力。

前個夏季，尼爾遜因一支自白影片瞬間躍上Google的矚目名單。「我是女同性戀。能這麼說出口真的太痛快了。」她向觀眾表白，接著喜極而泣。

與歐巴馬會面的流程經過詳盡安排，尼爾遜事前也先在電話上接受大約4小時的背景審核。訪談過程經過精心設計，但她仍成功製造話題——她詢問總統，為何女性生理用品會被課徵「奢侈品稅」？（「我猜，」總統答道，「那大概是男人寫的法條。」）尼爾遜看上去稍微有點緊張，直到後來她在訪談

中融入自己YouTube節目的元素,請對方分享一些代表「自我認同」的小物件。歐巴馬從口袋裡掏出了幾樣東西——教宗送的念珠、僧侶送的小佛像,以及愛荷華州重機騎士送的撲克牌籌碼幸運符。「太感人了。」尼爾遜驚呼,「我超喜歡!」

尼爾遜的訪談進入尾聲時,格羅夫出現在鏡頭裡。他曾經是YouTube最早期的社群經理之一,如今則在Google任職,換下牛仔褲和球鞋,改穿上一身正經的藍色西裝,氣質足可媲美政客。

「這個由您開創的傳統真是太棒了。」格羅夫對歐巴馬致謝,「我們真心希望您的繼任者也能讓這種模式延續下去。」

🔔

就在那時,大眾見川普在共和黨初選中領先其他候選人,總覺得這像場笑話。他所提出的政見,例如建立穆斯林登記制度等等,聽起來都荒誕至極。川普的醫師甚至開出聲明,大力誇讚他將會是「史上最健康的總統」。川普把這篇證言貼上Facebook,自誇「基因優秀」,還錯將聲明歸功於一位已故的醫師。川普具備電視節目所需的戲劇性,不僅在11月主持《周六夜現場》,還上了吉米・金摩(Jimmy Kimmel)的脫口秀,兩檔節目的精采片段隨即被剪輯上傳到YouTube。

但在YouTube的另個角落,川普卻得到截然不同的待遇。心靈勵志大師莫利紐克斯於1月推出新系列影片,標題為〈關於唐納・川普的虛言〉。對莫利紐克斯等等以攻擊媒體和主流體制

為生的YouTuber來說，川普既是強力盟友，也是絕佳的題材。在新系列影片中，莫利紐克斯逐一列舉媒體「曲解」川普的報導，每支影片時長都在1小時以上。

在第一部影片裡，他先正確指出川普如何成功掌控新聞播報，接著替川普在移民、女性及其他方面的立場進行辯護。莫利紐克斯並沒有透過這些影片抨擊川普的政治對手，他盯著鏡頭宣稱：「這裡最重要的教訓是，別讓任何人告訴你該怎麼想、該怎麼感覺。包括我還有其他任何人，都不該把想法硬加在你頭上，尤其是主流媒體──他們不是在提供資訊，而是想操控你。」在川普忠實支持者聚集的Reddit論壇上，這系列的影片引起熱烈迴響。同年稍晚，莫利紐克斯邀請2位作家上節目，南方貧困法律中心對他們的形容分別是「優生學推動者」與「白人至上」出版物的編輯（莫利紐克斯則表示，他並不同意南方貧困法律中心對這兩位嘉賓的描述）。

莫利紐克斯在1月那支影片的結尾說道：「如果你覺得這些資訊有幫助，請記得按讚、訂閱，把影片分享出去。」

逐漸浮現的威脅

2016年4月

蘇珊・沃西基在洛杉磯日落大道的安達仕飯店舞台上就座，面對著台下一排排創作者，準備傾聽他們的意見。

這位YouTube執行長就和前任掌門人卡曼加一樣，一到公

眾場合就顯得有些彆扭。據某位前員工的說法,她在員工會議上提及YouTuber時,聽起來彷彿是個「想跟酷小孩打成一片的呆萌媽媽」。斯泰普頓則拿她和希拉蕊‧柯林頓相提並論——她們同樣都是工作狂,幾乎從不卸下職業性的防備,也很容易被外界貼上愛管教人的標籤。對沃西基來說,創作者是互動起來特別棘手的族群。就算她對創作者的職業生涯有著極大的影響力,但這些人不是她手下的員工,沃西基也不是他們的頂頭上司,無法管理他們(或者說,即使想管也管不動)。

這次的場合更是特別麻煩。

4月初在日落大道的這場活動名為「#YouTubeBlack」。之所以舉辦這場活動,是因為資深YouTuber阿奇拉‧休斯先前對YouTube提出了尖銳指控。她在自己的頻道「阿奇拉顯而易見」(Akilah Obviously)裡,發布影片嘲諷並剖析YouTube潮流、流行文化、政治和文學(她曾對Vlogbrothers成員約翰‧葛林的著作做了「微醺書評」,兩人就此成為朋友)。休斯憑藉YouTube的創作實績,成功加入Fusion媒體公司。2015年,她發表文章,指出YouTube一系列「聚光燈」行銷活動的廣告看板和地鐵廣告上,都未出現任何黑人創作者的面孔,新推出的原創節目也是一樣。那年2月適逢美國「黑人歷史月」(編按:Black History Month,由著名學者卡特‧伍德森〔Carter G. Woodson〕首創,以紀念無數美國黑人為戰勝奴役制度、偏見及貧困經歷的千辛萬苦,會在這個月回顧黑人為美國文化和政治生活做出的貢獻),當月,YouTube在官方Twitter上推廣的白人創

Chapter 23　笑話、威脅、如日中天

作者數量,是黑人創作者的10倍以上。休斯在文章中又提到,YouTube上那些令人厭惡的評論,「使得多元創作者在YouTube上的工作環境,比在其他社群網路更加惡劣」。

她的文章在YouTube內部快速流傳。公司員工向來以擊倒好萊塢「陳舊、男性、白人為主的把關人」為傲,行銷團隊於是籌畫「#YouTubeBlack」活動,讓沃西基和黑人YouTube動畫師阿丹德・索恩(Adande Thorne, Swoozie)同台。索恩不僅是YouTuber,也是YouTube官方相當喜愛的創作者。

索恩直接切入重點:「我們什麼時候能在看板上見到黑人創作者的身影?」他問道。

沃西基承諾,很快就能看到了。她也坦言:「我們可以做得更好。」

那天晚間,這些首次齊聚一堂的黑人YouTuber,隨著饒舌歌手肯卓克・拉瑪(Kendrick Lamar)的歌曲〈沒事的〉(Alright)放聲高歌。「YouTube並不完美,」事後,休斯在文章裡寫道,「但至少,公司高層似乎是真心想要改進。」

幾周後,沃西基參加另一場活動,在舞台上面對更大批的YouTube明星時,依然沉浸在「#YouTubeBlack」當時那種備受創作者愛戴的喜悅之中。那是YouTube第二屆創作者高峰會,她向眾人炫耀YouTube的廣告成長數值,並強調公司對原創節目的長期投入。接著,她開放現場觀眾提問。

問答環節當中,有位女性創作者提到YouTube上的霸凌問題:另一名YouTuber不斷針對她製作帶有敵意的影片,還公布

她的個資（網路上稱之為「肉搜」），並煽動網友群起攻之，令她十分害怕；另一位女性創作者接過麥克風，表示這種情況如今已變得過於普遍。「YouTube打算怎麼處理？」沃西基立刻起了戒心，除了表示同情之外，並沒有提出具體承諾，然後就匆匆結束話題。幾回合問答過後，又有更多YouTuber提出霸凌的問題，沃西基也給出相似的答覆。當時YouTube認為，這是創作者之間的衝突，公司最好不要插手，而且現行規範已在「避免傷害」與「維護言論自由」之間取得平衡。抑或，YouTube根本沒有準備好要面對這類問題。

坐在台下的尼爾遜近來對網路言語攻擊越來越擔憂了。雖然還沒有人公布她的個資，但她覺得這只是早晚的問題。「YouTube根本拿不出解決方案。」她回憶道，「他們也知道這是個大問題。」

史蒂夫・班農（Steve Bannon）在遊歷好萊塢投資與電玩產業後，接下《布萊巴特新聞網》（*Breitbart News*）。他透過雅諾波魯斯這樣的下屬，動員了對主流社會充滿怨憤、深度網路化的支持者隊伍。「他們可能先是因玩家門之類的議題入坑，之後就開始關心政治和川普了。」班農對記者約書亞・格林（Joshua Green）表示。2年前，《布萊巴特新聞網》透過強烈的批判報導，成功阻攔一項原本獲得福斯新聞與林博支持的參議院移民改革法案，展現該報在政治領域的影響力。此時，班

農則扮演了「另類右派」(編按:Alt-Right,也稱為「白人民族主義者」和「極右派」。並無正式的政治理念,大多反對寬容、人道主義、多元文化主義和社會正義)的總指揮,串聯網路名人、煽動者與種族主義者(數月後,班農則成為川普的首席策士)。記者格林將這股運動貼切地描述為「凝聚受創男性自我與好鬥精神的風滾草,就這麼滾動不止」。

> ▶ 「米羅・雅諾波魯斯否定『黑人的命也是命』示威者的麥克風優先權。」(Milo Yiannopoulos denies Black Lives Matter protester special mic privileges.)
> 米羅,2016年4月27日。3:30。

> 　　英國記者雅諾波魯斯把髮尾染成霧面白金色,相當習慣使用陳腔濫調的「開心酸民」言行,當時任職於《布萊巴特新聞網》。這段影片拍攝於美利堅大學,是他「危險基佬巡迴之旅」(Dangerous Faggot Tour)的其中一場演講。這趟旅程中,他在多所大學校園巡迴演說,抨擊女性主義者、社會正義戰士和「綠帽保守派」(Cuckservative)。演講過程中,他與黑人學生之間發生激烈爭論,成了這場演講的焦點,也成為YouTube上的熱門素材。旁邊有另一名學生在看戲竊笑,這個人頭上戴著紅帽子,上面寫著川普競選美國總統時的口號:「讓美國再次偉大」。

　　這球風滾草滾過了《布萊巴特新聞網》,滾過了充斥酸言酸語的留言板與社群媒體。最後,也滾過了YouTube。

　　英國男權YouTuber謝拉特目睹這股風潮擴散的過程。許多

他固定追蹤的頻道，都從討論無神論或女性主義，轉而聚焦在川普身上。「薩爾貢大帝」等頻道依舊以略帶嘲弄的困惑口吻痛罵「權謀老手」希拉蕊，以及「億萬惡鬼」索羅斯，並指控索羅斯操縱希拉蕊的競選程序。謝拉特起先以為這種力挺川普的聲浪不過是在向主流菁英豎中指，也就只是開個玩笑罷了，但後來他逐漸改變看法——因為和川普相關的影片往往能吸引更多人點擊觀看。

不久後，許多新進創作者也被YouTube另類右派的圈子吸收。他們像其他YouTube次文化創作者那樣，在彼此的影片裡露臉、回覆、辯論，並且善用搜尋演算法。有篇後續研究顯示，2016年夏季，在YouTube搜尋「玩家門」時，搜尋結果裡常年位居首位的都是雅諾波魯斯的某段影片。而輸入「伊斯蘭」、「敘利亞」或「難民」等關鍵字，很多時候也會導向另類右派創作者的影片。

雅諾波魯斯等引戰型YouTuber，開始為英國脫歐背書。接著，他們又更著力於各種難民問題的弊害。謝拉特看了不禁存疑：「那些人是為了逃離戰爭才會成為難民啊！有什麼好大驚小怪的。」事後回顧這段時期，他也懷疑自己究竟相信了什麼、為什麼相信這些。

緊急對策

2016年7月

　　沃西基召開緊急會議。前一天，川普正式獲得共和黨提名，成為代表共和黨的美國總統候選人。不過，這次YouTube會議討論的，卻是當天發生的另一件事：《華爾街日報》的短篇報導提到，許多媒體公司的影片在社群平台上大獲成功，而YouTube的表現不如這些社群網路。該篇文章主張YouTube上的影片過於龐雜，分享機制也不如其他社群平台方便。

　　有位匿名媒體高層不滿道：「YouTube再不改變，就要讓Facebook和Snapchat成為這個世界的主宰了。」

　　沃西基召集公關團隊，希望能擬定對策，化解外界對於「Facebook比YouTube更適合作為影片平台」的印象。2016年，YouTube投入相當可觀的時間和精力防堵這位勁敵。儘管如此，公司內仍然瀰漫著惴惴不安的氛圍。

　　YouTube甚至曾提議與規模較小的科技公司合作，條件是：若未來Facebook打算收購這家小公司，YouTube有權否決。當Facebook推出新商業功能，Google公關人員也常致電記者，提醒他們Google先前已經發表過類似的功能。

🔔

　　基堯姆・沙斯洛（Guillaume Chaslot）3年前離開YouTube，離職時並不怎麼風光。之後，他為了照顧年邁的父親搬回家鄉

法國。沙斯洛的性格活潑，個頭不高、擁有凸出的眉骨、鼻梁長且下彎。當他把長髮撩到耳後時，看上去有點像演員提摩西・夏勒梅（Timothée Chalamet）。他拿到電腦科學博士學位後，履歷只投給這家公司——以歡迎學術型書呆子而聞名的Google。2010年，沙斯洛在加州參加Google的入職訓練時，發現一半以上的新人和他一樣來自海外，剛好通過了那輪H-1B簽證（編按：美國簽發給從事專業技術類工作的人士的簽證，屬於非移民簽證）的審核。他對此感到相當開心。

　　沙斯洛被分配到負責YouTube推薦系統的團隊。上工不久後，他自己開啟了一項「20％專案」，想解決他在系統中發現的缺陷：YouTube往往會一直播放立場相同的內容。黑人少年馬丁命案過後，數以千計的觀眾湧上YouTube尋求資訊、案件分析，或有助於宣洩情緒的內容。如果他們看了同情馬丁的影片，YouTube通常會繼續推薦相同立場的影片；如果他們點開了支持另一方、認為馬丁之死合理的影片，系統又會持續推送那類內容。於是，沙斯洛研擬出「平衡」計畫：打造名為「Google歷史」（Google History）的數位目錄，追蹤某些世界時事或歷史事件的相關影片。這位法國工程師還特地強調，這樣的機制能進一步提升YouTube的觀看時數。

　　沙斯洛的想法雖然獲得同事讚賞，卻沒有任何主管願意推行這個計畫。不久後，他就收到負面的績效評量（套句公司內部的說法，他被「嗿」了），隨後就被Google解雇。回到法國後，他差不多也把被解雇的陰影拋諸腦後了，沒再多想

YouTube的事。

沙斯洛父親是個敬業的藥師，住在鄉村地區，平時幾乎不上網，但他有天突然對兒子說了一句話，令身為電腦科學家的兒子震驚不已。

「其實啊，我們得聽聽弗拉迪米爾・普丁（Vladimir Putin）的想法了。」向來不關心政治的父親，竟開始列舉普丁的各種好處。沙斯洛與父親爭辯了一番，但心裡還是不解：俄羅斯的宣傳，怎麼會滲透到我父親所在的法國鄉下？他懷疑，父親大概是從酒吧好友那裡聽來的，而那些朋友又是在免費網路電視上看到關於普丁的影片。沙斯洛上YouTube一搜，找到普丁指控移民對歐洲造成危害的影片，也看到法國演員傑哈・德巴狄厄（Gérard Depardieu）在俄羅斯國營電視頻道上用法語盛讚普丁。這些影片的流量，居然勝過公信力更高的媒體來源。

還有另外一件關於前公司的怪事：有次沙斯洛在巴黎搭公車，注意到旁邊乘客正低著頭、專心致志地看YouTube影片。沙斯洛能聽見其中一段影片的語音，法語旁白念念有詞地宣稱，有人密謀要消滅全球四分之一的人口。沙斯洛還以為這是開玩笑，湊過去問那名乘客：「所以，是誰想弄死我們啊？」

「是政府的機密計畫。」乘客言之鑿鑿地答道，「有好幾百部影片都是這麼說的！」

聽到這番話，讓沙斯洛瞠目結舌。在YouTube任職時，他曾為資訊的同溫層效應憂心，沒想到這些同溫層如今塞滿了赤

裸裸的陰謀論。

在直覺驅使下，沙斯洛開始在美國總統大選前更密切地注意YouTube上的動態。他自製用來擷取影片推薦系統公開數據的程式工具，雖然取樣範圍有限（外部人士畢竟無法掌握使用者登入後看到的推薦內容），但這些資料還是足以看出端倪。有個人名一下就竄到列表最上方，那個人就是陰謀論主持人瓊斯——聲音低沉、作風聳動浮誇的脫口秀名嘴與媒體人。

那年7月，瓊斯在克里夫蘭市的共和黨全國代表大會外，強行闖入川普的造勢活動，帶著隨行人員在數十台攝影機前大剌剌地闖進場，開始大肆譴責全球主義者與「新世界秩序」（編按：New World Order，認為世上有少數權力菁英在幕後操控世界，是極權主義世界政府的陰謀論）。瓊斯曾讓怪論者上他的《資訊戰》脫口秀節目，這些人主張桑迪胡克小學槍擊案根本是事先安排好的一齣戲。沙斯洛計算後得知，短短18個月內，瓊斯的節目影片總觀看次數已經超過3億了。收集完資料，他發現瓊斯不只是在排行榜上名列前茅，甚至還是整個資料集中推薦度最高的頻道。「太離譜了。」沙斯洛心想。

他的前公司若不是不知道此事，就是根本懶得去處理。

你的影片廣告友善嗎？

2016年8月

「做廣告友善的影片」、「別出現血腥內容或過度粗鄙的

言詞」這些是YouTube要求創作者謹記的守則。為了從電視圈奪走更多廣告商的行銷經費，沃西基下了定論：YouTube必須提供更「乾淨」的內容。

YouTube的演算法日益成熟，能自動偵測哪些影片可能惹怒廣告商，並從那些影片中移除廣告。問題是，系統有時無法解釋這些判斷背後的理由。一旦影片的廣告遭到移除，YouTube員工就會發出自動化的通知，讓受影響的YouTuber知道影片中的廣告已被撤下，並且提供申訴管道——乍看下，這也算是合理且貼心的做法。

只可惜，事情的發展超出YouTube的預期。

網名sxephil的知名YouTuber德法蘭柯率先表達強烈的不滿，他發布一支影片，標題為：〈YouTube要關我頻道，我不知道該怎麼辦〉。留著刺刺髮型、說話直爽親民的他，是這10年來的YouTube中流砥柱，也是最早透過影片營利的創作者之一。他固定推出每日新聞與八卦閒聊影片，開頭總會來一句：「可愛的混蛋們，大家好嗎？」然而在那年8月的一部影片中，他坦言自己恐怕不能再輕易講出「混蛋」這種字眼了，以免他的影片被視為不適合投放廣告。

當德法蘭柯和其他YouTuber收到YouTube寄來的自動化通知時，他們對這些信件的看法和YouTube大不相同。他們覺得官方並不是友善地邀請他們走正常申訴流程，而是在對影片進行審查。許多創作者不知道YouTube還有「廣告友善」規範，也有些人認為這些規定過於武斷且不公平。德法蘭柯發現，自

已有10多支討論新聞的影片遭撤廣告，而大型媒體公司大量上傳至YouTube的時事評論卻都能照常投放廣告。

不久後，YouTube就在創作者的後台介面加設「$」的標記以顯示營利狀況：綠色標記代表影片能賺錢，黃色標記則表示該影片無法營利。在YouTuber眼裡，黃標成了不公的象徵，他們之間也流行起具有神聖意義的詞彙：「去收益化」，表示某支影片或某個創作者無法成為投放廣告的對象。至於YouTube方面，只覺得這一切不過是溝通上的誤會。德法蘭柯在Twitter上反擊：「感覺有點像合作10年後，背後被捅了一刀。」

過去，YouTube一向能容忍創作者的怨言，畢竟他們免費提供影片，吸引大批觀眾，進而帶來廣告營收（其中45%的營收都被YouTube收入囊中）。然而那年夏季，隨著創作者對平台的種種不滿快速發酵，公司體驗到前所未見的衝擊。

德法蘭柯的影片在網路上催生了「YouTube派對結束了」（#YouTubePartyIsOver）的標籤運動，吸引許多YouTuber跟進，其中也包括保守派與右翼團體藉機控訴YouTube打壓言論。由頁岩油業富豪資助的保守派倡議組織「普拉格大學」（PragerU），更是指控YouTube限制他們關於《十誡》等宗教議題的影片。面對這些批評，YouTube在紐約的錄影棚再次召開「傾聽會」，邀請普拉格大學與另外數十個保守派頻道的代表前來座談。

醜陋又充斥敵意的選舉近在眼前，Google已經備受右翼陣營的種種指控，說它的搜尋結果刻意偏袒希拉蕊。Google否

認,卻拿外界越演越烈的質疑聲沒辦法。YouTube和母公司Google一樣,不希望被任何人認為偏向政治天秤的任何一方。

邊緣政治的戰鬥利器

不過,各路YouTuber可就一點也不避諱表態政治立場了。

> ▶ 「希拉蕊荒謬行為背後的真相。」
> （The Truth About Hillary's Bizarre Behavior.）
> 保羅・約瑟夫・華森,2016年8月4日。5:53。
>
> 「怪異的抽搐。瘋狂的面部痙攣。過度誇張的反應。咳嗽不止。舌頭上奇怪的潰瘍。」帶英國口音的男聲讀著旁白,畫面上則是剪接過的片段,將這位民主黨候選人刻劃得彷彿精神失常。「希拉蕊是因為壓力太大,快要神經崩潰了嗎?還是說,她這些反常舉動其實和某種病症有關?」

保羅・約瑟夫・華森（Paul Joseph Watson）是瓊斯《資訊戰》網站的編輯,也是另類右派YouTube圈的重要角色。他常上傳時長不短的影片,聚焦各種重大新聞或網路冷知識,並以「我不過是提出疑問而已」的態度插科打諢。他借鑑莫利紐克斯的手法,聲稱能揭露主流媒體刻意隱瞞的「祕密資訊」（華森聲稱能在影片中揭露性侵文化、伊斯蘭國、伊波拉病毒與玩

家門的「真相」）。這部關於柯林頓的影片，來源其實荒誕得可笑：他引用的「專家」之一，竟是因證券詐欺遭起訴的「製藥哥」馬丁・史克雷利（Martin Shkreli）。儘管如此，這支影片還是紅了，在支持川普的Reddit版面上衝到置頂位置。《卓奇報告》（The Drudge Report）和《國家詢問報》（National Enquirer）力挺川普的新聞媒體，也跟著大量報導希拉蕊的健康問題。福斯新聞主持人肖恩・漢尼提（Sean Hannity）更是連續多日在節目上炒作此議題。YouTube堅決保持中立，卻在此刻成了邊緣政治鬥士手裡的強力武器。

　　華森那支影片上架4天後，Google公布了總統候選人的熱門搜尋關鍵字清單。人們在進行希拉蕊的相關搜尋時，第二個常見的問句是：「希拉蕊是不是健康出了問題？」針對川普的熱門Google搜尋，反而是：「川普是哪天上《大衛・賴特曼深夜秀》（Late Show with David Letterman）的？」

　　川普雖然熱愛電視，但他個人最愛的舞台其實是Twitter。競選陣營的幕僚現在也會日夜關注Twitter，想從中判斷接下來會爆發哪些政治亂流。數月後，華森又在Twitter上「揭祕」：「不知道左派清不清楚，他們可是在YouTube上被修理得體無完膚。」

2016年10月

　　YouTube落後了。目前看來，情況十分危急。

隨著7月到來，北半球氣溫攀升，人們花更多時間在戶外活動，也就遠離了螢幕。YouTube內部那條以「每日10億小時」為目標的觀看時數曲線，開始出現下滑跡象。工程師古德羅的名字時常出現在那張圖表旁邊，而他天天都會查看數據，連週末、休假或請病假時都不懈怠。入秋以後，他的團隊不斷嘗試對演算法與介面做些微小的調整，只盼能稍微提升觀看時數，只要找到可行的微調方法就會直接去做。這一年下來，他們為實現2012年立下的目標，大約做了150次的改動。

終於在10月某天，古德羅看著曲線圖，發現YouTube提前達成目標。

那個月，古德羅一些同事開始籌辦11月第一週的盛會，準備在曼哈頓的攝影棚裡舉辦選舉之夜派對，還邀請嘻哈歌手「凡夫俗子」（Common）前來表演。幾乎所有來賓都以為，自己將在那一夜見證美國選出歷史上首位女性總統。

Chapter 24

狂歡終結
The Party Is Over

2016年11月10日,距離川普當選總統僅僅過了2天,Googler便齊聚一堂召開全員大會。許久不過問Google日常事務的布林走上台,開始主持會議。

「身為移民與難民,我個人深深覺得這次的選舉結果令人相當不愉快,也知道在座很多人都有同感。」布林說道,「現在的情勢非常令人焦慮,也和我們的許多價值觀相衝突。」

這時佩吉也走上前,與布林並肩站在台上。這兩位億萬富豪鬍鬚都已經灰白交雜,手裡麥克風的海綿套與襯衫顏色相呼應。接著,他們邀請真正執掌Google的4位高層經理上台,其中包括接任佩吉執行長之位的皮查伊。產品專家皮查伊身材瘦高、戴著眼鏡,出身印度的他當過顧問,在Google內部人緣好的不得了。

員工的問答環節開始了。

布林唸出其中一個問題:有人擔心YouTube和其他社群平台的演算法,會讓社會更加對立,讓人「對世界上另一半人類的想法盲目無知」。**面對這個問題,Google能怎麼辦呢?**

Chapter 24　狂歡終結

　　身穿時髦帽T的皮查伊安撫下屬,表示公司高層確實在思考這個問題,但在採取行動前,他希望先看到更多「以數據和實證為基礎」的研究。他接著表示,Google依舊在為大眾傳遞資訊。「不過,我認為有一部分的人根本就收不到我們提供的任何資訊。」他又補充道。

　　更多問題接踵而至,Google兩位創辦人偶爾也會插話回應。布林一度提到:「數據顯示,無聊感導致法西斯主義的崛起,也引發了共產革命。」他頓了頓,似乎在找尋更恰當的措詞,「有時這些極壞的事情,就是會這麼悄悄地冒出來。」

　　後來,這場大會的影片片段外傳到《布萊巴特新聞網》,被用作Google對保守派帶有偏見的佐證。從此以後,Google再也擺脫不了這樣的指控了。

　　隔天,YouTube員工如往常在尤加利樹點綴的中庭裡聚首,準備進行每周例會。以往在正式簡報結束後,會有人搬零食和微釀啤酒進來,現場也會有人演奏音樂。但這次不一樣,取而代之的是與Google大會同樣茫然又錯愕的檢討會。

　　會議進行到一半,有位員工起身發問,也可說是提出自己的看法。那位員工分析如瓊斯一般打著評論或專家意見的幌子,不加批判地支持川普的頻道,合計起來的總觀看時數竟比YouTube上的正規新聞媒體還要高。**這是危機啊!** 那位職員憂心忡忡地說。

　　也不知YouTube高層是否贊同,至少管理階層沒有任何人表態。可是,真正的危機很快就找上門來了。然而面對這場危

機，YouTube竟是束手無策。

玩笑開過頭？

> 「到5,000萬就刪頻道。」
> （DELETING MY CHANNEL AT 50 MILLION.）
> PewDiePie，2016年12月2日。10:19。
>
> 「誰快去阻止YouTube傷害自己啊！」謝爾貝里蓄著略顯雜亂的鬍鬚，站在小型錄音室裡，牆上掛著他的兄弟碰拳霓虹燈招牌。他這是在吐槽自己在網路世界的家：「感覺YouTube就像拿著刀在玩的小孩子，我們快從寶寶手裡拿走刀吧！」我們接著得知謝爾貝里遇到的問題：訂閱功能出錯，訂閱者竟然看不到他的影片，幾個YouTuber朋友也同樣遭殃。YouTube顯然做了什麼調整，卻沒告知任何人。眼見他的觀看次數下滑，一些日常Vlog甚至只有200萬次觀看。「對我來説，這真的太不可思議了。」畫面跳轉。「YouTube想搞死我的頻道。」他揚言要先下手為強，一旦突破5,000萬訂閱，就親手刪除自己的頻道。

謝爾貝里並沒有真的自刪頻道。

原來，那只是宣傳炒作，用來替他的YouTube Originals節目《PewDiePie嚇破膽》第二季造勢。話雖如此，這位YouTube之王的怒火可不是裝出來的。與他共事的人透露，過去幾個月是謝爾貝里最「黑暗」的一段時期。

謝爾貝里長期一直頻繁上傳影片，被壓得喘不過氣來。那

年年初，他在Maker工作室旗下開了名為Revelmode的YouTube聯播網，召集其他YouTuber一起拍影片與辦公益募款活動。除此之外，他還得到洛杉磯拍《PewDiePie嚇破膽》，同時顧及自己繁重的影片製作行程（他後來向粉絲坦承，自己養成了每天喝威士忌舒壓的習慣）。Maker工作室一直鼓勵謝爾貝里擴大品牌版圖：他出了書，也開始籌備另一部YouTube系列節目。維亞康姆甚至打電話邀請他上喜劇中心主持節目，但他拒絕了，選擇繼續留在YouTube。《時代雜誌》將他列為2016年全球最具影響力的100人之一，並刊出他在《星際大戰》首映會紅毯上，身穿禮服西裝的照片。

隨著謝爾貝里逐漸靠近主流，PewDiePie這個角色朝反方向漸行漸遠了。自2015年起，他逐漸厭倦電玩，原本誇張搞怪的遊戲實況被新的影片形式取代──他轉型開始拍自嘲與諷刺網路世界荒誕現象的影片。

他先前的遊戲影片充斥青少年式的幽默，本就遊走在體面的邊緣。他的影片標題包括〈像準備剉屎一樣狂奔〉、〈大打手槍〉，還有許多直接包含「奶子」一詞的標題。後來，當他和其他YouTuber意識到平台的板塊變動、感覺到演算法開始傾向「廣告友善」內容及每日Vlog時，謝爾貝里也帶著同樣的嘲諷態度予以反擊。

他拍的Vlog當中，有一些認真又感性，如〈紀念日！〉；也有一些顯得空虛，如〈喝尿換觀看數〉、〈試吃屎糖！〉、〈我受夠了〉。他還發了幾部影片，抱怨YouTube留言區許多

人素質低落,這也是實情。至於他對訂閱功能出問題的指控,也不是全然捕風捉影:YouTube為了清除長期未使用的帳號與假帳號訂閱者,開始調整訂閱數,卻碰上技術性問題,公司後來也坦承沒有向創作者妥善說明此事。另一方面,習慣每日產出影片的電視網大量進駐YouTube,在這個看重每日觀看人次的系統中占盡優勢。相較之下,平台上的YouTuber就落居下風了(「理論家」YouTuber MatPat那年12月製作動畫影片來諷刺這個現象,畫面裡一個個YouTuber從跑步機摔了下去,電視談話節目的標誌則不停往前跑)。

儘管謝爾貝里能把「遊戲實況」形式運用得爐火純青,他卻在這段時期刻意表現出不在乎YouTube演算法邏輯的態度。沒人會特地搜尋「屎糖」或「如何喝尿」,所以他的觀看數自然下滑了。

儘管如此,謝爾貝里依舊堅持這套做法,也許是想滿足核心粉絲群,也可能是他自己單純偏好這種喜劇風格。

他深受卡通《南方公園》啟蒙,而2015、2016年的兩季內容裡,該劇就用一貫的虛無主義來嘲弄政治正確風潮及川普式的誇張言論(劇中分別把川普和柯林頓塑造成「巨型灌腸器」與「便便三明治」)。《南方公園》裡有個多次出現的猶太角色梗,試圖藉此諷刺反猶的底層思維(但也有人認為沒成功)。然而,一旦這種喜劇形式被搬上網路,就喪失了許多原本的包裝與巧妙之處。另類右派和《布萊巴特新聞網》大軍毫不猶豫地拋出各種侮辱和謾罵,還有習慣貼廢文的網友,甚至

把卡通青蛙「佩佩」（Pepe）變成了仇恨象徵，然後經常以「玩笑」之名掩飾自己的言論或為自己開脫。有些人單純想鬧，有些人則懷揣著政治算計，可說是現代版的尼克森「骯髒手段」操盤手（編按：Nixon's Rat-Fucking，指的是前美國總統尼克森在政治生涯中使用的骯髒手段和陰險策略，如水門竊聽事件、祕密轟炸柬埔寨等行為）。《紐約客》電視評論者艾蜜莉・努斯鮑姆（Emily Nussbaum）寫道：「他們不那麼好笑的網路梗和人身攻擊，就像川普的言論一樣具有強大破壞力，在嚴肅與荒謬之間來來回回，扭曲了公共對話的界線。」

這群「廢文人」還有個親戚，就是所謂的「鍵盤俠」。他們是某個網路次文化的成員，常在網路上發布禁忌話題，有時是為了表達某種立場，有時也只是想證明他們敢寫。無論在線上或線下，謝爾貝里都頗為欣賞這些鍵盤俠。有位前同事記得謝爾貝里私下開玩笑說鍵盤俠都是猶太人，簡直像個成天把「基佬」掛在嘴邊的小屁孩。

PewDiePie在頻道上除了評論「酷迷因」（譯註：Dank Meme，可指太酷或被過度傳播的迷因，是諷刺抄襲他人媒體內容的表達方式，或用來形容已成陳腔濫調而不再有趣的迷因），也會談論網路在川普競選時期掀起的大風大浪。日後，謝爾貝里回憶時這樣說：「當時的YouTube還沒人清楚該怎麼拿捏尺度，所以完全沒有限制，很多頻道都盡可能挑戰極限。」外界其實很難看出他是否真心相信自己那些言論。

儘管有時行徑誇張，謝爾貝里還是致力維護YouTube的完

整性,或者至少維護自己心中對於YouTube的願景。許多YouTuber認為演算法開始重視按讚與留言等互動指標,於是不少言語直白且多半是男性的創作者,在影片中大喊:「把那個讚按爆!」那年12月,謝爾貝里以惡搞的方式揶揄這股風氣,只見他光著上身在家裡四處亂舞,咆哮著要觀眾按讚。在他抓狂演出的過程中,動作有那麼一瞬間看起來像納粹敬禮。

與謝爾貝里共事過的人大多堅稱他並無任何敵意或歧視思想,而且對自己的觀眾群十分忠誠(甚至有人以「有點自閉」來形容謝爾貝里對單一事物的高度執著)。「他是非常善良的人。」早期Maker工作室主管席佛斯表示,「他和許多藝術家一樣,有自己的風格。就像喜劇演員一樣,有些人能懂他的藝術,但也有些人不懂。」

在影片中,謝爾貝里時而用正常的語音說話,時而轉換成「PewDiePie嗓音」,那是電玩實況時期保留下來的沙啞刺耳尖叫音。有一回,謝爾貝里在影片裡猜測YouTube想把他從龍頭寶座拉下來,理由是他是白人。他還談到YouTube官方行銷團隊大力推崇的女性有色人種創作者莉莉・辛格(Lilly Singh),然後模仿陰謀論者的口吻說道:「我是白人。我能說這種話嗎?可是,我真覺得這是個問題。」他在後續發布的影片中強調,這很明顯只是「大膽的笑話」。

結果下個月,他終究是跨過了那條界線。

當時,他開始拍攝一系列關於Fiverr線上接案平台的影片。在這個平台上,只要花5美元就能委託他人替你完成各種

任務。謝爾貝里也想試用Fiverr，測試平台的底線。

其中一部影片裡，他延續往常的網路評論風格，和觀眾分享自己的電腦螢幕，並即時對畫面內容做出反應。螢幕上顯示他透過Fiverr，委託帳號為「搞笑男」辦事，對方是2名來自印度鄉村的年輕男子。畫面裡，只見兩位搞笑男邊笑邊展開一份卷軸，紙上竟寫著：「猶太人都去死。」謝爾貝里駭異地搗住嘴，幾秒鐘過去，他的臉上浮現一絲懊悔。「對不起，我沒想到他們真的會照做。說真的，我還挺後悔的。我不是什麼反猶分子。」接著，他又切換回PewDiePie嗓音說：「這只是個搞笑迷因而已。我真沒想到他們會照做。」

話雖如此，他還是上傳了這支影片。

言語的影響力

同月下旬，川普白宮發布奇怪的聲明：理應是國際大屠殺紀念日（Holocaust Remembrance Day）的公告，文中卻完全沒提到猶太人。許多公民團體出言批評這種明顯的忽視，也有人懷疑這是某種暗示，故意釋放給與新總統立場相近的極端分子。《華爾街日報》的記者相當好奇極右翼的反應，於是前往公然表露新納粹立場的網路論壇「每日衝鋒」（The Daily Stormer）。一點進網站，頁面頂端就出現熟悉的面孔——金髮、藍眼、瑞典籍。每日衝鋒竟自詡「PewDiePie頭號粉絲站」。全球最大YouTuber怎麼會出現在新納粹網站上？

《華爾街日報》記者翻遍網站，找到9段PewDiePie的影片被該站拿來當作PewDiePie支持新納粹主張的例證。其中有段是1月發布的那支Fiverr影片，另一個與Fiverr有關的片段中，謝爾貝里的電腦螢幕上出現耶穌裝扮的男人，那人說道：「希特勒沒做錯什麼。」謝爾貝里偶爾會在影片裡用到希特勒畫面或納粹符號，作為嘲諷網路荒謬現象的橋段。每日衝鋒還有另一篇貼文，大讚謝爾貝里的髮型與穿著是象徵法西斯的暗號。記者決定撰寫報導來探究這個怪異現象：領著Google與迪士尼酬勞的名人，卻得到新納粹分子的支持。記者多次嘗試聯繫謝爾貝里本人，並在2月10日周五聯絡上迪士尼與YouTube。

　　之後，一切飛速發展，觸發連鎖反應，也徹底改變YouTube及這位平台巨星未來的職涯。

　　那個周日，謝爾貝里發表一篇個人部落格文章，試圖平息風波。他提到那支Fiverr影片時，表示自己是想「突顯現代世界的瘋狂」。他承認確實冒犯到部分觀眾，但堅稱這並非他的本意，也沒有正式道歉。

　　「我把自己創作的內容視作娛樂。」這位YouTube名人寫道，「你如果認定我是真心支持那些人的話，這真的滿好笑的，但如果有人對我的立場有疑慮，我想在這邊聲明：我不支持任何仇恨團體。」

　　這番話還是不夠。迪士尼希望他公開道歉，以免自家品牌出現在相關報導中而遭這些爭議牽連。迪士尼旗下的數位製作公司Maker工作室，則是整個周末都處於混亂狀態。因為他們

除了得處理謝爾貝里的問題，還得面對另一場公關危機：Maker麾下的早期知名YouTuber卡爾，在同一天公開承認自己酗酒，並宣布要進戒癮中心戒除酒癮。迪士尼執行長艾格明確告訴Maker員工，若謝爾貝里願意為影片道歉，迪士尼就會繼續與他合作。結果，謝爾貝里拒絕了。

於是，迪士尼向《華爾街日報》表示，他們已終止和PewDiePie的商業合約。報導在周一深夜刊出，爆出迪士尼和YouTube之王切割的大新聞，旁邊還配了謝爾貝里與「猶太人都去死」字樣同框的影片截圖。當時，謝爾貝里製作團隊的剪輯師們正在倫敦為他的新節目剪接影片，渾然不知外界的風暴。根據在場人士的說法，其中有位剪輯師點開相關新聞，驚覺道：「看樣子，我們公司大概撐不下去了。」

YouTube起初對《華爾街日報》表示，PewDiePie的影片並沒有違反規範，況且他向來以挑戰底線的風格聞名。他們撤下那支關於猶太人影片中的廣告，但被每日衝鋒稱讚的其他影片則不受影響。YouTube發言人解釋，如果影片旨在挑戰或諷刺的話就不構成問題，但平台不容許煽動仇恨或暴力的影片存在。YouTube並未進一步說明他們如何區分這兩者。直到報導刊出後，YouTube才宣布終止《PewDiePie嚇破膽》的製作計畫，同時把謝爾貝里從最高級的廣告分潤層級中降級。

媒體當初將他的頻道當異類展演看待，整起事件就像當時一樣，這令謝爾貝里感到相當荒謬。新聞報導在情人節當天發布，當時他跟女友住在租來的小屋，打開Twitter就看見《哈利

波特》作者J‧K‧羅琳（J. K. Rowling）發文罵他是法西斯主義者。從川普當選之後，媒體與言論環境都變得相當詭譎，人人如履薄冰。謝爾貝里20出頭就聲名大噪，一直宣稱自己不碰政治，然而他可能是真的太白目，或是沒聽出自己作品中那些「狗哨」（編按：Dog Whistles，使用編排過的暗示語言向特定人群傳遞政治訊息）的政治暗示，畢竟他的觀眾社群十分封閉。「在這裡，大家好像立場都一致。」他事後在訪談中提到，並坦承當時「真的處理得不夠謹慎」。

不過，在新聞刊登出來的當下，他可是義憤填膺。

> ▶ 「我的回應。」（My Response.）
> PewDiePie，2017年2月16日。11:05。
>
> 「這種感覺，像是兩個世代的人在爭論這樣做可不可以。」謝爾貝里坐在自己的攝影棚裡自言自語道。他並沒有責怪迪士尼或YouTube，而是把矛頭指向《華爾街日報》，認為報紙曲解了他的諷刺用意。他的Fiverr笑話的確冒犯不少人，但他堅稱那就是個玩笑而已，其他爭議舉動也同樣是在開玩笑。「真是瘋了！」他越說越激動，提到該報以往對他收入的執著，並接著說道，「傳統媒體不喜歡我們網路名人，因為他們怕我們。」他把那篇報導放在螢幕上分享給觀眾，並放大標題與撰稿者姓名。「我還是會繼續拍片。《華爾街日報》，你們是不可能打敗我的。」他豎起中指，對著手指啜了一口。「再來啊，混蛋。」最後，他雙眼泛淚地對支持他的「YouTube社群」致謝。

這件事本有機會帶出更深層的討論，像是仇恨團體如何利用或扭曲流行文化、兩大企業如何從出格的諷刺中獲利或助長其傳播，或是在川普時代開玩笑究竟有何局限與風險⋯⋯然而，後續的喧囂聲浪早已蓋過一切。PewDiePie的忠實擁護者（以及衝著熱鬧來的惡搞酸民）在網路上攻擊《華爾街日報》的記者，甚至翻出他們家人的個資。還有記者發現，電子郵件主旨竟然能顯示像素化的納粹符號。由於員工及眷屬收到死亡威脅，報社被迫聘請私人保全。那些原本就對主流媒體心存懷疑的YouTuber與粉絲看在眼裡，對這些大報社的不信任感又加深了一層。

媒體名嘴紛紛撰寫評論文章，結果最犀利的分析還是出現在YouTube平台上。MatPat發布影片解釋，謝爾貝里的玩笑之所以失敗，是因為YouTube本質上模糊了表演者與其真實自我之間的界線。「人們常常摸不清PewDiePie和謝爾貝里本人之間的分界。」派屈克評論道。而這個針對「接案經濟的貪婪資本主義」諷刺玩笑，在毫無解釋的情況下，不負責任地攙入煽動反猶的橋段。此外，開這個玩笑的有錢白人明星，是以兩名毫無戒心的印度年輕人為犧牲對象，有欺負弱小之嫌。「高風險的幽默需要做對方法才行。」派屈克總結道，「謝爾貝里，不管你有多麼無奈，言語都是有分量的。尤其當你擁有5,000萬觀眾時，言語的影響力就更大了。」

在此期間，YouTube一直保持沉默，高層也沒有公開對這起風波發表看法。前音樂電視網主管、現任YouTube Originals

負責人蘇珊・丹尼爾斯（Susanne Daniels）則在私底下對謝爾貝里這場鬧劇及YouTube高層遲緩的反應表達不滿：「他們處理得太慢，又不夠有效。」

2017年，金奇爾出版關於YouTube創作者的著作，拿謝爾貝里的爭議與演員泰德・丹森（Ted Danson）1993年不恰當的塗黑臉事件相提並論。金奇爾寫道：即使YouTuber謝爾貝里本身並沒有仇恨心態，他終究低估了自己身為平台門面人物的責任。

然而在幕後，YouTube仍努力補救品牌受損的形象。公司安排謝爾貝里與YouTube政策部門主管茱妮波・唐斯（Juniper Downs），以及著名猶太組織「反誹謗聯盟」（Anti-Defamation League, ADL）進行三方通話。反誹謗聯盟的成員在電話會議中說明，他們追蹤的一些極端分子常透過網路上的反猶笑話為真正的暴力行動辯護，因此光是把這些素材輕描淡寫成「迷因」是推卸責任的行為。他們也建議謝爾貝里公開捐款或向猶太群體道歉，也許再拍支宣揚包容的影片。

參與那場電話會議的人記得謝爾貝里幾乎全程保持沉默，宛如在校長室裡百般不耐聽訓的學生。最後，這場會議並沒有帶來任何改變。

YouTube對平台上最大的YouTuber以及整個平台採取的放任態度，似乎不再可行，而且接下來還有更多品牌形象問題陸續浮上水面。

Chapter 25
廣告末日
Adpocalypse

《華爾街日報》刊出有關PewDiePie的報導1個月後，拜恩在YouTube的洛杉磯辦公室裡努力認錯。拜恩是YouTube的「老前輩」，但他其實才40多歲，一頭金色的動漫風髮型，加上晒成威尼斯海灘衝浪客般的古銅色肌膚，看上去比實際還要年輕。被Google收購前他就入職，對這家公司的文化與歷程中的跌宕起伏都瞭若指掌，可說是見過大風大浪的元老級人物。現在，成為YouTube與頂尖創作者的溝通橋梁，表示他得經常替那些超出創作者和他本人掌控範圍的問題道歉。

這次會議中，拜恩在向一群LGBTQ同志創作者致歉，原因是YouTube系統經常讓他們受到不公平的對待。長久以來，YouTube都被視為LGBTQ推動進步的堡壘——鼓勵酷兒青少年、讓人們分享勵志經驗的網路活動計畫「一切會好起來」（It Gets Better）在平台上大放異彩，尼爾遜等人的出櫃影片也成為觀眾熟悉的影片形式。對那些在電視上、電影裡不常看到多元性向題材的觀眾來說，這些創作者成功讓更多人看見不同的生活樣貌。YouTube想盡力把這類題材推到聚光燈下。

然而，YouTube其他部分卻屢屢被拆台。為了把平台推廣至校園，YouTube啟用自動過濾機制，過濾掉任何可能被視為「成人」的內容。再加上公司朝「廣告友善」方向調整，導致過濾門檻又被進一步調高。結果笨拙的自動化系統將許多討論性議題的影片，甚至只要提到「男同」或「女同」字詞，就會被歸進「限制模式」。這是學校與圖書館用來篩選「乾淨」影片的功能，一旦影片進入限制模式範圍，就等於被流放到YouTube人跡罕至的角落。

　　拜恩邀請知名酷兒創作者們到YouTube辦公室，向他們解釋公司目前正在調整與改進系統。而且老實說，YouTube也希望這些創作者能夠賺錢。此時，PewDiePie先前引發的風波已大致平息，拜恩結束那場會議時心情還算不錯。和YouTube其他職員一樣，他並不需要馬不停蹄地在一樁樁爭議之間奔波……至少，目前還不需要。

　　正當他收拾東西準備下班時，一位同事叫住他：「嘿，你能不能先來會議室一下？」

　　拜恩走進會議室，聽到連他也不敢相信的消息：有生意往來的廣告商當中，幾乎所有主要客戶都在抵制他們。

血腥廣告錢

　　若想看懂YouTube在2017年3月所面臨的處境，就必須先往前回溯一段時間，仔細檢視馬克・普里查德（Marc Pritchard）

Chapter 25 廣告末日

這號人物。

那些在YouTube投入最多廣告預算的行銷主管，通常和普里查德十分相像：儀態穩重、握手有力、穿著體面，能流利地運用科技術語與背誦電視收視率數據，而且還有一口好牙。

自1982年起，普里查德就效力於消費品巨擘寶僑（P&G），一路升上首席品牌官，負責兩大任務：第一，盡可能高效率地行銷口腔護理品牌克瑞斯（Crest）、洗衣品牌汰漬（Tide）、衛生棉條品牌丹碧絲（Tampax）等各式民生產品；第二，確保這些品牌永遠維持良好形象。

起初，Google與網際網路的興起讓第一項工作變得輕鬆不少：能鎖定特定消費族群、直擊年輕潮流群體，對寶僑而言有如神助，普里查德也全力投入線上行銷。2010年，寶僑為男性美容產品歐仕派（Old Spice）拍攝的廣告（淋浴中的超性感帥哥）不僅拿下多個獎項，還在YouTube上爆紅。沃西基也公開讚揚寶僑旗下女性生理用品好自在（Always）品牌「像個女孩」的廣告（編按：要求孩童與成年人做出「像個女孩」的動作，試圖打破針對年輕女性的刻板印象）。普里查德掌控了驚人的預算：2016年，寶僑在行銷方面花了72億美元，位居全球企業之最。而且，他還做了YouTube夢寐以求的事：把部分預算從電視廣告移往網路世界。

然而，網際網路也讓麥迪遜大道過去那種握手成交、「這則廣告上這個節目或這面看板就行」的單純交易，變得一團混亂。2007年，Google收購了DoubleClick、iPhone問世，Facebook

也迅速爆紅。有一整個新興行業很快就圍繞著這些事物成形，專門處理線上廣告的自動化買賣過程。這種模式類似股票交易，也和華爾街一樣變得過於臃腫複雜。許多公司提供附加服務，聲稱能以快上幾秒的速度賣出廣告，或以更精準的指標衡量成效，甚至可以在消費者走到賣場指定貨架前的那一刻，就立刻用特定廣告轟炸他們。

伴隨著這些服務，也出現造假瀏覽量、製作能點擊廣告的機器人。這些手段抬高了廣告價格，也使得普里查德等出錢投放廣告的商人頭痛不已。就算真的有人類在看廣告，廣告商還是得為「可視率」的定義煩惱。

對於「讓廣告被看到」，Facebook有一套自家的標準，並在此基礎上收費，YouTube則另有不同的算法。這些差異雖非無解，但Google與Facebook在競爭中進一步限制分享行銷數據，使得寶僑等公司更難衡量網路廣告對銷售成效的實際影響。本就令人困惑的Google自動化廣告系統，也變得更加不透明了。麥迪遜大道廣告業界將這稱為「圍牆花園」，並且對此頗感不滿。

為寶僑等大品牌製作廣告的全球最大廣告傳播集團WPP（Wire and Plastic Products plc）負責人蘇銘天（Sir Martin Sorrell）解釋道：「這對我們的客戶來說是個非常大的心結。他們本以為在網路興起時就能直接接觸到消費者。」結果，消費者是被Google掌握住。而且相較於電視，Google所提供的受眾收視數據非常少，也經常出現前後不一致的情形。

結果YouTube高層常在紐約、法國等地與廣告商高層同台，大談創意與催淚廣告的威力，卻在關起門後為可視率、可測量度及廣告詐欺問題爭論不休。蘇銘天將YouTube與廣告商之間的關係稱為「半敵半友」。2017年1月，普里查德在關於這對半敵半友的演講中直言，他厭倦在「爛爛的媒體供應鏈」上浪費金錢。他所在的產業，每年在網路上花的廣告費如今已高達700億美元，超越電視廣告的預算。「我們一直在對新媒體睜一隻眼閉一隻眼，說是要學習。」他說道，「不過，現在是時候長大了。」

11天後，倫敦《泰晤士報》（*The Times*）就在頭版刊出怵目驚心的標題：**大品牌透過線上廣告資助恐怖活動**。因為該報發現，德國汽車品牌賓士及英國某家超市的廣告，竟出現在YouTube上由伊斯蘭國支持者與新納粹分子製作的影片裡。

YouTube起初並不以為意，畢竟在網路世界，廣告投放有誤的情況早就屢見不鮮。YouTube曾因豐田汽車的廣告意外出現在「女子開豐田汽車撞進超市」的爆紅影片裡，而不得不向車廠賠不是。不過，這類差錯通常不會牽扯到太大的金額，多數廣告客戶也默認這是使用自動化系統的代價。如果付出這個代價就能進入規模驚人的全球商業市場，那也值得……至少，YouTube當時是這麼認為。

然而，Google的歐洲銷售團隊私下警告同事：公司對言論、隱私與媒體的態度過於輕鬆，這種美式作風在海外可行不通。有位Google前銷售人員記得，當時他們「都在大力敲打窗

戶」，提醒公司有些廣告出現在爭議影片裡。儘管如此，Google還是沒做好準備，被接下來的一波攻擊打得措手不及。

到了3月，英國內閣傳喚Google代表，要求公司解釋為何英國廣告商在替恐怖主義與仇恨言論背書。隨後，法國大型廣告公司漢威士（Havas）也對《衛報》（*Guardian*）宣布，它將全面撤下投在Google各平台上的廣告預算。WPP集團首腦蘇銘天更是直接提出大範圍警告，對《衛報》表示：Google與Facebook其實就是「媒體公司」，「當它們賣廣告時，就不能再假裝自己只是單純的科技公司了」。《每日郵報》也用「Google血腥錢」的聳動字樣當頭版標題，大力抨擊Google。

這場危機迅速跨越大西洋，來到了美國。

隔周，《華爾街日報》刊出一篇報導，點名多個知名品牌的廣告出現在極端惡劣的YouTube影片上，其中寶僑廣告還贊助了片名為〈猶太世界秩序6,000年歷史〉的影片。《財星》世界500強中的企業一向極力避免和政治扯上關係，對極端政治更是避之唯恐不及。在川普任職美國總統的這個時代，所有帶政治色彩的議題彷彿沾上了輻射塵，變得敏感至極。與此同時，行銷業者為標準與數據議題和Google拉鋸爭論，並想方設法取得更多籌碼。再加上PewDiePie的風波剛過，這些新聞又接二連三被報導出來，各方壓力層層堆疊。

一切到了臨界點，水壩終於潰堤。

寶僑、星巴克、AT&T通訊、零售企業沃爾瑪等數十家在YouTube投放大量廣告的企業齊聲喊停，要求YouTube提供「品

牌安全」——保證不會出現「企業品牌贊助恐怖組織或新納粹分子」之類的新聞。

「YouTube並沒有『編輯篩選』。」WPP集團在給廣告客戶的備忘錄中提醒,並表示他們正在和Google合作,研究是否能找到合適的解決方法,處理「未經編輯過濾的內容」。YouTube之前雖也遇過爭議影片引發的無數場風波,這卻是平台的根本營收第一次受到動搖。3月短短一周內,Google的控股公司Alphabet市值蒸發了大約260億美元。Google從未公開這波為期數月的廣告抵制究竟造成多少損失,但有知情人士透露,YouTube那段時間少了近20億美元營收。

YouTube立刻著手進行危機處理,除了道歉以外,還公開保證會用「最新的人工智慧技術」解決問題,同時提供退款並修改規則,禁止在任何「危險或詆毀性內容」上投放廣告。依照以往慣例,公司試圖用數學思維釐清一切。

精力充沛的德國人菲利普・辛德勒(Philipp Schindler)是Google的銷售主管。他在受訪時解釋,只有「極少、極少、極少」的廣告會誤置於這些爭議影片上,但要徹底解決問題實在難如登天。他說道:「就拿『N字』(譯註:此指對黑人歧視性的稱呼「Nigger」〔黑鬼〕)來舉例好了。如果從所有含「N字」的影片中移除廣告,必然會影響相當比例的饒舌影片。畢竟機器很難區分饒舌歌詞與仇恨言論。你想想看,我們面臨的問題規模有多麼龐大。」

沃西基邀請多位廣告業高層到施密特在曼哈頓的家中會

面,意圖緩和局面。一家廣告商擔心自家廣告被放在北韓政府的影片上,Google試圖安撫,解釋這些片段其實來自墨西哥,而該國和「隱士王國」(編按:Hermit Kingdom,指任何刻意閉關的國家和社會)有外交關係,因此不算違規。會面中,YouTube高層這樣譬喻:平台從原先的小村莊突然膨脹成大城市,但是道路上卻沒有紅綠燈、分區管制、警力可以維持秩序。數月後,沃西基與普里查德私下開會時也用了這個比喻,結果普里查德不以為然地說:「你們這已經是規模超乎任何人想像的大星系了。我覺得,連你們自己都不了解自己的影響力究竟有多大。」

「我們要站在歷史正確的一邊。」沃西基強調。

不過有些時候,YouTube也覺得自己被冤枉了。在公司看來,媒體是在用「捉人新聞」(編按:Gotcha Journalism,指新聞報導僅以醜聞纏身或陷入難堪情境的公眾人物為對象)的手法報導事件,以「Google資助恐怖分子和納粹」這種聳動的標題吸引讀者。寫這種報導再容易不過了,記者只須找出更多可憎的影片及影片中的廣告,自然能源源不絕地寫出相關報導。畢竟只要在YouTube上搜尋最糟糕的影片,網路就會自動帶你看見更多相關影片。

《華爾街日報》記者某夜在YouTube輸入種族誹謗的關鍵字,立刻就發現嘲弄前美國第一夫人蜜雪兒·歐巴馬(Michelle Obama)的影片,裡頭竟出現知名品牌的廣告。YouTube員工拜恩事後提起這些記者:「他們基本上就是在獵

捕目標。」私底下,許多Google員工也指出,倫敦《泰晤士報》、紐約《華爾街日報》這幾家報社背後的金主都是Google的死對頭梅鐸集團。

話雖如此,他們仍無法改變事實:YouTube身為靠廣告維生的企業,卻無法完全掌控廣告投放,導致廣告商對平台失去信心。而面對下一波更艱巨的挑戰,YouTube再怎麼推卸責任也無濟於事。這回,公司得向創作者解釋,他們的收益為何在一夕間憑空蒸發了。

廣告末日之火

一旦廣告商開始抵制YouTube,其定價演算法立刻有所反應。可投放的廣告量一減少,系統就下調廣告費率。當公司調整過濾機制,找出任何帶有一點爭議的影片並移除廣告,許多原本靠YouTube營利的創作者幾乎在一夕之間損失高達80％的收入。公司甚至警告部分創作者,形勢若持續惡化,除了與媒體公司頻道或與多頻道聯播網簽約的YouTuber之外,其他人可能都會被取消分潤資格。拜恩對一些熱門YouTuber說道:「我們只要撐過這一波,一切就能回歸正軌了。但要是撐不過去,那⋯⋯我們可能就完了。」

雖然有些YouTuber收到相關通知,多數創作者卻被蒙在鼓裡。在他們看來,YouTube似乎在用一套神祕且高深莫測的標準來決定哪些影片能有收益,哪些不行,於是他們紛紛仰賴漢

克‧葛林等「神諭」的解說。

　　從10年前初登場至今，葛林幾乎沒什麼變化：他依舊戴著眼鏡、身材瘦高，淺棕色頭髮依然凌亂，說話方式活力十足，整體令人聯想到中學老師。他在錄Vlog時，背後是整面書牆和色彩繽紛的納尼亞（Narnia）地圖。他還是住在蒙大拿州，但現在的他已不再是純粹的業餘YouTuber了。葛林目前管理8個YouTube頻道與多項慈善企畫，以及在3個國家舉辦的VidCon大會，並同時經營有20名員工的媒體公司Complexly。此外，他還能直通YouTube高層（他是少數能直接和YouTube主管頻繁對話的創作者之一）。葛林的訂閱數雖不及PewDiePie，但他行事穩重且廣告友善，是YouTube平台上頗有道德權威的人物，YouTube員工十分敬重他——也同時十分忌憚。1年前，葛林成立了「網路創作者公會」（Internet Creators Guild），試圖為專職YouTuber發聲。葛林一開口，YouTube就不得不正襟危坐、洗耳恭聽。

　　面對這場波及全平台的無聲危機，YouTube高層沉默了1個多月，最後還是葛林先公開發聲。

　　他一如往常地坐在拍Vlog的位置，身上穿著條紋帽T，鬍子比平時略長一些（5個月前他剛迎接了第一個孩子）。在這部影片論文（編按：Video Essay，結合視覺元素和口語或文字敘述，來分析、評論或探討某個主題）中，葛林剖析整起抵制事件，並正式為這場危機定名：廣告末日（Adpocalypse）。但這支影片最具影響力的部分，是他對YouTube以及整個網路「商

業模式」謹慎且真摯的抨擊。

> ▶ 「廣告末日的意義」。
> Vlogbrothers，2017年4月21日。3:54。
>
> 　　葛林開口說道：「YouTube廣告的瘋狂之處，在於只要廣告在YouTube影片上播放，創作者賺到的錢，比起那則廣告在電視上播放時少了大約10倍……為什麼？為什麼我在看電視時，我的眼球比在看YouTube時更值錢，而且是10倍值錢？我跟你保證，這絕對是同一雙眼睛啊！」使用YouTube時，觀眾是積極參與瀏覽、點擊、專心看影片，並非懶散地癱在沙發上、漫不經心地看節目。「有一天，你會發現廣告商真的太輕視你的觀眾了，那時你勢必要站出來說：**不，我不接受這種待遇！**」
>
> 　　葛林越說越激動。「這真的值得嗎？這種把內容與品牌綁在一起的關係，當初是設計在廣播中使用。到了現在，不就是早該淘汰的舊時代產物嗎？」

　　10天後的5月1日，葛林和大約100位創作者來到紐約的布魯克林大橋1號飯店。在這家主打生態永續的高級新飯店裡，賓客得以飽覽曼哈頓天際線，而YouTuber則聚集在富麗堂皇的宴會廳，參加第三屆創作者高峰會。YouTube選擇在此時此地，向平台上的明星級創作者說明一切。

　　與其說此次活動是高峰會，倒更像是反抗行動。葛林原以為多數YouTuber都能理解YouTube進退兩難的商業立場，但事實並非如此。沃西基與金奇爾、莫漢兩位副手站在宴會廳最前

方,遭創作者輪番質問:YouTube明明是全球最富有的企業之一,為什麼無法阻止收入下滑?據某位職員回憶,當時的氣氛「情緒高漲,令人憂心」。有位當紅的年輕YouTuber告訴公司高層,她的頻道開銷已經超過影片收入,並質問道:「我要怎麼活下去?」

在YouTube上迅速走紅的網路名人凱西・奈斯塔特(Casey Neistat)當時也在場,他坐在宴會廳的聽眾席上默默觀察一切。奈斯塔特是個不知疲倦的創作人兼表演者,經營以家庭生活為主題的Vlog,影片風格精緻又乾淨,幾乎可媲美日間的尼克兒童頻道。他的爆紅影片之一,是他身穿印著YouTube標誌的鮮紅雪衣,在暴風雪過後的曼哈頓街頭滑雪。同為YouTuber的德法蘭柯暱稱奈斯塔特為「YouTube的金童」。這位36歲的「金童」如今已經成了老前輩,經常有年輕創作者絕望地向他求助。

在這次高峰會上,奈斯塔特發問:公司為什麼不多下點功夫,讓創作者免受反覆無常的廣告商影響?幾位高層似乎對這些問題相當意外,但他們反駁,表示YouTube其實同樣受制於自身難以掌控的財政力量。

「他們已經盡可能回應現場的氛圍了。」事後,奈斯塔特這樣說。

在公司內部,YouTube經常用「椅凳的三隻腳」來形容觀眾、創作者和廣告商這三大群體,認為三方地位平等、穩固地相互支撐。但如今,這張凳子開始搖晃了。5年前,YouTube開

放所有創作者營利，如今這套制度看來卻更像是場岌岌可危的實驗，隨時可能中止。

這場風波中，YouTube雖然解決了拜恩正在處理的另一個問題（解鎖約1,200萬支被列為限制模式的LGBTQ影片），但是當廣告抵制動搖了YouTube的創作者經濟根基，拜恩的成果看上去就只是一次慘勝罷了。

「你只注意到某個領域的問題，卻漏看了另一邊正在逐漸發酵的狀況。」拜恩後來說道，「那邊可能起火了，你得花大量心思去滅火。於是，你移開目光，最後發現那個小問題反倒變成了更大的災難。」

沒過多久，下一場大火就出現了。

Chapter 26

強化
Reinforce

2017年6月一個周五早晨，創作者高峰會結束約1個月後，10多名YouTube員工擠進洛杉磯某間飯店地下室的狹小會議室裡，陰暗的房內連扇窗戶也沒有。當時YouTube全體員工一起參加線上團隊培訓課程、欣賞史努比狗狗的私人表演，甚至還能順道遊覽附近的《哈利波特》主題樂園。然而那天，沃西基將部分員工從這些歡樂活動中抽調出來，連同她的副手、公關團隊，以及一位領頭工程師一同開會，討論令人警醒的消息：YouTube發生「黃色警報」了！

在這裡，塔拉・巴丹（Tala Bardan，假名）顯得有些格格不入。她是Google的年輕菜鳥員工，並不常和高階主管開會。巴丹生長於阿拉伯裔美國家庭，原本打算讀博士班，後來在朋友建議下投履歷到急徵阿拉伯語人才的Google。入職後，巴丹被分派到YouTube海外的團隊，專門負責處理「暴力極端主義」（Violent Extremism, VE）。VE團隊隸屬於「信任與安全」部門，專門應對網路上的爭議內容。

有同事曾形容這個單位為「失控的垃圾焚化廠」，管理混

亂、架構凌亂；巴丹的同事則稱它為「倦怠工廠」，意思是員工長期觀看那些過於刺激的素材，往往撐不了多久就得離職。巴丹剛加入VE團隊時，還不熟悉Google與網際網路的晦暗角落。訓練期間，她看過一段特殊癖好的影片，片中，有名男子在健身房拍攝自己的腳指頭，只見腳趾伴隨著自慰聲捲曲與放鬆。她也認識了所謂的「象牙海岸影片」（Ivory Coast video）──人們上傳涉及性脅迫的片段，用來勒索他人。

「我從小在保守的穆斯林家庭長大，」巴丹回憶道，「完全沒做好心理準備去面對這些東西。」在VE團隊，巴丹也認識了YouTube對言論的基本方針：只要沒有顯示或煽動極端暴力，影片一律予以保留。

她被告知：「這只是個平台。上頭出現什麼內容，我們一概不負責。」

6月某個周五，YouTube的放任作風出現轉折。一周前，3名伊斯蘭激進分子在倫敦橋發動攻擊，造成8人死亡。很快就有報導指出，有名凶手在YouTube看影片時，受到某位美國宗教領袖影響。YouTube管理階層震驚不已，決定徹底調整「信任與安全」部門的運作模式。巴丹之所以受邀參加黃色警報會議，是因為VE團隊中，她是具備阿拉伯語能力的三人之一。

會議中談到的計畫是：YouTube要推出嚴厲的措施，封禁激進的宗教領袖，並指派更多工程師開發更嚴謹的人工智慧系統，盡可能過濾掉伊斯蘭主義極端內容。那個周末，其他同事忙著享受種種歡樂活動時，巴丹所在的團隊就立即開始審查影

片了。有位團隊成員在凌晨2點接到通知，不得不起床處理一支棘手的阿拉伯語影片；為了不吵醒室友，只好窩在飯店浴室裡看影片邊接電話。為補償巴丹的周末苦戰，主管送她一盒杯子蛋糕。

那周在YouTube總部，政策團隊擬定了一份14人爭議名單，上面全都是穆斯林男性，今後不管這些人上傳什麼內容，都會被立刻移除。在6月以前，YouTube常用近乎荒誕的假想場景來表達「不干涉」的立場：**如果恐怖組織首領奧薩瑪・賓・拉登（Osama bin Laden）想開設料理頻道，那也沒關係**。但是到了現在，與賓・拉登有關的內容一律遭到移除，部分傳教士的講道影片則被關進「懲罰箱」，其中就包括據傳啟發倫敦橋攻擊者的艾哈邁德・穆薩・吉布里（Ahmad Musa Jibril）。這項決策相當粗糙，新上線的自動化審查系統也同樣不夠細緻。有位通曉阿拉伯語的職員回憶道，自己曾在系統程式碼裡翻找過濾關鍵字，發現連阿拉伯語的「真主阿拉」都被列為過濾字詞。

日後，YouTube高層將那場黃色警報會議視為關鍵轉捩點：YouTube決定不再僅僅將它超強的運算能力用於演算法推薦，而是將該系統的一部分投入審查工作。不過，在巴丹看來，那個周末卻有了截然不同的意義：她與少數幾名同事開始懷疑，YouTube這套系統把所有資源都用來處理穆斯林群體的線上影片，卻無人過問其他宗教、其他政治立場的極端分子。

互相攻訐

　　黃色警報會議結束後數周，成群結隊的青少年排隊接受安檢，準備湧入VidCon。與7年前那第一場簡單拼湊出的活動相比，這屆模樣大不相同，如今已是大型企業的天下。活動會場安那翰會議中心是一幢現代主義風格的龐然大物，坐落在離迪士尼樂園不遠的街區。入口懸掛了三幅巨型布幕，為YouTube Originals節目打廣告，看得出布幕刻意呈現多元化陣容（沃西基實踐承諾，在看板上納入黑人創作者）。NBC、尼克兒童頻道等過去對YouTube不屑一顧的電視網，現在都成了活動贊助商。再過8個月，維亞康姆將一頭熱地衝上前熊抱網路世界，直接買下VidCon。

　　相較於以往，2017年VidCon的安全防備更為森嚴。因為前個夏季，有位YouTuber音樂人於奧蘭多辦見面會時遭到槍殺。除此之外，還有其他因素使得整個會場的氣氛格外緊張。那年6月，維吉尼亞州夏綠蒂鎮將「李將軍公園」更名為「解放公園」，引發右翼暴民駭人的騷亂（譯註：公園原名「李將軍公園」，是紀念南北戰爭時期南方邦聯的羅伯特・李將軍〔Robert Edward Lee〕，後於2017年更名為「解放公園」，引發右翼人士不滿）。

　　會場裡，先前在2016年促成#YouTubeBlack活動的休斯，正在觀看以「身為女性，在線上創作與互動」為題的座談會。台上有四位YouTuber，但不少人其實是衝著其中一位講者來

的：阿妮塔・薩克伊西恩（Anita Sarkeesian）。她是女性主義作家，也在YouTube上推出一系列影片，剖析電子遊戲中的性別主義刻板印象。由於她譴責網路酸民時毫不留情，在「玩家門」事件期間更是成了許多人攻擊的主要目標。

VidCon座談會很快就轉到這個話題上，觀眾情緒逐漸高漲，這時，薩克伊西恩指向觀眾席的蓄鬍男子：「騷擾我的其中一人就坐在前排。我其實很不想理你，因為你就是個垃圾人。」

休斯也聽過這名男子的劣跡。他名叫卡爾・班傑明（Carl Benjamin），別名「薩爾貢大帝」，是高產量的英國YouTuber，先前曾因為嘲弄英國女性政治家而被主流媒體報導：那位政治家提到自己經常收到強姦威脅時，班傑明竟嘲諷道：「我甚至不想強姦妳。」他還拍過多部影片大力批評薩克伊西恩，常在標題裡直接標註她的YouTube頻道名稱「女性主義頻率」（Feminist Frequency），藉此增加搜尋流量。雖然他沒有在影片裡正大光明地煽動暴力，並未違反YouTube的規範，但班傑明絲毫不掩飾自己有多厭惡薩克伊西恩。

休斯是在川普當選之後，注意到班傑明這號人物。大選結束後沒幾天，休斯上傳情緒激動的影片，其中包含希拉蕊競選之夜的活動影像。她因為希拉蕊落敗而感到悲痛，身穿印有「糟糕」字樣的黑色長袖運動衣，講述自己對於健保政策可能轉向、黑人女性等族群在社會上種種為難所產生的憂慮，很明顯地並非處於中立狀態。

「薩爾貢大帝」把這段影片重新上傳到自己的頻道上，並嘲諷地命名為〈社會正義戰士意識等級〉。之後，有大量訊息蜂擁而至到休斯面前，其中大多帶著種族誹謗言語，還有人將她的照片修改成流血畫面。休斯原本簽了合約要出書，沒想到她的經紀人竟收到一些陌生訊息，指控休斯「才是真正的種族主義者」，並要求經紀公司與她解約。

VidCon這場座談上，班傑明與想法相近的多位YouTuber提前到場占滿前排座位。雖然最終並未真的爆發衝突，但雙方之間的緊張氛圍還是瀰漫了整個Twitter與YouTube平台——這兩個平台歷來就是創作者互相攻訐、吸引流量的主戰場。

漢克・葛林也被捲了進來，他才驚覺自己身為VidCon主辦人的責任，如今已延伸到規範文化對話。他最後發表了一份聲明，表示自己不贊成講者當眾把觀眾稱作「垃圾人」，但也無法認同那些靠煽動怒火、把頻道變成「長期騷擾基地」的YouTuber，指稱這些人慫恿粉絲進行「非針對思想，而是對人身的攻擊（特別是針對女性）」。他在聲明中也寫道：「我們都在看著，這些手段侵蝕的不只是網路文化，還危及整個世界的秩序。」葛林告知班傑明，未來不歡迎他再來參加VidCon。

班傑明轉而上YouTube訴說自己的遭遇，先是上喜劇演員喬・羅根（Joe Rogan）的頻道接受訪問，又在自己頻道上傳影片，縮圖是薩克伊西恩長著尖牙滿頭大汗的美杜莎卡通圖，結果這成了他最受歡迎的影片之一。

對休斯而言，這整起事件就彷彿YouTube留言區與演算法

活了起來,在現實生活中化作人形四處肆虐。她心想:至少漢克‧葛林願意出言譴責那些人,YouTube卻只是袖手旁觀。

從未公開的演算法

　　YouTube確實嘗試改進自家的演算法,但那年卻和往常一樣,平台的擴張速度遠遠超過公司改進自身的腳步。

　　YouTube顯然也知道廣告系統出了問題。隨著廣告抵制行動持續延燒,沃西基5月於公司的年度廣告展示活動上公開致歉,並向行銷商承諾做出更多修正。不過,她同時也將網站的混亂無序描述為平台的強項,並主張:「YouTube不是電視,我們也永遠不會是電視。」(YouTube接著宣布推出由《美國偶像》主持人瑞安‧西克雷斯特〔Ryan Seacrest〕擔綱製作的新系列節目,然後還請來凱文‧哈特〔Kevin Hart〕、詹姆斯‧柯登〔James Corden〕這兩位電視界明星現場演出。)

　　而在聖布魯諾方面,混亂無序可一點都不受歡迎。沃西基指派工程師想辦法擺脫抵制陰影。公司現在進入「橘色警報」狀態──雖然還不到紅色警報的級別,但也不遠了。工程師開發了多種工具,能及時提供數據給廣告商,幫助他們了解廣告實際投放的時段和花費金額。參與其中的人記得當時「場面多少有點混亂」,並表示YouTube管理部門和他們面臨的龐大任務相比,實在是嚴重人手不足。YouTube只好繼續投入更多資源,防止贊助商的廣告出現在疑慮影片上,並替這項專案取了

個俏皮的代號:「MASA計畫」(Make Ads Safe Again,讓廣告再次安全)。

倫敦橋攻擊事件過後,還有另一批工程師接到新指令,負責調整演算法:任何「煽動性宗教言論或至上主義內容」,只要和平台規範擦邊但尚未真正違規,都會被放進懲罰箱。YouTube也準備開發更強大的工具,降低特定搜尋結果的可見度——某位前高層表示,公司內部稱這道程序為「吹哨」,也就是在不刪除影片的情況下將它「深藏」起來。YouTube曾因審查程序過於粗略,導致戰爭罪行證據遭誤刪而被人權組織詬病,現在他們變得謹慎許多,盡量避免刪除影片。

與此同時,YouTube高階工程師也忙著思考如何處理那些「雖不具煽動性或至上主義,但仍顯不雅」的影片。廣告商多半排斥這類片段,可是要制定明確規範與程式碼來偵測這些不雅內容卻沒那麼容易。針對這點,YouTube的做法是,衡量觀眾觀影後的滿意度。許多影片成本低廉、粗製濫造,工程師相信觀眾也看得出來,於是他們引入1到5星的評分功能,讓觀眾在影片播放完畢後評分。

YouTube工程主管安德烈·羅赫(Andre Rohe)後來解釋這背後的邏輯:試想,你點進標題寫著〈10大致命動物〉的影片,也許還看了一段時間,最後影片卻根本沒給出什麼實質內容。「看完以後,你可能覺得『唉,浪費了我7分鐘』。」羅赫說道。1星。這項數據成了演算法的參考依據。

演算法也從2016年末起,開始透過這些用戶問卷與影片旁

的拇指評價來衡量觀眾的「滿意度」。YouTube先前為了修正平台的品質危機，已從單純累計觀看次數轉向累計觀看時數，如今光憑觀看時數已不足以衡量影片優劣了（YouTube也從未向外界公開其排名系統的精確公式）。當影片聲稱地球是平的、疫苗會導致自閉症、女性主義毀滅社會，或民主制度需要某種淨化時，YouTube工程師認為觀眾勢必會表達反感，並在評分裡反映這種排斥心理。多年後談到這裡，羅赫表示YouTube一開始也確實相信能藉這些數據，篩選掉有問題的影片，但許多年過去了，事實證明這條路不可行。

當時，負責演算法的工程師敏銳地察覺到，創作者之所以不信任YouTube演算法，主要是因為背後機制始終不公開、不透明。YouTube決定應該製作一系列影片，為外界解密這套演算法。於是，員工們請來風頭正盛的EduTuber德里克·馬勒（Derek Muller）。他的頻道Veritasium擅長深入淺出地剖析艱深話題，他自己也常在影片裡親自出鏡解說。馬勒留了整齊的黑鬍子，雙臂肌肉結實，長得有點像喜劇演員尼克·克羅爾（Nick Kroll），但更帥一些。他剛開創YouTube頻道時，就注意到YouTube幕後的神祕運作，心想：「他們在裡面搞些奇奇怪怪的東西，而我們不過是跟著這股浪潮載浮載沉罷了。」

某次在YouTube辦公室開會時，工程師向馬勒展示演算法的運作機制。他們解釋，如果觀眾沒有看某創作者前支影片或過去1個月的任何影片，系統就不太會再推薦該創作者的影片。馬勒聽了有些擔憂：「這樣不是懲罰那些不頻繁更新的創

作者嗎？」他也不喜歡演算法賦予「停留時間」的權重——系統偏愛能立刻引導觀眾繼續觀看相關內容的影片，不重視那些把觀眾帶往其他平台或資訊領域的影片。假如他有部量子物理或黑洞影片激發觀眾的好奇心，離開YouTube自行搜尋相關知識，難道馬勒沒有任何功勞嗎？這也解釋了他最近的觀察：許多帶有TMZ風格（編按：福斯娛樂旗下的名人八卦新聞網站。三個字母分別代表以洛杉磯影城區域的方圓30英里區域〔Thirty-Mile Zone〕）的YouTube紛爭影片，熱度竟急遽飆升。

「各位，」他說道，「這些想法聽起來真的很糟糕。」最後，馬勒並沒有製作任何解釋演算法的影片。

8月，YouTube自行推出官方影片，將演算法描述為「即時回饋迴路」，並向創作者拋出YouTube內部奉為圭臬的話：「演算法追隨著觀眾。」換言之，**觀眾為王**。

然而，那只是半套真相而已。就如過去5年所示，YouTube演算法不僅決定了哪些內容爆紅，還進而形塑影片的製作走向。而且，只要公司有意願，就能自行進入系統調整旋鈕。我們以《麥塊》為例：自從YouTube將演算法重心從「瀏覽次數」轉移到「觀看時數」後，這套遊戲就深得觀眾喜愛，原本小眾的遊戲也因此成了主流。MatPat在某支影片中鉅細靡遺地統計到：2015年5月，YouTube未登入狀態的首頁上，有14個推薦位置都是這款遊戲的實況影片；到了6月，縮減成7個位置；9月時，《麥塊》突然從首頁消失了。社群中有人猜測，或許是某位YouTube高層看不慣這款遊戲如此泛濫，才下令更改演

算法。YouTube資深工程師古德羅否認這種傳言,解釋是YouTube認為首頁需要更加「多元友善的門面」,於是透過微調演算法的方式,讓「從我女兒到我媽,所有觀眾都可能喜歡」的影片優先呈現在首頁上。

無論如何,此時《麥塊》頻道流量開始下滑,但這是因為觀眾厭倦了這款遊戲嗎?或許是,也或許不是。MatPat在自己的影片中評論:「人們往往會看自己眼前出現的內容。只要它擺在面前,他們就會看下去。」

有次,YouTube發現首頁上的推薦影片中,充斥不少誇張或噁心的內容,於是暗中做了微調。公司內部用一套電腦模型來篩除這些片段,稱作「劣質影片分級器」,負責這項工作的工程團隊則被稱為「劣質釣魚標題小組」。

整體來說,YouTube仍然相當滿意這套系統。到2017年末,YouTube的推薦功能已切換到Google大腦推出的新版本軟體「強化」(Reinforce),名稱源於人工智慧領域的「強化學習」(Reinforcement Learning)。

那年研討會上,Google大腦研究員表示「強化」是YouTube近2年來最成功的新服務,讓整體觀看次數增長了近1%。以YouTube的龐大規模來說,這可是相當驚人的成長量。《紐約時報》後來將這種推薦系統形容為「長期上癮機器」,但YouTube不這麼認為。那年8月,公司讓數名員工接受網路平台「極限科技」(The Verge)採訪,談論YouTube如何「將動態訊息打磨得近乎完美」。他們表示,該年公司共對演算法進行

300多次微調，只為了更精準地推送個人化影片。與此同時，首頁影片的觀看量在3年間暴增了20倍。YouTube之後更透露，有超過70%的觀看次數源自推薦演算法。YouTube經理表示，先前系統可能需要花好幾天才能把用戶的觀看習慣注入演算法，現在只要幾個小時，甚至幾分鐘就能完成。系統能快速捕捉觀眾想看的內容並呈現到觀眾眼前。「有些內容和你已經喜歡的影片相關，也有些內容是最新、最熱門的影片。真正的『魔法區域』，是之間的重疊區。」

演算法不在意哪些內容能進入「魔法區域」——它主要衡量的仍是觀看時數與滿意度。

同年11月，首屆「地平說國際會議」（Flat Earth International Conference）在洛里市郊開辦，吸引500多位美國國民到場。有名參與者向好奇的BBC記者表示，自己在觀看了超過50小時的影片後，相信地球是平的；「在家看影片時，除了你跟螢幕以外沒有別人了。」自稱黑皮（Happy）的維吉尼亞州男子說道；會中也有位演講者談到他和女友在YouTube上的「旅程」：「我們看了關於畢德堡會議、羅斯柴爾德家族、光明會等等的影片，各種可能會讓人一直追下去的議題。在YouTube上，你看了一支影片，接著又會跑出類似題材的建議影片，你就這樣一路看下去。」現場似乎沒有人不滿意自己觀看的影片。

隔年1月，也有另一群觀眾對另一場直播辯論毫無異議——那是扮演「古典自由主義者」角色的薩爾貢大帝與白人

民族主義者理查・史賓塞（Richard Spencer）之間的對談。當時YouTube在首頁頂端新增了「發燒影片」標籤，透過演算法即時搜羅最火熱的片段。這場辯論居然在那個月短時間內就登上「發燒影片」榜首。

YouTube後來把地平說影片和這類辯論歸為「有害」內容，禁止出現在平台推薦系統中，但當時還未出現這些分類處理。

2017年初，YouTube邀請商業雜誌《快公司》（*Fast Company*）的記者來採訪。由於此後社會動盪急速加劇，那篇報導很快就成了極具參考價值的時代紀錄。記者觀察沃西基在3月舉辦的全員大會，只見她向10名新進成員致意，並請所有人觀看Google大腦關於推薦演算法的簡報。《快公司》如此描述當時的場景：

> 在優步公司（Uber）爆出性騷擾醜聞之際，（沃西基）也提醒員工，若在YouTube遇到任何不妥事件，可向自己最信任的人舉發，甚至可以直接向她反應。不過，她也半開玩笑地分享自己上周末首次接受製片人哈維・溫斯坦（Harvey Weinstein）邀請，前往奧斯卡現場的趣事。她表示那天晚間，自己在《浮華世界》雜誌的慶功派對上滿懷罪惡感地吃了起司漢堡——但她吃素呢！

當廣告抵制事件爆發後，雜誌記者得以近距離觀察

YouTube暈頭轉向的混亂狀態。沃西基對創作者所受的衝擊感到遺憾，並承諾之後會提供更多客服支援功能，但她同時也將平台的瑕疵描述為好事。她對《快公司》表示：「YouTube有種很『人性化』的特質。」她每周只去Google總部的辦公室一天，這回就是在此接受訪問。沃西基自豪地展示一尊小雕塑，那是她9歲女兒用積木和紙板做給她的，上頭還貼了些勵志標語：**公平是所有人的權利。別往後看，要向前走。我能從妳眼中看見未來。**

共同的幻象

身處較低階層的斯泰普頓感覺YouTube正向一側傾斜。那年5月，在她準備迎接第一個孩子前不久，她寄出「油管之中」內部通訊。主管原希望她能「形塑平台上的對話」，讓她負責策畫YouTube「聚光燈」的專案，但此時斯泰普頓已離開那個崗位。在她看來，面對規模龐大的YouTube，聚光燈專案就彷彿拿頂針去堵住噴湧而出的間歇泉，完全無濟於事。

她轉調到負責YouTube社群媒體帳號的團隊，偶爾無可避免時才會回到YouTube上，觀看讓她看得又開心又有罪惡感的青少年媽媽Vlog。推薦演算法總能源源不絕地推送新片給她，一個個年輕媽媽的年紀似乎越來越小、表演感越來越重，也越來越誇張了。

斯泰普頓在5月份內部通訊開頭放上《使女的故事》（編

按：*The Handmaid's Tale*，加拿大女性作家瑪格麗特・愛特伍的反烏托邦小說，描述女性身處父權社會之下的壓迫與抵抗）的動態圖像——川普時代下女性抗爭的新象徵。她與同儕都清楚，矽谷的性別歧視同樣滲透到了Google，職場曖昧關係時有所聞。但許多Google員工卻認為這種「科技兄弟文化」只存在於Uber那種較年輕、較魯莽的公司。至於酸溜溜的黨派衝突，只會發生在遙遠的「飛越之地」（譯註：美國東西岸居民對中部地區的蔑稱），和他們那座鋪設太陽能板的園區相隔甚遠。

這種共同的幻象，在那年夏天破滅了。

Google中階程式設計師詹姆斯・達莫爾（James Damore）發出了10頁長的備忘錄〈Google的意識形態回音室〉。他寫到Google內部的保守派員工覺得「被疏離」，更在文章裡主張公司的多元化招聘目標純屬荒謬，因為那並不符合他對性別科學的詮釋。最初，他把這篇文章貼到公司內以探討敏感話題聞名的公司郵件名單「skeptics」。到了8月，這份備忘錄已經在公司內廣泛流傳，還被外洩。在那個夏日淡季，它頓時成了重大新聞。醜聞爆發時，Google執行長皮查伊正好在休假，最終他決定解雇達莫爾，反而成為火上加油的反效果。

源自脫口秀電台與有線電視、並在YouTube上發酵的聳動文化戰，如今延燒到Google內部。

各大報紙與電視台爭相採訪這位被開除的程式設計師。達莫爾首選兩位專訪者都是他個人熱愛的YouTuber：一位是心理學教授喬丹・彼得森（Jordan Peterson），因挑戰各種爭議議題

而擁有龐大粉絲群;另一位則是莫利紐克斯「Stef」。

> ▶ 「因Google備忘錄被炒的員工發聲了!」
> (Google Memo Fired Employee Speaks Out!)
> 史蒂芬・莫利紐克斯,2017年8月。
>
> 　　達莫爾透過視訊通話,在他自己的公寓連線,白色耳機線垂掛在他那張帶點稚氣的長臉旁。莫利紐克斯出現在畫面右方,露出熟悉的光頭。「跟我們談談你的思想成長過程吧!」他輕快地說道。達莫爾回答:「我真的很喜歡理解事情的真相,在這種人人都處於同溫層的環境裡,彼此只跟自己人對話,就會對許多現象完全視而不見。」莫利紐克斯很喜歡這種說法,尤其是把Google比喻為同溫層的那一段。兩人談起程式設計和自由意志主義,當莫利紐克斯發現受訪者並不算健談時,就自行撐了下去。他把達莫爾的備忘錄及其引發的爭議,比作現代科學的先驅。莫利紐克斯戲謔地說:「就像伽利略(Galileo)那時候一樣,『但地球就是會動啊』。我不敢相信,他們居然說你的論點是偽科學。不不不,多元化才是偽科學。」達莫爾緊張地笑了笑。

　　達莫爾的備忘錄充斥著演化心理學的論述,這是莫利紐克斯最愛的「學術雷區」之一。但只要經過實際檢驗,達莫爾的分析便不攻自破──《連線雜誌》形容它「最好的情況下,是在政治上過於天真;不過在最糟的情況下,也有可能變得極度危險」。達莫爾引用的其中一位研究者也指出,他關於性別差異的主張「大有可議」。同時,聯邦政府針對Google內「對女性的系統性薪酬差異」展開新一波調查,達莫爾的備忘錄更是

令公司發愁。

　　Google打算與這份備忘錄劃清界線，於是派沃西基出面，公開她寫給YouTube員工的一封信。開篇提到她女兒的疑問：「媽媽，真的有什麼生理上的原因，讓女生比較少進科技界、不當領袖嗎？」沃西基表示，自己在職業生涯中長期背負這個問題。她看完備忘錄後，過去痛苦的記憶再度浮現。Google確實支持言論自由，她在信中寫道：「人們雖然有權在公開場合表達看法，不代表在女性受到性別刻板印象相關的負面言論攻擊時，公司不能採取行動。」

　　不過，對於那些在她平台上屢屢遭受負面評論的女性創作者來說，執行長這番話聽起來恐怕過於遲鈍。事後受訪時，沃西基被問到達莫爾登上YouTube發聲一事。「那沒問題。」她答道，「我們這裡允許多元觀點與議題的交流。」

　　達莫爾事件發生時，斯泰普頓正好請產假。然而，部分感到憤慨的Googler並沒有休假。他們多半以女性為主，並且覺得自己遭受攻擊，也意識到自己該有所行動。於是，她們開始透過加密應用程式或實體聚會，整理在Google內部觀察到的性別失衡問題，並持續蒐集各種對公司的不滿，羅列出了一條又一條罪狀。

Chapter 27

艾莎門
Elsagate

葛瑞格‧齊森（Greg Chism）迷上了YouTube。剛發現這個平台時，他的境況並不太好。他是住在伊利諾州南部、獨力撫養兩個女兒的單親爸爸，多年都以草坪養護工作維生，他父親以前也是做這個的。齊森臉型偏長，頭頂與下巴只有零星幾塊毛髮，而且牙齒非常歪斜，因此讓他缺乏自信。直到快40歲時，他接觸到YouTube及一些關於人生轉變的勵志影片，決定去矯正牙齒並開始鍛鍊身體。他也用破舊的摩托羅拉手機拍攝草坪養護的相關影片，開啟了專談草坪的YouTube頻道，找到同樣熱衷此道的粉絲。他戲稱這些粉絲為「怪胎」。

「我覺得自己不孤單了。」他曾告訴某位YouTuber，「原來這世上還有人跟我一樣。」

齊森開始上傳家庭影片，是兩個女兒在家裡開箱玩具的片段。他實驗不同的影片標題、標籤與內容，為頻道取名「玩具怪胎」（Toy Freaks）。他在2015年表示：「我發現其中的規律，有些影片的觀看次數特別高。這種創作真的很有成就感，而且也能帶來金錢回饋。YouTube簡直太神了。」到了2017

年,「玩具怪胎」達到極高的成就,頻道衝上YouTube瀏覽量排行榜第68名,還晉升最高等級的廣告分潤,收入相當可觀。齊森順利搬出拖車公園,住進房屋裡。他不斷依循YouTube的規律,在影片中和女兒們一起叼著奶嘴,拍攝所謂的「壞寶寶」劇情,賺到驚人的流量。他還和孩子們一起吃超大糖果、開玩笑捉弄她們。

YouTube送他一面金色播放按鈕獎牌,作為頻道訂閱數突破100萬的獎勵。公司還把他請到加州參加活動,替他安排合作夥伴經理,並提供貴賓級的待遇。在此之前,從來沒有人抱怨齊森的影片——直到後來,一夕間所有人都對他的影片怨聲連連。

無人掌控的黑箱世界

自從YouTube放棄以可口型、營養型等標籤分類兒童影片之後,兒童取向的內容已演化成怪異且超越任何分類的型態。YouTube上對種種趨勢觀察得最敏銳的族群就是創作者,這回首先察覺到兒童影片怪現象的人也同樣是創作者。

伊森與希拉・克萊恩(Ethan Klein, Hila Klein)是h3h3頻道上頗具代表性的常客。該頻道借鑑科幻喜劇影集《神祕科學劇院3000》(Mystery Science Theater 3000)的荒誕風格,帶領觀眾參觀YouTube較邊緣的「禁區」,其中不乏各種詭異與怪誕的內容。YouTube從未在官方平台上推廣這個頻道,不過許多

YouTuber都視為必看。

「各位，今天我們要探索YouTube裡的怪奇領域。」2016年春季，伊森對觀眾說道。這對夫婦發現正快速成為YouTube焦點的現象：成年人穿著超級英雄裝扮，拍攝以兒童為目標觀眾的影片。名為「織夢綺譚」（Webs & Tiaras）的頻道尤其突出，並憑一堆關鍵字堆砌而成的影片取勝，其中包括〈蜘蛛人和冰雪奇緣艾莎vs.小丑！還有粉紅色蜘蛛女安娜和蝙蝠俠！真實世界的超級英雄好好玩：)〉。到了2016年6月，這個頻道在全YouTube的流量排行位居第三，僅次於小瑞安與新崛起的寶萊塢音樂頻道「T-Series」。克萊恩夫婦對此驚人的瀏覽量嘖嘖稱奇。數月後，他們再度拍片指出這股潮流。

克萊恩嘲諷的對象，正是想方設法跟上這種新型態影片的領頭羊。「織夢綺譚」頻道的營運據點在加拿大魁北克市，演員們穿著廉價的萬聖節服裝，在一條灰暗的連棟屋街道上，表演滑稽復古的雜耍動作。他們幾乎不開口就能完成拍攝，內容通常是以艾莎為受難女主角、蜘蛛人英雄救美的愛情劇。頻道經營者自稱「艾瑞克」，但這只是個化名。克萊恩夫婦等YouTuber懷疑他們是透過機器人流量衝高觀看次數；另一種說法則是，頻道恰巧搭上演算法風暴：兒童取向節目暴增，加上主流大廠牌尚未登上YouTube（〈鯊魚寶寶〉（Baby Shark Dance）這首洗腦兒歌就是在2016年問世）。由於《冰雪奇緣》和超級英雄系列電影並未在YouTube上架，家長或孩子只要在搜尋列輸入「艾莎」或「蜘蛛人」，就會一次又一次看到

「織夢綺譚」頻道那些高人氣影片。2017年,與該頻道簽約的多頻道聯播網Studio71主管蘭塔在受訪時表示:「有些影片,可能同個小孩就重複看了50遍。這對衝高流量真的很有幫助。」

> 「玩具頻道會毀掉社會。」
> (Toy Channels are Ruining Society)
> h3h3,2017年1月25日。13:08。
>
> 伊森坐在電腦螢幕前講故事。他向來喜歡一對搞笑YouTuber組合,他們以前專門上傳惡作劇影片。「直到他們發現了新的淘金熱。」克萊恩説道,「那就是蜘蛛人和艾莎。」畫面切換到他提到的那支影片:背景放著拉格泰姆音樂(編按:Ragtime,以散拍節奏演奏,帶點滑稽風格的音樂),四個大人圍繞著一張撞球桌跳來跳去,其中兩人扮成蜘蛛人,一人扮成浩克,另一人則是艾莎,現場還有個小孩也穿著戲服。只見其中一名蜘蛛人伸出手去摸成人艾莎穿戴的假胸。「哇,好酷喔!」蜘蛛人説道。克萊恩接著展示該頻道更多影片作品──所有縮圖都是糖果般鮮豔的黃色背景,圖片中艾莎和蜘蛛人不是動作曖昧,就是衣衫不整。「各位小朋友,這就是你的大腦在觀看YouTube時的樣子。」克萊恩總結道。接著,他開始假裝對著影片自慰。

「織夢綺譚」頻道接著開始模仿小瑞安的成功模式。

當時,小瑞安頻繁與嬰兒妹妹們同框出鏡,一堆玩具與超巨大的泡棉食物道具鋪得滿地都是,單支影片就能拿下數億次觀看。有天,「織夢綺譚」頻道發現,扮裝加上兩個熱門兒童

搜索關鍵詞的奇妙搭配，就是最有效的組合。

　　蘭塔後來解釋，所有善於經營YouTube的創作者都一樣，只要反覆製作那個一炮而紅的主題就對了。簽下「織夢綺譚」頻道時，他並不介意對方選擇匿名。許多兒童取向YouTuber都喜歡保持神祕，一來可避免兒童隱私法相關的種種糾紛，二來或許也是因為這個行業實在古怪。「織夢綺譚」頻道就可說是古怪到了極點：影片裡的艾莎有時會裝上一雙「雞爪腳」，有時還會裝上「腦袋肚肚」。但身為前單口喜劇演員，蘭塔堅持這個頻道「其實沒什麼大礙」，就像給孩子們看的無聲老電影或角色扮演劇場，情節簡單易懂，角色被關進監獄之類的情節也頗受歡迎。蘭塔解釋道：「想想看，如果你是小孩，心裡肯定會納悶：『我好喜歡艾莎，也喜歡蜘蛛人。什麼？他們被關起來了？我都沒聽過這樣的故事。』」然後，小孩就會點進去看了。

　　隨著「織夢綺譚」頻道走紅，跟風者接踵而至。有些人引入YouTube惡作劇頻道的思路（這也是當時的一股風潮）──爭相比較誰的整人花招最荒唐、最大膽。當惡作劇元素融入超級英雄影片，整個題材就更顯怪誕。

　　艾莎把蜘蛛人沖進馬桶裡、邪惡聖誕老人綁架艾莎、蜘蛛人對艾莎注射奇怪的液體。這些影片中，艾莎經常在生小孩。2017年2月，有位部落客評論這股趨勢時寫道：「看他們的劇情，感覺就快演成色情片了。」早在幾個月前，Maker工作室的席佛斯就對艾莎背後的東家迪士尼法務部門提交報告，顯示

迪士尼官方上傳到YouTube的宣傳影片（不包含Maker工作室旗下像PewDiePie等爆紅頻道的影片）每個月大約能累積10億次觀看，成績算不錯。然而席佛斯發現，一般創作者自製的艾莎題材影片，光是單月就能達到130億次觀看。

同一年，鵝媽媽俱樂部創作者趙哈利與太太索娜注意到，YouTube的熱門關鍵字裡有個「壞寶寶」的詞條，範圍含括單純的幼童動畫影片，也有噁心的真人情節，顯示小孩暴飲暴食、嘔吐等畫面。「玩具怪胎」頻道正是後者的代表：齊森讓自己兩個學齡期的女兒裝扮成嬰兒，再惡整她們。有支影片裡，其中一個女兒在鏡頭前把牙齒搖鬆、大聲尖叫並吐血（影片中，齊森冷靜地安撫了尖叫的女兒，但若只見到影片裡的血腥畫面截圖，看上去就很可怕）。即使如此，「玩具怪胎」頻道的排名仍在YouTube上節節攀升。

到了3月，BBC發布對YouTube不利的報導：一些家長震驚地發現，他們的孩子竟透過標榜「安全空間」的YouTube Kids應用程式，看到一些暴力又詭異的影片。有山寨版〈粉紅豬小妹〉遭醫生折磨的畫面、米老鼠用糞便捉弄人、米妮被肢解得鮮血淋漓。YouTube演算法只當這些是兒童卡通，不另行分類。

類神經網路這種超越人類智慧的人工智慧系統被植入YouTube推薦機制後，人們常把它形容為「黑箱」，因為人類無法窺探它的運作方式。對許多YouTube內部人士來說，恐怖與噁心的兒童影片氾濫，正好突顯了：他們並未掌握開啟這個

黑箱的鑰匙。有名員工記得：「那些內容自成一個世界，根本沒人真正掌管全局。」

不久後，幾乎所有觀看到這些怪影片的人都認知到事情在不斷惡化，唯獨YouTube渾然不覺。

該如何制定規範？

「老鼠屎」（Bad Actor）——Google向來用這個詞來形容散布垃圾訊息的人、駭客及干擾選舉的人，也就是讓網路變得危險的群體。在YouTube上，製作血腥版米妮卡通、利用平台漏洞或寬鬆規範撈好處、上傳「存疑內容」的人，同樣被歸類為老鼠屎。

2017年夏季，YouTube內的團隊開始更嚴格地檢視那些以兒童為目標觀眾、卻充斥許多問題要素的影片。雖然YouTube仍因廣告抵制而立足不穩，但已更新了一些商業規範，也完成偵測恐怖主義影片的機器學習模型，只盼能倚賴人工智慧之力，徹底根除這些隱憂，甚至告知那年春季新加入的團隊成員，也許「很快就不再需要這份工作了」。

然而，當他們真正深層檢視YouTube時，那份樂觀頓時煙消雲散了。

「玩具怪胎」頻道並非唯一的問題。齊森的成功讓更多頻道爭相仿效（公司稱之為「複製式內容」）。有些人還會以「關鍵字堆砌」這種亂槍打鳥的方式，幫影片加上各種不相關

的標籤給系統看，導致系統誤判而獲得更高流量——「壞寶寶」就是常被人當作關鍵字與標籤的字詞。當YouTube員工觀看某些標記「壞寶寶」的影片，尤其是出現未成年角色的影片時，很多人都感到一陣噁心。有些影片把鏡頭對準幼童，剃光他們臉上的毛髮來懲罰孩子（這就看不太出來他們是否真被剃了毛髮），還有人拍小孩狂吃到肚皮撐大的影片，這種元素在成人情色領域裡並不少見。

其實YouTube早有規範，嚴禁兒童剝削或性癖相關內容。上述影片雖未直接違規，但明顯踩在界線邊緣。多年前，YouTube就一再告知家長，應該讓孩子使用YouTube Kids，但從YouTube Kids的流量就能看出，大眾並沒有採納這個建議，還是有無數的孩子在無人監督的情況下，直接上YouTube.com看影片。

員工為審查規範而創造出新分類「邊緣性癖」，並制定政策，讓管理員與演算法能偵測到被歸入此類的影片。同時，YouTube也新增了另一個標籤，用來歸納那些把兒童角色與「成人主題」混搭的影片，像是山寨粉紅豬小妹或滿是蜘蛛人、艾莎元素的奇怪大雜燴。

不過他們行事十分謹慎。YouTube雖羨慕Facebook的高速，卻也喜歡強調自己並不遵從Facebook早年的口號「快速行動，大膽破壞」。川普當選後，該口號更幾乎成了社群網站草率摧毀民主規範的代名詞。YouTube先前決定禁止教人製造槍械或販賣槍枝的影片時，光是研擬條款、進行壓力測試並規畫執行

機制就花了半年。他們生怕一旦出現錯誤,就會殃及無辜。

人工智慧科學家將這種顧慮稱為「精確率與召回率」——如果機器要過濾教人製作炸彈的影片,就需要(召回率)盡量揪出大部分違規內容,同時要求(精確率)避免誤刪新聞報導、二戰紀錄片或威利狼卡通(編按:Wile E. Coyote,華納兄弟喜劇卡通系列《樂一通》裡的角色,經常使用火藥、陷阱等武器來對付嗶嗶鳥)。Google習慣使用高精確率與高召回率的人工智慧模型,如今YouTube要處理兒童取向的怪異內容時,卻發現制定規範並不容易。如果某部卡通用了類似成人觀眾為主的美國電視頻道「Adult Swim」惡搞卡通風格,那該如何判定?如果影片惡搞《冰雪奇緣》歌曲〈Let It Go〉,卻並未聲明兒童不宜,又該如何處理?蜘蛛人和艾莎的角色扮演,跟一般在動漫展上出沒的角色扮演者,又有什麼差別?這些差異連人類都分不清了,更何況是機器?那麼,「玩具怪胎」頻道又該如何分類?難道家庭就不能上傳自家玩樂的影片嗎?齊森自稱是孩子的爸爸,要是他並非真的家長,那些影片問題可大了。YouTube沒辦法替每個人進行家長身分驗證,更別提為數千個類似的頻道進行大規模身分查核了。

除了為分類問題頭疼,YouTube也擔心進一步惹惱創作者群體。由於廣告末日問題遲遲未解,不少YouTuber越看越覺得平台對自己不公平。2017年秋季,拉斯維加斯發生槍擊案,造成近60人喪生。當時,奈斯塔特在影片中呼籲觀眾捐款給受難者,並承諾影片的廣告收益也會全數捐出。結果YouTube系統

卻以議題敏感為由,判定此影片不適合大部分廣告商。然而ABC電視網主持人吉米‧金摩報導同一場槍擊事件的影片,卻有廣告且能正常播放。

「這根本就是雙標。」奈斯塔特在後續影片〈去收益化、去收益化、去收益化〉裡說道,「社群裡,許多人都對YouTube很不高興。」他邊說邊舉起手繪的難過臉圖片,強調自己的不滿。

同年9月,沃西基在YouTube總部召開會議,與工程師、公關人員以及信任與安全部門商討問題。她向職員感嘆道:「我們幾乎每天都身處危機之中。」公司要求與會職員想出更快處理「問題內容」的方案,並加強與創作者的溝通。科技公司常把因應危機的單位稱為「戰情室」,而YouTube高層則決定成立一個「永久戰情室」。他們的首要行動計畫,就是清理平台上類似「玩具怪胎」頻道那種「邊緣性癖」的內容。因為經過充分的觀察,他們認為影片拍攝者疑似在指使孩童出鏡,或故意令孩童處於不適的情境。

到了那個時候,YouTube產品主管莫漢開始肩負更重的責任,經常在公開場合代表沃西基面對外界炮火,並監管公司更多內容審查事務。2017年10月,莫漢批准戰情室的行動計畫。不過,YouTube內部人員依然希望謹慎行事,因此緩了數周才正式推出新措施。

到了那年秋季，家喻戶曉的各種品牌與廣告代理商才小心翼翼地把廣告預算重新投入YouTube。年末節慶即將來臨，競爭激烈的行銷季也來了。YouTube保證，在價格較高的Google Preferred廣告版位上，投放廣告的風險會相對更低。然而，有些代理商仍不放心，開始主動稽核他們在YouTube上的廣告，以防萬一。結果在10月，有位紐約代理商主管就發現令人不安的情況。

該廣告商的廣告投放在大量兒童影片上——這其實很合理，畢竟兒童族群能提升節慶期間的消費量。但有些影片看起來很怪，甚至帶有性暗示的意味。有的號稱是教孩子「學顏色」，卻把小孩用彩色膠帶捆起來；也有些影片裡，小孩與成年人都含著奶嘴並穿上緊身泳裝。數支影片出現孩子穿泳裝的畫面，留言區還充斥著露骨字眼，拿奶昔、鮮奶油做猥褻暗示。YouTube對這些影片廣告的收費標準，幾乎和電視廣告費率相當。這位廣告業主管對Google提出質疑：為什麼連Google Preferred的「優質內容」也沒能篩掉這類影片？

讓這位資深廣告業者更加疑惑的是，平時應對得體的Google代表，此次卻顯得拘束，如同人質般誦讀制式回應，後續也在電子郵件中解釋，總之觀眾為王，Google Preferred的影片便是依照「用戶興趣」決定。「重點是影片互動量與熱度。不過，少數內容可能還是會讓部分廣告客戶感到不舒服。」

Google最後提出了退款方案。

本來，這些交涉都只是在幕後進行，直到11月4日，《紐約時報》發表針對YouTube Kids應用程式「駭人影片」的報導。文章中提到許多仿製《汪汪隊立大功》（PAW Patrol）的山寨影片，內容讓卡通小狗看似被惡魔附身。文中引用3歲孩童母親的哭訴：「我無辜的小寶貝啊！」報導裡還附了「Freak Family」頻道的影片截圖：題材是「壞寶寶」，畫面裡有位神情驚恐的小女孩，被刮眉刀剃去前額髮線，臉上還沾著紅漬。該影片在YouTube主站的播放量已高達數千萬次。YouTube有名總監對《紐約時報》表示，過去30天內，YouTube Kids應用程式標示為不宜內容的影片不足0.005％，他形容為「茫茫影片海裡的一根針」。然而，地表已然不穩，2天後，山崩更是迎面襲來。

英國作家詹姆斯・布萊德（James Bridle）原本專寫無人機與戰爭議題，這次卻將目光轉向兒童領域。他在部落格平台Medium發表大長文，標題下得十分聳動：〈網路上出了問題〉。布萊德的文字既犀利又細膩，文章中所附的圖片更是力道十足。他先貼出驚喜蛋開箱、兒歌、粉紅豬小妹仿作等影片的截圖，都是些動輒累積數百億次觀看的分類。接著，他貼出手指家庭類影片的圖片。YouTube上「至少有1,700萬個不同的版本」，許多截圖看起來像是機器生成，但也難以下定論。布萊德寫道：「這，正是演算法發掘時代的內容生產方式——就算你是人，也不得不去模仿機器。」越往下捲動，文章貼出的

Chapter 27　艾莎門
443

圖片就益發詭異：一張張色彩繽紛的縮圖，卻有著令人不安的高度雷同。它們針對YouTube演算法而生，從「壞寶寶」衍生影片，到瘋狂怪誕的卡通，再到更不真實的「錯頭」（Wrong Heads）圖像，將迪士尼角色的頭顱和身軀分離，漂浮在螢幕上。布萊德點名「玩具怪胎」頻道，指出裡頭常有孩子嘔吐、受苦的片段，並衍生出許多「複製式內容」，把惡作劇和蜘蛛人、艾莎等超級英雄元素混雜在一起。布萊德稱這種現象是「工業化的噩夢生產」，並補上一句重話：「讓兒童接觸這些內容，就是一種虐待……而此時此地，YouTube與Google也正與這套體系同流合汙。」

趙哈利與太太索娜、克萊恩夫婦等資深YouTuber見識了這股怪潮的興起，但多數人（家中有幼兒的家長，甚至是Google員工）都不知道世上竟有這樣的內容。時常進行網路輿情觀測的YouTube內部，員工們很快就注意到Twitter上圍繞布萊德那篇文章的討論正急速升溫。與此同時，進入歲末檔期的廣告市場神經緊繃，種種跡象顯示此事恐怕會再度引爆危機。媒體記者紛紛順藤摸瓜，找上「玩具怪胎」頻道中的爸爸齊森。倫敦《泰晤士報》刊登廣告商憤而從齊森影片撤資的新聞，標題直呼「YouTube上的兒虐」，副標更指出：「Google靠駭人的影片賺進數百萬」。

大規模清掃

　　那篇關於兒童虐待的報導，成了壓垮Google工程師拉瑪史瓦米的最後一根稻草。自從4年前和沃西基鬧得不愉快之後，拉瑪史瓦米一直擔任Google廣告技術營運負責人，掌管Google和YouTube複雜的廣告拍賣與交易系統，同時也必須和沃西基共同決議YouTube上的許多廣告相關事務。儘管先前參與過「讓廣告再次安全」的整頓行動，但他對「玩具怪胎」頻道的爆紅程度，以及一堆相似的複製式內容，其實都一無所知。他後來坦承，自己在《泰晤士報》報導裡看到「兒虐」指控後，決定乾脆退出廣告事業，並於隔年正式離開Google。

　　《泰晤士報》刊登出報導後，YouTube考慮採取前所未見的做法。那年11月的某個周末，沃西基、莫漢及拉瑪史瓦米等少數高層在家中透過視訊會議商討這場災難的應對方式。YouTube已經向外部專家諮詢兒童問題影片的狀況，有專家指出：用彩色膠帶把小孩捆起來、或在體操影片下出現特殊暗示性的留言，都明顯是對戀童癖者的暗號。拉瑪史瓦米在視訊會議中詢問：Google真的想跟這些東西扯上關係嗎？YouTube主要賣的是兩種廣告：「直接回應」廣告，如折價券、優惠訊息；和「品牌」廣告，傳統電視廣告，如洗衣品牌汰漬或汽車品牌雪佛蘭（Chevy），而品牌廣告帶來的收益最高。會議中，拉瑪史瓦米甚至提出驚人的提議：立即停用YouTube上所有品牌廣告，直到這些兒童內容的問題徹底解決為止，就算因

此損失數十億美元也在所不惜。

最終，YouTube高層投票通過另一項同樣激進的方案。過去一向對爭議影片相當寬容，甚至極力捍衛這些影片的YouTube，這次一口氣刪掉數十萬支影片。感恩節前幾天，他們先是撤除了超過200萬支影片的廣告，再移除逾15萬支影片，並且關閉270多個帳號，其中包含齊森名下的2個頻道，總訂閱數合計1,300萬。另外，也一併下架大約50個「玩具怪胎」複製式頻道。

Fullscreen高層主管蘭塔被接二連三的來電吵醒，他這才發現是魁北克那群超級英雄演員的求助電話：他們的「織夢綺譚」頻道被刪了。蘭塔嘗試聯絡YouTube，卻無人回應。許多YouTuber頓時陷入恐慌，紛紛致電或寫信給兒童頻道聯播網負責人與娃娃評測媽媽杭特。YouTube這回急於出手，未仔細調整演算法的精確率與召回率，只大範圍刪除可疑影片。杭特回憶起當時：「他們像是拿著開山刀一陣亂砍，真的是怨聲載道。」

同一時間，經營家庭Vlog的艾波（April）與戴維·奧吉爾（Davey Orgill）也在YouTube上開設超級英雄惡搞頻道，與孩子們一同演出換裝秀，訂閱數突破200萬。結果，他們在8月停止發布這類影片。艾波在影片中告訴觀眾：「這類影片變得越來越詭異了。好噁。」不過他們還是繼續維護著頻道，繼續靠該頻道吸引觀眾與營利。11月23日，YouTube才剛核准他們的兩支影片可投放廣告，隔天整個頻道便被移除了。奧吉爾對記

者表示:「YouTube什麼都怪在拍影片的人頭上,可是他們的演算法之前整整一年都在推這些內容。是YouTube自己養出這頭怪獸。」不久後,網友將這場波及超級英雄與艾莎等角色的風波,連同YouTube的大規模刪片行動,冠上一個稱呼——艾莎門(Elsagate)。

齊森的生活就此倒轉。他一直把「玩具怪胎」頻道視為真人版的兔巴哥卡通,沒用任何異樣眼光看待自己的節目,而且認為這些影片既能替女兒存大學基金,又能提升她們的自信。誰知在一夕之間,外界把他形容成虐待兒童的元凶,網路上罵聲四起,甚至有人誣指他的小女兒其實是失蹤兒童。頻道被刪後,齊森發布聲明,表示自己很難過,「竟有人能從我們的短劇影片中,獲得任何不正當的快感」。伊利諾州警方隨即以危害兒童為由展開調查。警長瑞奇・米勒(Rich Miller)告訴BuzzFeed新聞:「大家都對這現象感到不安,但要把偶爾不稱職的家長行為直接定罪,也不容易。」最終,對齊森的所有指控都被撤銷了。

即使在多年之後,齊森提起當年的事情仍然餘悸猶存。「那時候我的精神狀態真的很差,差點就掛了。」他回憶道,「我真的被媒體冤枉了。YouTube——他們還好啦,我跟他們其實沒太多聯繫。反正事情就是那樣。」

2017年感恩節,YouTube過得格外慘淡。多名員工整個假

期都埋頭盯著筆電,為沃西基撰寫最新的進度報告,並確保這次大刀闊斧的改革確實生效。除此之外,他們仍得日以繼夜地監控是否有人將已刪除的影片重新上傳。YouTube已陷入紅色警報狀態。工程師們也被緊急召進辦公室,必須以最快的速度調整過濾系統。

負責回應工作的Google研究員波森記得:「那陣子簡直像一場混亂的狂熱。說實話,大家都明白,只要在這段時間表現得好,就能獲得升職的機會。」到了年終,YouTube安排幾隻小狗進聖布魯諾總部,試圖撫慰被壓得喘不過氣的員工們。儘管YouTube歷年來面對無數風波,卻從未有什麼事件能讓他們在審查策略上做出如此迅速的改變。「我感覺像突然換了一家公司工作似的。」有位前員工說道。家中育有3個孩子的莫漢負責監督那場改革,他也坦承:「對我來說,那次感受真的很強烈。其實,我們之所以如此積極、之所以感受到那麼強的動力、熱忱和壓力,正是因為這件事的本質是要保護兒童啊!」

YouTube公布了好幾項承諾,包括從移除不恰當家庭娛樂影片中的廣告、封鎖針對兒童的猥褻留言、諮詢更多專家,並發布製作「家庭友善內容」的創作者指南,以及「運用科技加快處置問題」等措施。沃西基在12月的部落格文章中提到,YouTube上的大量影片是如何「啟發」了她的孩子。她寫道:「但我也看見YouTube『開放』背後更令人憂心的一面。我看到,有些老鼠屎利用我們的開放環境,扭曲誤導、騷擾甚至傷害他人。」她承諾要擴充Google內容審查團隊的規模,讓專門

處理此類問題的團隊在隔年突破1萬人——這可是相當醒目的數字。

不過沃西基沒提到的是,這1萬多人當中,大部分並非Google的正式員工。

Chapter 28

老鼠屎
Bad Actors

雅各布・霍格・雪貝（Jakob Høgh Sjøberg）抵達都柏林辦公園區時，看見入口處立了兩個牌子：一是Facebook約聘人員的入口，一是Google員工的入口。他在前檯領到一張塑膠門禁卡，走進Google那道門。雪貝身材精實、留著一頭紅髮，經歷十分豐富：他在母國丹麥與愛爾蘭都修得了法律學位，還曾在倫敦政治經濟學院暑修。不過應徵單位看中的似乎不是他的學歷，而是他的丹麥語能力。面試時，那家雪貝沒聽說過的管理諮詢、資訊科技和業務流程外包跨國公司埃森哲（Accenture）問他是否能接受處理「敏感內容」的工作。雪貝想了想，回道：「我跟別人一樣能撐。」對方也沒再透露任何工作細節。

2017年9月，雪貝與另外5人參加入職培訓：1位俄羅斯人、3位西班牙人，以及1位說法語的愛爾蘭女性。他們一起坐在一塵不染的教室裡，先學了些關於言論自由與受保護言論的基礎觀念——雪貝正好對這類話題相當感興趣。然後，講師走到離雪貝座位約4.5公尺遠的大投影幕前，開始播放一段段

YouTube影片。

「這很血腥。」講師警告道。下一支。「這個更血腥。」

雪貝感覺自己心跳加速，意識到「更血腥」代表影片裡有人被放火燒、肢體遭撕裂或槍擊、謀殺等令人不寒而慄的畫面。有段影片裡，男子尖叫掙扎，被連刺了好幾刀。雪貝慌忙衝進洗手間用冷水潑臉，才撐住沒昏倒。這太恐怖了。但他不想就此認輸，最後還是回教室繼續上課。

他的實際工作地點在一間更大的辦公室，裡頭擠滿了一排排電腦，螢幕上開著類似Gmail的工單系統，只不過多了不少標籤與資料夾。影片源源不斷地湧入佇列，等著被審核。雪貝主要負責「暴力極端主義」區塊，關注丹麥語內容。他們每天都有進度目標，要看完120部影片。不過丹麥語違規片並沒有那麼多，所以他有時會審查別種語言的影片。他最沒辦法應付的就是「斬首」影片──YouTube當時已能用機器自動移除大多數的相關畫面，但總有漏網之魚，尤其是那些用鈍刀下手、花招更加駭人的版本。有次雪貝佇列中某部影片裡出現了熟悉的場景：有人被捆綁，有人朗讀訊息。雪貝頓時感到頭暈，直覺地點擊移除，到後來才發現那其實是部惡作劇影片，所謂的「恐怖分子」最後只是掏出牙刷抵在對方脖子上。他因為此事被主管斥責操作失誤。後來同事間談好交換影片，讓他負責看動物、兒童相關的駭人內容。「說來有點毛毛的，」他回憶道，「但那些對我的衝擊就沒那麼大了。」

為了紓解壓力，同事之間常開玩笑。雪貝會戴上耳機聽精

選40曲榜單上的歡快流行音樂，中途還不時到辦公園區的池塘邊走走。這份工作他堅持了9個月，期間收到一次電子郵件通知，要他特別收拾辦公桌，因為YouTube的人即將來訪。

外包審查員

自2008年金融危機後，Google開始外包特定的非技術性工作。公司規模越是擴大，這支外包勞力也隨之成長，Google稱他們為「臨時廠商約聘員工」（Temporary Vendor Contract, TVC）。到了2018年，Google自家正式員工人數突破10萬，TVC的人數也幾乎到10萬之數了，但公司從不公開實際人數。部分TVC專門參與短期專案，酬勞優渥；也有人負責清潔辦公室或測試仍未量產的自駕車。在YouTube這邊，TVC多負責審查內容，受雇於埃森哲、Vaco、高知特（Cognizant）等不透明的後勤外包公司。這類公司會做各式華麗的企業形象廣告，但外界總是搞不清楚它們的業務內容。受這些外包公司雇用的管理員很少有機會見到自家高層主管，和YouTube正式員工接觸的機會又更少了。他們可說是舊時代「YouTube內容 SQUAD」的後繼者，但當年的SQUAD團隊可是在YouTube內部有正式職位、領YouTube薪水與股票，辦公桌就在辦公室的最前方。如今，多數審查員則在愛爾蘭的都柏林、印度的海德拉巴、馬來西亞的吉隆坡一帶「陰影經濟」中穿梭，隱身於匿名的辦公園區，就連Google財報上也看不到他們的蹤影。

自2017年起，因公眾壓力加劇，Google與Facebook都急著擴編審查人力，避免繼續遭媒體、廣告商及監管單位撻伐。然而，正如記者凱西・牛頓（Casey Newton）在網路平台「極限科技」多篇報導中揭露的，不少約聘審查員在進行這份工作期間飽受急性焦慮、憂鬱與夜驚所苦。美國德州奧斯汀市受雇於埃森哲的YouTube審查員向牛頓表示，他們時薪15.5美元，年收入約3.7萬美元，而且沒有帶薪病假。曾有YouTube員工前往公司總部附近的新手審查員辦公處介紹工作，當時的審查員詢問是否能提供心理諮詢服務，那名正式員工竟不知如何回答。

　　雪貝及都柏林這批同事都沒有健康保險，但至少有間「午睡室」，可在裡頭稍微休息。後來公司請來心理師，結果立刻就被預約滿檔了。

　　並非所有審查員都在處理血腥暴力畫面，也有不少人專職處理版權爭議，那些奇奇怪怪的糾紛主要發生在各大媒體公司之下的深層影像世界。加州有位約聘員工變成「柬埔寨捕魚影片」的行家，因為這類影片的版權糾紛莫名地特別多。Netflix紀錄片《異狂國度》（*Wild Wild Country*）裡那位印度上師的律師，也寄來一疊版權下架要求。

　　有時，審查員還會誤傷YouTube自己的生意。那年，YouTube中東業務員在沙烏地阿拉伯齋戒月期間，安排了大筆行銷預算，據說這段時期的廣告收益相當於「美國超級盃的30倍」。業務員本來要在熱門美食、娛樂頻道上投放廣告，沒想到齋戒月來了，廣告卻不知所蹤。看來，YouTube審查員與機

器誤把阿拉伯語或帶有伊斯蘭圖示的所有影片都視為恐怖宣傳，全面移除這類影片中的廣告（然而，該區域有位主管透露，YouTube在沙烏地阿拉伯行事相當謹慎，甚至會把《粉紅豬小妹》卡通從系統推薦中移除，以免冒犯該國對豬隻的宗教禁忌）。

根據Google的說詞，公司之所以選擇外包審查工作，是為了提升速度──相較於招募與任用過程謹慎繁複的Google，外包公司能更快速招聘人手。有位主管曾向記者解釋，Google若突然急須處理某類問題，例如怪異的兒童影片，就得迅速增加審查員，「以協助訓練」演算法分類篩除系統。這些外包審查員心裡也清楚自己是在扮演「機器教師」的角色。雪貝和同事把YouTube演算法稱為「那個機器人」，一旦機器人學好了，他們便會失去工作。

即使是Google內部擁有正式職位與福利的審查員，也在公司爆炸式成長的那些年感到力不從心。2011年加入YouTube的員工記得，當時只有40名審查員，需要在1天之內審查上千支影片；2015年受雇並負責審核Google圖片搜尋結果的審查員黛西・索德伯格－瑞夫金（Daisy Soderberg-Rivkin）發現，團隊中唯一的阿拉伯語人才離職後，管理階層遲遲沒有補上人手。

在市值高達0.5兆美元、辦公室裡隨時供應康普茶、擁有幾乎無上限運算能力的公司裡，這樣的現象顯得特別突兀。她被告知：沒辦法，預算不允許。她忍不住疾言回道：「你是說，我們的預算不允許嗎？」曾在YouTube「信任與安全」部

門工作的員工，離職後尋求治療創傷後壓力症候群，主要原因是之前不得不每天審查兒童相關的駭人內容。他們都記得當時幾乎每天都得靠鋰鹽或贊安諾鎮定劑度日（編按：鋰鹽〔Lithium salts〕具有穩定情緒的作用，主要應用於預防及治療躁鬱症；贊安諾〔Xanax〕可藉由調整抑制性神經傳遞物質GABA的活性，抵抗焦慮及降低緊張）。

「艾莎門」事件過後，YouTube在管控機制上投入更多資源，以提升公司所謂的「兒童安全」。產品主管莫漢接手「信任與安全」部門，並將該部門的地位提升到公司更核心的位置。審查員接到進一步指示，要加強偵測影片中的兒童虐待成分（雖然兒虐的界定仍不明確）。與此同時，YouTube也確保有人力隨時鎮守平台上流量最高的區域，像是首頁的「發燒影片」區，就由全球不同時區的審查員輪番值班。

正因如此，當發燒影片本身也出現嚴重紕漏時，眾人更是錯愕不已。

失控網紅風波

在YouTube接二連三的兒童安全風波之際，平台上的巨星仍一路扶搖直上，其中最快竄紅的人非羅根・保羅（Logan Paul）莫屬。

保羅與比他更加直率的弟弟傑克（Jake），在進入青春期之前就在克里夫蘭郊區經營YouTube惡作劇頻道。話雖如此，

保羅上大學後，兄弟倆才正式在Vine這個6秒短片應用程式闖出名堂。Vine獨有的即興創意魅力，正是YouTube在成長過程中逐漸流失的元素。保羅曾是高中橄欖球隊線衛也是摔角手，就像年輕版的馬修·麥康納（Matthew McConaughey）在扮演健壯的迪士尼王子。他在Vine上以類似電視節目《無厘取鬧》風格的惡搞行徑，吸引大批粉絲。影片中他時而闖入陌生人的車子，時而在超市裡和人扭打，還常常在鏡頭前脫上衣。

2016年10月，Twitter（Vine的母公司）因無力維持這項服務，突然決定終止Vine。保羅帶領一眾Vine創作者轉移陣地到YouTube，開始把影片拍得更長、更瘋狂。這些創作者出生在Web 2.0時代（保羅是在1995年出生），幾乎不曾經歷「沒有YouTube或網路聲量」的世界。在他們眼裡，網紅是個理所當然的職業選擇。2016年，時年20歲的保羅對某家廣告雜誌宣告：「我要成為世界上最頂尖的娛樂家。」這並非痴心妄想。隔年，他的YouTube頻道訂閱數已突破1,500萬，還同時跟迪士尼合作拍電視劇、和電影公司簽約、和多頻道聯播網Studio71合作，擁有龐大的粉絲群。PewDiePie有他的「兄弟軍團」，保羅則有他的「羅幫」（Logang）。

實際和人接觸時，保羅會表現出典型的中西部禮節，但注意力似乎不太集中，和聯播網員工坐下談話時就常在椅子上扭來扭去。此外，他對網路世界的「點擊祕訣」似乎有種與生俱來的直覺。Studio71前主管約翰·卡勒（John Carle）形容，保羅對觀眾而言既「平易近人」，像個可以一起喝酒打鬧的兄弟

會青年，同時也具有「令人嚮往」的魅力。如果你欣賞兄弟會嘻笑玩鬧的風格，也會想成為他這種人。保羅身邊經常跟著一群網紅朋友與跟班，那年聖誕假期，他帶著整群人到日本拍攝Vlog。

Studio71主管溫斯坦當時正和家人一起在大西洋的土克凱可群島度假，準備迎接新年。他看了一眼手機，愕然發現辦公室打了10通電話。老天。他急忙回電。

「羅根・保羅拍了屍體。」同事告訴他。

「我跟小孩正在游泳池玩，」溫斯坦回道，「你需要我怎麼做？」

保羅此行是為了拍攝「東京大冒險」三部曲，其中一集在日本所謂的「自殺森林」青木原樹海進行拍攝。保羅在跨年夜上傳影片，影片開頭是一小段預告（這是YouTube影片常見的剪輯手法），接著出現警告畫面。保羅出現在鏡頭前，對觀眾表示他考慮到這部影片的主題，決定關閉該影片的廣告功能。他也順帶提到，這或許會是「YouTube歷史上的一筆」。他又補上一句聲明：「既然都這麼說了，各位請他媽的做好心理準備吧，我保證你們再也看不到這種影片了。」

保羅一夥人帶了露營裝備和望遠鏡，準備在森林裡過夜。當時保羅頭戴蠢萌的綠色帽子，帽子圖案是《玩具總動員》裡可愛的外星人。影片進行幾分鐘後，保羅突然停下腳步。「老弟，我們是不是找到死人了？」鏡頭隨即轉向一名吊在樹上的男子。「羅幫的各位對不起，」保羅對著鏡頭說，「這本來應

該是有趣的Vlog。」接下來,他即興談了幾句憂鬱症造成的傷害,除了告訴所有觀眾有人愛著他們,也勸觀眾若有需求應尋求幫助。話雖如此,影片剩餘的大部分內容都是他與同伴在森林裡不斷感嘆這場「真實到可怕」的經歷,一群人似乎因腎上腺素而亢奮不已。

保羅在最終版的影片裡替屍體臉部進行馬賽克處理,然後上傳至YouTube。觀眾點了進去。YouTube演算法如同撲火飛蛾,竟讓這支影片竄上網站發燒影片排行榜第10名。

Studio71的高層知道,保羅的影片即使沒違反YouTube規範,也肯定踩到一般社會大眾與廣告商的雷區,廣告商本就因YouTube的前科而忐忑不安,這下更是大受刺激。隔天,保羅主動撤下影片(該片當時已累積數百萬次觀看),但網路上的內容容易遭病毒式傳播,其他人馬上將那支影片複製再上傳,媒體也爭相報導這樁事件。溫斯坦只能在度假期間盡量善後,而YouTube依舊選擇沉默。「他們想先看看這個爛攤子有多大。」溫斯坦回憶道。

葛拉漢・班奈特(Graham Bennett)回英國度假時,也在發燒影片名單上看到保羅的影片,並察覺到風暴即將爆發。班奈特個性隨和,是個留了鬍子的英國人,擔任YouTube與保羅等超級巨星之間的主要窗口。2007年,他從BBC跳槽到YouTube,曾是最早與丹尼・鑽石等陰晴不定的YouTuber聯繫的員工之一。班奈特後來回憶道,保羅引發的這場風波是他YouTube職涯裡「最可怕的一段時期」。

即使經歷了PewDiePie事件，YouTube基本上仍仰賴旗下明星遵守不成文的規定，別做得太出格。保羅上傳青木原樹海影片的隔周，班奈特便與YouTube高層開會，得出的結論是：好吧，以後不能再這樣了。「現在看來或許很天真，」班奈特事後表示，「但那是我們第一次真正意識到YouTube創作者已是實打實的全球巨星了。這就表示，如果他們做出什麼離譜或引人注目的行為，就會登上全球新聞。」或許YouTube也明白，讓滿身美國氣息的網紅在海外土地與異國文化中肆意玩鬧，對公司致力打造的「全球企業」形象可是毫無益處。

保羅和PewDiePie不同，他在事發後立刻道歉。2018年1月2日，他上傳了短片〈真的很抱歉〉，片中他直視著鏡頭，眼眶微紅。「我那時應該把攝影機收起來的，」他說道，並在最後承諾，「我保證以後會做得更好。我一定會變得更好。」

他確實改進了──但也只撐了1個月。那之後，保羅又跟風令YouTube和各社群平台措手不及的怪異潮流：在網路挑戰中，鼓勵人吞食色彩鮮豔的汰漬洗衣膠囊。他在Twitter開玩笑地寫道，他想把膠囊吞下去。同一天，他也在洛杉磯豪宅的陽台上拍了一段YouTube影片，拿電擊槍射擊死老鼠。

最終，YouTube決定劃清界線。班奈特、沃西基與公司其他主管召開會議，檢討這位麻煩巨星的「行為守則」。保羅透過視訊與會，整場會議拖了超過1小時，YouTube方在會議裡詳細說明公司的新決策。此後，YouTube會把創作者在平台以外的行為，包括保羅在Twitter上的推文也納入考量，同時更嚴格

檢視影片內容。班奈特表示，一律禁止容易被青少年在家模仿的惡作劇行為、凡是涉及在家裡放火或吞洗衣膠囊的影片都會被下架，但像高空跳傘這種普通人很難複製的特技則仍可上傳（後來保羅真的拍了跳傘影片，而且還是全裸）。另外，YouTube也第一次推出全頻道暫停投放廣告的處分，暫時移除保羅所有影片的廣告資格。當時，YouTube內部開始流傳一句話：**能在YouTube上賺錢，是一種特權，不是權利。**

視訊會議期間，保羅表現得相當客氣，也表示理解，但他並沒有就此離開YouTube。失去廣告收益後，他轉向其他營利管道，大力推銷自家服飾品牌。自「廣告末日」後，YouTuber收益縮水，販售周邊商品成了越來越常見的自救方式。英國記者克利斯‧斯托克－威克（Chris Stokel-Walker）統計保羅與弟弟在那年2、3月間上傳的50部影片，結果顯示保羅兄弟平均每隔142秒，就會提一次自己的「周邊商品」。

邪惡獨角獸

目前為止，YouTube這一連串爭議事件，多半關乎外界人士（廣告商、家長、記者、政治人物）心目中的「不妥」影片。然而那年冬季，情勢出現轉變：有內部人士開始發聲了。

法國籍前YouTube工程師沙斯洛發現YouTube對陰謀論內容的胃口，因而感到憂心，最初也想勸前同事注意此事。2017年初，沙斯洛與仍在YouTube工作的朋友提到此事，對方雖然同

意他的看法，也表示這現象不過反映了人性與人類的愚蠢，不在Google掌控範圍內。「我能怎麼辦？」那位朋友問沙斯洛，「我要是能改變他人，這個問題就迎刃而解了。」於是，沙斯洛選擇公開揭露他在平台上觀察到的問題。

2018年2月2日，《衛報》以**虛構超越了現實**為標題，報導沙斯洛揭示的現象，指控YouTube汙染社會大眾的「水源」。沙斯洛表示：「YouTube的推薦演算法並不以真實、均衡或有助民主為優先考量。」5天後，《華爾街日報》也刊出沙斯洛的研究結果，批評YouTube慣於推薦明顯不實的內容。當時，美國共和黨才剛公布一份文件，指控調查川普俄羅斯案的相關官員存有偏見。而在YouTube上搜尋「FBI備忘錄」時，最先跳出的結果卻是陰謀論主持人瓊斯與Styxhexenhammer666頻道的影片。如果搜尋「流感疫苗」，更會找到滿滿的反醫學言論及類似影片。報導還比較YouTube與Google的搜尋結果，指出Google首頁多半列出合法新聞媒體或公共衛生組織資訊，YouTube卻把陰謀論內容放在最顯眼的地方。

Google執行長皮查伊和其他企業執行長一樣，平時也會閱讀《華爾街日報》，但他對這篇報導的結論相當不滿，也向YouTube管理階層表達不悅。YouTube原以為這個問題早已解決，這下更是倍感受傷。

前一年秋季，YouTube曾調整演算法，希望優先顯示「更具公信力」的新聞頻道。然而沙斯洛的研究卻指出，系統本身還是有機制缺陷。YouTube高層喬安娜・萊特（Johanna Wright）

對《華爾街日報》表示：「一般來說，新聞爆出來的時候，媒體就會撰稿報導那件事，而不是立刻製作關於那樁新聞的影片。」有線電視台往往要隔好幾小時，甚至是隔好幾天，才會把節目片段上傳到YouTube，有些電視台甚至不會把電視節目的片段貼上YouTube。反觀Styxhexenhammer666這種頻道，則毫不耽擱地第一時間更新。結果就是，「長尾」中的醜陋陰謀論影片，迅速竄升到了「頭部」。

Google之所以熟悉這種現象，是因為它已經吃過虧。工程師們常引用「歐巴馬出生陰謀論」作為典型例子：當時，主張歐巴馬合法擁有美國國籍的人，並不會特地寫文闡述常識，但否定者（或靠散布謠言撈錢的人）卻拚命推文，導致反方論點被推上Google搜尋結果的頂端。川普就是憑著這個針對歐巴馬的種族主義陰謀論，一路爬上總統之位。Google員工稱這些罕見且能被利用的空隙為「數據空白」或「邪惡獨角獸」，並在2016年大選後試圖修補漏洞。在某個短暫時期，在Google搜尋「誰拿了最多普選票」，最先蹦出來的居然是某個匿名部落格，謊稱川普拿下最多普選票、川普勝利。

1年多後，YouTube或許是不願正面處理這頭「怪物」，也可能是還沒做好萬全準備，但「怪物」還是一次又一次昂起頭來。

2017年10月的拉斯維加斯大規模槍擊事件後，有些YouTuber用荒謬的理論填補數據空白，宣稱那是所謂的「假旗行動」，暗示整起屠殺是精心策畫出來的一齣戲。11月，德州

發生另一樁槍擊案,同樣的陰謀論再度上演。後來到了2月,佛州帕克蘭市一所高中發生槍擊案,槍手奪走17條人命,網路邊陲地帶又興起另一派說法,認定那些在鏡頭前呼籲槍枝改革的學生倖存者,其實是被收買的「危機演員」。YouTube原以為自家系統能應付這類假消息,卻看到名為mike m的用戶上傳一支地方電視台的舊片段,影片中是一名帕克蘭行動主義者的影像,標題則寫著〈演員大衛·霍格……〉(DAVID HOGG THE ACTOR,暗指倖存者霍格為演員)。在陰謀論者、好奇的觀眾或兩者組合的推波助瀾下,這支影片瞬間爆紅。乍看之下,這段影片似乎未違反YouTube規範,於是某位審查員允許它進入發燒影片排行榜,之後甚至一度衝到第2名的位置。在外界看來,YouTube似乎在默許這種說法。YouTube公關人員傳訊息對同事說道:「天啊,我們該怎麼辦?」

　　有些YouTube約聘管理員早已對此司空見慣。負責處理版權爭議的管理員甚至有整套規範,專門針對2012年桑迪胡克校園槍擊案中罹難者之一的家長李奧納多·波茲納(Leonard Pozner),他也是網路上許多陰謀論者攻擊的目標。波茲納為了反擊那些嘲諷與煽動陰謀的影片,開始以「版權申訴」的方式與對方周旋,卻並非每次都能成功。

　　某位前審查員提到,自己和同事看到受桑迪胡克事件影響的家長遭網路圍剿時,心裡都覺得很難受,可是依照公司流程,他們收到申訴時,只能發送制式且充滿法律術語的官方回覆。有時,他們在回覆信裡會用粗體字強調某些句子,例如

「若需更多協助，請尋求其他管道」。

不斷出現的難題

那年3月，帕克蘭影片風波的1個月後，沃西基在德州的公開訪談現場露面，訪談過程中不乏令人尷尬的時刻。她的公開演說已不再聚焦於「YouTube如何顛覆電視」，《連線雜誌》編輯尼克・湯普森（Nick Thompson）在台上直接質問她：面對陰謀論與選舉干預，YouTube打算怎麼處理？

不久前，Facebook和Twitter才透露2016年有俄羅斯勢力透過機器人與廣告入侵他們的平台，外界因而產生疑慮，認為社群網站將成為新興地緣政治勢力。接二連三的校園槍擊案與惡意陰謀論，也再度讓固定追蹤社群媒體的人懷疑：YouTube是否也受地緣政治勢力利用？於是，所有人的目光都集中在較少於公共場合露面的YouTube負責人身上。

被問到棘手問題時，沃西基習慣停頓片刻，視線上揚，平時用於加強語氣的雙手都暫且擱在膝上。這天在德州的舞台上，她解釋YouTube「懲罰箱」的機制：公司有時會保留某些影片，但不將其推薦給用戶，也不附上廣告。她列出可能被打入冷宮的幾類影片。

「要是影片內容本身是假的呢？」湯普森打斷她。

沃西基保持思考的姿勢，開口說道：「應該說……，其實很難把『真假』當作絕對的判定標準。因為要判斷真假，就得

先分辨出某件事是事實還是謠言。一般來說，我們並不認為自己該做這種判定，所以──」

湯普森再次打斷她：「可是，你們能判斷哪些內容是仇恨言論？或判斷某人是不是裸體？」

「這個嘛，裸露的肌膚通常很明顯，」沃西基回覆並補充，判斷仇恨內容也很困難，但仍勉強可行；判斷內容的真偽則要難得多。「這麼說吧，我大學唸的是歷史。歷史本就充滿各種詮釋。誰是英雄？不同的人會給出不同的說法。」她接著提起地平說，這是公司常見的陰謀論，或許是因為看起來相對無害而經常被拿來舉例。在訪談一開始，沃西基還分享了個人故事：她的祖母曾在美國國會圖書館負責斯拉夫語部門──圖書館都會推廣被禁的書籍，倡導言論自由，某種程度上YouTube也是如此。

「我們其實更像座圖書館。」沃西基表示。

但對一個在「圖書館」素材前插廣告、當年營收112億美元的部門主管而言，這種比喻似乎頗為牽強，卻很Google味就是了。沃西基也提出她為YouTube陰謀論問題構想的Google味解方：公司會在地平說或其他「眾所皆知的網路陰謀」影片下方，加上「資訊提示」文字框，學Google搜尋結果的方式引用維基百科資料。維基百科雖是大眾合力編輯的非營利網站，卻向來能提供準確的資訊（不過，沃西基這番言論一出，維基百科則表示事先並未接獲任何通知）。

沃西基也提出她近來常在YouTube使用的一個詞──公司

Chapter 28　老鼠屎

過去的演算法偏好觀看時數、每日觀眾、觀影滿意度，現在又增添了第四個指標。她告訴編輯湯普森：「我們正在導入『責任』這個概念，只是還需要花點時間去釐清實務上的操作方法。」訪談結束時，有位YouTube員工暗自鬆了口氣：幸好湯普森沒在現場直接搜尋「流感疫苗」之類的關鍵字，否則就會直接搜出滿滿的陰謀論影片。另一位YouTube政策人員後來提到，沃西基不想限制這類影片，因為她有些朋友信奉另類健康概念，排斥疫苗。不過當全球爆發新冠疫情後，她的態度終究是變了。

無論如何，那次訪談收尾時，沃西基仍努力展現YouTube好的一面。她表示，YouTube已推出多項更新，清除那些濫用系統的老鼠屎。像帕克蘭事件那支登上發燒影片排行榜的片段，已因違反騷擾規範而遭到移除。隨著新的廣告過濾與管控機制上線，多數原本抵制YouTube的廣告客戶也重啟和YouTube的合作。

最關鍵的是，沃西基在那年冬季做出艱難的決策：終結YouTube在5年前啟動的「眾人皆可獲利」實驗。從此以後，不是所有人都能透過YouTube賺錢了。想要參與廣告分潤的話，頻道至少得達到1,000名訂閱者，以及4,000小時的影片總觀看時數。莫漢後來解釋，這些門檻是設置在廣告收益對創作者「多少具備一點實質意義」的段位。YouTube希望藉由分潤門檻，阻止過多不肖分子靠平台撈錢，也一併解決過去1年來層出不窮的負面公關事件。於是，YouTube原本付費給大約600萬

個頻道,瞬間縮減到與2萬個頻道支付分潤。

　　廣告商對這些新措施拍手叫好,YouTube也相信大部分高訂閱創作者能理解此舉的意義。但他們也明白,有些人斷然不買帳。可是眾人萬萬沒想到,新措施竟引起無比極端的反應。

Chapter 29

櫻樹大道901號
901 Cherry Avenue

YouTube總部盡可能融入市郊商業街,只見辦公室正面伸出兩道覆滿藤蔓的戶外樓梯,如雙翼般彎曲向外;南側樓梯上刻著YouTube的公司標誌,顏色近似大樓外牆的蛋殼白。這間辦公室座落在轉角,前方的四線道大馬路就是櫻樹大道,附近有家卡樂星漢堡店和停車場,以及橫跨大道的高架高速公路。停車場和YouTube入口走廊之間隔著小中庭,中庭裡擺了幾張椅子和鮮豔的紅色陽傘,YouTube的周五例會都是在此舉行。

2018年4月3日周二上午,員工和往常一樣乘坐公司接駁車到達辦公室,順著覆滿苔蘚的樓梯走上2樓,來到辦公座位區與紅色大型溜滑梯所在的空間。中午時分,大家走到中庭用餐,此時柯特・威爾姆斯(Kurt Wilms)正坐在2樓座位前。他已在YouTube工作7年,以科技業的標準來看,就等同在同一家公司待了數十年。他參與過YouTube的各項專案,如今負責「客廳裝置」部門,目標是讓使用者能在電玩主機、智慧型電視或其他設備上使用YouTube。他負責的YouTube區塊,是屬於

平凡人的YouTube：烹飪教學、體育精華、《周六夜現場》短劇，以及他個人最愛的西洋棋實況。這些都和人們常提到的斬首畫面、自殺森林或蜘蛛人艾莎等糟糕內容有著天壤之別，宛若不同的世界。威爾姆斯是個樂天派，常用科技業慣用的「學問」代指「教訓」，強調自己獲得的啟示與動力，例如：「我得到一個不錯的學問：我要試著輕鬆一點。」

任職YouTube期間，威爾姆斯與同事將辦公空間視為開放友善的大學校園，和Google及其他科技公司沒兩樣。員工常邀請親友前來參觀微型廚房，還有那些以爆紅影片命名的會議室。沃西基上任執行長後，YouTube在聖布魯諾總部的員工人數暴增至千人以上，但這種「校園」氣氛並未消失。過去威爾姆斯幾乎都能認出所有同事，如今卻常在心中納悶：這些人是誰啊？話說回來，人員增加也是好事，象徵了YouTube的成長。

2018年4月那個晴朗的周二，辦公室外傳來施工的轟響。接近下午1點時，威爾姆斯正埋頭寫電子郵件，忽然聽見突兀的聲響。

砰！

「那是什麼聲音啊？」旁邊的同事問道。

「喔，」威爾姆斯輕描淡寫地回應，繼續埋首螢幕。「大概是施工聲吧！」

砰！砰！砰！

威爾姆斯轉身和同事面面相覷。那不是施工聲，而是近距

離的槍響。威爾姆斯猛然起身,想也不想就大喊:「快跑!」

演算法悲劇

納森・納賈菲・阿格達姆(Nasim Najafi Aghdam)是個38歲的YouTuber,住在聖地牙哥市附近。對年輕的伊朗族群來說,她更為人熟知的名稱或許是「納森・薩布茲」(Nasime Sabz)或「綠納森」(Green Nasim)。她在伊朗及海外伊朗人社群中曾有些知名度,是個性怪異的網路人物,拍過波斯衛星電視節目,也在YouTube上製作了許多影片。

阿格達姆生於伊朗與土耳其交界一帶,時常以土耳其語、波斯語或英語製作影片,談及家人因小眾的巴哈伊信仰(Baha'i)而遭迫害的經歷。1996年,阿格達姆全家搬到加州後,她開始熱衷於捍衛動物權益。29歲那年,她跑到南加州的美國海軍陸戰隊基地「潘德頓營」,參加善待動物組織的抗議行動。該組織成員在營區外舉著「停止虐待動物」的標語抗議。身材瘦削、留著烏黑長髮、五官立體的阿格達姆,那天也穿了繪滿深紅水滴圖案的牛仔褲,手持塑膠劍,還在下巴畫了兩道血跡。「在我看來,動物權益就是人權。」她對記者說道。

善待動物組織的成員珍娜・杭特(Jena Hunt)是這場活動的發起人,她日後回憶道,當時不得不請阿格達姆離開現場:「她真可憐,精神看起來很不穩定。」

阿格達姆轉而投入網路世界，尋求支持和慰藉。她舉重健身，自稱「第一個波斯裔女性純素健美選手」，還創立了名為「和平之雷」的網站及非營利組織。2014年，她接受某個健康生活刊物採訪時表示，動保團體之所以無法有效傳遞訊息，原因在於「許多媒體甚至網路平台只關心自己的財務利益」。該刊物為她配了一張照片，畫面裡她擺出秀二頭肌的健美姿勢，身穿閃亮的螢光綠背心，上頭印著蝴蝶圖樣。

之後，阿格達姆開始在YouTube上宣揚自己的理念。她住在父母家中，位於洛杉磯邊緣的門尼菲市。一面深藍的牆、床鋪與身穿亮片服飾的人形模特兒成了她拍片的背景。她同時經營至少4個YouTube頻道，頻繁上傳各種奇奇怪怪的影片，包括健身教學、音樂惡搞，以及記錄動物被虐待的血腥片段。其中有支影片在伊朗網路圈小有名氣：片中，她穿著誇張的紫色禮服與低胸胸甲，樣式類似恐怖電影角色艾維拉（Elvira）的電影造型，一面搖晃跳舞一面脫下胸甲，這時螢幕上出現一行字：「別相信自己的眼睛。」她這種嚴肅又詭異的風格偶爾會遭觀眾嘲笑，也有人質疑她的精神狀態。後來，她在影片裡抱怨美國社會，認為任何試圖挑戰體制或大企業的人都會被「審查」，像在伊朗一樣受到言論禁制。「在那裡，人們是被斧頭殺死的，」她對鏡頭說道，「在這裡，則是被棉花捂死。」阿格達姆套用伊朗的俗諺，形容表面溫和卻暗中致命的威脅。

約從2017年開始，阿格達姆將矛頭指向YouTube。她在某支影片裡說道：「他們在過濾我的頻道，而且不只有我被針

對。」她在個人網站寫下自己被企業打壓的歷程，並表示這是對她大聲反對肉品業的報復。她貼出三張YouTube後台的截圖，顯示影片觀看時數、瀏覽次數與訂閱都在下跌，其中有張圖顯示她擁有307,658分鐘的觀看時數與366,591次觀看，但根據YouTube後台，「您的預估收益」竟只有「0.1美元」。這行字被她用紅色筆刷圈起。她在自己的網站上用醒目的文字控訴：「YouTube上不存在所謂公平成長的機會。他們想要你成長，你的頻道才能長起來！！！！！」

阿格達姆搬到聖地牙哥附近與祖母同住。2018年1月2日，她在聖地牙哥名為「槍場」的槍械行買了一把史密斯威森9毫米手槍，兩周後去取槍時，正好碰上YouTube宣布廣告政策改變的那天。她坐上車，一路往北開。

4月2日周一，阿格達姆在午餐時間走進櫻樹大道901號，也就是YouTube總部。她到前檯詢問是否有職缺，待了不到10分鐘就逕自離開。

當天晚上，警方在離此48公里的山景城（Google總部所在地）街頭，發現待在白色轎車裡的阿格達姆。她身穿淺色連帽上衣，帽子整個罩住頭，駕駛座旁還放了卷衛生紙。

「妳有在服用任何藥物嗎？」女警問道。

「沒有。」阿格達姆回答。

「妳不會想傷害自己吧？」女警試著探問。阿格達姆低頭滑手機，聽警員這麼問，她抬頭搖了搖頭。警員接著問道：「那，妳也沒想傷害別人吧？」這回阿格達姆瞥了手機一眼，

輕輕點了點頭。警察離開後，打電話通知她的家人。

阿格達姆的兄弟事後對記者表示，他接到警方的電話，在Google上查了姊姊所在的位置後，腦中警鈴大作。他回憶起：「她總是在抱怨YouTube毀了自己的生活。」並表示自己曾回電，告訴警方她可能會做出什麼事情。山景城警方否認此事。

那天上午，阿格達姆先去附近的靶場練槍，中午過後又回到YouTube辦公室，將車停在旁邊的停車場。有名員工在入口攔住她，要求她出示證件時，阿格達姆從包裡掏出手槍，嚇得那名員工立刻轉身逃跑並報警。阿格達姆則一路走向中庭。

YouTube專案經理黛安娜・安斯畢格（Dianna Arnspiger）見到這名留著深色長髮的陌生女子舉槍掃射，不假思索地大喊：「有槍手！」附近路人後來接受電視採訪時回憶道：「天啊，她完全沒停手。真的是毫不留情。」辦公室裡，有位YouTube主管探頭朝樓下望去，發現地板上有斑斑血跡。

此時，威爾姆斯已經衝到座位旁的那扇門前，飛奔下樓，眼前視界不斷限縮到只剩正前方的事物。他突然停下腳步，低頭看去，平時午餐時段總是人來人往的大廳，此刻竟空無一人。一回頭他才發現，一大群同事跟在他身後一起慌張逃命。眾人於是又折返上樓，衝進一間會議室，搬桌子頂住門，然後屏息等著。威爾姆斯深深呼吸，惴惴不安地等著槍手硬闖進來。

沒等槍手闖入，警方就先找到躲在會議室的職員們，領著高舉雙手的一行人走出辦公室。至於其他同事，有人跑到附近

的購物中心躲避,也有人翻過柵欄逃向高速公路。三名YouTube員工中彈受傷,被送往舊金山的醫院,情況分別為中度、嚴重和危急(後來三人都脫險了)。阿格達姆一共開了20槍,包括奪走自己性命的那一槍。

事發當下,沃西基正在2樓開會,她匆匆套了件別人的黑色大衣,在員工和蜂擁而至的記者簇擁下走出辦公室。她隨後在Twitter上發文:「我們會像家人一樣彼此支持、一起療傷。」警方在第一通報警電話的3分鐘內便趕到現場,接著媒體、直升機與聯邦調查局人員也陸續抵達。聖布魯諾警察局長艾德・巴貝里尼(Ed Barberini)在附近停車場倉促地舉行記者會,表示:「各位可以想見,當時的場面非常混亂。」

在阿格達姆的身分與事件來龍去脈尚未公開的幾個小時內,各種流言與揣測滿天飛。等到真相曝光,批評者又將她的悲劇當作YouTube「演算法善變且不可靠」的警世案例。不過,阿格達姆的經歷其實根本是則美國式的悲劇:精神醫療照護不足,再加上槍枝容易取得,才釀成這齣悲劇。就在她買下那把手槍的3個月前,那間槍械行還推出「聖誕節12把槍」的促銷活動。賣槍給阿格達姆的店員事後也表示,這筆交易在當時看來並無任何異常之處。

Chapter 30

沸騰大海
Boil the Ocean

槍擊案的隔天，周三，沃西基召開感性的全員大會，宣布辦公室保全等級將立即升級。會後有同事告訴威爾姆斯，YouTube應該拋開「自由奔放的科技園區」這樣的幻想，轉而學學電視網與報社，為應對單獨犯案的攻擊做好準備：「我們該把自己當作大型媒體公司看待。本質上，我們就是媒體公司啊！」

Google向來關注高層領袖的安全。在巴西辦公室，曾設置祕密後門，以防哪支影片或內部決策激怒當地群眾或官員。槍擊案發生數日後，多名工人來到YouTube辦公室，替沃西基的辦公室加裝防彈牆，只有刷了公司證件的員工才能進入她的辦公室。她擴編了貼身保全團隊，還從德州專聘前海軍陸戰隊成員的保全公司徵了幾個新保全人員，甚至在她住家外也設了崗哨。某個科技研討會原本邀請沃西基演講，如今主辦方不增派武裝警衛，她就不打算出席。沃西基的保全團隊若要了解外界對她的威脅，只需上她的網站看一眼就能明白。許多惱怒的YouTuber與鍵盤俠都把怨氣投射到這位猶太女性執行長身上，

並時常用針對猶太人與女人的刻板攻擊言論。事發1年後，專拍粗俗反伊斯蘭影片的14歲YouTuber，更在鏡頭前直接對沃西基發出死亡威脅。

槍擊案讓所有YouTube員工深刻感受到自身責任的分量——他們所掌管的平台，曾提供數百萬人營利機會與幾乎毫無拘束的舞台，如今卻迅速收回不少權利，自然可能引發眾怒。就在槍擊案發生前1個月，YouTube總監珍妮・歐康納（Jennie O'Connor）剛被調往新成立的部門，負責處理平台上的問題與威脅。事發當天，她因病請假，在家中聽聞槍擊案發的消息。她回憶道：「這件事讓我們深刻意識到每項決策的重要性。我們必須謹慎拿捏『讓YouTube安全』與『避免過度管制』之間的平衡，如果拿捏不當，恐怕會招來現實層面上的災禍。」

沃西基尤其擔心的是，如何進一步限制創作者。事發後那幾天，Google執行長皮查伊和共同創辦人布林親自到訪YouTube辦公室，與少數高層主管開會。身為Google執行長的皮查伊，平時一向避免過度干涉YouTube。據同事推測，這有一部分是因為沃西基與Google創辦人之間的私交。在Google眾多部門主管中，似乎只有YouTube執行長能與皮查伊平起平坐。會議上，皮查伊提議，若再多增幾道廣告防護機制，廣告商就能與避免和容易引發爭議的YouTuber有所交集了。但沃西基直截了當地回道：「我們已經做得夠多了。」此事便就此擱下。

然而，槍擊案確實讓沃西基的其中一項計畫冷了下來。YouTube多年來一直準備「沸騰大海」計畫，想透過「魔球專案」重新打造分潤模式。此計畫有一部分是為了支援那些令廣告商卻步，卻具備社會價值的影片，諸如性教育或自殺防範等題材的作品。按照該計畫，YouTube將不再依據單支影片的廣告播放次數付錢，而是把所有廣告收入集中到一個大池，再依照影片的「互動指標」（按讚數、留言數和觀看時數）來分配收益。這樣做相對更公平，也更易於長久維持下去。

　　YouTube曾向少數創作者透露這份雄心勃勃的計畫，3月時沃西基還在公司內部簡報此事，並叮囑職員：「千萬別外傳。」

　　結果，計畫雖然沒被洩漏，最終還是沒能落地生根。政界與社會輿論向來譴責社群平台過度著重「互動率」，忽視內容的正確性與理性討論等等，YouTube也遭受同樣的抨擊。3月時，社會學家潔妮普·圖費基（Zeynep Tufekci）在《紐約時報》上發表專欄文章〈YouTube，極端思想的催化器〉，文中寫道：「我們所見到的，是演算法對人類天生『想看幕後祕辛、深掘自己感興趣主題』這種好奇心的利用。」雖然皮查伊先前點頭同意推行「魔球計畫」，後來還是憂心此舉會再度引來「互動至上」的爭議，因此選擇罷手。根據一些職員的估算，若採用新模式，羅根·保羅等誇張的明星頻道從中得到的收益，恐怕會高於絕大多數的新聞頻道。

　　而後，辦公室爆發了槍擊案——平台大改動，致使一位創

作者感到憤恨且訴諸暴力——更是徹底終結了「沸騰大海」計畫的所有討論。

把頭埋進沙裡

那一年，YouTube和母公司還受到另一股力量的震撼。撻伐YouTube的人並不只有專欄作家和政客，就連YouTube內部的員工也加入批評行列。

產假結束後回到公司的斯泰普頓，彷彿回到截然不同的YouTube。公司內，人們突然間變得如履薄冰，處處自我設限。她無法確定轉折的確切時刻，也許是2月黑人歷史月的情人節、槍擊案發生前，她的團隊替YouTube官方帳號發了一條推文：

> 玫瑰是紅的
> 紫羅蘭是藍的
> 訂閱黑人創作者

這是一首既可愛又懂Twitter操作的俏皮小詩，也符合公司口口聲聲要展現的價值觀。斯泰普頓的團隊一直聽到上層指示：**我們需要站出來，彰顯我們的立場與價值觀**。去年夏季，服裝品牌巴塔哥尼亞（Patagonia）推出大型電視廣告，呼籲維護公共土地（同時明顯批判川普），YouTube行銷主管把相關

報導轉寄給所有人,附註「我愛死這個了」。斯泰普頓得知,這是高層傳下來的指令:「沃西基希望對外發聲。」斯泰普頓的團隊準備了計畫書,建議沃西基把「性別平等」當作核心理念之一。那份2018年撰寫的文件寫道:「作為全球科技公司的女性執行長,我們隨時準備領先開啟這個議題。」除此之外,團隊也倡議公司在心理健康、移民、LGBTQ、種族正義等議題上表態。他們知道演算法容易讓有色人種創作者不受重視,也經常討論改善此狀況的方法。YouTube常在移地團隊活動中,邀請講者來談系統性種族主義等議題。在這種風氣下,那首Twitter詩融入黑人歷史月行銷計畫,顯得再合適不過。

然而,這條推文果然引來意料之內的回應。有位頭像為白人男性的網友這麼回覆:「我會支持所有創作者。」另一條熱門留言只寫了句「才不要」。對此,公司感到不滿。高層主管巴丁經常安撫因YouTube改制而受創的創作者,此時他也提出疑慮:「我們為什麼要自己蹚這渾水?」自此之後,斯泰普頓的上司只能逐條審核官方推文。行銷部門另一位同事回憶道,有次YouTube打算發一則關於跨性別創作者的推文,居然動用了30名員工反覆討論才定稿。

為了國際婦女節,YouTube委託廣告代理商製作主打美國中部族群的宣傳片,然而成片後又惹來一片批評。「這太容易引起兩極化反義了。」斯泰普頓的上司們下了結論。在斯泰普頓看來,公司不僅沒有大膽地「對外發聲」,反而把頭埋進沙裡。「我們越來越失望,也不知道YouTube到底象徵了什

麼。」她回憶道。

川普任美國總統2年過後,關於性別、種族、價值觀、言論和權力的對話快速升溫。溫斯坦種種駭人的性侵行為被揭發後,在好萊塢及整個文化界引起對擁權男性的全面清算,其他媒體大亨也相繼倒台。斯泰普頓和同僚以「網路人的速度」,分分秒秒關注著這些發展。對自詡要打破傳統門檻的YouTube而言,「#MeToo」運動(編按:溫斯坦性侵案後在社交平台上廣泛傳播的主題標籤,用於譴責性侵犯與性騷擾行為,數百萬人使用這個標籤來公開自己不愉快的經歷,包含許多知名人士)似乎是種救贖:原來有些文化產業的守門人確實手握生殺大權、把女性職涯當成籌碼。不過,Google已不太想拋頭露面,更不想表態。左翼人士提出批評的同時,右翼也怒斥Google雇員過於偏左,導致右派聲音與影片被打壓。

目前為止,Google都成功避開令它最為憂慮的問題:來自政壇的威脅。Google雖然在歐洲仍面臨監管難題,但在美國本土,儘管它明顯壟斷線上廣告、地圖、電子郵件、瀏覽器、影音與資訊等市場,也幾乎沒人動它。

Google是怎麼躲過政治炮火的呢?一來,公司2017年花了高達1,700萬美元多次在華府進行遊說,比其他任何企業都來得多。另一種說法,則來自某位Googler說的老笑話:有兩名登山客遇到熊,一人開始狂奔,另一人卻蹲下繫緊鞋帶。前者不解地問:你在幹什麼?後者回道:**我不需要跑贏熊,只要跑贏你就好**。對Google而言,同行的登山客就是Facebook,而

Facebook表現得特別笨拙，正好替Google擋了不少炮火。

到了2017年年底，國會、媒體與特別檢察官都在拚命挖掘各個社群平台，找尋俄羅斯干預選舉的跡象。Facebook看來最難脫身。它先是不願配合，最後才承認有超過10萬美元的政治廣告來自俄羅斯，廣告觸及1.26億名使用者，輕易將陰謀論傳播了出去。相較之下，Google來自俄羅斯的廣告收入，據稱只有5.8萬美元。

不過，YouTube還是遇上「俄羅斯問題」。俄羅斯國家電視台「今日俄羅斯」（Russia Today，後更名為RT電視台）在YouTube上有著不小的規模，擁有逾200萬訂閱，與CNN只差一小步。這些都是人人能看到的公開數據，但只有Google銷售部門的人才知道，RT電視台同時也是YouTube上的廣告大客戶，花了大筆金錢在不同頻道與市場推廣自家影片。YouTube歐洲團隊曾私下與RT主管會面，試圖維繫這段關係。眼見俄羅斯收緊網路審查，Google擔心該國會跟中國一樣，把Google趕出境。

「我們可不能失去俄羅斯市場。」前銷售主管回憶道。

2013年，YouTube商務長金奇爾曾赴俄羅斯進行親善之旅，爭取和當地電視台合作。他甚至上RT電視台節目，慶祝該頻道的YouTube觀看次數達到10億次，並稱讚RT「真實」且沒有推動「特定目的或宣傳內容」。然而，美國政界並不買帳。川普當選後，聯邦政府逼迫RT登記為「外國代理人」（編按：Foreign Agent，美國法律規定，為外國或政黨行事或與

其有利益往來的個人，都必須註冊為外國代理人）。維吉尼亞州民主黨參議員馬克・華納（Mark Warner）批評YouTube是RT「最倚賴的平台」，且是「目標密集的環境，是假訊息宣傳行動的溫床」。

在外界輿論壓力下，YouTube將RT電視台從最高層級分潤名單中移除，並在所有國家資助的媒體頻道上加註標示。然而，就在外界對YouTube的質疑聲浪越演越烈之際，Facebook再次跌了一跤。沃西基在德州因陰謀論話題被記者質問的4天後，Facebook爆發劍橋分析醜聞：一間顧問公司擅自抓取Facebook數據，替川普陣營建立心理分析檔案。公眾的怒火與目光再度轉向社群網路巨頭Facebook，Google則選擇保持低調。

這或許反映了Google領導人的性格。執行長皮查伊溫和沉穩，偏好在衝突中尋求共識。在Google員工看來，這是優柔寡斷的表現。有位前高層就認為，皮查伊之所以將YouTube的「魔球計畫」中途喊停，就是因為他過度謹慎、亦步亦趨。話雖如此，皮查伊倒也成功避開Facebook那般的大型醜聞……直到2018年夏季。

皮查伊接掌Google後，確立公司未來的2大主軸：透過雲端運算販售企業軟體，以及開發「下個10億用戶」，也就是新興市場的網路消費者。Google與五角大廈簽訂合約，為無人機提供電腦視覺技術，也意圖開拓更多政府雲端生意。結果，內部抗議幾周過後，Google在6月宣布不再續約。接著在那個夏

季,員工又發現「下個10億用戶」計畫的驚人內容:Google正著手開發一款專供中國大陸使用的搜尋引擎,而且該搜尋服務附帶審查功能。這兩件事都激怒了不少Google員工,他們認為這已背離公司原本的價值,並對此提出異議。

Google不僅激怒了自家員工,還惹毛了華府的國會議員與軍方官員。這些人認為Google先是退出與五角大廈的合約,接著又跑去和中國攜手合作,簡直是對自己國家的褻瀆。Google與中國合作的議題,因此成了各方勢力操弄的政治籌碼。

川普迅速抓住Google在五角大廈的爭議,並附和了一些毫無根據的指控,稱公司操控資訊、打壓保守派。「他們最好小心點,」總統在8月警告,「他們不能這樣對待人民。」川普陣營也指控矽谷多個平台濫用《通信規範法》第230條賦予的保護——該法豁免使用者供應內容網站的法律責任。德州共和黨籍參議員泰德・克魯茲(Ted Cruz)在聽證會上指責祖克柏未依照該法的規定,把Facebook經營成「中立的公共論壇」。雖然沒有規定網站須是中立平台,但這種誇張的恫嚇依然奏效。Google政策團隊接獲指示,只要牽涉到第230條或可能使Google看來像「出版商」角色的事物,都必須格外謹慎處理。

YouTube又復甦到維亞康姆訴訟時期的高度戒備。負責替廣告商「清理」影片的工程師自主在平台上搜尋值得擔憂的影片,結果遭YouTube法務部門阻止。另一位YouTube業務員原本想親手挑選歸納為優質推薦清單的影片(他記得這是因為系統演算法只會選出「惡作劇和把妹達人的影片」),也被告知這

會削弱公司在法律上的正當性。還有位資深高階主管曾製作電子表格，列出許多令他憂心的影片，其中包括數十支被他形容為「極度種族歧視」的影片，可是最後他也收到警告：YouTube不該主動去搜尋這些東西。總部發生槍擊案後，另一名員工嘗試統計YouTube留言區出現槍擊威脅的頻率，結果也被阻止了。在公開場合，YouTube高層盡量淡化自家在政治領域所扮演的角色。

也幸好川普熱愛使用Twitter，在YouTube上沒有特別活躍，問題反而是在川普最激進的支持者經常出沒YouTube。學者貝卡・路易士（Becca Lewis）注意到，2016年大選前，電視新聞竟播出質疑希拉蕊健康狀況的可疑影片，於是開始追蹤YouTube右派陣營的動向。她追蹤了自2017年起長達15個月的影片，結果發現羅根・保羅等主流YouTuber，會讓更邊緣的人物在自己的頻道上亮相（保羅邀請了加拿大「大師」莫利紐克斯連續客座好幾場對談，每次對談都是3小時左右；莫利紐克斯則同樣邀請打扮文青風且把白人民族主義重新包裝成「身分認同主義」的奧地利YouTuber上自己的頻道）。路易士認為，右翼YouTuber之所以蓬勃發展，正是因為他們的運作模式與主流YouTuber相差無幾。她寫道：「YouTube的整套機制，本來就會激勵這些政治網紅的行為。」

許多邊緣YouTuber都懂得有效運用搜尋引擎的小技巧。早在2015年，男權YouTuber謝拉特便注意到，在移民或「西方文明」相關的10支影片裡，就有1支會使用「白人滅絕」（White

Genocide）或「大取代」（Great Replacement）之類的標籤。一旦用戶點進這類影片，系統就會推薦更多同類內容。

　　YouTube高層長期為「邊緣或危險內容」與「一般帶有爭議的政治影片」之間的差異掙扎不已。伊斯蘭國顯然算是老鼠屎，而右派「震撼電台主持人」YouTuber卻不一定被視作違規者。何況單從數據來看，這兩者整體觀看量都不算特別高。沃西基對《衛報》表示：「我們得記得，新聞或時事評論在整個YouTube上只占極小的觀看比例。」

🔔

　　雖然新聞與評論節目的觀眾在YouTube上占比較小，有些評論者還是能在線上名聲大噪，繼而到各地演講賺錢。

　　2018年夏季，莫利紐克斯和年輕的加拿大YouTuber蘿倫・薩瑟恩（Lauren Southern）搭檔，展開巡迴活動。薩瑟恩是知名的另類右翼人士，以排斥多元文化聞名，經常以她所謂「荒誕」的手法挑釁女性主義者。川普陣營曾發媒體通行證給她。有位記者於7月拜訪她在多倫多的住處，看見她家牆上幾乎空無一物，只掛著YouTube寄來的「10萬訂閱創作者獎」獎牌。那個月，薩瑟恩與莫利紐克斯在雪梨某座禮堂發表演說，現場人滿為患。澳洲地方政府近期提議與當地原住民族締結條約，引起全國熱議。據稱，當時擁有約80萬YouTube訂閱者的莫利紐克斯在演講中告訴觀眾，沒必要簽這些條約，因為澳洲原住民族本就處於「文明的最底層」。

Chapter 30　沸騰大海

> ▶ 「完整訪談：蘿倫・薩瑟恩與史蒂芬・莫利紐克斯。」
> （Full interview: Lauren Southern and Stefan Molyneux.）
> Newshub，2018年8月3日。13:46。
>
> 「紐西蘭向來被視為文化大熔爐，」主持人派崔克・高爾（Patrick Gower）起了頭，接著問兩位來賓：他們主張多元文化是「弱點」，那麼這個國家究竟該如何面對他們這番言論呢？薩瑟恩反問道：如果它「抵觸了創造出全世界最美西方文明的一切」，這個大熔爐真有那麼美好嗎？高爾聞言一愣，停頓了好幾秒，這才轉向莫利紐克斯，問對方是否認為某些種族在基因上弱於另一些種族。「我從沒這麼說過。」莫利紐克斯回應道，他最擅長在辯論場合發揮了。「在社會科學裡，最被廣泛採用的量尺是IQ。」這位YouTuber說道，不過話說到一半，高爾打斷他，並把莫利紐克斯的說詞稱作「情緒宣洩」。高爾解釋道：「我得考慮觀眾的感受。」莫利紐克斯答道：「喔，相信我，觀眾對我們所說的一切都很感興趣。」

　　8月，他們抵達紐西蘭奧克蘭市，原先預計在知名的音樂廳舉辦演講，卻被主辦方臨時取消。此事正好呼應他們「力抗審查、捍衛言論自由」的強硬姿態，因此他們接受當地電視台紐西蘭新聞網（Newshub）的採訪，對這段風波下了評論。

　　當該電視台將訪談影片上傳到YouTube後，教人「學習進階社交技巧、滿足個人訴求」的YouTuber，也釋出自己對這段訪談的評論影片，標題是〈毫不留情！史蒂芬・莫利紐克斯和蘿倫・薩瑟恩嗆爆派崔克・高爾（肢體語言解析）〉。這支評論影片的觀看次數很快就逼近原訪談影片的2倍。

政治偏見的指控

隨著一年接近尾聲，Google終究得面對政治議題。

2018年12月，皮查伊終於出現在國會山莊。國會早在9月就邀請他針對選舉干預、隱私及其他矽谷引發疑慮的問題進行聽證，但當時皮查伊與佩吉都拒絕邀請。國會議員於是將一塊空白的Google名牌擺在Facebook和Twitter出席作證的高層之間。Google的「缺席」風波，甚至引發比出席更大的政治傷害。因此在飽受批評後，Google終於派皮查伊赴國會經歷3小時的訊問。

皮查伊身穿深藍西裝，直挺挺地坐在聽證桌前，雙手指尖相靠、手肘抵著桌面，即使議員一再念錯他的名字，他也未曾糾正。幾排座位外，打扮成「大富翁先生」的抗議人士靜靜坐著。面對俄羅斯干預選舉的相關問題，皮查伊回答道：「整體而言，我們並不算是社群網路公司。」他甚至試圖拿Google+的挫敗開玩笑。問題是，坐在皮查伊後方的Google主管們都很清楚：YouTube由用戶供應內容、規範鬆散且規模龐大，其實就是典型的社群網路。國會能用來質問Facebook與Twitter的那些問題——包括伊斯蘭國線上招募、俄羅斯宣傳和陰謀論，都同樣存在於YouTube。而且YouTube和Facebook與Twitter一樣，審查模式都容易引來「政治偏見」的指控。

有一部分的Google政治公關員工私下抱怨，以Google整體規模而言，YouTube帶來的麻煩已經大得不成比例。Google最

核心的搜尋廣告營收，主要依賴用戶的關鍵字搜索與地理位置，並未深度使用瀏覽紀錄等可能涉及隱私顧慮的追蹤技術；YouTube的商業模式卻恰恰相反。在某次公司內部的遠端會議上，Google政策部門的員工甚至提出，或許可以把YouTube從Google拆分出去。熟悉內部討論的人表示，公司確實認真考慮過這點，但也有其他人認為這只是被過分誇大的閒談罷了。

在國會山莊，無人向皮查伊問起YouTube和Google分家的事。國會議員和許多老一輩的美國人一樣，其實不太熟悉YouTube，更不會用它來看新聞（在華府辦事的Google員工提到，當沃西基來訪時，公司得費盡苦心才能讓外人提起興趣，因為首都其實沒幾個政壇大人物知道她是誰）。

話雖如此，馬里蘭州民主黨眾議員傑米‧拉斯金（Jamie Raskin），倒是提出了意料之外的變化題：「你知道『Frazzledrip』是什麼嗎？」

皮查伊多少聽說過這東西。他解釋道，幕僚當天特地向他簡報這個名詞。拉斯金接著打開前一天的《華盛頓郵報》念道：「YouTube最近推薦了一些影片，內容指控政治人物、名人及其他社會菁英不但性侵虐童，甚至還會食用孩童屍體，其中大部分是在撒旦儀式中進行。」拉斯金抬頭看向皮查伊。某些影片謠稱希拉蕊與她的貼身幕僚曾虐待一名幼女，並喝下她的血液——這就是Frazzledrip，是「披薩門」陰謀論的怪誕延伸版本（譯註：Pizzagate，披薩門陰謀論是2016年美國總統大選期間廣泛傳播的陰謀論，聲稱希拉蕊的競選團隊高官與華府一家名

為彗星乒乓〔Comet Ping Pong〕的披薩店勾結，涉嫌人口販賣與兒童色情活動）。一段時間過後，「披薩門」演化成邪教般的陰謀論與社會運動「匿名者Q」（譯註：QAnon，一種極右翼陰謀論，2017年10月起源於4chan論壇，由署名為Q的匿名使用者發布。該陰謀論指稱美國政府內部存在反對前總統川普及其支持者的「深層政府」，這個集團也參與了虐童等惡行）──「針對這種東西，你們公司有什麼政策？」拉斯金追問道。

當時，YouTube正在大規模調整推薦引擎，試圖把各種陰謀論影片與其他被認定「有害」的內容埋進懲罰箱，不再主動推薦。不過此措施尚未上線，皮查伊也沒多談。「我們正在努力做得更多。」他回答道。

拉斯金議員進一步問道：「所以，你們的基本立場是，反正這些內容就是會像雪崩一樣湧進來，你們無可奈何？」

「面對這些棘手的議題，我們也在想辦法解決。」皮查伊含蓄地說道，然後同樣婉轉地否定了「無可奈何」的說法。「我認為，我們有責任確保YouTube成為言論自由的平台，但同時也要負起社會責任、為社會帶來正面影響。」

說來神奇，斯泰普頓的品牌行銷團隊竟能和Frazzledrip與YouTube上光怪陸離的邊緣內容（以及大部分政治議題）保持距離。2017年，川普白宮曾邀請幾位YouTuber前往底特律推廣某項程式設計專案，但YouTube竟找不到願意參加的人。有同

事曾告訴斯泰普頓，保守派的震撼電台主持人在YouTube上可是生財怪物，個性更嗆辣的Google員工乾脆把YouTube稱作「納粹版CNN」。在斯泰普頓看來，這些震撼電台型的創作者，不過是YouTube浩瀚海洋裡隨渦流游動的一小部分。「整個平台上花樣太多了，整體感覺就像是個有毒的汙水池。」她回憶道。

那年春季，她倒是親眼目睹了另一場危機。6月正值LGBTQ「同志驕傲月」慶典前夕（YouTube是活動企業贊助商之一），竟有同志創作者再度抱怨自己的影片被設定為「限制模式」、被撤銷廣告收益。更要命的是，這位創作者的其他影片雖能投放廣告，卻出現同志矯正療法團體的廣告。葛林直斥這些廣告「卑劣、噁心、令人作嘔」。YouTube道歉，並解釋這些廣告本身雖不違反政策，但創作者可以在自己的頻道上自行阻擋特定類型的廣告（只是，許多創作者並不清楚該如何操作）。

事後，斯泰普頓讀到令她移不開目光的分析文件，這份YouTube政策團隊解析該事件的文件提出結論：當系統以自動化方式篩選長尾的大量影片與廣告時，這類危機勢必還會不斷發生。若要破解這道戈耳狄俄斯之結（編按：Gordian Knot，戈耳狄俄斯為防止他人偷走能夠帶來好運的牛車，便打下無人能解的結牢牢捆住。亞歷山大大帝見到這個繩結，竟然拿出寶劍將其劈成兩半，解開這個死結。後常用來形容使用非常規方法解決不可解決的問題）般的難題，YouTube就得選邊站——它可以修

改規則來安撫同志創作者等群體，也可以乾脆全部放手不管。無論如何，YouTube是不可能面面俱到的。套句斯泰普頓的話：平台不可能同時成為「自由派偶像、變裝皇后粉絲、#同志驕傲支持者，以及自由意志派的企業家彼得‧提爾（Peter Thiel）樂園」。

但很多時候，公司還是以左右逢源為目標，畢竟Google和矽谷向來標榜「應有盡有」。同志驕傲月的風波過後，斯泰普頓仍為這份矛盾耿耿於懷。

接著，她得知公司還真的選邊站過，這下讓她坐不住了。

10月25日周四，斯泰普頓下班離開YouTube的雀爾喜辦公室，回到布魯克林的公寓。她先哄孩子入睡，再倒了杯紅酒，打開筆電。她點開公司內部的媽媽群組郵件列表，看到當天《紐約時報》對Google的最新報導連結，於是點了進去。

> Google在2014年10月為安卓行動軟體創辦人安迪‧魯賓舉辦了風光的歡送儀式……但Google未曾公開的是，曾有員工指控魯賓在性方面的不當行為。

《紐約時報》報導指出，有名女性指控在Google掌權多年的魯賓在飯店房間裡強迫她口交。保全部門還發現他工作電腦中存有捆綁性愛影片，記者更找出他寄給某女子的郵件，信中寫道：「被我擁有，就好像妳是我的財產，我可以把妳借給別人。」最終，報導提到：「Google本可以解雇魯賓先生，甚至

不用付資遣費,最後卻給他9,000萬美元的離職金。」(魯賓否認強迫女員工發生性行為,並表示那是前妻在離婚官司中對他的「抹黑攻勢」。)

　　斯泰普頓看完文章,立刻去翻公司內部的討論串。皮查伊透過郵件道歉,稱那篇報導「讀起來令人不舒服」,並首次向員工透露驚人的事實:Google在過去2年內,因性騷擾問題解雇了48名員工。《紐約時報》報導也提到,佩吉與Google董事會都同意魯賓的9,000萬美元離職金。公司裡有人為此辯護,說這是標準離職方案,為了防止高層跳槽至競爭對手那裡。時任Google人力資源主管的博克後來則表示,他曾建議佩吉直接趕走魯賓,什麼也別給他。

　　《紐約時報》新聞刊出當晚的7點58分,斯泰普頓在媽媽群組郵件列表裡打了篇留言。她寫道:「Google的女性員工(和支持她們的同僚)現在真的是滿腔怒火,不曉得我們能不能藉此推動某些真實的改變?」她問道:是否要寫公開信?發起罷工?離崗抗議?隔天,公司職員依舊氣憤難平。那天下午,斯泰普頓遵循公司教他們的危機應對方式,開了名為「女性抗議」的新郵件列表,邀請同事們加入。到了周六,她起床時,名單裡已湧入200多人。

　　接下來的進展迅速。Google員工提出一系列管理階層該回應的訴求,另有人負責彙整各方湧入的意見。也有男性同事加入郵件名單,斯泰普頓便進一步擴大抗議範圍。一些曾發動反五角大廈與中國專案抗議行動的人,也陸續加入斯泰普頓的群

體,他們之中有人指責Google對川普過於友善或軟弱,也有人對YouTube外包管理員待遇過低表示不滿。所有員工都看到「#MeToo」的清算風潮接連席捲各行各業,並透過社群媒體快速升溫,如今這股風終於吹到科技業。

斯泰普頓與5位同事組成臨時小組,決定11月1日周四舉行集體離崗抗議。他們透過加密訊息應用程式互相聯絡,卻也用了Google文件與行事曆等自家工具(斯泰普頓本想把這場抗議稱為「#MeGoo」,但被大家否決了)。人資部門和公關人員也加入斯泰普頓的郵件列表,但眾人不覺得有什麼不妥,畢竟Google歷來鼓勵員工暢所欲言。

周一,斯泰普頓穿著「未來屬於女性」的T恤去上班,她後來回憶道,「那像是成了聖女貞德的感覺」。這時,名單已突破1,000人。她又寫信問大家:「你們為什麼要參加抗議?」結果,關於性別歧視、種族歧視和騷擾的無數血淚經歷如潮水般湧來。斯泰普頓日後寫道:「這就是失望與幻滅積累的見證。」

周二,皮查伊發給全公司一封信,表示自己先前的道歉「還不夠」,相當於正式表態支持周四的離崗抗議。斯泰普頓心想:打不過,那就加入吧。

周四一早,Google經理兼離崗行動發起人艾瑞卡・安德森(Erica Anderson)帶著女友YouTube美妝達人尼爾遜準備的蘋果酒甜甜圈,出門去上班。尼爾遜一直都在關注Google的內部動向,認為這和YouTube平台上的狀況如出一轍。她注意到,

LGBTQ與倡導正面性教育的創作者總是很難維持收益與觀眾群，反觀那些惡意霸凌或製造事端的人，卻能迅速爬上排行榜。「真正造成傷害的人不僅扶搖直上，還能賺進幾百萬美元。未免太離譜了吧。」她回憶道。

剛過上午11點，身披綠色軍裝外套的斯泰普頓就帶領超過3,000名同事走出辦公室，前往哈德遜河邊的小公園集合，並透過擴音器向眾人發表演說。倫敦、新加坡、蘇黎世等地的員工，也在同時走出各自的辦公室。在Google總部，抗議者聽著某位女工程師敘述她在公司活動中被同事下藥的經歷，眾人不禁落淚。Googler舉著標語，上面寫著「**是時候了，科技界**」與「**不作惡**」等字樣。全世界50座城市裡，有超過2萬名員工發起抗議，堪稱史上極具代表性的白領勞工抗議行動，更是川普時代一次巨大的情緒宣洩，眾人的怒火足以沸騰大海。這波科技人的反叛登上全國新聞，彷彿連公司都以此為榮。Google財務長露絲・波拉特（Ruth Porat）甚至形容這場行動是「Googler在做Googler最擅長的事」。

然而，斯泰普頓很快就發現，這場好景不過撐了2個月左右。Google最高層與這些抗議「造反者」，就像YouTube上的文化戰士與言詞激烈的人士，一直沒能有效溝通。

Chapter 31

主人的工具
The Master's Tools

從Google員工的離崗抗議可以看出,許多Googler對公司原先深信不疑的忠誠開始鬆動了。而在YouTube平台上,人們也開始對YouTube產生疑慮。

那些在YouTube早期就進駐並維繫平台的人,曾把YouTube視為共同努力、共同經營的社群,並抱持著深深的信念。隨著平台擴張和分裂,擁護YouTube的創作者與粉絲們卻逐漸失去這份信任。到了現在,許多人對這個機構完全放棄希望——在川普時代,這種消極心態像種病毒到處蔓延,人們正愁找不到發洩怒火的管道。

而這一切的爆發點,居然是演員威爾・史密斯(Will Smith)。

> 「YouTube Rewind 2018：大家都能控制年度回顧。」
> （YouTube Rewind 2018: Everyone Controls Rewind.）
> YouTube，2018年12月6日。8:13。
>
> YouTube一年一度的回顧影片，由這位曾經的新鮮王子（編按：The Fresh Prince，威爾・史密斯於1990年代走紅的電視劇角色。）開場。以往，創作者和粉絲都會詳盡解析這支影片，觀察裡頭有哪些名人、趨勢及爆紅現象。許多影像一閃而過：多位YouTuber跑出來慶祝K-pop、電玩遊戲《要塞英雄》（Fortnite）、ASMR、〈鯊魚寶寶〉、慈善活動、變裝表演，以及「所有在2018年勇敢發聲的女性」。

若是在YouTube圈外人看來，這部影片似乎人畜無害。

但事實不然。在經歷了2年的經濟動盪與急遽變革後，YouTube社群選在這時爆發。片中出現了威爾・史密斯、約翰・奧利佛、崔弗・諾亞（Trevor Noah）等舊媒體明星，讓許多YouTube原生創作者感到被冒犯。影片裡也出現了不少非英文創作者——來自韓國、巴西、印度等地的超級YouTuber。對聲量龐大的美國觀眾而言，他們再陌生不過。再者，這支回顧片還忽視了當年許多轟動一時的大事件，如美妝達人之間的紛爭、羅根・保羅以新奇噱頭闖入拳擊界等等。總之，2018年的年度回顧（YouTube Rewind）顯得既疏離又「廣告友善」，帶有企業化的濃濃銅臭味。

群眾發聲了。影片上線不到一周，便有超過1,000萬人表態討厭，成為YouTube史上最多人按倒讚的影片。自然有不少

YouTuber拍片討論這支影片,像是PewDiePie就在自己某支影片裡表示,他覺得YouTube這部宣傳影片「和社群與創作者嚴重脫節」。不過他也補充說道,如今突破百萬訂閱的頻道已經有2,000多個,「要同時滿足所有人其實是不可能的」。

從「猶太人都去死」事件以來,謝爾貝里在鏡頭前變得越發張狂了。他推出名為「Pew News」的新影片形式,專門吐槽媒體評論者和其他YouTuber,彷彿成了電影《螢光幕後》(*Network*)裡的角色霍華德・比爾(Howard Beale)對著鏡頭憤怒咆哮。他蓄起宛如作家托爾金(Tolkien)小說裡矮人的鬍子,也在某次遊戲直播中脫口說出帶有種族歧視意味的「N字」。引發爭議後,他上傳道歉影片表示「我是個白癡」,再度引來媒體批判。其中一集,他剖析網紅保羅的道歉之旅:在引起日本自殺森林的爭議後,上了某個晨間節目,還拍了支含淚談自殺議題的影片。謝爾貝里表示,也有人勸他來一段類似的道歉秀,但他認為那「太不誠懇了」。他說:「我寧願透過影片和時間讓觀眾看見我的改變」。

謝爾貝里選擇不高調道歉,或許導致收入減少,卻並沒有傷及他的觀眾群規模。2018年秋季,PewDiePie的訂閱數已突破6,000萬,在他頻遭負面報導的時期,這群粉絲更堅定了對他的忠誠。然而,他的頻道成長速度仍不夠快,YouTube王者的寶座岌岌可危。

那年8月,專門統計YouTube頻道數據的「社群數據刃」(Social Blade)網站公布了一張成長曲線圖,顯示PewDiePie即

將失去訂閱王的頭銜。他的挑戰者是T-Series——一家龐大的印度唱片公司、寶萊塢製片廠與綜合娛樂巨頭。隨著印度境內價格低廉的智慧型手機普及，越來越多寶萊塢愛好者初次接觸到網際網路，得以透過網路上YouTube，T-Series也開始頻繁上傳影片。許多新觀眾此前從沒買過電腦，家中甚至沒有電視。T-Series是個強力工廠，製作了許多暢銷歌曲、票房大片以及流行文化，正符合YouTube「頭部」長久以來努力拉攏的理想對象，也是Google「下個10億用戶」計畫中關鍵的一環。

然而，在YouTube世界的多數人看來，T-Series卻像是入侵者——它是大型企業媒體，1個月就能推出好幾支製作精良的YouTube影片。老實說，美國起初鮮少有人聽過這個頻道，也沒什麼人在意它，直到它的訂閱數開始逼近YouTube自由奔放文化的化身——PewDiePie。離奇的是，PewDiePie本人是瑞典人，事業完全仰賴全球巨型企業所帶來的廣告收入，現在竟莫名成了反體制的代表人物。謝爾貝里也順應局勢，加以回應。10月，他釋出了名為〈婊子千層麵〉（Bitch Lasagna）的羞辱歌曲，模仿美國饒舌歌手阿姆（Eminem）的腔調對著T-Series唱歌，再搭配鍵盤俠風格的歌詞（「我是青眼白龍，你只是黑魔導」）。這正是PewDiePie的經典風格——不僅荒謬至極，還充滿網路圈的內梗（「婊子千層麵」正是取自某個印度男子搭訕失利的迷因），彷彿在諷刺什麼，但外人很難一下就明白他究竟在揶揄什麼。

一股號召響起：「訂閱PewDiePie！」這股呼聲的聲勢之驚

人，就連見怪不怪的YouTube也有些意外。喜歡搞怪的YouTuber（保羅兄弟陣營的一員）特地在時代廣場買下廣告，保羅本人更是呼籲他的羅幫支持PewDiePie；網名為野獸先生（MrBeast）、因瘋狂慈善舉動和各種豪奢行徑而崛起的新星吉米・唐納森（Jimmy Donaldson），則在位於北卡羅來納州格林維爾的家鄉買下看板，上頭寫著：「**呼叫所有兄弟！你們可以拯救YouTube。訂閱PewDiePie。**」還有其他人入侵印表機、串流裝置，甚至是Google旗下的Nest智慧攝影機，傳遞相同的訊息。這種自我推進的網路迷因就此起飛，PewDiePie也因此新增了數百萬名訂閱者。

12月，YouTube因那支失敗的年度回顧影片而飽受批評後，公司決定要想辦法展現出聽進大家意見的態度。沃西基告訴員工，就連她自己的孩子都認為那支回顧影片尷尬到不行。為了展現自嘲精神，YouTube行銷團隊準備了一份播放清單，收錄各種對年度回顧影片的反應影片。這份任務落在斯泰普頓肩頭，但她也拿不定主意是否收錄PewDiePie那支熱門的回應影片。

德國籍的高層主管伊娜・富克斯（Ina Fuchs）是謝爾貝里的YouTube資深合作經理人，負責與他保持聯繫。然而自2017年那場風波過後，公司在公開場合便一直與這位最頂尖的巨星保持距離（當然，只要他的影片內容合乎規範，YouTube還是會照常投放廣告）。眼見群眾越來越大力支持PewDiePie，外界的譴責反而落在公司頭上，令YouTube高層更加兩難。富克斯

與其他同事認為謝爾貝里被誤會了，公司應該更積極支持他才對。但可想而知，YouTube不會輕易做出這種決策。

斯泰普頓有天在Google園區裡按摩，結果被自己的主管連番訊息轟炸，討論要不要把PewDiePie的影片加到年度回顧播放清單，以及該對大眾傳達什麼樣的訊息。隨後，內部的郵件討論串也提到，是不是該用官方Twitter帳號，在PewDiePie推文下按「♥」。斯泰普頓認為不應該，她覺得這位YouTuber「不負責任地使用自己的影響力」，拒絕將他的影片排進播放清單。

但後來，那支影片還是出現在清單裡。斯泰普頓的主管直接略過她，私下找另一位行銷人員把影片加進去。

員工重組與危機管理

事後回想起來，斯泰普頓或許早該料到這個結局。自從她參與那場Google員工離崗抗議後，不僅接受《紐約時報》採訪，還上了電視節目。有同事提醒她：這種在公司內部策畫並公開執行的高調行動，可能會引起反撲。對方引用民權運動人士與作家奧德雷‧洛德（Audre Lorde）的名言：「主人的工具，絕不會拆解主人的房子。」

日後回憶起自己從中得到的啟示，斯泰普頓表示：「一旦你變得礙手礙腳，那你待在這裡的日子就屈指可數了。」

她與曾領導抗議行動、反對公司與五角大廈簽約的Google研究員梅瑞迪絲‧惠特克（Meredith Whittaker），一起成了那

場離崗行動的代表人物。惠特克大力主張公司在人工智慧領域走上危險的倫理歧途。她自2006年就開始在Google工作，和斯泰普頓一樣是公司資深員工，在倡議抗議時相當有號召力。此外，斯泰普頓與惠特克都是白人。有位非白人YouTube同事曾告訴斯泰普頓，自己也同意她在PewDiePie等問題上的立場，卻不具有跟高層硬碰硬的特權。

Google高層一度表態支持這場離崗行動，但很快就收回這份支持。行動組織者不只舉辦遊行示威，還提出了5大訴求，其中包括解決薪資不平等，以及在公司董事會上為員工保留一席之地。就在離崗行動結束後不久，斯泰普頓與另外幾名YouTube女性員工曾與執行長進行私人會談。沃西基先前告訴部分職員，她對魯賓的指控一無所知，得知後也感到非常噁心。在這次會談裡，員工提到YouTube男女員工的薪資差距、黑人高層人數稀少等問題。沃西基也表示自己對這些落差「並不知情」，並承諾會採取措施。可是會議一結束，就有同事轉頭對斯泰普頓說：「她完全是在唬爛我們。」

他們最後的結論是：沃西基肯定清楚狀況，只是在逃避責任。斯泰普頓回憶時也提到：「她只是說說場面話罷了。」

這是斯泰普頓最後一次與執行長面對面談話了。翌年1月，斯泰普頓的主管通知她，將「重新調整」她的職務。表面上，這是Google常見的「員工重組」；實際上，她被削減了好幾項原有職責及半數的直屬人員，讓她不得不懷疑其中的真正目的。她向更上層反映自己的苦惱，得到的建議竟是「重新取

得主管的信任」，或許可以先休個假放鬆一下。對方的意思不言而喻。

3月來臨時，斯泰普頓收到公司邀請，請她飛到加州參加身心健康紅色警報度假會議。「喔，這就好玩了。」她在給同事的信件裡語調平板地這樣寫道。

3月14日周四，歐康納來到YouTube的「情報中心」，這是公司在2018年初「艾莎門」危機後新成立的部門，目的是降低各方面的風險。身為部門負責人，歐康納的工作就是深入YouTube「長尾」的世界，找出潛在的威脅並事先進行判斷，幫助YouTube管理員與演算法及時處理問題。

她網羅前情報官員與管理創作者的經紀人共同組成團隊，以便更精準地掌握站內風向。有位老同事提到，歐康納在YouTube工作已有12年之久，能說「Google語」。更關鍵的是，她曾在產品部門擔任莫漢的副手。

「如果你不在產品部門，也不會寫程式，那就影響不了任何事務。」前YouTube設計師曲洪解釋道。

來到新工作崗位，歐康納得先快速熟悉伊斯蘭國相關議題。曾是高中數學老師的她，也開始注意到青少年近來各種令人咋舌的新花樣，相關影片在網路上大肆流傳，例如「保險套挑戰」：把裝滿水的保險套往人頭上一套，弄成「魚缸頭罩」般的奇景。有時，歐康納的團隊也會被突發事件打個措手不

及,像是在2月,有位YouTuber揭露戀童癖者利用留言區的暗號與連結分享兒童影片,瞬間引爆廣告商的抵制風潮。歐康納的團隊立刻採取行動,2周內關閉數百萬部影片的留言功能、推出篩選留言的人工智慧新工具,並設置更嚴厲的懲處機制。她還建立了全球輪值的「事件指揮官」系統,隨時待命應對這類緊急危機。戰情室、情報部門、事件指揮官——這些帶有軍事色彩的稱呼聽在人們耳裡,總覺得YouTube像是在和敵人作戰。

那個周四,美國參議院否決總統要籌建邊境高牆的緊急命令,川普隨即在Twitter發文:「否決!」同一天,在日本工作的Google員工算到圓周率的31兆位數,打破金氏世界紀錄。歐康納度過平靜無事的工作天,下班離開YouTube辦公室。她才剛回到家裡,就收到關於紐西蘭事件的郵件。

病毒式傳播

犯案的恐怖分子是28歲的澳洲人,來自雪梨北方城市。少年時期經常打電玩,也會逛8chan這類邊緣論壇。他的父母離異,母親後來遭新對象家暴;父親則在他不到20歲時,因接觸石棉而罹癌病逝,留下一大筆和解金給兒子;他也經常一個人旅行。根據政府後來的調查報告,他並未和他人建立穩固的人際連結。他是白人,自認屬於高人一等的歐洲血統,而且在移民人口——特別是穆斯林移民不斷增加的威脅下,他深信網路

上的「大取代」理論即將應驗。

他常看YouTube，也訂閱多個頻道，在極右派網路社群「小夥子協會」（Lads Society）裡發文，該群體在Facebook原有公開社團，後來因Facebook對公開社團展開清掃行動，該組織便轉移到私密社團。他在犯下大規模屠殺前的最後一句話——「朋友們，記得訂閱PewDiePie」，想來就是對這個社團成員說的。沒有任何跡象顯示他真的看過PewDiePie的內容，或因其影片受到啟發，他說這番話純粹是為了博得大家的注意。

2017年初，這名年輕人確實曾捐款給美國的某個白人民族主義智庫，以及莫利紐克斯主持的自由域電台節目（莫利紐克斯事後在聲明中表示，自己「立即譴責紐西蘭的恐怖主義行為」）。同年春季，這名恐怖分子在法國旅行時，看見購物中心裡逛街的移民，稱他們為「侵略者」，事後也在網路貼文中提到，自己之所以走上暴力這條路，正是這個醍醐灌頂的瞬間所致。其實，他在那之前就已經表現出異常了。

家人對警方表示，2016年底，他從國外回來後整個人都變了，變得極端又偏激，三不五時就提到穆斯林移民會毀了西方和全世界。他母親相當擔憂他的心智狀況。川普當選後，他曾在網上發文慶賀：「愛國者和民族主義者終於勝利了。」後來，他又在「小夥子學會」社團裡寫道：「最大的威脅，其實是那些非暴力、高生育率、高社會凝聚力的移民。」他讀了許多關於「大取代」的資料，全數吸收書籍、論壇、4chan頻道與Facebook社團裡的相關內容。

紐西蘭政府在事發後對他進行調查並記錄口供，在報告中指出，所有社群服務中有項對該恐怖分子的影響尤其突出：「此人聲稱自己並不常在極右派網站上留言，對他而言，YouTube才是更重要的資訊與靈感來源。」

　　就在他犯案前2天，他在自己的Facebook頁面貼出數十條連結，包含關於生育率的數據、英國小報對亞洲幫派暴力的報導，以及許多YouTube影片連結：從1930年代英國法西斯主義者的演說，到歐洲陷入混亂的新聞、俄羅斯轟炸敘利亞的影片，再到雙足機器人配上德國軍樂前進的畫面。他在拉脫維亞民謠影片旁註解：「這就是他們想要摧毀的東西。」他後來告訴調查人員，自己在YouTube找到組裝武器的教學影片，為恐怖攻擊做足了準備。

　　2017年，他搬到紐西蘭南部的但尼丁市，那段時期也沒有犯罪生事的紀錄。案發後，紐西蘭人都在試圖釐清這名大規模殺人犯的作案動機。「他根本不是什麼大人物。」調查他生平經歷的記者強斯頓回憶道，「就是那種普普通通的種族主義者，有錢又有閒。」

　　受害者之一的納比當時71歲，在基督城有深愛他的家人和可愛的孫子，以及敬愛他的社群。1970年代從阿富汗移居紐西蘭後，平時仍會戴著傳統的煎餅帽（Pakol）。他擅長修舊汽車，也喜歡載著到訪基督城的客人去他的清真寺；他不僅協助指導新移民適應紐西蘭生活，同時也熱愛他的新家園。對哈雷相當著迷的納比，葬禮上也出現哈雷機車車隊。好友回憶道：

Chapter 31　主人的工具

「他既是阿富汗人,也是紐西蘭人。」納比總是用「兄弟」稱呼所有人。

在那個致命的3月15日周五下午,納比站在他所屬的安努爾清真寺門口,迎接前來禮拜的教友。下午1點40分過後不久,攜帶AR-15步槍、身上裝了攝影機的男子走來,奪走納比和另外50人的性命。除了在安努爾清真寺犯案之外,這名男子還到另一處伊斯蘭禮拜場所進行殺戮。對方走近時,納比還親切地問候他:「你好啊,兄弟。歡迎。」

🔔

加州時間的周四晚間,歐康納在家中廚房流理台打開工作筆電。她從同事那裡得知,紐西蘭基督城發生大規模槍擊事件,凶手在Facebook直播行凶過程,直播畫面也流傳到YouTube。

YouTube早已擬定應變流程:先對影片中的暴力程度進行分類,然後訂出對應的審核規則,交由管理員或機器去判斷。歐康納認為影片應被刪除,於是啟動審查程序。熬到深夜後,她試著稍微休息一下。

負責暴力極端主義內容的YouTube專家巴丹一早醒來,在Instagram上看見槍擊案的新聞,不禁潸然淚下。她抹掉眼淚,打開電腦,開始觀看槍手拍下的畫面。最令她揪心的,是現場信徒與鄰居驚慌失措、駭然哭喊的片段。巴丹協助擬訂一系列給管理員的守則:任何複製或贊頌此暴力行為的影片都得立刻

刪除，但同時也要注意別誤刪了新聞報導類影片。她隨即搭計程車趕往辦公室，以便在無人打擾的環境下潛心工作。接下來，她整個周末都待在家中審查暴力影片，丈夫只好把食物送到她電腦桌旁。YouTube不斷湧入針對基督城屠殺影片的「致敬」影片，仇恨分子與惡搞酸民則想方設法剪接屠殺畫面，故意鑽系統漏洞。加州同事仍在睡夢中，巴丹與駐歐洲、亞洲的同事為了滅火忙得焦頭爛額。

歐康納周五一早醒來才發現，既有的應變流程根本擋不住這股狂潮。她原以為是需要增派審查人員，一整夜都在向同事懇求：「我們人手不足啊！」然而到了早上，她才知道即使再多人力也於事無補，因為YouTube竟一度陷入每秒都有人重新上傳屠殺影片的困境。後來有高層主管透露，這些影片被複製與散布的速度之快，令公司內部的人懷疑是否有國家級勢力在推波助瀾。歐康納的上司莫漢形容：「這起悲劇幾乎像是經過精心策畫，以便在網路上瘋狂爆紅。」

「病毒式傳播」一直是歷來的強大助力：YouTube被設計為幾近無底的網路影片倉庫，像基督城槍擊案這種原本在他處直播的內容轉移到YouTube後，就能更快速擴散出去。為了保持即時優勢，YouTube之前調整了演算法，加重對最新消息影片的曝光度，以至於過去習慣在大規模槍擊案後打開電視看新聞的人，改而上YouTube搜索資訊。就連「訂閱PewDiePie」這類YouTube圈的小眾話題，現在也成了全球注目的大新聞。相較於搜尋功能不算靈光的其他社群網路平台，YouTube提供更

加便捷的搜尋途徑。這些機制過去推動了YouTube的商業發展，如今卻成為「噩夢燃料」，即使是公司自己也無法關閉噩夢的源頭。

歐康納趕往辦公室的路上遠端參與了會議，聽到YouTube高層的決策：一律移除任何含有基督城槍擊畫面的影片（而非只刪除原封不動重複上傳的影片）。系統甚至不再允許用戶透過搜尋欄查詢這樁悲劇，這是YouTube史上第一次把整個分類從搜尋結果裡移除。公司也暫停人工作業，因為人工審查的速度已經大幅落後了。YouTube改而將過濾機制的旋鈕調到最大，將一切交給演算法自動執行。

PART 4
走向未來
Evolve Onward and Upward

Chapter 32

掃地機器人
Roomba

2019年5月,舊金山通往Google辦公園區方向的高速公路旁,豎起了一塊廣告看板,寫著:「**拆分大科技**」(BREAK UP BIG TECH)幾個醒目的大字。

看板是當時參與總統大選的伊莉莎白·華倫(Elizabeth Warren)買下的,不過它所表達的主張,其實已跨越了美國兩黨的政治分歧。那年夏季,川普政府的司法部對Google發起重大訴訟,指控它壟斷市場;參議院也召開聽證會,討論社群媒體上無人控管的人工智慧所帶來的風險。一位議員表示:「這些公司讓演算法肆意橫行。」共和黨與民主黨平時意見再分歧,此刻都達成了共識:YouTube等網路守門人勢力過於龐大、影響過於深遠。

到了那年夏季,YouTube已成功處理了多起重大危機:品牌廣告再也不會陰錯陽差地出現在邊緣影片裡(至少,這類事件不再登上新聞頭條);古怪的兒童內容也消失了;公司大致壓制住頻繁惹麻煩的幾位大明星。在廣告抵制潮過後,原本岌岌可危的YouTube總算即將起死回生。

然而,這回卻遇上無法輕易擺平的危機,因為各國政府打定主意要對矽谷產業進行更嚴格的管制。歐洲通過法案《第13條》(Article 13),擴大網站對用戶版權侵權行為所需負擔的責任,YouTube長期以來的權利管理流程因此受到衝擊。許多國家原本對社群媒體的興起不知所措,如今也紛紛開始擬定政策,試圖規範科技產業。就連在達佛斯世界經濟論壇(編按:Davos Forum,每年冬季在瑞士滑雪勝地達佛斯舉辦,聚集全球工商、政治、學術、媒體等領域的領袖人物,討論世界面臨的緊迫問題)上,人們都把Facebook比作新時代的菸草業。過去,YouTube多次巧妙地迴避外界的猛烈炮火,免受池魚之殃,但公司上下都清楚,立法者不會只制定規範Facebook的法案,YouTube同樣逃不過被規管的命運。

接近2020年時,這場爭議的風暴又進一步擴大。

《紐約時報》在2019年時深入調查,指出YouTube上醫學不正確的影片阻礙了巴西防治茲卡病毒的工作。報導還指出,該平台在巴西全面普及化,助長極右翼政客雅伊爾・波索納洛(Jair Bolsonaro)的聲勢,而他當選總統後,果然對之後爆發的病毒危機提出許多錯誤主張。YouTube早期員工薛佛公開抨擊前公司,認為疫苗陰謀論這類危險言論之所以能在平台上成長茁壯,都是公司現在過於追求利潤所致,在他離開YouTube之前,是絕不可能發生這種事的。他對記者表示:「我們那時候雖然流失資金,至少沒有人會被『玩滑板的狗狗』害死。」

2019年6月,同志創作者卡洛斯・馬札(Carlos Maza)公

開指責YouTube，指稱平台放任右派評論者史蒂芬・克勞德（Steven Crowder）使用帶有種族主義和恐同意味的言語攻擊，卻絲毫未加以阻止。YouTube在這場爭端裡立場反覆，令許多員工憤慨不已。舊金山的同志大遊行裡，Google是官方贊助商之一，卻有數十名Googler走上街頭抗議，手舉「**YouTube上的騷擾行為害死我們**」的標語。

同年某次會議上，有員工詢問沃西基最怕什麼。她不假思索地答道：「政府管制。」

過去，YouTube回應創作者和職員的批評一向很遲緩，如今卻突然快馬加鞭，試圖在政府正式出手前先行自我監管。6月，公司修訂仇恨言論規範，禁止影片「以某族群更優越為由，合理化歧視或排外思想」；凡是歌頌納粹或否認「經過實證的暴力事件」（如大屠殺和校園槍擊案）的內容，也都一律下架。基督城槍擊案後，YouTube更進一步禁止播出由加害者拍攝的「致命或重大暴力事件」片段；之後還更新騷擾政策，禁止對其他創作者發表威脅性言論。

起初，公司在「公眾人物」一欄設有豁免條款，但由於YouTube本質上就是讓素人成名的平台，豁免條款落實起來相當彆扭（後來公司修改政策，公眾人物也被納入受保護的範圍）。另一方面，YouTube還招募了兒童發育專家，推出內部代號為「斑馬線」（Crosswalk）的計畫，想推廣更多適合孩子教育與健全的內容。有位員工感慨道，世人將來回首現今的YouTube，或許會像看待安全帶被發明前的老式汽車一樣，將

它視為一種公共危害。

然而，YouTube新推出的安全措施並非人人叫好。在公布更新仇恨言論規範的數周後，公司在Twitter表示：YouTube在政策執行上「並無政治偏頗」。結果，小唐納・川普（Donald Trump Jr.）回應道：「誰信你啊！」當YouTube取消保守派喜劇演員克勞德頻道的廣告收入時，共和黨參議員克魯茲要求YouTube「別再扮演上帝」了。在川普派右翼人士眼中，「仇恨言論」不過是矽谷為了推行自由派理念而胡謅的藉口。

面對這股猛力襲來的政治攻擊，YouTube始終沒有正面強硬回擊，而是加深了對自家演算法的信念。公司制定規則，卻將大部分執行工作交給自動化系統，認定機器運作更快、更有效率，也不會帶有人類的偏見。機器能大規模運作，而且不會對小唐納・川普懷有任何既定情緒。YouTube堅持維護這套邏輯，有時甚至顯得頗為刻意，甚至因而產生難以置信的言行。

2018年，Spotify、Apple、Twitter、Facebook、YouTube等主要平台先後在一個月內封禁《資訊戰》主持人瓊斯。乍看之下，各平台終於達成共識，判定瓊斯長年散播陰謀論，已然越界。然而，事實並非如此。YouTube之所以凍結瓊斯的帳號，是因為他上傳顯示未成年人被霸凌的影片，違反「危害兒童」相關規定（該影片和他的校園槍擊陰謀論無關）。瓊斯試圖換帳號重新上傳影片，結果被YouTube以技術性原因直接踢出平台，讓人聯想到當年幫派分子艾爾・卡彭（Al Capone）以逃稅罪名被捕入獄的事件（當時，瓊斯在YouTube的訂閱數已超過

200萬）。

　　儘管YouTube大刀闊斧整頓改革，仍在那年秋季被聯邦政府抓到把柄。多年來，YouTube建立了規模不亞於電視（甚至更大的）兒童觀眾群，卻未受到相同的兒童保護規範約束。公司先前那套說詞——認為孩子都是在家長監督下使用的——已難以服眾，2019年9月，聯邦交易委員會控告YouTube違反《兒童線上隱私權保護法》，該法明令禁止在「兒童取向」的媒體上播放定向廣告。此案最終以YouTube支付1.7億美元罰款收場，創下此類案件的最高紀錄。之後，YouTube不得不將平台分為兩大類：每支影片都得選擇「兒童取向」或「非兒童取向」，而標示為「兒童取向」的影片，將無法再依據觀眾瀏覽紀錄與個資投放高單價廣告，導致數以千計的創作者收入大幅縮水。

　　就連向來最支持YouTube的人，心裡也產生了疑慮。前歐洲業務負責人華克離職後，仍稱讚YouTube發明了「全新的敘事語言」，卻絕不讓年幼的女兒獨自瀏覽YouTube網站。「我們以前真的沒料到有黑暗面存在。」他回憶道，「這些平台變得太過吸引人，以至於人們漸漸失去了自主權。」後來，華克創立名為「正常運行」（Uptime）的教育公司，旨在幫助人們戒除無腦滑手機的行為，與前公司致力推行的「演算法黏著度」目標背道而馳。

掃地機器人會議

面對越來越響亮的質疑聲浪,沃西基想出了標準答案,也就是公司時常掛在嘴邊的「責任4R」:公司立誓「移除」(Remove)違規內容、「提升」(Raise)可信來源的排行、「獎勵」(Reward)值得信任的創作者,並「減少」(Reduce)邊緣性內容。

沃西基不僅在內部會議中反覆強調這幾項原則,在她表達親善之意而接受多位當紅YouTuber巡迴訪談時,也複述這套準則。首場訪談在4月舉行,也就是基督城槍擊案的1個月後。在那場對話中,沃西基充分展示出YouTube的思考模式與政治策略。

當時,沃西基人在印度,剛宣布YouTube每月的當地訪客數突破2.65億人,印度已成為YouTube增長最快的市場。此時,新興的競爭對手「抖音」也在印度突然爆紅。沃西基上「多半正常」(MostlySane)的頻道,接受通曉多語的喜劇YouTuber普拉加克塔·寇里(Prajakta Koli)的採訪。寇里問沃西基都在YouTube上看些什麼,沃西基答道:「我應該跟一般使用者差不多,喜歡找瑜伽影片來看。」她還提到,自己愛看烹飪與手工藝影片(YouTube正致力吸引更多女性用戶。在此之前,YouTube觀眾以男性居多,這或許能解釋沃西基在訪談中精心設計的回答)。

沃西基細數YouTube為支持創作者而做的種種努力,接著

解釋公司為何調整政策,更加嚴格評估創作者可發布的內容與獲利方式。她說:「如果要我單選一個重心,那我會選『責任』。」然而,無論在此次或未來的幾次訪談中,沃西基都謹慎地強調,主宰一切的並不是她自己或公司,而是觀眾。YouTube在影片排序與推薦時,仰賴的是觀眾的點擊次數、問卷回饋與觀看次數。「所以,做決定的不是我們,」沃西基對寇里說道,「而是使用者的回饋。」她還補充:「這種方法能真正突顯對使用者有幫助、對社會有益的內容。我想再次強調,我們並不希望這件事由我們來決定」。

YouTube希望外界將它視作負責任的平台。只要使用者尊重言論、包容、禮儀等不斷演變的規範(並且避免引發爭議風暴),平台就會盡量扶持他們。YouTube並不想被視為訂立規範的主導者,也不想被視為實際扶持創作者的力量,否則公司可能會失去法律上的免責保護,惹得保守派怒斥它立場偏頗,並違反公司對於「觀眾至上」的神聖信念。或許局外人難以理解YouTube的立場,但對YouTube本身卻再合理不過。

然而,YouTube確實手握很大一部分的決定權。

首先,它會依據影片「有多負責」,在自家宣傳演算法中給予不同的排序。這有點像Uber的評分機制:當觀眾利用反饋按鈕給影片打4星或5星評分(滿分5星)時,YouTube就會把這些影片連同問卷、按讚及其他各式指標一同套入某種不公開的公式,計算它們所謂的「有價值觀看時數」。越是負責任的影片,有價值觀看時數就越高。但這套方法畢竟不甚精準,參與

開發此功能的工程師記得觀眾問卷的「回覆率低得驚人」，大約只有2%～3%，且主要來自20多歲的男性。據這位工程師所說，只要發現用某種方式調整演算法有助於提升有價值觀看時數，同時不會傷及整體觀看時數，公司高層就會放行。一般而言，他們會以0.2%以下的總觀看時數為代價，換取1%的有價值觀看時數成長，不過始終得憑經驗去判斷（公司發言人則表示，在此流程上並沒有「硬性的絕對規則」）。

為了監督YouTube改版後審查系統的作業，沃西基每周五固定與高層主管開會，並將例會稱作「掃地機器人」（Roomba），就是指會在背景輕聲作業並持續打掃的小機器。她甚至送了實體的掃地機器人給團隊成員。參加會議的員工記得，會中經常討論一些具有政治或文化分量的影片，例如人氣評論者克勞德的白人黃臉妝（編按：西方人演出東方人的角色時，多以塗色變臉來表現，現今引發種族主義的批評）、定錨嬰兒（編按：Anchor Baby，出生在某國而自動獲得該國國籍的嬰兒，父母即可就此在該國定居）說詞等等是否屬於諷刺，還是已構成有害的種族歧視。

掃地機器人會議和科技業典型的模式不同，除了工程與產品部門的職員，沃西基還會邀其他部門的人參與。YouTube內部的執行團隊不再像從前那般人手不足、只能一味追求成長，但掃地機器人身為面向全球逾20億使用者的「決策理事會」，本身也反映了Google乃至整個產業的狀況：成員主要為白人與印度裔美籍人士、高學歷、高收入。「會議室裡那群人，稱不

上美國社會的縮影。」有位前高層主管回憶道。

在掃地機器人會議的討論中，沃西基很少強勢表態，而是傾向眾人達成共識、共同制定決策。假如一部判定為諷刺的影片被關進懲罰箱，另一部性質近似的影片卻被放過，明明是同類型影片卻得到不同判定，沃西基就會出聲表達自己的不悅。YouTube方面認為，對內容一視同仁是平台的驕傲。管理階層也堅稱，判斷標準會著眼於影片上下文，而非創作者本人的身分，顯然是暗諷Facebook不時對某位高談闊論的總統放水。YouTube產品負責人莫漢解釋：「所有人都能獲得平等對待。憑什麼國家元首就能得到特權，你我卻不行？」後來YouTube也陸續因違規行為移除了美國總統川普、巴西總統波索納洛，以及部分民選官員的影片。

不過，對一些人來說，這種對所有影片一視同仁的堅持反而導致要下決策時猶豫不決。有位前高層主管就將它稱為「那這個呢」困境：**那這支影片怎麼辦？那另一支又怎麼辦？**也有人把這種決策流程比喻成「凌遲致死」。

多名前員工感嘆沃西基與管理團隊優柔寡斷，只在遇到負面媒體報導或財政威脅時才有所反應。而且比起立即行動，他們往往追求先獲得共識。在YouTube工作多年的高層主管的蘇珊‧丹尼爾斯回憶道：「真是莫名其妙，什麼事都得所有人同意才能做。這會拖慢進度。」丹尼爾斯後來在2022年離開YouTube，她承認公司自PewDiePie事件後已做出不少改進，但也直言：「關於如何因應一個開放式平台可能招致的負面後

果,這家公司過去不行,現在也仍未完全做好準備。」

YouTube總監歐康納倒是持相反意見。她常和沃西基討論棘手決策,例如在2019年初,有位YouTuber揭露許多未成年影片的留言區都成了戀童癖者的溫床。當時歐康納的團隊進入危機處理模式,投票決定要關閉所有兒童影片的留言功能。她在把這項方案呈給沃西基之前,心裡還十分緊張,畢竟這等同於廢除YouTube自創站以來的核心功能之一。「我們只能這麼做了。」沃西基表示贊同。歐康納事後形容這位上司時則表示:「她是我見過最冷靜的人,也相當果斷。」

沃西基的每個決定,確實都會引發巨大的連鎖效應。以關閉兒童影片留言這件事來說,廣告商大多持肯定態度(「我從沒看過Google用這麼快的速度回覆或回應事情。」某位廣告代理公司的主管說)。不過,受影響的YouTuber卻十分不滿,因為留言是觀眾回饋的主要管道,也是YouTube長久以來用以評估互動程度的指標。

公司在做如此大規模的決策時,絕不可能人人叫好,YouTube也慢慢接受這個事實。歐康納說:「其實,事情並沒有絕對正確或錯誤的答案,只有或多或少的取捨而已。」

🔔

答案或許不分對錯,但YouTube深信法規就有對錯之分,其中歐洲版權法的嚴苛程度尤其令公司震驚。

2019年間,YouTube重整政策團隊,投入大量資源與人力

來對抗歐洲的立法計畫（編按：為保障歐洲創作者權益和收入，規定出版業者所產製的內容，若經由網路分享，業者有權請求著作權；網路分享平台需過濾受著作權保護的內容）。不但發起「#拯救你的網路」（#SaveYourInternet）標籤活動，還號召YouTuber出面譴責該法案。許多創作者果真響應YouTube的號召，其中包括謝爾貝里（到那年年底，謝爾貝里又重新獲得YouTube的青睞）。

2019年4月28日，紐西蘭基督城事件發生後6周，謝爾貝里上傳影片，以本人形象（而非高分貝的PewDiePie）向觀眾說話，請粉絲別再傳頌「訂閱PewDiePie」這句迷因：「把我的名字跟這麼可恥的事情扯在一起，已經對我造成很深的影響，我只是平常沒表現出來而已。」當時YouTube已指派一個團隊專門處理PewDiePie與T-Series之間以1億訂閱為目標的衝刺賽，並事先推演各種YouTuber、媒體及鐵粉可能出現的反應。結果，T-Series在5月達到1億訂閱，各界倒也平安無事。同月，YouTube內部流傳關於謝爾貝里的文件，其中包括他的合作夥伴經理富克斯提供的註解。文件指出，PewDiePie希望公司能「重新給予他更多公開關注度，因為他感覺自己一直被刻意忽視」。富克斯相當讚賞PewDiePie近期的「迷因評論」，尤其是他和愛爾蘭網路紅人Jacksepticeye、馬斯克等超人氣創作者合作的內容。文件中也提到謝爾貝里反對歐洲版權法的立場，並表示讚揚（英國在脫歐後，決定不實施該法案）。

7月25日，YouTube邀謝爾貝里及另外11位歐洲創作者一同

前往倫敦維多利亞與艾伯特博物館，參加克里斯汀‧迪奧（Christian Dior）特展導覽。公司安排了圓桌論壇，後續則是非公開的接待會與晚宴。沃西基也特地搭機飛往倫敦。事先排定的行程表顯示她不會出席晚宴，但行程表上卻標明了下午5點到5點半的私下會談——「蘇珊與PewDiePie」。在圓桌論壇開始前，YouTube先準備了重點歸納，重申了3個論題：

1. 「責任」是我們公司的首要之務。
2. 創作者是我們一切工作的核心。
3. 各地的管制法規勢必會持續演進。

接下來的幾個月，謝爾貝里不再出現在新聞頭條。他開始在自己的影片中對髒話進行消音處理，甚至重啟玩電動遊戲《麥塊》系列影片，回到最初的風格。他也嘗試YouTube近年興起的新型影片：邊觀看自己以前的影片邊錄下即時反應，勾起一路跟隨他的老粉絲對過往青春的共鳴。到了隔年春季，他以相當低調的姿態和YouTube簽下遊戲直播合約，這也是他闊別3年後首度與Google建立正式商業合作，回歸官方陣營。

吟遊詩人離去

就在謝爾貝里與Google再度恢復密切往來之際，斯泰普頓在公司的職涯卻逐漸陷入瓦解。工作職責遭縮減後，她委託律

師和公司交涉，雖然成功扭轉部分決策，她還是覺得自己被疏遠了，常常沒被加入郵件討論串裡，身邊的人對她也越來越冷漠。她在PewDiePie議題上的建議遭到否決，而在基督城事件之後，她原以為自己關於謝爾貝里的「破壞性影響力」看法會受到重視，孰料YouTube依舊不認同她的立場。此外，Google也無意重啟與那群離崗抗議發起者的交流。斯泰普頓此時懷著第二胎，擔心工作壓力會損及身體健康，身心都陷入煎熬（她在電子報裡寫道，「我的生命力，變得像康普茶瓶底那塊渣渣一樣渺小又黏稠了。」）。在某次痛苦的對話中，丈夫對她說：「妳乾脆辭職吧？」

「Google不只是工作，」她回道，「它是我的家。」

在發動離崗抗議前，斯泰普頓從未對公司有過反叛行為。然而，眼見Google的價值觀、對待她的態度竟然轉變得如此迅速，她還真是反應不過來。也許並不是Google的價值觀改變，而是她自己變了。有位前同事表示：「若不是斯泰普頓去了YouTube，在那個最能看見人性汙穢面、輕易放大這些汙穢的平台工作，她也不會這麼高調地抗議公司。」那次Google離崗抗議的組織者當中，有一半都在YouTube任職。那年4月，她和惠特克（同樣被邊緣化的員工離崗抗議發起人）剛從葡萄酒鄉的度假會議回來1個月，她們聯名寫了封信給同事，描述自己遭遇的苦難，並呼籲大家採取進一步行動。她們用了火藥味十足的字眼形容Google的作為——報復措施。現在，斯泰普頓清楚聽到Google向她傳達的訊息：妳不再屬於這裡了。

最終，她在6月黯然離開。有些同事計畫在雀爾喜辦公室為她辦送別會，保全人員則在一旁準備，等她離開時收回公司配給的所有裝置。此時，她的行銷團隊大多數人卻在南加州參加另一場移地度假會議，大家一起玩山羊瑜伽（編按：Goat Yoga，利用小山羊攀爬的天性在身體上踩踏）以聯絡感情。臨別前，斯泰普頓寫信給同事，表示自己被公司烙上「紅字」（編按：Scarlet Letter，出自19世紀作者霍桑〔Nathaniel Hawthorne〕的知名作品《紅字》。敘述清教徒女孩因為通姦罪而受到處罰，需在胸前配戴象徵通姦的紅字。然而隨著故事揭露男方身分，卻帶來意想不到的反轉）。離職後她還是繼續更新電子報，並在數周後無所顧忌地寫道：「外界可能覺得YouTube像艘沒有舵的大船，對自己在地緣政治和社會層面上舉足輕重的地位一知半解──嗯，沒錯，的確如此。」

　　然而，就在她發出那封電子報的前一天，她在瀏覽網路時又看到有趣的影片，接著又一支。她寫道：「我不得不承認，**影片本身還是好看的。**」她貼了好幾個連結，最後署名：「終結YouTube的推薦演算法！」

疫情來襲

　　8個月後，負責YouTube演算法的團隊注意到不尋常的活動。2020年2月9日，突然有大量使用者在YouTube搜尋最新的駭人病毒，負責Google搜尋的工程師也觀察到類似的狀況。3

月6日，Google關閉辦公室。接下來數日，美國大部分地區也先後進入封鎖狀態。

到了5月，大眾終於接受疫情的嚴酷現實，此時沃西基和葛林安排了線上視訊訪談，由葛林公開播送這場訪談。這位YouTube先驅創作者已在他的科學頻道和個人Vlog〈焦慮滑手機〉（The Anxious Scroll）裡提過新冠肺炎（COVID-19）。訪談開始時，葛林先是歡迎沃西基上線，畫面中，沃西基坐在大大的白色鏤空書架前，書架上整齊擺著平裝書籍與家庭照片。「那，就從最基本的問候開始吧！」葛林開場說道，「妳在居家隔離期間過得怎麼樣？」

「挺辛苦的。」她回答。

沃西基面臨公司高層在封鎖期間可能遇上的難題：遠端管理公司業務、照顧焦慮的員工，並準備應對下滑的經濟。同時，她還得處理網站上關於新冠病毒的大量影片，有人說這病毒是場陰謀、是噩夢，有人則說它是「中國瘟疫」，還有人認為這是比爾・蓋茲與大型藥廠幕後操控的產物，更有人相信只要找到某種特殊療法就能讓病毒消失。有醫師上傳好幾小時的病毒學講解影片；某位醫師甚至放上鉅細靡遺的教學影片，教人如何用特殊方法清洗生鮮雜貨，雖然事後有人證實這樣做其實無法消除病毒，影片還是爆紅了。人們被困在家中，只能瘋狂上網搜尋疫情資訊，「資訊疫情」也隨之爆發。3月時，YouTube一度暫停部分人工審查作業，等法務部門先釐清審查員在家工作時如何檢視「極度不當內容」。

沃西基解釋，YouTube主要是仰賴自家最新的自我監管系統。工程師們在網站上設置「專門看板」，醒目地呈現有關新冠肺炎的精選影片，並調整演算法，讓正規新聞媒體與醫學權威的影片排名較前。4月，YouTube新增「禁止未經醫學證實內容」的規範，並宣稱使用者在觀看與疫情相關的影片時，主要看到的都是「權威」來源。

就在沃西基與葛林對談的幾周前，英國有民眾深信「5G網路會傳播病毒」的網路陰謀論，因此破壞了好幾座電信基地台。這次，YouTube以出人意料的高速處理方式，下架了宣揚此陰謀論的影片。「我們必須極為迅速地採取行動。」沃西基在訪談中告訴葛林。她也提到YouTube管理部門與情報中心，卻僅以最為籠統的言詞輕輕帶過。

「我也認為這些是正確的做法。」葛林接著小心翼翼地切入下個話題：YouTube是間私營公司，由高層少數人在幕後做出足以影響全球大多數人的重要決策。葛林繼續說道：「但也有人會覺得，這麼大的權力不該集中在同個組織身上。」沃西基馬上進入防衛狀態，堅稱YouTube有不少強而有力的競爭對手。

1個月後，YouTube舉行了針對廣告商的線上活動，強調疫情封城期間，人們都困在家中，以致影片觀看量飆升。僅計算電視應用程式的觀看時數（不含電腦或手機），全球所有使用者每天就看了4.5億小時的YouTube影片，相較前一年成長了80%。

Chapter 33

哪個YouTube？
Which YouTube?

自疫情開始後，Google得利不少。最初那幾個月人心惶惶，較少人透過Google搜尋活動與線上購物，但後來全世界轉而透過網路從事商務活動、工作與休閒，對這個「網路大門」而言只有好處，沒有壞處。從2020年3月到2021年秋季，Google股價幾乎漲到原本的3倍。

不僅如此，YouTube對Google的價值也大幅提升了。這個影片平台終於開始公開廣告營收數字：2020年廣告收入是198億美元，較2017年成長了不只一倍，與昔日對手維亞康姆一整年的營收只差60億美元了。疫情期間，全球有數十億人每天泡在YouTube上消磨時光或排遣無聊，瘋狂點播各種剪髮、冥想的教學影片。好萊塢停擺後，YouTube自然而然成了大眾使用的媒體中心。許多深夜脫口秀節目主持人只能在家裡錄影，剛開始還不太適應，只見他們拿著網路攝影機，用怪異的角度向上拍攝，還露出鼻毛，更保留了讓現場觀眾反應的尷尬停頓，沒能像YouTuber那樣用快速剪輯來滿足線上觀眾的需求。MatPat在影片中揶揄道：「你們想做我們的工作，結果完全搞

砸了呢！」

隨著新冠肺炎封鎖範圍擴大，情境喜劇《辦公室風雲》（*The Office*）演員約翰・卡拉辛斯基（John Krasinski）開設了YouTube系列節目《一些好消息》（*Some Good News*），結果才2個月就被買走了──買家竟是維亞康姆。

YouTube公開的數據並不多，不過即使是已公開的少量數據，也充分展現出突然暴增的使用量。疫情初期，與酸種麵包相關的影片觀看量更成長了超過400％。每天藉由YouTube獲得快樂的人，越來越多了。

然而，2020年世界持續動盪，公司雖努力跟上腳步，但YouTube顯然不可能滿足所有人。內部經常以一連串「思想實驗」來討論這個困境，其核心問題只有一個：**YouTube究竟要成為哪個YouTube？**要變成符合員工、廣告商及自由派價值觀的網路迪士尼，還是繼續做個任憑各式言論大鳴大放的野性樂園？員工們把這種身分認同危機視為「品牌」與「平台」之間的拔河：**YouTube究竟該是哪一個？**他們找不到明確的答案。理想狀態下，YouTube當然想兩者兼顧。

隨著2020年走向尾聲，YouTube不得不再度面對這個問題，問題的答案也影響到不少人。在這些受影響的人看來，YouTube的決策依舊變化莫測又不公平，甚至有人認為它這些決策都拖得太晚，已經於事無補了。

仇恨言論審查

在美國,緊張不安的夏季始於明尼亞波利斯市的事件:警察用膝蓋壓住喬治・佛洛伊德(George Floyd)的頸部,導致他失去生命,結果引爆越戰以來全美最大規模的抗議行動。YouTube嘗試因應這波浪潮,在首頁放上「黑人的命也是命」(Black Lives Matter)標語,管理階層也不斷強調這是個歷史性的時刻(有時,主管的言語實在笨拙:某次討論抗議行動的公司會議上,某位白人主管被指派為信任與安全工作的負責人,卻只提到自己很愛聽黑人歌手約翰・傳奇〔John Legend〕的歌,並表示自己結婚時有位伴郎是黑人)。公司預留了1億美元給黑人創作者,多數創作者也確實領了這筆錢。

但是,也有人沒領錢。6月2日,YouTube總監馬利克・杜卡德(Malik Ducard)與阿奇拉・休斯接洽,想邀請她加入這項資金計畫。休斯花在YouTube網站上的時光,已超過她人生總長的三分之一,但她已經有1年多沒有上傳影片了。這段期間,她接了幾份演電視劇的工作,也追隨網路創作者的潮流開始製作podcast。休斯對YouTube已幾乎毫無好感。先前,YouTuber薩爾貢大帝改編她在2016年大選時的影片,休斯因而對他提出版權侵權告訴,結果敗訴。她稱對方為「白人至上主義者」,但遭到否認。接著,一堆YouTuber開始評論這件事,休斯每天收到鋪天蓋地的網路謾罵。過程中,YouTube官方並沒有與她聯繫,她因此得到結論:YouTube根本不在乎她。直

到這時，幾乎每家財星美國500強企業都在疾呼種族正義之際，YouTube才找上她。

休斯回信，先謝過聯繫她的高層主管，接著便直言不諱：「只要YouTube還容許白人至上主義者和他們的社群在平台上橫行，這些冷血的白人就會持續殺害我們。YouTube完完全全是造成當下這種局面的幫凶。麻煩你把這話轉告沃西基。」休斯拒絕了對方的邀請。後來談到YouTube時，她表示：「他們想賺大錢，讓每個人都待在迪士尼頻道那樣安全又有趣的環境，卻同時縱容白人至上主義的擴散，居然還想撇清責任。」

6月29日，川普在Twitter上罵拜登「低IQ人」。隔天，YouTube清除了好幾個用言論煽動觀眾的白人男性頻道。公司並未說明這次清除行動的規模，但制裁對象包括前3K黨成員杜克、曾發表「向川普致敬」激烈演說的白人民族主義者史賓塞，以及14年來在平台上傳數千支影片的莫利紐克斯。YouTube沒有公布任何詳盡報告或評論，外界也無從得知那些人是哪幾支影片違規、如何違規。莫利紐克斯表示，沒有人向他解釋刪除頻道的原因。「在被刪除以前，我的帳號完全沒有問題。」他事後說道。結果，所有影片就這麼憑空消失了。

在外界看來，YouTube此刻終於覺醒了，官方則將這次下架歸因於前一年更新的仇恨言論規範，而非近期的抗議行動。YouTube表示，修改後的政策不會馬上生效，YouTube必須先摸索出執行辦法，將新規範化為管理員審核細則和機器運算程式，接著再逐步應用於平台的內容，漸漸影響到整個長尾。

YouTube只會審核政策生效後上傳的影片，若發現違規就給一次「警告」，就像棒球的三振出局一樣，頻道被警告3次之後才會封禁。「這本來就需要一些時間。」YouTube總監歐康納表示。

這已成了公司對外界批評的標準回應。有時官方回應中會帶幾分挫折感，因為外人似乎無法理解YouTube的規模多麼龐大、問題多麼複雜、管理起來多麼不易。

「我們並不是某天突然發現『天啊，YouTube上出現了仇恨言論，我們應該管管』。」歐康納說道。定義和標準隨時在變，公司諮詢了許多專家，才確定哪些談論移民的影片是在主張種族優越，哪些只是描述政治爭議。畢竟，美國總統自己就曾把墨西哥人稱為「強姦犯」，甚至把某些國家罵成「糞坑」（YouTube拒絕透露找了哪些專家諮詢）。歐康納謹慎地補充道：「要制定不出錯的政策是非常困難的，尤其是牽涉到政治言論的時候，我們更需要謹慎。」

不過，YouTube內部也有人認為，公司在實際執行上有著明顯的雙重標準。

那年6月，負責暴力極端主義的員工巴丹和同事準備了一份簡報，想展示YouTube在處理伊斯蘭極端仇恨與白人仇恨時的落差。投影片顯示，凡是涉及激進伊斯蘭教士的影片都被刪除，就連誦經式的布道影片也難倖免，然而新納粹及同類型的內容，包括主辦「團結右翼」（Unite the Right）夏綠蒂鎮集會的發言者，在鏡頭前大談「白人滅絕」，卻能完好無缺地保留

下來。夏綠蒂鎮事件後，YouTube內部有人提議把某些帳號歸類為「本土恐怖分子」，納入「暴力極端主義」的範疇並嚴加把關，但公司最後沒有這麼做。

巴丹領導的暴力極端主義小組努力達到近乎完美的98％「品質評分」，負責審核仇恨言論的小組卻遠遠落後。巴丹表示：「因為仇恨的難度更高。」她提到仇恨言論小組的同事曾向她透露，他們的內容量實在太大，導致團隊極少處理標記為「白人至上主義」的影片。某次會議上，巴丹提出，主張「大取代」陰謀論的影片應該下架，因為它們明顯和真實世界的暴力事件脫不了關係。然而，公司高層似乎不了解這個問題的重要性。巴丹和同事在簡報裡寫道：「政策界線其實很清楚，但檢測能力太差。」簡報列出幾次由白人民族主義者犯下的攻擊：基督城、威斯康辛州、南卡羅來納州，以及德州都發生過這類暴力事件。「真要列下去，這張清單就沒完沒了。」

那份文件除了指出問題，也列出加強執行仇恨言論規範的建議。到那年的年底，巴丹已經離開YouTube，也沒聽說高層對此有任何回應。

等到YouTube實際回應這個問題時，論點跟Facebook等其他社群平台大同小異：消除伊斯蘭極端主義較容易，因為各國政府對此定義基本一致，有明確的恐怖組織名冊和制裁名單。YouTube主要是依循英、美政府列出的恐怖組織清單。「相對來說，這確實簡單些。」歐康納坦承。至於白人至上主義，就沒有類似的官方名冊可供參照了。

一些YouTube員工曾提議直接採納美國非營利組織「南方貧困法律中心」（SPLC）對仇恨團體和個人的分類標準。不過，兩位了解內情的人士透露，該組織後來成了川普政府的眼中釘，而YouTube領導階層擔心捲入政治糾紛因而作罷。「在YouTube內部，SPLC變成某種『禁語』。」一位前高層說道。

　　其實，不只網路公司如此，許多政府也是優先處理某些型態的恐怖主義。紐西蘭政府在調查基督城大規模槍擊事件時，報告中就指出國安體系幾乎只關注伊斯蘭極端主義，而這種做法並非基於充分理解恐怖主義威脅的基礎之上」。

創作者革新計畫

　　時間來到2020年下半年，YouTube達到了不起的商業穩定度。沃西基為「讓廣告再次安全」所做的努力大都奏效：YouTube提供的「品牌安全性」保證與可觀的觀眾流量令廣告商相當滿意。2020年夏季，許多大型品牌因Facebook未妥善處理仇恨言論而選擇抵制該平台，YouTube則未受影響。除此之外，YouTube也吸收了Google的音樂應用程式（每月9.99美元），並推出包含多家有線頻道的YouTube TV串流服務（每月64.99美元）。再加上廣告收入，這些產品讓YouTube在當年創下超過200億美元的營收，達到沃西基在2015年設下的目標。

　　YouTube再度開始更廣泛地把收益分配給創作者。自從2018年爆發種種爭議後，YouTube大幅縮減可分潤的創作者人

數;到了2020年,公司又低調地擴大符合分潤資格的創作者範圍。那一年,無數新使用者為賺些外快而轉向YouTube,讓這個不到20年前才興起的職業生態迅速茁壯。翌年,YouTube宣布已有超過200萬名創作者加入合作夥伴計畫。雖然尚未回到2018年以前的浩大規模,卻已是全球規模最龐大、結構最複雜的支付體系之一。

YouTube也重啟名為「創作者革新計畫」的行銷專案,精心挑選明星級的創作者來談霸凌、種族歧視等議題。而對那些公司視為「危險話題」並選擇忽略的領域,有些創作者選擇自行拍片來探討。

娜塔莉・薇恩10年前就開始使用YouTube,一頭鑽進滿是憤怒無神論者的「懷疑論者」社群。之後,這位跨性別者暫別YouTube去研究哲學,回來時已經改頭換面了。同住巴爾的摩的鄰居看見她時可能認不出來,一旦她化妝、打燈,穿上華麗的服裝在鏡頭前現身,便成了小有名氣的網路名人——ContraPoints。

ContraPoints常被歸入「左派YouTube」陣營,這群鬆散伯尼派(編按:Bernie Bros,指稱熱情支持2016年美國民主黨總統候選人伯尼・桑德斯〔Bernie Sanders〕的人,特別是被認為在網路上展現出過於激進或帶有攻擊性行為的男性選民)YouTuber和評論者,善於利用搜尋引擎技巧與誇張言論,針對平台上右派勢力出擊。薇恩自己偏好更戲劇化的風格,媒體稱她是「YouTube界的作家奧斯卡・王爾德(Oscar Wilde)」(也有

人在留言區稱她是「左派版的PewDiePie」）。她會批評政治光譜上過於僵化的右派與左派人士，也推出大量深入淺出的影片，闡釋鍵盤俠、非自願單身者（編按：Involuntary Celibate, Incel，認為自己因外貌、社交能力或其他因素而無法獲得戀愛關係或性伴侶的男性）和網路憤怒男的龐大生態。她討論跨性別恐懼的華麗影片〈性別批判〉（Gender Critical）在上線首日就有近50萬次觀看。許多人認為她有種特殊的專長，能讓陷入極端思想的觀眾重新回歸理性（尤其是男性）。

> ▶ 「男人。」（Men）
> ContraPoints，2019年8月23日。30:34。
>
> 　　「我們該拿男人怎麼辦？我沒有要冒犯你們的意思，不過男性族群看起來狀況不太好呢！」薇恩身穿黑色襯衫、塗了紅唇，頭戴黑色寬邊軟帽。影片循著她慣用的方式展開：她像個頑皮的哲學講師，分析各種書籍、影片、論壇貼文。畫面上浮現章節標題：「建議2：前男人的日記」。她提到上周末又發生兩起大規模槍擊案，犯罪者都是白人男性。「我們只是不斷告訴他們『你有問題』，卻沒教他們該怎麼把自己修好。」她總結道，「只要男性的身分危機持續下去，這些問題恐怕不會有結束的一天。」

　　薇恩在鏡頭前借鑒達里歐・阿基多（Dario Argento）等恐怖片導演的元素，但說到底，ContraPoints骨子裡依舊是純粹的YouTuber：既帶有玩世不恭的反諷，也不失真誠；既大量使用

黃色笑話，同時又能跟觀眾親暱地對話。好萊塢電影與電視劇近來也開始描繪有血有肉的跨性別角色，但往往仍由順性別演員來詮釋；但是在YouTube，創作者得以做自己——我們很難想像CBS或Netflix播出「跨性別女性身著內衣解讀黑格爾（Hegel）哲學，或戴著貓眼美瞳剖析漢摩拉比法典」之類的畫面。薇恩和眾多傑出的YouTuber一樣，什麼都看：從震撼派主播到美妝達人、從競食大胃王到ASMR創作者，她都有涉獵。YouTube所有瘋狂內容都被她收入眼底，她表示這些是「守門人絕不可能放行」的內容，而「我超愛YouTube這一點。」

2020年，YouTube圈最「混亂」的明星之一，意外做出政治表態。那年6月初，保羅在YouTube上傳他的播客節目〈衝一波〉（Impaulsive）。自從在日本引發軒然大波之後，這位Z世代的俊美YouTuber轉而投入播客與拳擊領域。此時，喬治・佛洛伊德剛遭殺害，保羅便將這支影片命名為〈美國就是種族歧視〉（America Is Racist），開門見山地指出：「我很慚愧，自己花了25年才意識到：光是『不種族歧視』還不夠，你還得積極反種族歧視才行。」保羅雖然是照稿念出這段話，但口氣相當激動。「我之所以能在Vlog上這樣胡鬧，一部分原因是我是白人小孩。」他說道。

這段發言意外爆紅，一來是因為其中的訊息，二來則是因為眾人深感驚訝。這位以莽撞出名的YouTuber，竟會選擇用這種方式發揮影響力。之後，保羅的YouTube經紀人班奈特開始

在公司內宣傳「保羅已經展現出全新的成熟一面」。在班奈特看來，YouTube和那些棘手創作者之間的問題還未解決：「即使在開放且提倡言論自由的平台，人們還有可能是笨蛋或種族歧視者。」（保羅的懺悔之路多少還是受到一點影響，因為他弟弟——同為YouTuber的傑克‧保羅，在夏季抗議期間散播疫情陰謀論，還被拍到涉入搶劫事件）話雖如此，班奈特還是非常滿意羅根的轉變。

保羅兄弟是YouTube新一代創作者當中最知名的兩人，他們不同於之前那些反抗傳統媒體的YouTuber，自小幾乎不看電視，而是看YouTube長大的。他們人生中有相當長的一段時間都在鏡頭前度過，是樂於不斷在網路上分享日常生活的世代。將來，保羅家的後代或許不需要像以往那樣，只能透過老相簿或社群貼文回味歷史，而是能透過靈動活潑的影像看見祖先的生平。

保羅的轉向，讓班奈特想起Google共同創辦人布林早年談起YouTube時的一番話：如果從整體視角看待YouTube（Google的確常這麼想事情），它就近似於「人類的集體記憶」。有一天，人們在YouTube上不只能找到教學影片和音樂影片，而是能找到任何事件、任何人生經歷。

「雖然不是刻意的，但我們倒是意外地創建了人類記憶的視覺資料庫。」班奈特笑著說道，「現在想來，這還真是挺瘋狂的一件事呢！」

永無止境的要求

實在挺瘋狂的。YouTube「記憶庫」在2020年之前就已相當龐大，疫情期間更是以出乎公司意料的速度擴張。

然而，並非所有人都選擇繼續在YouTube上記錄回憶，許多YouTuber還沒到中年就選擇退出。到了2020年，早期曾熱衷擁護YouTube的黃穀子已經停更，不再創作任何YouTube影片。他認為YouTube只擅長做一件事，而那件事已不再吸引他。他總結道：「如果你的目標只是做內容，那就放手去做。但如果你是有藝術追求的人，或者喜歡多變的創作成果，這裡會讓你覺得綁手綁腳。」

身為ContraPoints，薇恩也付出了代價。她多次被公開個資，感受到大多數YouTuber都熟悉的那種長期曝光與高產量所帶來的壓力。她表示：「老實說，不管是誰來做，心理健康都會受到衝擊。」疫情期間，她染上類鴉片藥品成癮，並直言自己的YouTube事業是「造成這一切的因素之一」。雖然她透過Google廣告賺到一些錢，主要收入還是靠粉絲透過募資平台Patreon直接贊助。整個過程中，YouTube沒有人主動關心過她。

除了薇恩之外，還有不計其數的創作者對YouTube永無止境的要求感到心力交瘁。資深YouTuber穆勒曾以實證研究來解釋這種現象：要成為某件事的行家，人們就需要充分的練習、及時的回饋，以及穩定可靠的環境。YouTube能提供前兩者，

但平台演算法頻繁變動,使得環境永遠無法穩定下來。「所以,你永遠不覺得自己是真正的行家、永遠無法了解事情的全貌。」穆勒說道。

嬌小的「生活風格」YouTuber尼爾遜,幾乎把20到30歲的時光都花在影片上,已經難以分割私人生活與公開形象。她在原本幾乎不存在的行業裡闖出一片天,對此頗感自豪,然而,她也在無數個瞬間感到後悔——開車去吃午餐、用洗碗機、洗衣服等等瑣事,一般人做就做了,哪會拍給數百萬人看?她回憶道:「我沒留下一點點平凡日常空間給自己。總覺得自己非得⋯⋯非得把一切都分享出去不可。」

她已經放棄自己的第二個YouTube頻道「TheGridMonster」。之所以取這名字,是因為YouTube版面就像一張接一張的畫格,無止盡地往下捲動。她也終止自己的傳統,不再於聖誕節前後每日上傳影片(Vlog節)。到了6月,她決定參與另一種YouTuber固定儀式:拍攝含淚的告別影片。她在公寓裡架好三腳架,鏡頭對準自己,柔焦效果十分到位。

> 「這是給你們的（我的最後一支影片）。」
> (This One Is For You〔My Last Video〕)
> 英格麗・尼爾遜，2020年6月30日。48:25。
>
> 「要拍這支影片真的好難，因為我覺得，我們就像是一起長大的。」尼爾遜對著鏡頭說，眼淚跟著落下。她選擇在這支最後的影片裡，說出自己的人生故事——所有的高潮、低谷、羞恥與喜悅。她並不是要完全離開網路世界，只是決定不再當「影響者」。「以後，我要隨心所欲地發布東西，到時候我的心理、情感和經濟狀況，都和網路上有多少人喜歡我無關了。那感覺就像是自由。」到了影片的尾聲，尼爾遜感謝觀眾，說這是她這輩子「最好的10年」。「我們做了這些，我們一起做了這些。」
>
> 她向前傾身，關閉攝影機。

那年夏天，YouTube的信任與安全團隊逐漸習慣居家辦公的步調，結果又接到新的「P零」（P-Zero）任務。這是Google的說法，表示「零級優先」，指公司面臨非常迫切的議題。3年前的夏季，倫敦橋攻擊案發生後，他們接獲的任務是處理暴力極端主義，後來則是兒童安全。現在，隨著致命疫情蔓延、充滿爭議的美國大選在即，新的任務成了「打擊錯誤資訊」。

那年從夏季到秋季，雖然偶爾有些與新冠病毒議題相關的爭議影片引發不滿，大多都沒有演變成公關災難。選舉前，川普陣營要求使用YouTube的新功能，在首頁頂端直播廣告影

片。據參與談判的YouTube員工透露，川普希望在民主黨辯論期間做實況解說。YouTube拒絕這項要求，但還是把首頁的多日廣告檔期（包含選舉日當天）賣給川普陣營。公司評估後認為，川普陣營的廣告雖誇大張揚，但並未違反YouTube的錯誤訊息規範。

隨著11月逼近，川普與代理人對於美國選舉機制的正當性提出越來越多的質疑。對此，YouTube高層表面上顯得相當冷靜。他們早先便明言禁止誤導投票、鼓動人干擾投票流程的影片，但仍允許創作者上傳所謂「對選舉結果的討論」。管理團隊認為，自家既有的審核系統足以應付可能湧現的大量內容。

11月9日，美國大選開票進入焦灼的第六天，新聞主播出現在鏡頭前。只見她身穿淺色外套，別著領夾麥克風站在綠幕前方，背景是面美國國旗與國會大廈，看上去像是官方代表人物。她是「同一個美國新聞網」（One America News Network）主播，這是頗具民粹色彩的有線電視台，近來因福斯新聞頻道準確報導票數、惹怒川普支持者，讓他們在YouTube上的流量開始節節攀升。這段影片裡，主播一開口就說：「川普贏了！民主黨用卑鄙的手段想偷走總統寶座。」

周一，幾位共和黨參議員拒絕承認拜登是下一任總統。川普剛辭退不願動用軍隊鎮壓和平示威者的國防部長，許多國外媒體聲稱美國瀕臨一場「內戰」，而這似乎也不無可能。而在YouTube上，有數十支影片呼應同一個美國新聞網的論調，談到詭異的選舉軟體、隱藏計票、讓選票失效的麥克筆、說謊的

媒體,以及「你一定要親眼看見才能相信的真相」。

不過,這些影片其實不容易搜尋到。YouTube演算法並不會在側邊欄推薦這些影片,使用者就算搜尋「選舉」或「川普贏了」之類的關鍵字,也不會看到這些影片。大選結束後,川普的YouTube頻道上傳了許多演說與電視片段,主張他大選的勝利被對手偷去,但觀看次數都相對有限。YouTube表示,就整體搜尋及推薦而言,系統主推的幾乎都是「權威」來源,像同一個美國新聞網這樣的邊緣媒體、以煽動言論見長的震撼派,以及川普總統本人指控選舉舞弊的影片,都沒有得到演算法的推薦。它們的觀看數,大多是來自其他社群媒體連結、右派論壇,或是自行找上門的觀眾。

幾周後,所有依法對選舉結果提出的挑戰都宣告失敗。叛亂分子闖入國會山莊過後,YouTube重新修訂規範與演算法。但在那年11月的那個周一,YouTube依然遵循舊有規則。公司發言人針對那些「川普贏了」影片發布聲明:「我們的系統大致上運作正常。」

機器確實按照指令行事了。

後記

正常運轉

短短20年內,YouTube從在娛樂界掙扎的小角色、虧損連連的笑柄,成了全球最具支配性、影響力、最不受束縛,同時也最成功的媒體企業之一。有時,就連陳士駿也感到難以置信。

回想他當年寫下YouTube最初幾行程式碼的時候,還為了讓聲音和影像保持同步而苦惱不已。5年後他離開公司時,每分鐘上傳至YouTube的影片時長就達到100小時,到2020年,這個數字更是遠遠超過500小時。離開YouTube那些年,陳士駿的健康狀況漸漸好轉,他也再次與賀利合作,成立數位媒體新創公司。創業失敗後,他轉而接受產業前輩的身分,時而懷念過去的時日——想當初,光是讓桌上型電腦順暢地播放影片,就可謂浩大的工程了。他帶著小家庭搬回家鄉台北,訝異地發現就連計程車司機也會在手機上播放YouTube影片。他兒子就讀的小學裡,全班除了兩個孩子以外,所有同學都說將來想成為YouTuber。

YouTube關於老鼠屎、陰謀論、政治言論與暴躁政客等問題,以及YouTube如今龐大的規模,都已遠遠超出陳士駿當年

的想像：「老實說，我多少有點慶幸自己離開了公司，因為這些事情我也不曉得該怎麼處理。」

至於YouTube的第三位共同創辦人卡林姆，如今投身於投資領域，只有在前公司做出令他不滿的改變，例如停止顯示影片被按「倒讚」的次數，他才會發幾句牢騷。

在疫情期間，賀利和許多已然功成名就、閒不下來的男人一樣，跑去Twitter發文。他開了一些無傷大雅的玩笑，還對川普支持者、矽谷技術人嗆聲，罵起人來毫無保留——他可是不再受制於企業文化的框架了。賀利持續投資其他公司，而在這個人人注意創作者的時代，他身為創作者經濟之父也成了萬眾景仰的存在。

當川普時代在2021年逐漸退去時，許多公司都想加入YouTube這10多年來打造的產業，分食這塊大餅。

人氣應用程式「抖音」開始付錢給特定影音創作者，因此吸引了大批渴望成名的年輕人前仆後繼地創作短影片；Twitter、Snapchat這些對手，也跟著戰戰兢兢地追加預算；Facebook又一次致力招募網紅，宣布砸下10億美元投資創作者，並保證接下來好幾年都不抽成；Spotify花了上億美元，邀請喬·羅根等借助YouTube在主流體制外另闢蹊徑的播客巨星加盟；創業投資者也瘋狂湧向「Web3」——一種以加密貨幣為根本的網路模式，理念是讓一般人也能擁有自己線上活動的作品，並透過這些活動獲利。這相當於把YouTube的「創作者經濟」再推向極端。YouTube的第一位投資者紅杉資本，甚至

把當年投資YouTube的投資備忘錄做成「非同質化代幣」（Non-Fungible Token, NFT），被某位加密貨幣玩家用價值86.3萬美元的數位幣買走。

企業爭相拉攏創作者的風潮背後，其實有套商業邏輯。疫情加速了線上娛樂和網路商業的發展，同時也讓以定向廣告為基礎的Web 2.0模式飽受監管機關打擊。企業越來越難在線上行銷產品，於是創作者成了最好的行銷者與推銷員。各家網路大廠看著外界政治壓力不斷增加，決定讓替自己賺錢的創作者多分一些好處，為自己的形象加分。抑或，就如10多年前YouTube經濟因金融危機而一飛沖天，如今在疫情時代的動盪環境下，也有越來越多人相信：哪怕平台沒有保障、福利或任何保證，為平台打工也好過傳統朝九晚五的工作。

於是，YouTube帶來的這個世界──充斥著豐富多元的內容和創造力、影響者與網路掮客、資訊過載及無盡文化戰火的世界──更加深植於我們的日常生活。

日漸穩定

種種新的競爭態勢，反而突顯出YouTube難以撼動的龐大力量。經歷版權糾紛、廣告抵制、無數創作者風波等種種挫折，YouTube最終打造出他人無法匹敵的分潤機制。沒有其他平台能如此有效地同時傳播影片與分配金錢。創作者或許會在抖音和Instagram上嘗試新花樣，有時也能大撈一筆，但要創造

穩定收入，還是得回到YouTube。

當其他公司努力複製YouTube的創作者經濟時，卻又得面對YouTube當年那接二連三的風波。抖音明星開始登上八卦小報；Spotify因喬・羅根關於新冠肺炎的言論而遭到好幾周的輿論撻伐。反倒是YouTube──羅根長年扎根的主要平台──未曾掀起波瀾。美國參議員為了Instagram對青少年造成傷害的問題，對Facebook的代表口誅筆伐；同一天上午，YouTube商務長金奇爾卻神采奕奕地向媒體宣示，YouTube對經濟有多大的益處。

回顧YouTube的發展史，公司曾嘗試讓平台擁有不同樣貌，或是展現出不同的姿態──例如優質服務、好萊塢業者的聚集地、僅有少數「老鼠屎」出沒的乾淨環境，或是能拉平各方勢力的公平舞台。公司想追求的藍圖，與它實際擁有的樣貌之間，始終存在著落差，而這種矛盾恐怕永遠不會消失。不過，YouTube已學會與這份矛盾共存，或至少能在這其中運轉出一套獲利可觀的商業模式。2021年夏季，YouTube的季度廣告收入締造新高，超過70億美元，和Netflix的銷售額不相上下。YouTube也宣稱，短短3年內已向影片發布者支付逾300億美元（不過，公司未明確指出其中有多少是進入創作者的口袋，有多少是給媒體公司或唱片公司）。另外，YouTube首度在那些尚未達到合作夥伴計畫門檻的頻道上插播廣告，顯示它有信心開放更多長尾內容，不用擔心發生「品牌安全」風波。這些廣告收入，全歸YouTube所有。

歷經多年風波後,YouTube高層與旗下明星創作者間的互動也變得更加緊密。多位知名YouTuber對金奇爾讚譽有加,因為他特別關注長期遭公司冷落的創作者群,奈斯塔特甚至稱他「積極主動得驚人」。派屈克則盛讚過去曾被他批評「不懂YouTube」的主管巴丁,如今成了「創作者的超強後盾」(巴丁在2020年底離開YouTube)。YouTube也為創作者開闢了更多廣告以外的收入管道,如粉絲贊助及周邊販售。公司經理人會向創作者請教如何減少倦怠,並請心理治療師專門拍影片討論這個話題。YouTube甚至改善了原先混亂的留言區。薇恩表示:「它從網路世界最底層的地獄,變成了相當舒適的互動空間。」

不少創作者累積了足夠穩定的觀眾與收入,甚至不再覺得需要前往好萊塢發展。克魯伊山克曾以「弗雷德・菲格爾荷恩」這個語調尖銳的角色演了三部電影,但拍攝時有導演、有團隊、有種種繁文縟節,讓他拍得筋疲力盡,最後寧可回到獨自經營的YouTube頻道,因為「那裡完全沒有壓力」。而iJustine則在YouTube持續創作長達17年,劇本、製作、演出都由本人一手包辦。對她而言,電影或電視從來沒有辦法提供如此高度的創作自主與自由。「你無法擁有那些電視或電影作品。」她表示。

沃西基開始把創作者稱作「YouTube的核心」。看樣子,公司也漸漸意識到創作者並不只有商業價值。兒童取向內容、霸凌、胡吹亂誇的投機者、詐財騙徒、極端分子——凡是破壞

生態的趨勢，YouTuber都能比公司更早發現。「你們必須關心自己平台的近況。」派屈克曾在非公開會議裡提醒YouTube。如今看來，他們的確有在努力。

不過，YouTube還是延續了Google的辦事邏輯。與多位明星密切合作的資深夥伴經紀人班奈特，就形容自己的角色是「YouTube最不Google味的部分」，因為他的工作無法大規模複製。過去曾有多頻道聯播網扮演創作者經紀人的角色，最後不是大規模縮水就是倒閉了。班奈特希望YouTube能更致力於協助創作者，但就沃西基的角度而言，若要在「多聘一位他這樣的經理人」或「多找一位工程師」之間抉擇，確實不輕鬆（YouTube並未公開公司內部的工程師與資深夥伴經紀人數量）。不僅多頻道聯播網式微，漢克‧葛林所發起的「網路創作者公會」也已名存實亡。在一些人眼中，只要YouTube依舊是以廣告為導向、渴望如宇宙般不斷膨脹的平台，就不可能真正成為同時站在觀眾、廣告商與創作者三條腿上、穩固而平衡的椅凳，創作者的利益勢必會受到侵蝕。「就像《動物農莊》（*Animal Farm*）裡寫的一樣，」2015年離職的YouTube經紀人史塔克表示，「有些人永遠比其他人『更平等』。」

到了2022年，YouTube再度改變內容策略，終止讓創作者拍攝訂閱制節目的計畫。付費串流客群就讓Netflix、迪士尼和亞馬遜去爭奪吧！YouTube轉而將資源投入Shorts短影片功能，顯然是在複製抖音的形式，並試圖抵禦後者帶來的威脅。老派YouTuber認為，抖音的趣味表現手法很像YouTube草創時期，

充滿了讓創作者盡情實驗和展露才華的空間，只是對YouTube而言，那已是一去不復返的年代了（事實上，Google先前曾想收購抖音的前身Musical.ly。對於迅速崛起的抖音，沃西基卻在2020年表示：「它像是憑空冒出來一般。」）。YouTube先是在封禁抖音的印度推出Shorts功能，並拿出1億美元成立專門基金，為這些短影片創作者提供資金。至於日後的商業模式該怎麼走，再慢慢探索就是了。10年前，YouTube系統大幅導向長片、鼓勵影片越做越長，現在卻開始砸錢買短片。不過，和YouTube其他內容一樣，短影片要在Shorts的演算法中贏得青睞，依舊得靠「觀看時數」。

整體來看，抖音確實撼動了YouTube的主導地位。2021年曾有報告顯示，美國使用者在手機上觀看抖音的時間首度超越YouTube。但因為YouTube在智慧型電視和串流服務上發展迅猛，電視應用程式上的觀看時數則有飛速的成長。YouTube業務團隊依舊致力掠奪傳統電視市場分額，而不是為抖音的威脅操心。公司產品團隊甚至想辦法讓電視用戶也能「按讚、留言、訂閱」，把電視打造成更像YouTube網站的體驗。再者，抖音並沒有大量的瑜伽教學、麵包烘焙教學、遊戲實況、美妝達人影片，或是數十億小時的兒童內容，這些領域仍是YouTube獨霸。

其他科技平台（尤其是Facebook）對抖音世代感到焦慮，害怕這些使用者以及對社群平台心灰意冷的民眾紛紛出走。觀眾也許會抱怨YouTube太頻繁出現廣告，或是廣告太煩人，但

他們很少因此停看YouTube。即使經過了這些年的風風雨雨，YouTube也未曾擔心人們會棄之而去。

正如某位員工所說：「你怎麼可能抵制電力呢？」

持續成長的兒童市場

兒童族群對YouTube的忠誠確實絲毫不減。

幼兒童謠節目資深製作人趙哈利與太太索娜本以為在2020年開春後會面臨嚴峻的衝擊。因為YouTube與聯邦貿易委員會達成和解，他們的「兒童取向」影片再也無法投放高價廣告了。疫情爆發後，許多廣告商不確定消費者會如何反應，因此暫停各種廣告投放，趙哈利的頻道廣告收益跟著大幅縮水。然而，封城居家隔離卻替他們的節目帶來意料之外的好處。小孩子困在家裡，就會拚命觀看YouTube。到了2020年底，YouTube上觀看量最高的前五大頻道全是幼兒取向的內容。疫情1年後，趙哈利保守地表示，激增的觀眾數對他們的事業確實有些幫助：「還不能說是轉危為安，不過我們也沒有裁員。」

此外，他也認為YouTube的演算法對「品質」變得更加敏感了。聯邦貿易委員會的訴訟過後，YouTube不再放任演算法自動管理兒童應用程式，而是安排人員進行篩選，就像多年前獵酷一族為首頁精選影片一樣。公司另外也設立兒童取向的創作者基金，並向創作者說明，只要能製作出涵養「謙遜、好奇

心和自制力」等主觀特質的影片，YouTube就願意掏錢支持。官方還表示，鼓勵年幼觀眾在看完影片後起身去做些線下活動的影片，都能得到系統的推薦。

「我從未見過像現在這麼健全的演算法生態。」趙哈利表示。感覺YouTube終於放下對機器運算的盲目信賴，似乎派了真人在背後管理平台。

疫情期間，兒童取向YouTube也成了新媒體大亨的首要戰場。月蟲娛樂（Moonbug Entertainment）數位工作室一口氣收購三個龐大的YouTube頻道，每月總觀看次數多達70億，足以與任何有線電視頻道一較高下。到了2020年，9歲的小瑞安・卡吉已經是資深YouTuber，他幾乎停止當初令他一炮而紅的玩具開箱，轉而拍攝科學實驗、各種「挑戰」影片〈可食用糖果vs.實體！！〉與運動小撇步，還涉足電玩領域。在疫情初期，瑞安和他父母上傳了與衛生官員談論COVID-19的影片。身為長期在鏡頭前出沒的表演者，瑞安總是以誇張的情緒反應示人。

儘管如此，瑞安的舊片庫仍讓他和YouTube持續面臨各方審視。2020年，《紐約時報》有篇文章質疑：「童星網紅是否在讓我們的孩子變胖？」，並刊出瑞安扮演麥當勞員工的舊影片截圖。還有個倡議組織指控他違反防止向兒童隱瞞廣告的相關法規。曾任Maker工作室主管的威廉斯創立了袋中計時娛樂公司（PocketWatch），與瑞安及其他兒童YouTuber合作。威廉斯認為，那些批評聲浪與1990年代圍繞著電玩和饒舌音樂的道

德恐慌如出一轍，全然忽視孩子可以在螢幕上見到能產生共鳴的角色（即使是瑞安這般家喻戶曉的人物），對年幼的觀眾其實大有好處。「說穿了，他們只是在說：『這根本不是《芝麻街》。』」威廉斯說道，「如果把那個當成唯一標準，孩子就什麼都沒得看了。」

當初，瑞安在YouTube排行榜上一舉爆紅時，他的父母成立製作公司，以便發揮他的成功效益。他們在沃爾瑪超市和目標百貨賣起以瑞安為品牌的玩具、服裝和床組，甚至還打造出瑞安的動畫角色，讓他即使哪天不再拍YouTube影片，動畫版瑞安也能繼續在市場上發光發熱。這個角色甚至出現在梅西百貨感恩節遊行裡。《富比士》雜誌每年都會評選最賺錢的YouTuber，瑞安從2018年起一直穩坐冠軍之位，2020年的預估收入更將近3,000萬美元。所有聽到這個數字的人，幾乎都會大感震驚：9歲小孩怎麼能賺這麼多？

世界依舊不太能理解YouTube時代的媒體運作方式。在威廉斯看來，瑞安不僅是個9歲YouTuber，更是整個企業帝國的中心支柱。威廉斯說道：「我曾在迪士尼工作。3,000萬美元對比米老鼠，中間的落差還很大。」

只要孩子們持續觀看，這個市場就能不斷成長。

潛藏的不實資訊危機

有了龐大的既有觀眾群與穩定的付費系統，YouTube未來

幾年在產業裡依然能居於領先地位。除此之外，它還擁有另一項優勢：它是Google的成員，母公司是人工智慧領域無庸置疑的霸主。到了2020年，YouTube打造的機器系統能夠像偵測版權歌曲那樣，快速辨認納粹符號，或針對兒童的不雅言論等明顯的「紅旗」內容了。YouTube宣稱，大多數「違規」影片下架的過程中，都無須人工審核。

不過，即使是Google的超強人工智慧，也無法徹底解決另一個更為棘手的問題——網路上糾纏不清的真相與錯誤資訊。

YouTube曾試圖動用電腦科學與規範手冊來處理這類問題。它和其他科技平台一樣，特定主題成為政治炮火攻擊的對象時，便會禁止那些主題出現在平台上。2020年總統大選前1個月，YouTube封殺了匿名者Q這個極端親川普陣營組織的宣傳內容；新冠疫苗推出，YouTube又移除了質疑官方醫學指導的影片（川普的部分影片也是因而遭到下架）；俄羅斯入侵烏克蘭時，YouTube以「淡化明確記載的暴力事件」為由，封殺俄羅斯國營媒體頻道（俄羅斯在入侵烏克蘭後封鎖Facebook，但並未封鎖在當地擁有龐大客群的YouTube）。YouTube也刪除了逾百萬支「危險的新冠病毒資訊」影片。員工們透過名為「黃金集合」（Golden Set）的機制，示範數千個清晰的準則供機器學習——這部新冠肺炎影片在散播謊言、那部沒有。

然而，YouTube自己也很清楚，這套流程仍非完美無缺。YouTube資深工程主管古德羅說道：「大家可能以為我們擁有能開車、能做任何事的超強人工智慧。但就目前來看，我們甚

至無法清楚辨識影片裡的主張。」

即使能辨識，各界對「錯誤資訊」或「不實訊息」的定義也沒有共識，最終經常演變為政治拉鋸。大多時候，YouTube會刻意淡出事外。公眾輿論與官方矛頭通常對準的是社群平台，而非影片網站。2021年，美國總統拜登公開指責科技平台令民眾對疫苗產生疑慮，甚至點名Facebook用謊言「害死人」。右翼陣營的怒火則主要朝向Twitter，因為該平台在1月6日國會山莊騷亂後直接封禁川普。Facebook負責人祖克柏、Twitter負責人傑克・多西（Jack Dorsey）也多次到國會作證，沃西基卻一次也沒被傳喚。YouTube簡直堪稱社群媒體界的沉睡巨人。

YouTube之所以能避過風頭，原因有很多。相較其他社群媒體，YouTube更能避免陷入資訊戰：你可能會在Facebook或Twitter看到奇奇怪怪的長輩言詞激烈地抱怨疫苗，卻幾乎不會在YouTube碰上；Facebook的人氣榜單上常見政治話題，YouTube則以音樂、遊戲、兒童取向影片居多。YouTube和Facebook一樣，都無限期封禁川普，而且未明確給出准許他回歸的日期，只是川普在YouTube的影響力原本就有限，他消失後也沒太引人議論。再者，Facebook一直是眾矢之的：2021年秋季，有名吹哨人曝光多項Facebook的不利證據，包括該公司未及時壓制新冠疫苗謠言的證據。有些人認為，YouTube之所以相對風平浪靜，或許單純是因為它的管理較完善。

或者，也可能是因為YouTube本身較難被外界看透。若有

人在Twitter或Facebook貼文裡提出疫苗的不實訊息，白紙黑字一目了然；但在長篇影片中，辨別不實資訊的難度就大大提高了。YouTube和外界分享的數據本就不多，這也使它相對不易被挑剔。2020年之後，YouTube雖然開始公布更多演算法資訊與相關指標，強調邊緣內容與違規影片被刪除前的觀看率很低且持續下降，但這些成果仍是由YouTube自行評估，並無外部單位進行查核。

舉例來說，拜登抨擊社群平台助長民眾對接種疫苗更加猶豫時，主要引用來自倡議組織的調查，而該調查是以Facebook與Twitter對外公布的數據為依據；YouTube並沒有提供類似資料，因此未被納入統計。Facebook吹哨人揭發Instagram忽視自家研究結果，表示該應用程式會損及青少女心理健康，引發各界對Facebook的批評。事後，多位YouTube員工透露，公司不是沒有進行此類研究，就是沒有對外公開。

「YouTube非常不透明。」研究內容審查的史丹佛大學法學助理教授伊芙琳・杜埃克（Evelyn Douek）表示。她補充道：「對我來說，從外部朝它丟石頭輕鬆歡樂得多。這些問題真的很複雜，但並不代表他們不必負責。」

私底下，YouTube員工也和Facebook員工一樣，抱怨有線電視新聞、社會不平等，以及其他種種原因，導致原先的民主規範崩解，而外界卻把責任全都推到他們頭上。某位在YouTube待了許久的主管直截了當地表示：「別怪鏡子啊！」這是矽谷常見的說法：平台不過是反映使用它的這個社會而已。

不過，YouTube反映的也並非整個社會。相關部門遲緩地推行種種管制，YouTube能呈現的內容越來越少了。2021年秋天，YouTube禁止有關任何疫苗的錯誤言論，並從否認氣候變遷的影片中移除廣告。有人稱頌這些舉動，有人則批評太過分，更有人質疑怎麼拖到現在才做？

在拜登政府和民主黨多次提出這類質疑後，YouTube的領導階層開始反擊。沃西基在專欄文章中將過度干涉的線上審查，比作她祖父母曾生活過的蘇聯。莫漢也主張，YouTube目睹了政府為政治目的要求下架內容的「不祥新趨勢」加速蔓延。他寫道，YouTube可以積極打擊新冠疫情的不實訊息，是因為衛生機構給出了官方指引，但面對其他議題時就得更加謹慎了。他在部落格上寫道：「某件事對某個人來說是錯誤資訊，對另一個人來說卻是根深柢固的信念。」他理所當然地認為，任何人都有資格透過大眾媒體傳播他們的信念——這個假設在不到20年前，可是聞所未聞。

話雖如此，莫漢所指的「不祥趨勢」，確實出現在YouTube。俄羅斯和印度的官方機構開始以「假新聞」和「極端主義」為由，要求YouTube刪除批評者與反對派的影片——實際上就是迫使YouTube在所謂「公司價值觀」與「盡可能占據全球市場」之間選邊站。不僅是俄國與印度，未來可能還會有更多國家跟進。在那些衝突不斷、選舉爭議頻發的地區，YouTube和其他社群平台一樣，只聘用了少數熟悉當地語言與政治環境的人員。

YouTube的領導團隊經常討論到自家世界級的人工智慧軟體儘管不完美，卻是唯一能處理平台浩瀚規模的系統。他們主張這是必然的結果，但使用人工智慧演算法其實是YouTube的選擇。YouTube曾讓「獵酷一族」社群經理，還有Storyful、阿拉伯之春等新聞室的夥伴擔任前線編輯，負責篩選、查核並理解龐雜的資訊。

　　「我們那時候一直在嘗試新點子，YouTube文化也鼓勵我們這麼做。」曾任新聞與政治主編的史蒂夫・格羅夫回憶道。後來，YouTube選擇終止許多這類嘗試，轉而追求更大的規模。這樣的取捨讓人類（雖有缺點，但也仍有優點的人類）遠離了社會最棘手的問題之一：如何創造共同的事實與真相。

　　「網路上的錯誤資訊，依舊是對民主的威脅。」已離開Google並成為明尼蘇達州官員的格羅夫指出，並補充說道，想解決這個威脅，「勢必要用上各式各樣的『篩選』手段」。

　　這種解法並沒有明確的數學公式或大規模推行的可能，實在太沒有Google味。

🔔

　　YouTube內部的確有那麼幾個人整天為這些沒完沒了的爭議而煩惱，但大都是忙著經營全球最大規模的線上影片業務。

　　離職後，斯泰普頓對此有了些想法。她重拾撰寫電子報的興趣，並開了名為「技術支援」的專欄，專門給矽谷員工抱怨公司用，她自己也經常在專欄狠批前公司，同時分享一些她喜

愛的優秀YouTube影片。她改變了自己對PewDiePie風波的看法——從前她會在意要不要幫他的推文按讚，現在卻發現這些瑣事只是在浪費時間，真正嚴重的問題反而被埋沒了。

「那場抗爭其實沒有意義。」她回憶道，「我們被品牌形象等事物牽著走，卻不願真正面對YouTube周邊更根本的狀況。」上班時，幾乎沒人提到她現在反覆思考的這些疑問：公司一心要組織全球資訊，結果卻提供陰謀論者、怪論家、仇恨擁護者一個廣播平台和支付系統，鼓勵年輕媽媽把整個人生都放上螢幕。難道，每個人都非得「廣播自己」不可嗎？為什麼她自己又無法撇開這些影片不看？對斯泰普頓來說，這些疑問都指向更大的問題：「YouTube對社會的整體影響，究竟是正面還是負面？」

斯泰普頓發現，自己列在「正面」清單那些珍貴的社群、妙不可言的創意，其實都不是出自公司本身。她下了結論：「YouTube並沒有促進創意，是人們在創造創意啊！」

掌舵的女王

2022年，沃西基正式邁入她擔任執行長的第八年，同時也逐漸淡出公眾場合，鮮少接受公開訪問。過去在YouTube危機四伏的時期，廣告商與媒體合作者還會經常見到她，危機過去後，就不常看她露面了。大多數YouTube觀眾也許連她是誰都不知道。

「她並不算有魅力，」曾在Google和她共事的史考特評價道，「但那不見得是壞事。尤其就她現在的職位來說，她如果是個極具魅力的領袖，恐怕會引發災難。因為，對這種企業來說，要是凡事都只繞著領袖轉，往往是自尋死路。」

沃西基與同是Google員工的丈夫共同成立基金會，資助一些猶太及跨宗教團體，如反誹謗聯盟；也資助提倡環保的非營利組織，如地球正義（Earthjustice）與環境保護基金會（Environmental Defense Fund）。她幾乎不談個人想法，若要在公共場合發言，她就重複強調YouTube「負責任」所帶來的經濟效益。

自2019年大幅修改政策以來，YouTube的廣告營收確實在2年內成長了將近1倍。同樣在2019年，Google創辦人佩吉和布林於40多歲時宣告退休，將Google與Alphabet交給皮查伊。美國司法部繼續推動對Google的反壟斷訴訟，國會也提出多項法案，針對科技競爭和「惡意演算法」進行規範，其中也包含YouTube的推薦機制。不過，政府對Google最致命的威脅——強制拆分，似乎越來越不可能發生了。面對政治壓力，皮查伊的策略是將Google定位成「有幫助」的實用工具，人們都對它愛不釋手。他也設法把放在廣告領域的重心轉向電商市場，希望能和亞馬遜一較高下。YouTube上滿是教學影片和各種商業合作型網紅，於是自然成了Google這兩大戰略中的關鍵角色。每當Google內部人士聊起皮查伊未來離任時的接班人，他們推測的名單上總是會有沃西基的名字。

有些人觀察到沃西基性格冷靜務實、管理模式謹慎，認為這正是YouTube能躲過Facebook遇上的各種災難、沒有被人放在顯微鏡下細細審視的原因。

　　「她是真的很在乎。」頗具影響力的倡議組織常識媒體（Common Sense Media）創辦人吉姆・史蒂爾（Jim Steyer）表示。該組織長期對兒童議題採取強硬立場，積極推動法規遏止科技的上癮機制及商業操作。史蒂爾已不再信任Facebook，卻對YouTube保留觀望態度，表示：「等看看吧！」不過他也補充：「沃西基上任後，我對YouTube的態度變了。」

　　在矽谷與好萊塢，少有人形容沃西基為具有遠見的領袖，或說如今的YouTube充滿創新活力。它更像一艘巨大的油輪，行駛與轉舵時必須小幅且謹慎。就算沃西基想改變航向，恐怕也很難讓YouTube完全朝她心目中的方向走，因此她更像是在看管一個自有生命力的平台。有位資深員工解釋道，管理YouTube就是和「天生無法定義、也無法真正治理」的存在相處，「你只能握住韁繩，盡力控制它」。話雖如此，沃西基確實把那些脫序的YouTube板塊收斂了不少。只是她雖然掌管全球級媒體與經濟巨頭，對外的透明度與問責機制卻相當有限。

　　「如果要我列出清單，看看誰應該擁有沃西基這麼大的權力，我可能還是會把她列在名單上。」漢克・葛林說道，「但我還是寧願沒人擁有這麼大的權力，尤其是個非民選的人物。」

在疫情初期，漢克‧葛林與沃西基在交談時，這位書呆子戰士YouTuber成功做到難得一見的事：讓YouTube掌門人吐露一些資訊。當時，沃西基解釋YouTube會將「播出方」大致分成三類：創作者、唱片公司及傳統媒體。她透露，在所有觀看量中，YouTuber「大約占了一半」。

葛林聽到這番話，雙手一攤，驚呼道：「哇！這可真是了不起！」他露出大大的笑容。

不過，在另一方面，他就沒那麼順利了。談話期間，葛林向沃西基追問YouTube資助頻道的策略——YouTube沒能說服好萊塢加入就算了，為什麼還只替最頂尖的YouTube明星提供經費，做些類似電視節目的節目？為什麼不去資助那些規模較小的創作者，幫助他們自立門戶？葛林主張：「YouTube有培養出一大批中產階級YouTuber的潛力。我一直認為YouTube就該忠於自己，然後——」

沃西基打斷他的話：「這我們也同意！」

葛林笑了出來。他對YouTube的了解遠勝所有外部人士，甚至可能比許多在YouTube上班的人都還要了解得更深。然而與這位在YouTube掌舵最久的執行長對話，兩人卻像是在雞同鴨講。

「我們也許對YouTube確切的本質還沒有完全達成共識。」葛林回道，「很意外吧！不過，也沒什麼人講得出

YouTube究竟是什麼。」

他們最後聊了將近1小時。在不久之前,幾乎不會有人上傳這麼長的影片,更別說期待能有觀眾收看或金錢收入。但葛林直接上傳了,為當天已累積數十億小時觀看量的YouTube,再添上1小時。

(編按:YouTube前執行長蘇珊・沃西基於2024年8月因肺癌去世,享年56歲。)

致謝

我是在2019年末、全世界即將停擺之前開始構思這本書的。若不是仰賴數百位與YouTube共同成長的人，在那場不知何時能結束的疫情期間，抽空向我分享回憶、想法、文件與時間，這本書根本不可能誕生。他們之中有許多人因此承擔了職業上的風險，儘管我無法在此逐一點名，但我對所有願意挺身而出的人深懷感激。

依舊帶著吟遊詩人風範的斯泰普頓，整個過程中都十分直率而包容；布蘭丹・加漢不吝分享他關於早期YouTube的筆記和見解。沒有人比YouTuber更懂YouTube了，我從MatPat、漢克・葛林、凱西・奈斯塔特、Veritasium和ContraPoints身上都學到了很多——建議各位讀者都去看一看他們的影片。每位抽空受訪的傑出創作者，都讓這部歷史變得更加豐富，我在此向你們致上無限感謝。

維京出版社（Viking）是理想的出版夥伴。編輯瑞克・科特（Rick Kot）耐心又細心，對我這個新手作者和本書龐雜的題材，給予了寬容與支持；安德莉亞・舒爾茲（Andrea Schulz）、海爾・費森登（Hal Fessenden）、雪兒比・梅伊茨里克（Shelby Meizlik）、茱莉亞・瑞卡德（Julia Rickard）以及卡蜜兒・勒布

朗（Camille Leblanc）都相信這本書的價值，並全力以赴讓這本書得以完成；要不是我在羅斯尤恩（Ross Yoon Agency）的出版經紀人伊森‧巴索夫（Ethan Bassoff）說服我嘗試提案、讓那份提案成形，並在這神經緊繃的一路上伴我左右，這一切都不可能實現。

凱兒西‧庫達克（Kelsey Kudak）與夏恩‧拉弗里（Sean Lavery）組成了出色的事實查核雙人組，救了我好幾回；莎莉‧韋瑟斯（Sally Weathers）在早期提供研究協助，看了大量的YouTube影片；凱莉‧弗萊（Carrie Frye）超棒，她在我撰寫初稿時提供了極有價值的寫作建議，助我在煩躁之中保持理智。

潔西卡‧吉比（Jessica Gibby）、安德莉亞‧法威（Andrea Faville）和克利斯‧戴爾（Chris Dale）在YouTube內協助我取得許多訪問機會，明知我可能會「刮花他們的家具」，卻還是回應我無數的事實查證問題。他們都是徹頭徹尾的專業人士。

目前在商業新聞領域裡，沒有比彭博科技（Bloomberg Technology）更優秀的團隊了。布萊德‧史東不僅是無與倫比的領袖，也是我的新聞採訪偶像，針對初稿給出非常寶貴的建議；湯姆‧賈爾斯（Tom Giles）、吉莉安‧瓦德（Jillian Ward）以及莎拉‧弗里爾（Sarah Frier）是出色又支持力十足的管理者；奧莉薇雅‧卡維爾（Olivia Carville）向我介紹了許多來自紐西蘭的豐富資訊；柯特‧瓦格納（Kurt Wagner）、艾希利‧凡斯（Ashlee Vance）、約書亞‧布魯斯坦（Joshua

Brustein）、艾蜜莉・張（Emily Chang）、費利克斯・吉列（Felix Gillette）、喬許・艾德爾森（Josh Eidelson）、伊恩・金恩（Ian King）和莉澤特・查普曼（Lizette Chapman）都提供了採訪協助、指導與精神支持；麥克斯・查夫金（Max Chafkin）協助擺脫了我不想細數的多次驚恐發作；艾蜜莉・畢優索（Emily Biuso）和艾莉・巴爾（Ali Barr）編修了啟發本書的幾篇文章，並不斷鼓勵我；以及我的好同事艾倫・休特（Ellen Huet），感謝妳。

我在工作上最契合的另一半是盧卡斯・蕭（Lucas Shaw），我們一同撰寫過我最喜歡的報導，而這些年來，他包容了我的各種毛病。本書中與好萊塢相關的內容之所以能寫得好，全是多虧了他。接下來輪到你了。

有許多傑出的記者，一路上持續激勵我、幫助我。我在研究Google的歷史時，肯・奧萊塔（Ken Auletta）的《GOOGLE大未來》（Googled）、史蒂芬・李維（Steve Levy）的《Google總部大揭密》（In the Plex）對我而言堪稱「聖經」；基奇・哈吉（Keach Hagey）關於維亞康姆的作品也提供了極大助益；凱文・魯斯（Kevin Roose）對YouTube文化與影響力的深入報導堪稱最佳，他也大方地讓我參考他的作品。

我同樣要感謝具有新聞敏銳度的學者貝卡・路易士（Becca Lewis）和其他優秀研究者的辛勞。卡拉・史威雪（Kara Swisher）與肯・李（Ken Li）當初願意讓尚未證明自身實力、也不怎麼修邊幅的記者去跑Google這條線，傳授我這一身技能；

詹姆斯・克拉布崔（James Crabtree）則在我還是印度新手線民時就指導我，並以筆鋒流暢的商業寫作示範；亞歷克斯・坎特洛維茲（Alex Kantrowitz）和伊萊特・布朗（Eliot Brown）這3年來幾乎是有問必答、有求必應；彼得・卡夫卡（Peter Kafka）、傑森・德雷（Jason Del Rey）、喬哈娜・布希揚（Johana Bhuiyan）、莫琳・莫里森（Maureen Morrison）、安娜・威納（Anna Wiener）、柯瑞・溫伯格（Cory Weinberg）以及泰迪・施萊弗（Teddy Schleifer）都幫助我成為更出色的記者。

在寫稿與維持社交距離的漫長歲月裡，摯友們一路支持著我。布蘭登・克林肯柏格（Brendan Klinkenberg）、傑姬・阿西（Jackie Arcy）和尼可・葛蘭特（Nico Grant）先後閱讀了本書的早期版本，並提供了精闢的建議；我的溝通顧問珍・雷布洛克（Jane Leibrock），把書中的主題濃縮成我自己都未曾想過的精要版本；威爾・奧登（Will Alden）和丹・索尼（Dan Sawney）這兩位優秀的作家，曾花許多午後時光與我一起研討章節，我非常懷念那段時間；布萊德・艾倫（Brad Allen）、丹妮爾・伊根（Danielle Egan）和丹・高爾曼（Dan Gorman）不厭其煩地陪我進行冗長的閱讀交流，並給出許多精采的回饋。瓦赫古魯・卡爾薩（Waheguru Khalsa）、莎拉・赫勒（Sara Heller）、約・阿薩瑞（Yaw Asare）、蘇珊娜・史考特（Suzanna Scott）、奧斯頓・莉亞・羅斯（Austen Leah Rose）、羅瑞兒・蒙洛（Loreal Monroe）、大衛・維吉爾（David Vigil）、史都華・坎貝爾（Stewart Campbell）、柯林・納斯邦（Colin Nusbaum）、哈

利・莫洛茲（Harry Moroz）、雷格爾・強森（Regal Johnson）、麥特・阿姆斯比（Matt Armsby）以及布萊恩・史卓姆奎斯特（Brian Stromquist）多年來一直聽我喋喋不休地談YouTube，也給了我不勝枚舉的建議；麥可・達希（Michael D'Arcy）則始終是我最喜歡的談話對象。

寫作期間，家人不斷給我滿滿的愛與鼓勵。傑克（Jack）與法蘭（Fran）是忠實的讀者，也給了我不少建議與支持；莎拉（Sarah）和約翰（John）在疫情最黑暗的日子裡，接連為我們帶來了光亮；妹妹艾米（Amy）是我最喜歡的作家，我每回坐下來打字，都深受她的啟發。從前是父母教了我如何欣賞好故事，也提醒我要用同理心面對世界。媽媽，我知道爸爸若是見到現在的我，一定會為我感到驕傲的。

最後要感謝安妮（Annie），我的隔離夥伴，我的第一位也是最後一位編輯、此生摯愛兼我最好的朋友：若沒有妳，我絕對無法完成這本書。現在一切都告一段落了，是不是很酷啊？

關於資料來源

本書裡提到的每件事都真實發生過。書中的報導內容，來自公開紀錄、與消息來源的往來通信、我所取得的文件，以及自2019年末到2022年初進行的無數小時訪談——當然，還包含YouTube上的影片。

在採訪過程中，我與超過300位參與YouTube歷程的人談過話，其中包括將近160名YouTube與Google現任或前任員工、幾位商業夥伴、經理人、消費者倡議人士、監管機構人員與研究者，以及數十位YouTube創作者。部分訪談是可公開引用的，但Google對員工、離職者和合作夥伴有嚴格的保密規範，所以另有一些則以匿名或不公開形式進行。書中引用的電子郵件，來自維亞康姆控告Google的訴訟文件、國會調查，或是我從消息來源取得的公司內部紀錄。書中出現的部分對話，是透過當事人或在場人士的回憶重構而成。

讀者切勿假設書中每位發言者都接受過我的訪問，不過大家應該知道的是，我為了查核本書的每個細節，盡力尋找多方消息來源交叉印證。全書已完成完整的事實查核。我同時遵循自己在彭博媒體一貫奉行的「不讓人吃驚」守則：書中提及的每位人士，都事先知悉自己在書中的形象，並有機會提供意

見。

　　有些在YouTube歷史中舉足輕重的人物並未接受我的採訪。遇到這種情況，我都會透過他們的代表尋求事實查證，並邀請他們回應，或者盡可能去做到這一點。YouTube方面安排了10多名員工與我正式對談，並協助進行事實查核，本書內容都有引用YouTube發言人的評論。經過多次訪談邀請後，謝爾貝里的代表回覆：「請恕我們婉拒此採訪要求。」Google前執行長施密特僅透過代表發表評論。YouTube歷年來的三位掌舵人——賀利、卡曼加與沃西基也都拒絕受訪。Google的兩位共同創辦人、母公司Alphabet的主要股東佩吉與布林，近幾年都沒有接受過任何記者採訪，我也不例外。對於我提出有關佩吉與布林的大部分問題，YouTube和Google則完全沒有回應。

　　我在書中為一名YouTube前員工使用化名，是因為對方擔心公司或他人進行報復，所以不願以真名示人。我將對方提供內容的部分細節與文件、其他來源交叉比對，並刪去足以曝露其身分的若干資訊。之所以仍納入那段經歷，是因為我相信讀者必須了解這些事，才能真正明白YouTube的運作方式。

國家圖書館出版品預行編目（CIP）資料

影音巨獸YouTube：主宰注意力經濟的失序內幕／馬克・伯根（Mark Bergen）著；朱崇旻譯. -- 初版. -- 臺北市：今周刊出版社股份有限公司, 2025.06
　面；　公分. --（Future；24）
譯自：Like, comment, subscribe : inside YouTube's chaotic rise to world domination
ISBN 978-626-7589-34-2（平裝）

1. CST: 傳播產業　2. CST: 數位媒體　3. CST: 網路媒體
4. CST: 網路社群

541.83　　　　　　　　　　　　　　　　114005435

FUTURE 024

影音巨獸YouTube：主宰注意力經濟的失序內幕
LIKE, COMMENT, SUBSCRIBE: Inside YouTube's Chaotic Rise to World Domination

作　　者	馬克・伯根Mark Bergen
譯　　者	朱崇旻
總 編 輯	蔣榮玉
責任編輯	吳昕儒
編輯協力	蔡緯蓉
封面設計	萬勝安
內文排版	家思編輯排版工作室
校　　對	蔡緯蓉、李志威

企畫副理	朱安棋
行銷企畫	江品潔
業務專員	孫唯瑄
印　　務	詹夏深

發 行 人	梁永煌
出 版 者	今周刊出版社股份有限公司
地　　址	台北市中山區南京東路一段96號8樓
電　　話	886-2-2581-6196
傳　　真	886-2-2531-6438
讀者專線	886-2-2581-6196轉1
劃撥帳號	19865054
戶　　名	今周刊出版社股份有限公司
網　　址	http://www.businesstoday.com.tw

總 經 銷	大和書報股份有限公司
製版印刷	緯峰印刷股份有限公司
初版一刷	2025年6月
定　　價	630元
Ｉ Ｓ Ｂ Ｎ	978-626-7589-34-2

LIKE, COMMENT, SUBSCRIBE: Inside YouTube's Chaotic Rise to World Domination
by Mark Bergen
Copyright © 2022 by Mark Bergen
All rights reserved including the right of reproduction in whole or in part in any form.
This edition published by arrangement with Viking, an imprint of Penguin Publishing Group, a division of Penguin Random House LLC, through Bardon-Chinese Media Agency.
Complex Chinese translation copyright© 2025 by Business Today Publisher

版權所有，**翻印必究**
Printed in Taiwan

Future

Future